"工程与法"系列丛书

# 工程建设·规划设计·房地产业
# 合同争议案件判决及评注

王早生　朱宇玉　编著

中国建筑工业出版社

图书在版编目（CIP）数据

工程建设·规划设计·房地产业合同争议案件判决及评注/王早生，朱宇玉编著. —北京：中国建筑工业出版社，2014.4
（"工程与法"系列丛书）
ISBN 978-7-112-16637-4

Ⅰ.①工… Ⅱ.①王…②朱… Ⅲ.①建筑工程-经济合同-合同法-案例-中国 Ⅳ.①D923.65

中国版本图书馆 CIP 数据核字（2014）第 059098 号

本书是"工程与法"系列丛书之一，全书从工程建设、规划设计、房地产业三个方面系统汇总了 29 个具有代表性的合同争议案件，对读者有启发作用和参考价值。在案件评注中，笔者不是简单地评判法院判决的对错，而是通过判例，试图揭示对胜诉方和败诉方都有参考和借鉴意义的要点。

本书是建设单位、设计单位、房地产企业相关人员的法律指南，也可供大专院校建设工程法律相关专业师生学习参考。

\* \* \*

责任编辑：赵晓菲 郭雪芳
责任设计：张 虹
责任校对：陈晶晶 关 健

"工程与法"系列丛书
**工程建设·规划设计·房地产业**
**合同争议案件判决及评注**
王早生 朱宇玉 编著
\*
中国建筑工业出版社出版、发行（北京西郊百万庄）
各地新华书店、建筑书店经销
北京科地亚盟排版公司制版
北京云浩印刷有限责任公司印刷
\*

开本：787×960 毫米 1/16 印张：19½ 字数：349 千字
2014 年 7 月第一版 2014 年 7 月第一次印刷
定价：**48.00** 元
ISBN 978-7-112-16637-4
（25448）

**版权所有 翻印必究**
如有印装质量问题，可寄本社退换
（邮政编码 100037）

# 序

改革开放以来，我国的城乡建设事业持续快速发展。2013年，我国城镇化水平达到了53.73%。城市建成区规模不断扩大，高楼大厦拔地而起，成了现代城市的一道亮丽风景线。在城乡面貌日新月异的同时，建筑业和房地产业成了国民经济的两大重要支柱产业，为国民经济增长和人民群众安居乐业作出了巨大贡献。相关的市场主体也蓬勃发展起来，建筑业企业、规划设计企业、房地产开发企业等逐步发展壮大，规模、数量不断扩张，成为我国市场经济发展中一支十分活跃的力量。

在计划经济时期，由于实行的是国家统一制定生产计划和配给制，企业多为国有企业和集体企业。企业间因经济活动产生纠纷的情况比较少，争议也以行政介入、调解多一些。一般企业都不愿上法院"打官司"，除非是被逼到一定份上，实在迫不得已，才会走司法途径来解决问题。有一句话很形象，如果形容一个人烦心的事特别多，就会被说成是"一脑门子官司"。进入社会主义市场经济时期后，越来越多的企业成为股份制、有限责任的私营企业，市场主体的法制意识、契约意识也逐步建立。无论是私营企业、国有企业，其运营方式、思维理念更加市场化，在交易中也越来越多地使用制式合同，白纸黑字，写明权利和义务，自己该干什么，别人该干什么，写得清清楚楚、明明白白。同时，在出现问题后，也越来越愿意用法律手段来解决彼此间的合同争议和纠纷。

市场经济的发展，极大地推动了法制建设进程。但是我国社会主义市场经济体系才初步形成，很多企业的法律意识、契约意识不强。一些企业片面追求利润，不守法、不诚信、不遵守合同约定的情况经常发生。自从1999年的重庆綦江彩虹桥垮塌事故案和钱塘江堤塘工程质量事故案进入人们视线以来，又发生过多起桥梁垮塌事件、地铁工程安全事故等，2009年上海莲花河畔景苑7号楼倾倒事故引发的"楼塌塌"、"楼裂裂"风波，都和相关企业工程承包关系复杂、管理混乱等问题密切相关。这类事件的出现，危害了人民生命财产安全，给国家造成了重大经济损失，还在社会上造成了恶劣影响。因此，城乡建设的秩序需要进一步规范，从业企业的经营环境有待进一步改进，这需要各个方面的共同努力。

从事工程项目开发建设，对参建主体的要求比较高，不仅需要掌握相关的法律法规知识，还要有一定的实践经验、合同谈判技巧。而且往往因为涉及主体繁多，合同履行时间跨度长，干扰多，变数大，极易产生民事纠纷和争议。作为民事纠纷，在自行和解和第三方调解不成的情况下，通常会通过诉讼、仲裁两种方式来解决。民事诉讼其实就是民事官司，由人民法院主持受理，意味着对国家意志及法律权威的接受与服从。它具有公权性、强制性、程序性、特定性等特点。2008年～2012年底，全国法院受理仅民事案件就达约3070万件。

仲裁是由民间的、自治的、非官方的仲裁机构主持受理。它是一种非常有意思的争议解决方式，需要双方达成协议，自愿将争议交给非司法机关的第三方作出裁决。它拥有当事人意思自治、独立公正、仲裁程序快捷高效、一裁终局、保密性高、强制执行等诸多优点。与诉讼相比，更加独立公正，快捷高效，经济效益和时间效率高；与调解相比，又具有法律效力，一旦裁决形成，对当事人双方均具有约束力，可以申请人民法院执行。由于这些不可比拟的优越性，已经越来越受到社会大众的广泛关注和认可。

建设领域的合同纠纷专业性很强，往往涉及大量专业术语，有的还要进行工程质量鉴定、工程造价鉴定等，通俗点说，也就是有一定的技术含量。非专业人士难以把握问题症结，导致纠纷解决周期很长，耗费大量时间和精力。而由具有建筑及法律背景的人士组成的仲裁庭，则可以比较快捷公正地解决相关争议。2001年，建设部、国务院法制办联合出台《关于在全国建设系统进一步推行仲裁法律制度的意见》，提倡仲裁在建设合同纠纷解决中的应用。目的就是为了充分发挥仲裁法律制度解决经济纠纷快捷、保密、方式灵活、成本低的独特优势，保障建设市场的健康发展。

笔者长期在建设行业工作，参与了一些工程建设、规划设计和房地产开发方面合同争议仲裁案的审理，同时也很关注案件中存在的一些普遍性问题和审理裁决的关键点。本书还收集了一些有代表性的法院判例，对大家有启发作用和参考价值。在评注中，笔者不是简单地评判法院判决的对错，而是通过判例，试图揭示对胜诉方和败诉方都有参考和借鉴意义的要点。前车之鉴，不可不察！通过借鉴案例，提醒相关企业在签订合同和履行合同中，考虑各种要素和关键环节，举一反三，防范和规避风险，避免在同一地方摔跤。

2014年7月

# 目　　录

## 第一部分　工程建设合同争议案件判决及评注

案件1　某道路工程施工合同纠纷案再审民事判决书　/3
案件2　某钢结构厂房施工合同纠纷案再审民事判决书　/15
案件3　某大堂装修工程施工合同纠纷案民事判决书　/33
案件4　某广场地下工程施工合同纠纷案民事判决书　/39
案件5　某建设工程监理合同纠纷案民事判决书　/50
案件6　某委托办理资质协议争议仲裁案裁决书　/54
案件7　某工程材料供货及施工合同争议仲裁案裁决书　/60
案件8　某钢结构工程制作安装合同争议仲裁案裁决书　/66
案件9　某挖掘机融资租赁协议争议仲裁案裁决书　/76
案件10　某发电机组交易争议仲裁案裁决书　/81
案件11　某设备购销合同争议仲裁案裁决书　/92

## 第二部分　规划设计合同争议案件判决及评注

案件12　某建设工程设计合同纠纷案民事判决书　/99
案件13　某设计协议纠纷案民事判决书　/104
案件14　某建筑设计顾问服务协议争议仲裁案裁决书　/110
案件15　某建设工程设计咨询合同争议仲裁案裁决书　/124
案件16　某修建性详规设计合同争议仲裁案裁决书　/136
案件17　某建设工程设计合同争议仲裁案裁决书　/149

## 第三部分　房地产业合同争议案件判决及评注

案件 18　某集资诈骗罪刑事裁定书　/175
案件 19　某房产公司股权转让纠纷案民事判决书　/181
案件 20　某商品房委托代理销售合同纠纷案民事判决书　/200
案件 21　某土地有偿有期使用协议纠纷仲裁案裁决书　/205
案件 22　某合作开发公寓协议争议仲裁案裁决书　/217
案件 23　某房屋买卖合同争议仲裁案裁决书　/224
案件 24　某写字楼租赁合同争议仲裁案裁决书　/231
案件 25　某办公场所租赁合同争议仲裁案裁决书　/245
案件 26　某公寓租赁合同争议仲裁案裁决书　/258
案件 27　某房屋租赁合同争议仲裁案裁决书　/273
案件 28　某商业用房合同纠纷仲裁案裁决书　/280
案件 29　某场地租赁协议纠纷仲裁案裁决书　/293

# 第一部分

## 工程建设合同争议案件判决及评注

# 案件 1　某道路工程施工合同纠纷案再审民事判决书

**【提要】** 申请再审人中天公司与被申请人昌运建工集团 2003 年 11 月 17 日签订《单项工程项目承包合同》，分包了昌运建工集团承包的××市北部新区金远大道东延段三峰隧道工程，业主单位为土储中心。工程竣工后，经济开发区监察审计局委托西风公司对工程进行了竣工结算审核，2007 年 12 月 5 日，双方确认分包结算金额为 1.0239 亿元。后昌运建工集团累计向中天公司支付了工程款 9812 万元。2008 年，市审计局以土储中心为被审计单位，对该道路工程竣工决算进行审计，其中本案所涉隧道工程在送审金额的基础上审减 817 万元。昌运建工集团向土储中心扣还了部分款项。2010 年，昌运建工集团向××市一中院起诉，请求法院判决中天公司立即返还昌运建工集团多支付的工程款 324 万元。中天公司反诉昌运建工集团，请求法院判决支付拖欠的工程款 427 万元。市一中院认为，本案双方当事人在合同中"最终结算价按业主审计为准"的约定，实际上就是将有审计权限的审计机关对业主单位的审计结果作为双方结算的最终依据，结合土储中心要求昌运建工集团按照市审计局的复议结果退还审减金额的事实，证明业主最终认可并执行的是市审计局审计报告审定的金额，支持了昌运建工集团的诉求。××市高院二审时认为，案涉工程作为市级重点建设项目，法定审计主体是市审计局，业主最终同意和认可的审计也是市审计局的审计结论，因此驳回了中天公司的上诉，维持原判。

最高人民法院在再审本案时，认为昌运建工集团与中天公司之间关于案涉工程款的结算，属于平等民事主体之间的民事法律关系，无论案涉工程是否依法须经国家审计机关审计，均不能认为，国家审计机关的审计结论，可以成为确定本案双方当事人之间结算的当然依据。分包合同中对合同最终结算价约定按照业主审计为准，应解释为工程最终结算价须通过专业的审查途径或方式，确定结算工程款的真实合理性，该结果须经业主认可。业主和当事人双方均在西风公司出具的审核报告上签字盖章，表示了对审核结果的认可。昌运建工集团与中天公司又在审核报告的基础上签订了结算协议并已实际履行。虽然昌运建工集团提出双方已于 2012 年 5 月 29 日签订了执行还款协议书，中天公司已实际偿还 300 万元，根据司法解释的规定，应当终结本案再审审查的问题，但该协议尚未履行完毕，且该条司法解释是针对再审审查阶段的规定，不适用上述司法解释规定。最终判决，撤销一审、二审的判决，昌运建工集团向中天公司集团有限公司支付工程款 427 万元。

【关键词】审计；工程价款；分包；再审

申请再审人中天集团有限公司（以下简称中天公司）与被申请人昌运建工集团股份有限公司（以下简称昌运建工集团）建设工程合同纠纷一案，××市高级人民法院于 2012 年 3 月 19 日作出判决。中天公司不服，向本院申请再审。本院于 2012 年 8 月 27 日作出民事裁定，提审本案。本院依法组成合议庭，于 2013 年 1 月 15 日开庭进行了审理。双方当事人的委托代理人到庭参加诉讼。本案现已审理终结。

## 一、一审情况

××市第一中级人民法院（以下简称市一中院）一审查明：2003 年 8 月 22 日，景程实业股份有限公司（以下简称景程公司）作为××市北部新区金远大道东延段建设项目业主单位和监管单位，与昌运建工集团签订《金远大道东延段道路工程建设工程施工合同》，将金远大道东延段道路工程发包给昌运建工集团承包。在《金远大道东延段道路工程工程造价计价原则》中，双方对未定价的材料、立交桥专用材料、路灯未计价材料价格的确定方式约定为"景程公司、经济开发区监管局审定后纳入工程结算"。中天公司经景程公司确认为三峰隧道工程分包商，并于 2003 年 11 月 17 日与昌运建工集团签订《单项工程项目承包合同》（以下简称分包合同），主要约定，昌运建工集团将金远大道东延段三峰隧道工程分包给中天公司，合同价暂定 8000 万元（最终结算价按照业主审计为准）；第 6 条资金管理 6.2 约定：工程竣工经综合验收合格，结算经审计部门审核确定后，扣除工程保修金，剩余工程尾款的支付，双方另行签订补充协议明确；合同对工程内容、承包结算等内容进行了具体约定。之后，中天公司按照合同约定施工。

2003 年 12 月，景程公司改制，市北部新区经开园金远大道东延段项目业主变更为市经开区土地储备整治中心，即现市北部新区土地储备整治中心（以下简称土储中心）。2005 年，金远大道更名为金昆大道。

2005年9月8日，金远大道东延段道路工程竣工，同年12月通过验收并于2006年2月6日取得《建设工程竣工验收备案登记证》（建竣备字[2006]024号）。之后，出于为该路段工程三峰隧道、田沟隧道部分竣工结算提供价值依据的目的，市经济开发区监察审计局（以下简称经开区监审局）委托西风招标代理公司（以下简称西风公司）对上述工程进行竣工结算审核。2006年8月10日，西风公司出具《基本建设工程结算审核报告》（以下简称审核报告），载明三峰隧道造价为1.1428亿元（包含三峰隧道内人行道面层费用3万元，非本案诉争工程范围）。以该审核报告为基础，昌运建工集团与中天公司于2007年12月5日对中天公司分包的工程进行结算，确认中天公司图纸范围内结算金额为1.1425亿元，扣除各项费用后，分包结算金额为1.0239亿元（税金等费用由财务部门按规定收取）。至一审起诉前，昌运建工集团累计已向中天公司支付涉案工程的工程款9812万元。

2008年10月9日~11月21日，市审计局以土储中心为被审计单位，对金昆大道（原金远大道）道路工程竣工决算进行审计，并出具审计报告，审定土储中心应核减该工程竣工结算价款1548万元，其中本案所涉的三峰隧道工程在送审金额1.1425亿元的基础上审减817万元。同年12月24日，市审计局以《关于北部新区经开园金昆大道道路工程竣工决算的审计决定》，责令土储中心核减该工程结算价款1548万元，调整有关账目，并要求土储中心在2009年3月20日前执行完毕。

2009年2月9日，土储中心向昌运建工集团发出《关于执行市审计局对金昆大道（原金远大道）工程竣工决算审计决定的函》（北新土储函[2009]5号），要求其按照市审计局复议结果，将审减金额在3月1日前退还土储中心。昌运建工集团已经扣还了部分款项。

2010年9月1日，昌运建工集团向市一中院起诉称，根据市审计局对金远大道东延段项目的审计，对中天公司完成工程的价款审减817万元，扣除双方约定的费用，实际分包结算金额应为9488万元（含昌运建工集团应退的管理费）。昌运建工集团在上述审计前已累计向中天公司支付工程款9812万元，多支付了工程款324万元，故请求：（1）中天公司立即返还昌运建工集团多支付的工程款324万元；（2）本案诉讼费用由中天公司承担。

中天公司辩称兼反诉称，经开区监审局是本案工程的适格审计主体。案涉工程竣工后，按分包合同之约定由经开区监审局出于为案涉工程提供竣工结算依据的目的，委托西风公司进行造价审计，西风公司出具的审核报告得到了项目建设方、昌运建工集团及中天公司三方的认可，符合分包合同关于"最终结算价按业主审计为准"的约定。昌运建工集团与中天公司基于西风公司的报告达成了分包结算协议，该协议依法成立，合法有效，对双方具有法律约束力。双方已按照该协议基本履行完毕。市审计局的审计属二次审计，并非分包合同中双方当事人约定的范围，不能否认西风公司审核报告的效力，亦未得到中天公司的认可，其审计报告及其审计结论对本案双方当事人不具有约束力，更不影响分包结算协议的效力。依据合同的相对性，昌运建工集团与业主方依据市审计局的审计报告和审计决定，协商变更或调整总包合同的结算工程价款，对依据分包合同结算收取工程价款的分包人中天公司不具约束力。昌运建工集团尚欠中天公司工程款427万元未支付，故请求驳回昌运建工集团的全部诉讼请求，并反诉请求：（1）昌运建工集团立即向中天公司支付拖欠的工程款427万元；（2）昌运建工集团向中天公司支付拖欠工程款的资金占用损失，按同期银行贷款利率，从2009年6月6日起算计付至付清之日止；（3）由昌运建工集团承担本案的全部诉讼费用。

  昌运建工集团对反诉答辩称，双方约定以最终的审计结果作为结算依据，2007年12月5日双方签订的结算协议不能作为本案工程的最终结算依据。西风公司不是双方约定的审计单位，其作出的审计报告也不是双方约定的最终的审计报告，故西风公司出具的报告不能作为双方结算的审计依据，请求驳回中天公司的反诉请求。

  ××市一中院一审认为，昌运建工集团自建设单位景程公司处承包金远大道东延段道路工程后，在取得景程公司同意的情况下将其中的三峰隧道工程分包给中天公司承建，不违反法律及行政法规的强制性规定，合法有效，双方当事人签订的分包合同对双方均具有法律约束力，双方均应按约定履行。本案争议的焦点主要是案涉工程结算依据的认定，即西风公司是否是符合双方合同约定的审计单位以及案涉工程结算应按照双方2007年12月5日确认的金额还是按照市审计局审计报告的审定金额进行。根据审计法以及《市国家建设项目审计办法》的相关规定，案涉工程为市级重点建设项目，应当由市审计局对其竣工决算进行审计。经开区监审局作为经开区的内部审计机构，并非国家审计机关，无权代表国家行使审计监督的权力。本案双方当事人在分包合同中对合同价款的约定，并未明确该审计是指被审计单位的内部审计还是国家审计机关的审计，不能推断双方当事人之间约定的审计就是指内部审计。本案中，西风公司受经开区监审局的委托作出的审核报告系以该公司名义出具，即使经开区监审局认可该审核结果，也不能据此认定该审核报告具有内部审计结论和决定的性质。经开区监审局既非法律规定对案涉工程具有审计管辖权的国家审计机关，西风公司出具的审核报告亦非审计结果，中天公司主张经开区监审局是本案适格审计主体，西风公司是符合双方合同约定的审计单位，理由不成立。因案涉工程的审计管辖权属市审计局，故该局对案涉工程竣工决算审计是依法行使国家审计监督权的行为，不存在重复审计，其作出的审计决定具有一定的强制性，被审计单位及有关协助执行部门或单位应当主动自觉予以执行或协助执行。虽然审计是国家对建设单位的一种行政监督，其本身并不影响民事主体之间的合同效力，但是本案双方当事人"最终结算价按业主审计为准"的约定，实际上就是将有审计权限的审计机关对业主单位的审计结果作为双方结算的最终依据。结合土储中心要求昌运建工集团按照市审计局的复议结果退还审减金额的事实，证明业主最终认可并执行的是市审计局审计报告审定的金额。根据本案中双方当事人的合同约定，以及我国对政府投资和以政府投资为主的建设项目预算管理的相关规定，结合案涉工程的具体情况，经开区监审局委托西风公司做出的审核报告仅是对案涉工程的结算提供阶段性的依据，而本案双方当事人根据该审核报告确认涉案工程总价为1.0239亿元，昌运建工集团亦按照上述结算支付部分款项等行为，仅是诉争工程结算过程中的阶段性行为，不能以此对抗本案双方当事人之间关于工程结算的合同约定以及审计监督的相关法律法规。因此，中天公司诉请昌运建工集团按照双方2007年12月5日进行的结算支付尚欠工程款并支付利息的请求，理由不成立，该院不予支持。昌运建工集团诉请中天公司返还多支付的工程款，于法有据，该院予以支持。

××市一中院根据《中华人民共和国民法通则》第四条、第九十二条之规定，判决：（1）中天公司于判决生效后十日内返还昌运建工集团多支付的工程款324万元；（2）驳回昌运建工集团的其他诉讼请求；（3）驳回中天公司的反诉请求。案件本诉受理费32729.80元，由昌运建工集团负担1117.80元，由中天公司负担31612元；反诉受理费20495元，由中天公司负担。

## 二、二审情况

中天公司不服一审判决，向××市高级人民法院（以下简称市高院）提起上诉称，分包合同只约定了以业主对分包工程"审计"作为最终结算的前提条件，对审计的经办单位、具体的实施方式、出具审计结论的形式并未作任何限制。该条款应理解为只要是经业主认可的审计结果，就足以作为工程结算的依据。经开区监审局委托西风公司对工程结算进行审核后，工程业主土储中心在审核报告上签字盖章,说明土储中心对监审局委托西风公司进行审计和审核报告本身均予以认可。审核报告符合合同约定的"业主审计",合同约定的结算条件成就,双方于2007年12月5日签订结算协议是分包工程的最终结算行为。市审计局对土储中心的审计是依职权发起的行政行为,是对土储中心进行的事后监督,该行政法律关系的相对人是土储中心,不能因此否认本案双方当事人之间民事法律关系中履约行为的合法性和正当性。昌运建工集团同意向土储中心返还审减金额,是昌运建工集团在已履约行为之外与土储中心达成的新的合意,但昌运建工集团与中天公司之间未有过依据市审计局的审计结果修改结算的合意。中天公司对市审计局的审计报告,没有任何提出异议的机会,如果该审计结果直接对中天公司生效,将形成行政权力对合法民事权利的不当侵害。因此市审计局的审计报告和其对土储中心减低工程款的要求,并不当然对中天公司发生法律效力。故请求:(1)撤销一审判决;(2)依法改判驳回昌运建工集团的全部诉讼请求,支持中天公司的全部反诉请求。

昌运建工集团答辩称,虽然双方当事人不是市审计局审计的相对人,但对业主的最终审计结果作为结算依据,是双方在合同中明确约定的。因此,业主最终认定市审计局的审计结果作为双方结算依据,不违反双方的约定。业主虽然在审核报告上签字,但该审核报告不是最终认定结果,不符合双方合同约定的结算条件,不能作为结算依据。本案所涉工程是政府投资的重点工程,业主不能作为审计主体,只能是被审计的对象。合同约定的审计部门本身就是一个法律概念,指的就是审计局,其他任何机关不能代替。一审判决认定事实清楚,适用法律正确,请求驳回上诉,维持原判。

市高院二审查明的案件事实与一审查明的案件事实一致。

市高院二审认为,本案争议焦点为:案涉工程应当采用经开区监审局委托西风公司所作的审核报告还是市审计局所作的审计报告作为结算依据。中天公司与昌运建工集团签订的分包合同既是双方当事人真实意思表示,同时所涉承包事项也得到业主同意,且不违反法律、行政法规的强制性规定,故一审判决关于分包合同有效的认定正确。双方当事人在合同中约定"最终结算价按照业主审计为准","审计"一词本身有其特定的含义,能否进行扩张解释,应当结合案涉工程的实际情况,以及双方当事人作此约定的真实目的进行分析。案涉工程系政府投资的重点工程,应当受到国家的审计监督,即工程业主的财务收支须受此审计监督的约束,且该种审计监督并不当然以业主或当事人的意志为转移。对此,本案双方当事人是明知的。双方当事人在合同中约定以独立于双方之外的第三方审计作为结算依据，充分表明其知晓该种审计是严格的、重要的，并将影响双方以及业主最终结算结果的行为。基于此，对合同中约定的"审计"应当限缩解释为法定审计，而非广义的审核。从审计的主体资格上讲，案涉工程的业主并非审计部门或审计机关，不具备审计主体资格，不能成为审计主体，亦不能完成审计行为，本案中的审核报告、审计报告的出具方或委托方均非业主。因此，合同并未将审计主体限定为业主，案涉工程的审计主体应当遵循审计的法定主体。根据审计法和《市国家建设项目审计办法》的规定，案涉工程作为市级重点建设项目，法定审计主体是市审计局。经开区监审局作为经开区内部审计机构，并非法定国家审计机关，不能代表国家对案涉工程行使审计监督职能。因此，市审计局才是符合合同约定的审计主体，其出具的审计结果才是符合双方当事人合同约定的结算依据。而且，即使按照中天公司提出的"业主审计"是指"业主同意的审计"来理解，业主最终同意和认可的审计仍然是市审计局的审计结论。审核报告仅是施工过程中阶段性的审核意见，而非最终的审计结果，由于此时工程审计尚未完成，双方当事人根据审核报告所作的结算，只是双方结算过程中的一个阶段性行为，而非最终结算，双方最终结算仍有待于符合合同约定的审计结果形成后决定。但双方在结算中就其他费用的计算方式所达成的合意是有效的，对双方仍具有约束力。故一审法院按照市审计局的审计结果以及双方无争议的其他费用计算方式计算出双方的最终结算价，并无不当。审计作为国家的一种行政监督，在当事人没有约定以审计结果作为结算依据的情况下，通常不会直接对当事人的结算产生法律后果。但在双方当事人约定以审计结果作为结算依据的情况下，由于双方当事人自愿选择以审计结果约束双方之间的结算，虽然从形式上表现为行政权力对民事法律关系的干涉，但这正是当事人意思自治的体现。本案双方当事人在合同中明确约定以审计作为结算依据，对可能出现的后果，当事人是知道或应当知道的，也是必须接受的。因此，中天公司的上诉请求，缺乏事实和法律依据。

市高院依照《中华人民共和国民事诉讼法》第一百五十三条第一款第（一）项的规定，判决：驳回上诉，维持原判。二审案件受理费77800元，由中天公司负担。

### 三、再审情况

中天公司对二审判决不服，向最高人民法院申请再审称，中天公司与昌运建工集团签订的结算协议是双方当事人真实意思表示，内容不违反国家法律，为合法有效。根据合同法及相关司法解释的规定，国家审计不能否定当事人之间已经签订的结算协议。一、二审均未判决撤销结算协议或认定结算协议无效，昌运建工集团也未提出要求撤销结算协议或确认结算协议无效的诉讼请求。因此，以市审计局的审计报告否定结算协议效力，缺乏事实和法律依据。结算协议在法律上的效力与分包合同相同，一、二审判决以对分包合同约定的理解来否定结算协议没有法律依据。一、二审判决将西风公司的社会审计混淆为经开区监审局的内部审计，属于基本概念错误，以经开区监审局违反审计管辖原则、内部审计无效等理由变相认定结算协议无效的做法，是违反合同法规定的当事人自愿原则的。国家审计不能否定社会审计的效力，本案双方当事人没有约定国家审计，社会审计也不属于内部审计，不存在所谓审计管辖权的问题。故请求：（1）撤销××高院（2012）××高法民终字第00006号民事判决和××一中院（2010）××一中法民初字第425号民事判决；（2）驳回昌运建工集团的全部诉讼请求；（3）改判昌运建工集团向中天公司支付拖欠工程款427万元并按中国人民银行同期贷款利率支付自2009年6月6日起至实际给付之日止的利息。

　　昌运建工集团再审答辩称，西风公司作出的审核报告，不属于社会审计报告，该公司不具备社会审计主体资格，该报告仅是阶段性审核意见，经开区监审局是经开区的内部部门，不具有审计主体资格，该审核报告仅是一个内部审核，不能代替最终的竣工结算审计。市审计局作出的审计报告是双方的竣工结算依据，因诉争项目是市确定的重点建设项目，属于法定审计范围，应当受到国家审计监督。双方在分包合同中约定了最终结算价按照业主审计为准，即明确约定了审计作为最终的结算依据，按照最高院电话答复的意见，应属于当事人约定了以国家审计作为结算依据的情形。市审计局的审计报告，对案涉工程的业主、昌运建工集团和中天公司均具有约束力。本案在执行过程中，双方已经达成执行和解，中天公司已经基本履行完毕给付义务。本案一、二审判决认定事实清楚，适用法律正确，中天公司的再审请求，没有事实和法律依据，应予驳回。

　　本院再审查明的案件事实与二审查明的事实一致。

　　本院认为，昌运建工集团与中天公司签订的分包合同，取得了项目建设单位景程公司的同意，不违反法律及行政法规的强制性规定，合法有效，该合同对双方均具有法律约束力，双方均应按约定履行。

　　本案的争议焦点为：如何确定昌运建工集团与中天公司之间结算工程款的依据。

　　关于昌运建工集团主张案涉工程属于法定审计范围，因此必须按照国家审计机关的审计结果进行结算的问题。本院认为，根据审计法的规定及其立法宗旨，法律规定审计机关对政府投资和以政府投资为主的建设项目的预算执行情况和决算进行审计监督，目的在于维护国家财政经济秩序，提高财政资金使用效益，防止建设项目中出现违规行为。昌运建工集团与中天公司之间关于案涉工程款的结算，属于平等民事主体之间的民事法律关系。因此，本案诉争工程款的结算，与法律规定的国家审计的主体、范围、效力等，属于不同性质的法律关系问题，即无论案涉工程是否依法须经国家审计机关审计，均不能认为，国家审计机关的审计结论，可以成为确定本案双方当事人之间结算的当然依据，故对昌运建工集团的上述主张，本院不予采信，对案涉工程的结算依据问题，应当按照双方当事人的约定与履行等情况确定。

关于分包合同是否约定了案涉工程应以国家审计机关的审计结论作为结算依据的问题。本院认为，分包合同中对合同最终结算价约定按照业主审计为准，系因该合同属于分包合同，其工程量与工程款的最终确定，需依赖合同之外的第三人即业主的最终确认。因此，对该约定的理解，应解释为工程最终结算价须通过专业的审查途径或方式，确定结算工程款的真实合理性，该结果须经业主认可，而不应解释为须在业主接受国家审计机关审计后，依据审计结果进行结算。根据审计法的规定，国家审计机关的审计系对工程建设单位的一种行政监督行为，审计人与被审计人之间因国家审计发生的法律关系与本案当事人之间的民事法律关系性质不同。因此，在民事合同中，当事人对接受行政审计作为确定民事法律关系依据的约定，应当具体明确，而不能通过解释推定的方式，认为合同签订时，当事人已经同意接受国家机关的审计行为对民事法律关系的介入。因此，昌运建工集团所持分包合同约定了以国家审计机关的审计结论作为结算依据的主张，缺乏事实和法律依据，本院不予采信。

从上述分包合同的约定及双方当事人的合同履行情况看，案涉工程于2005年9月8日竣工，同年12月通过验收并于2006年2月6日取得《建设工程竣工验收备案登记证》。之后，出于为该路段工程三峰隧道、田沟隧道部分竣工结算提供价值依据的目的，市经开区监审局委托西风公司对上述工程进行竣工结算审核。2006年8月10日，西风公司出具审核报告，载明案涉工程范围的工程造价为1.1425亿元。2007年12月5日，昌运建工集团与中天公司对分包工程进行结算，确认中天公司图纸范围内结算金额为1.1425亿元。虽然在本案一、二审期间，双方当事人对西风公司出具的审核报告是否属于分包合同约定的"业主审计"存在争议，但在该审核报告上，业主、承包人和分包人均签字盖章表示了对审核结果的认可。之后,昌运建工集团与中天公司签订结算协议,其确定的结算数额也与上述审核报告审定的数额一致。本院认为,以上事实能够形成完整的证据链,证明2007年12月5日双方当事人签订的结算协议,属于分包合同约定的旨在确定最终结算价格的补充协议。本案一审起诉前,昌运建工集团累计已向中天公司支付涉案工程的工程款9812万元,数额已经达到结算协议约定结算数额的96%。结算协议的实际履行情况,也佐证了其系双方当事人的真实意思表示。昌运建工集团虽主张结算协议仅是双方就案涉工程款结算的阶段性行为,但未提供相应证据证明,且分包合同未约定需对工程结算进行阶段性审核和阶段性结算,结算协议本身亦未体现其仅是对案涉工程的阶段性结算。因此,对昌运建工集团的上述主张,本院不予采信。结算协议属于合法有效的合同,对双方当事人具有法律约束力。

结合结算协议的签订和实际履行情况,本院认为,虽然本案审理中,双方当事人对西风公司出具的审核报告是否就是双方在分包合同中约定的业主审计存在争议,但该审核报告已经得到了案涉工程业主和本案双方当事人的认可,昌运建工集团与中天公司又在审核报告的基础上签订了结算协议并已实际履行。因此,即使西风公司的审核报告与双方当事人签订分包合同时约定的业主审计存在差异,但根据《中华人民共和国合同法》第七十七条第一款的规定,双方当事人签订结算协议并实际履行的行为,亦可视为对分包合同约定的原结算方式的变更,该变更对双方当事人具有法律拘束力。在双方当事人已经通过结算协议确认了工程结算价款并已基本履行完毕的情况下,国家审计机关做出的审计报告,不影响双方结算协议的效力。现昌运建工集团提出不按结算协议的约定履行,但未举出相应证据证明该协议存在效力瑕疵,故本院对其主张不予支持;中天公司依据上述结算协议要求昌运建工集团支付欠付工程款,具有事实和法律依据,本院予以支持。

关于中天公司主张的利息问题,本院认为,双方在分包合同及结算协议中均未对工程款的给付时间、利息标准及计付时间等作出明确约定。因此,应当按照法律规定确定工程款利息是否应当支付以及按照何种标准支付。按照《最高人民法院关于审理建设工程施工合同纠纷案件适用法律问题的解释》第十七条、第十八条的规定,昌运建工集团应当按照中国人民银行发布的同期同类贷款利率,向中天公司支付自案涉工程实际交付之日起的利息;本案一、二审均未查明案涉工程的实际交付日期,再审中,经询问双方当事人,均不能提供案涉工程实际交付时间的证明,故对利息的起算时间,本院参照上述司法解释规定,酌定为中天公司提出反诉之日。

此外，关于昌运建工集团提出双方已于 2012 年 5 月 29 日签订了执行还款协议书，中天公司已实际偿还 300 万元，根据司法解释的规定，应当终结本案再审审查的问题。本院认为，《最高人民法院关于适用〈中华人民共和国民事诉讼法〉审判监督程序若干问题的解释》第二十五条规定，有下列情形之一的，人民法院可以裁定终结审查，其中第（三）项规定，当事人达成执行和解协议且已履行完毕的，但当事人在执行和解协议中声明不放弃申请再审权利的除外。上述司法解释的适用条件为当事人达成执行和解协议且已履行完毕，本案中天公司虽与昌运建工集团达成了执行和解协议，但尚未履行完毕，且该条司法解释是针对再审审查阶段的规定，本案再审审查阶段已经结束，案件已经进入再审审理阶段，故不应适用上述司法解释规定，对昌运建工集团的上述答辩意见，本院不予采信。

另，关于本案案件受理费的计算问题。根据《诉讼费用交纳办法》第十八条之规定，被告提起反诉，人民法院决定合并审理的，应当减半交纳案件受理费。本案二审案件受理费的计算有误，本院对此予以纠正。

综上，本院认为，中天公司的申请再审请求具有事实和法律依据，一审、二审判决将市审计局的审计报告确定为昌运建工集团与中天公司案涉工程的结算依据不妥，应予纠正。本院根据《中华人民共和国民事诉讼法》第二百零七条第一款、第一百七十条第一款第（二）项之规定，判决如下：

（1）撤销××市高级人民法院（2012）××高法民终字第 00008 号民事判决；

（2）撤销××市第一中级人民法院（2010）××一中法民初字第 316 号民事判决；

（3）昌运建工集团股份有限公司于本判决生效后十日内向中天公司集团有限公司支付工程款 427 万元，并按照中国人民银行同期同类贷款利率支付上述工程款自 2010 年 10 月 28 日起至实际付款之日止的利息。

如果未按本判决指定的期间履行给付金钱义务，应当依照《中华人民共和国民事诉讼法》第二百五十三条之规定，加倍支付迟延履行期间的债务利息。

一审案件受理费、一审反诉案件受理费、二审案件受理费由昌运建工集团股份有限公司负担。

本判决为终审判决。

**评注：**

（1）本案问题的焦点在于双方对约定的审计主体有歧义。因此，本案的重要启示之一就是任何约定一定要明确无误，不可模棱两可。一旦打起官司来，各执一词，就很被动了。

（2）即使约定明确，但这种把工程量或工程价款交由第三方核定，是一种有极大风险的做法。这种约定不可避免地带有不确定性，从而影响到当事人的合法权益。因为承担核定工程量或工程价款的第三方，虽然名义上是独立机构，专业能力也不成问题。但是，由谁去委托它，也就是说它听命于谁、代表谁的立场，往往会影响其核定的结果。在当前信用低下、不讲诚信、地方保护、长官意志一系列因素的作用下，这种约定往往会埋下日后双方争议的隐患。因此，不宜提倡。

（3）综上所述，本案当事人经过了一审、二审、再审程序，判决结果大相径庭。从表面上看，似乎显得法院之间的判决如"儿戏"，实际上，却是由双方当事人的约定不明确而引起的。从这个意义上看，虽然结果发生了逆转，但却不能简单地认为原判决毫无道理。重要的是当事人要吸取教训，不要再给法官出"难题"了。

# 案件 2　某钢结构厂房施工合同纠纷案再审民事判决书

**【提要】** 申请再审人永顺公司 2003 年 11 月 1 日与被申请人宏大公司签订合同，宏大公司以"东天冶金建筑公司第五分公司"的名义，承揽了永顺公司的 30 万吨棒线材轧钢厂厂房与翼缘板轧制厂厂房项目。宏大公司先后收到工程款 1195 万元。2006 年 4 月 22 日，宏大公司起诉至林城区人民法院，请求法院判令永顺公司立即支付剩余 455 万余元工程款。永顺公司辩称从未与宏大公司签订任何合同，也不欠其工程款，宏大公司主体不适格，请求驳回宏大公司的起诉。林城区人民法院一审经查，认定宏大公司是双方争议的钢结构厂房工程的实际施工人。但因宏大公司提供的两份合同表明工程价款为 1588 万元，永顺公司提供的合同表明工程价款是 988 万元，三份合同签订时间是同一日期，相同的委托代理人签订，承包方"东天冶金建筑公司第五分公司"公章是虚假的，三份合同均无效，因此，无法按合同确定工程价款。一审法院委托上城工程造价咨询有限公司对涉案的钢结构厂房造价进行鉴定，上城造价公司先是出具了按定额价作出的工程造价无异议部分是 1577 万元，其中直接工程费和措施费合计 1210 万元的报告，后又出具了按市场价作出的工程造价为 1136 万元的报告。一审法院认为因宏大公司不具有承揽涉案建筑工程的施工资质，在合同签订和履行过程中有欺诈行为，认为永顺公司应按鉴定机构依据定额价计算的工程总造价无异议部分中直接费总额给付宏大公司工程款，判决永顺公司给付宏大公司工程款 15 万元。宏大公司不服一审判决，向市中级人民法院提起上诉，××市中级人民法院维持了一审判决。宏大公司不服，向检察机关提出申诉。××省人民检察院抗诉认为，二审判决以宏大公司没有承揽该类工程的施工资质，在合同签订和履行过程中其有欺诈行为为由，仅认定了上城造价公司《建筑工程结算书》中无异议部分的直接费用 1210 万元，而对施工过程中产生的间接费、税金、利润等部分均未予以认定，系适用法律错误。××省高级人民法院再审支持了检察机关的抗诉意见，判决永顺公司偿付给宏大公司工程款 382 万元。永顺公司不服该判决，向最高人民法院申请再审。

最高人民法院再审认为，建设工程定额标准是政府指导价范畴，属于任意性规范而非强制性规范，在当事人之间没有作出以定额价作为工程价款的约定时，一般不宜以定额价确定工程价款。以定额为基础确定工程造价不能反映企业的施工、技术和管理水平，往往跟不上市场价格的变化，而建设行政主管部门发布的市场价格信息，更贴近市场价格，更接近建筑工程的实际造价成本，符合《合同法》的有关规定，对双方当事人更公平。该工程总造价按市场价应为1136万元，但鉴于永顺公司已经支付工程款1195万元，且在一审、二审判决后没有提出申请再审，因此，本案工程总造价可按一审确定的1210万元，作为永顺公司应当支付的工程款项。

【关键词】工程造价；施工合同；资质；再审

申请再审人永顺物资有限责任公司（以下简称永顺公司）与被申请人宏大钢结构有限公司（以下简称宏大公司）建设工程施工合同纠纷一案，不服××省高级人民法院（2008）××民提字第304号民事判决，向本院申请再审。本院于2010年12月22日作出民事裁定，提审本案。本院依法组成合议庭，于2011年6月21日开庭审理了本案。永顺公司的法定代表人及其委托代理人，宏大公司的委托代理人到庭参加诉讼。本案现已审理终结。

2006年4月22日，宏大公司起诉至林城区人民法院称，2003年11月1日，宏大公司承揽了永顺公司的30万吨棒线材轧钢厂厂房与翼缘板轧制厂厂房项目，按合同约定，两项工程共计1588万元。该工程已经交付使用近两年，永顺公司尚欠工程款455万余元拒绝支付，请求法院判令永顺公司立即支付工程款。永顺公司辩称，宏大公司从未与永顺公司签订任何合同，也不欠其工程款，宏大公司主体不适格，请求驳回宏大公司的起诉。

林城区人民法院一审查明：

（1）关于钢结构厂房工程的实际施工主体问题。宏大公司提供了两份建设工程施工合同均是制式合同。两份合同记载的发包人均是永顺公司，承包人均是"东天冶金建筑公司第五分公司"。其中一份合同约定：工程名称是翼缘板轧制厂，厂房建筑面积11639平方米，工程内容是按投标工程报价的各项目内容及施工图纸规定项目施工，承包范围是图纸设计内容（除水电安装、地面以外图纸所设计的所有内容），工程质量标准为合格，争取优良，合同价款是452万元，合同订立时间是2003年11月1日，项目经理是刘文。另一份合同约定：工程名称是30万吨棒线材轧钢厂，厂房建筑面积18601平方米，工程内容是按投标工程报价的各项目内容及施工图纸规定项目施工，承包范围是图纸设计内容（除水电安装、地面以外图纸所设计的所有内容），工程质量标准为合格，争取优良，合同价款1186万元，合同订立时间是2003年11月1日，项目经理是刘文。两份合同在甲方（发包方）一栏加盖公章的均是永顺公司，签名的委托代理人均是洪泽；在乙方（承包方）一栏加盖公章的名称均是"东天冶金建筑公司第五分公司合同专用章"，签名的委托代理人均是史忠。宏大公司为证明自己是钢结构厂房的实际施工人，除提供其持有的上述两份施工合同，还提供中国网通分公司书证，证明上述施工合同乙方（承包方）一栏记载的电话均是宏大公司办公电话。宏大公司提供经济开发区管理委员会书证，证明争议工程的合同和技术资料中出现的史忠在宏大公司任经理，王振与李义是公司的技术员。宏大公司提供工程图纸会审和设计交底记录、地基与基础工程质量评定表、地基隐蔽工程验收记录、纤探结论等工程技术资料中施工单位加盖的公章均是"东天冶金建筑公司第五分公司"公章，签名是宏大公司法定代表人刘文。宏大公司提供提货单，证明永顺公司抵顶工程款的钢材均运送到宏大公司。宏大公司提供三份施工合同、宏大公司财务记账凭证、外联单位的收款收据、发票等证据来证明支付给工程外联单位的各种款项均是宏大公司支付。永顺公司上述证据的真实性没有异议，但认为这些证据不能证明宏大公司是工程的实际施工人。

为查明争议工程合同主体和实际施工主体情况，林城区人民法院调取了(2005)林民商初字第739号民事卷宗和(2006)林民商初字第1113号民事卷宗中的有关材料。(2005)林民商初字第739号民事卷宗的卷宗材料有：1)宏大公司法定代表人刘文以"东天冶金建筑公司第五分公司"项目经理名义作为该案委托代理人参加诉讼的授权委托书，委托书加盖"东天冶金建筑公司第五分公司"公章，落款时间是2005年6月12日。2)宏大公司法定代表人刘文与永顺公司工作人员洪泽签订的一份证明，证明称永顺公司发包给"东天冶金建筑公司第五分公司"承建的30万吨棒线材轧钢厂、加热炉厂房及翼缘板轧钢工程的施工地点已由××市工业北路68号改为董家镇机场路谢家屯村西。3)宏大公司法定代表人刘文以"东天冶金建筑公司第五分公司"名义与案外人英格实业有限公司签订的用于"永顺钢铁公司轧钢厂房"工程预拌混凝土供需合同。(2006)林城民商初字第1113号民事卷宗的卷宗材料有：1)中国东天冶金建设公司第五工程公司出具的书证，证明史忠、刘文不是该公司人员，该公司从未在××市从事施工和承接工程。2)法院工作人员在工商注册登记机关未查到有"东天冶金建筑公司第五分公司"工商注册登记记录的情况说明。3)宏大公司工作人员徐业以

"东天冶金建筑公司第五分公司"名义与案外人刘平签订的铝合金安装及制作工程承包合同,以及徐业为刘平出具的刘平在永顺翼板厂安装铝合金窗完成的工程量的书面证明。审理中双方当事人对上述证据均无异议。

根据(2006)林民商初字第1113号民事卷宗中的调查材料及中国东天冶金建设公司第五工程公司出具的书证表明,"东天冶金建筑公司第五分公司"公章是虚假的,中国东天冶金建设公司第五工程公司并未承揽双方争议的钢结构厂房工程。宏大公司提供的证据表明,宏大公司持有双方争议工程的施工合同、施工技术资料,收取了永顺公司供应的工程用钢材及支付的工程价款。结合宏大公司提供的外联采购合同和调取的另外两案卷宗中宏大公司法定代表人和工作人员以"东天冶金建筑公司第五分公司"名义,为争议的钢结构工程建设签订采购混凝土和外包铝合金门窗加工合同等证据,能够认定宏大公司是双方争议的钢结构厂房工程的实际施工人。

(2)关于钢结构工程的竣工验收及工程造价问题。1)工程竣工验收情况。宏大公司提供《工程竣工质量验收报告》,报告载明的工程类别为钢结构,工程地点在谢家屯,工程名称是永顺钢铁轧钢车间,工程性质是工业用,包工总价是1588万元,发包单位是永顺公司,工程量及简要内容是柱基开挖、浇筑混凝土、钢结构厂房的制作、安装(含行车梁的制作安装),发包、监理、承包和设计单位验收意见是验收达到合格标准、开工日期是2003年11月2日,验收日期是2004年5月28日。永顺公司在报告发包方一栏加盖公章,冶金设计研究院在设计单位一栏加盖公章,承包单位一栏加盖的公章名称是"东天冶金建筑公司第五分公司",报告书监理单位一栏未加盖公章。宏大公司还提供了钢结构安装单位工程观感质量表、各分项工程质量验收记录、分部工程质量评定表均记载质量合格,林城区建设工程监理服务中心业务一科在上述材料上加盖了公章。宏大公司提供工程竣工验收总表,竣工验收情况结论是基础施工、钢构件制作、焊接、钢构件安装等符合要求合格,永顺公司、林城区建设工程监理服务中心业务一科在总表上加盖公章,施工单位一栏加盖的公章是"东天冶金建筑公司第五分公司",签名的是宏大公司法定代表人刘文。永顺公司对宏大公司提供的上述证据有异议,认为验收报告不真实,出具报告的时间是2004年5月23日,但报告书中验收日期是2004年5月28日,所以报告书是在未验收的情况下形成的;报告书没有监理部门签章,不能证明工程已经验收;验收总表记载竣工日期是2004年5月20日与验收报告记载的日期矛盾,所以,宏大公司不能证明工程已竣工验收合格。宏大公司提供的《工程竣工质量验收报告》虽然没有监理单位加盖公章,但宏大公司提供了钢结构安装单位工程观感质量表、各分项工程质量验收记录、分部工程质量评定表均记载质量合格，林城区建设工程监理服务中心业务一科加盖公章；宏大公司还提供了工程竣工验收总表，竣工验收情况结论是基础施工、钢构件制作、焊接、钢构件安装等符合要求合格，永顺公司、林城区建设工程监理服务中心业务一科加盖公章。该工程永顺公司也已接收并投入使用，结合宏大公司提供的竣工验收明细材料应认定，宏大公司实际施工的双方争议的钢结构厂房工程已经竣工验收，质量合格。2）工程造价问题。宏大公司主张工程造价应按其提供的两份施工合同约定的造价合计1588万元结算。针对宏大公司提供的两份施工合同，审理中永顺公司也提供一份施工合同。该合同约定：发包人为永顺钢铁有限公司，承包人为东天冶金建筑公司第五分公司，工程名称是轧钢厂房，厂房建筑面积28254平方米，工程内容按投标工程报价的各项目内容及施工图纸规定项目施工，承包范围是图纸设计内容（除水电安装、地面以外图纸所设计的所有内容），工程质量标准为合格，争取优良，合同价款是988万元，合同订立时间是2003年11月1日，项目经理是刘文。合同在甲方（发包方）一栏加盖公章的是永顺公司，签名的委托代理人是洪泽，在乙方（承包方）一栏加盖公章的名称是"东天冶金建筑公司第五分公司合同专用章"，签名的委托代理人是史忠。因双方当事人提供的合同价款相互矛盾，但合同记载的签订时间却是同一日期，相同的委托代理人签订，承包方公章是虚假的，所以无法按合同确定工程价款。林城区人民法院一审审理中委托上城工程造价咨询有限公司（以下简称上城造价公司）对宏大公司承建的钢结构厂房的造价进行鉴定。上城造价公司出具的永顺轧钢车间《造价鉴定报告书》认定，永顺轧钢车间工程造价无异议部分是1577万元，其中直接工程费和措施费合计1210万元；有异议部分是4万元。该报告书第五项有关情况说明称，钢结构工程有两种结算方式：一种为市场价；另一种为定额价。按照钢结构工程造价鉴定的惯例，应以市场价进行鉴定。根据一审法院要求，上城造价公司出具《造价鉴定补充说明》，该说明以永顺公司提供的总价款为988万元的合同约定的单价337.73元/平方米和施工图纸及施工记录记载的建筑面积29240平方米为依据，得出工程总造价市场价值为987.5万元。宏大公司对此认定提出异议，认为进行鉴定就是因为双方提供的合同约定的价款相互矛盾，鉴定部门仍依永顺公司提供的合同得出市场价显然不妥。上城造价公司又出具《造价鉴定补充说明（一）》，该说明称收到的三份合同相互矛盾，均不采纳。结合当时市场情况和双方提供的其他证据，认为综合单价应采用××正基审字（2004）第0180号造价咨询报告的综合单价，建筑面积采用施工图纸，比较符合市场情况，即工程造价（市场价）为：388.35 元/平方米（综合单价），建筑面积为 29240 平方米，总造价为 987.5 万元。因该说明中总造价数字计算有误，上城造价公司出具《造价鉴定补充说明（二）》称：本公司于 2007 年 8 月 10 日出具的《造价鉴定补充说明（一）》认定工程综合单价为 388.35 元/平方米，工程总面积为 29240 平方米，工程总造价为 1136 万元，因笔误，补充说明（一）将总造价误算为 987.5 万元，应更正为 1136 万元。上述《造价鉴定补充说明（一）》和《造价鉴定补充说明（二）》中依据的××正基审字（2004）第 0180 号造价咨询报告，是永顺翼板有限公司委托正方工程造价咨询有限公司所作的《关于永顺翼板有限公司钢结构厂房工程结算的审核报告》。永顺翼板有限公司委托审核的是订立时间为 2003 年 11 月 1 日合同价款为 452 万元的翼缘板轧制厂工程合同。报告审核结果为：原送审结算值为 452 万元，经审核核定的工程结算值为 452 万元，净核减值为 0。工程造价审核说明称合同价款 452 万元为中标价。该工程造价鉴定结果认定表中建设单位加盖公章的是永顺翼板有限公司，施工单位加盖的公章是"东天冶金建筑公司第五分公司"，经办人签名是徐业（宏大公司的工作人员）。3）工程款的支付情况。宏大公司确认收到永顺公司支付工程款 1195 万元，其中永顺公司为工程提供钢材抵工程款 588 万元，永顺公司直接支付工程款 605 万元，宏大公司工作人员王振在施工中为工程施工向永顺公司借款 2 万元，审理中宏大公司认可是永顺公司支付的工程款。

（3）宏大公司的施工资质和向公安机关报案情况。宏大公司提供的资质证书载明，宏大公司注册资金 327 万元；主项资质等级是钢结构工程三级，承包范围是可承担单项合同额不超过企业注册资金 5 倍且跨度 24 米及以下、总重量 600 吨及以下、单体建筑面积 6000 平方米及以下的钢结构工程。宏大公司提交县公安局证明，证明内容为：2005 年 12 月份宏大公司来报案称，2003 年 11 月张金、薛兴等人冒充中国东天冶金建筑公司工作人员，提供了中国东天冶金建筑公司的相关资质材料及中国东天冶金建筑公司第五分公司的印鉴及其他材料，以该公司的名义承包了永顺公司的钢结构工程，并由宏大公司实际施工。在施工过程中，张金、薛兴等人从宏大公司骗走 20 余万元。2005 年 10 月经宏大公司到中国东天冶金建设公司落实，发现并无"中国东天冶金建筑公司第五分公司"，也无张金、薛兴等工作人员。于是向公安机关报案，要求追究张金、薛兴等人的诈骗责任。该局接到报案后，由于宏大公司当时无法提供张金、薛兴等人的确切身份、住址等情况，就告知宏大公司暂时不予立案，待公司将张金、薛兴等人的身份、住址情况搞清楚后再决定是否立案。永顺公司对宏大公司提供的该证明真实性无异议，但认为该书证只能证明宏大公司于 2005 年 10 月曾报过案，工程于 2004 年就结束了，该证明不能证明宏大公司受到过诈骗。一审法院认为永顺公司异议成立，县公安局的证明只能证明宏大公司曾报过案，仅依此书证不能证明宏大公司曾受过诈骗。

林城区人民法院一审认为，宏大公司和永顺公司提供的三份施工合同中，工程承包方加盖的公章均是虚假的，宏大公司诉称是被张金、薛兴等人诈骗，并曾经报警，但宏大公司提供的公安机关的证明表明宏大公司不能说清张金、薛兴等人的确切身份、住址等情况，所以，宏大公司该主张的证据不充分，不能证明存在宏大公司被他人诈骗的事实。宏大公司和永顺公司提供的合同、施工技术资料、财务往来凭证上的经办人均是宏大公司工作人员，这一方面能证明宏大公司是双方争议工程的实际施工人，同时也证明宏大公司在与永顺公司业务往来中一直在使用"中国东天冶金建筑公司第五分公司"虚假公章。而且宏大公司为工程施工购买混凝土，外联委托加工铝合金门窗不是以自己公司名义签订合同，而是使用这枚虚假公章，充分说明宏大公司在此钢结构工程合同签订和履行过程中使用虚假公章，存在欺诈行为。宏大公司冒用虚假资质，使用虚假公章与永顺公司签订的三份钢结构工程施工合同均是无效合同。但由于宏大公司按质量要求完成了钢结构厂房工程，工程质量验收合格，永顺公司也已经接收厂房并已投入使用，所以，宏大公司可以实际施工人的身份主张工程款。本案争议的最大焦点是工程造价如何计算，工程款按什么标准结算。按照最高人民法院的有关司法解释规定，冒用资质签订的建设施工合同无效，但实际施工人完成工程，工程竣工验收合格，可以按双方合同约定结算工程款。但本案双方当事人针对同一工程提供的三份合同，约定的工程价款差额巨大，但合同记载的签订时间却是同一日期，由相同的委托代理人签订的，依据合同不能确认合同当事人对合同价款约定的真实意思表示。所以，法院委托鉴定机构鉴定该工程总造价，鉴定机构出具的报告称，钢结构工程有两种结算方式：一种为市场价；另一种为定额价，按照钢结构工程造价鉴定的惯例，应以市场价进行鉴定。鉴定机构根据法院委托按定额价和市场价结算方式分别出具了鉴定结论。一审法院审查后认为，鉴定机构按市场价结算方式出具的鉴定结论主要是以永顺翼板有限公司委托正方工程造价咨询有限公司所作的××正基审字（2004）第 0180 号《关于永顺翼板有限公司钢结构厂房工程结算的审核报告》为鉴定依据。第一，该报告委托主体不是合同双方当事人；第二，××正基审字（2004）第 0180 号《关于永顺翼板有限公司钢结构厂房工程结算的审核报告》报告结论是，"原送审结算值为 452 万元，经审核核定的工程结算值为452万元",表明该报告是对452万元的施工合同约定结算值的认定,前面已经论述452万元的施工合同是无效合同,不能确认合同内容是工程发包方和实际施工人的真实意思表示;第三,鉴定机构按市场价结算方式出具的鉴定结论缺乏较充分的工程同期材料、人工、机械等工程造价主要构成要素的市场价格资料作依据。所以一审法院对鉴定机构以市场价出具的鉴定结论不予采信。钢结构工程与传统建筑工程相比属于较新型建设工程,工程定额与传统建筑工程定额相比不够完备,但本案中鉴定机构按定额价结算方式出具的鉴定结论与市场价结算方式出具的结论相比,事实和法律上的依据都较充分,所以一审法院采信鉴定机构按定额价结算方式出具的鉴定结论。鉴定机构依据定额结算方式计算的工程造价是采用的2003年××省建设委员会颁布的《××省建筑工程消耗量定额》,该定额是按工程类别确定取费标准。双方争议的工程属一类工程,宏大公司不具有承揽此类工程的施工资质,在合同签订和履行过程中宏大公司有欺诈行为,一审法院认为永顺公司应按鉴定机构依据定额结算方式计算的工程总造价无异议部分中直接费总额给付宏大公司工程款。宏大公司与永顺公司签订的三份钢结构工程施工合同无效,主要是宏大公司冒用资质承揽工程,使用虚假公章签订合同的行为造成的。三份合同约定的工程价款差额巨大,但记载的却是同一签订时间,由永顺公司同一个委托代理人签订,均加盖永顺公司公章,永顺公司在合同签订过程中也有过错,其过错行为也是造成无法依合同约定确认工程价款的原因之一,所以,鉴定费用应由宏大公司与永顺公司按各自的过错分担。林城区人民法院于2007年11月9日作出(2006)林民商初字第825号民事判决:(1)永顺公司给付宏大公司工程款15万元,永顺公司于本判决生效之日起10日内付清;(2)驳回宏大公司其他诉讼请求。案件受理费32770元,由宏大公司负担28370元,永顺公司负担4400元;财产保全费23520元,由宏大公司负担;鉴定费13万元,由宏大公司负担9万元,永顺公司负担4万元。

宏大公司不服一审判决,向××市中级人民法院提起上诉称,(1)一审判决依据的是错误的鉴定报告。一审时对宏大公司提出的鉴定异议并未质证,违反了证据须经当事人进行质证才能采信的原则,该鉴定报告漏项及错算多达十几项,没有真实地反映该工程造价。宏大公司针对鉴定报告以上存在的诸多问题提出异议后鉴定人虽然进行了答复,但鉴定人答复显然不当,宏大公司针对其答复提出异议后,一审法院并未就此进一步质证,没有保障宏大公司充分地行使诉权。(2)一审法院仅判令永顺公司支付工程直接费违背了等价有偿的原则。虽然宏大公司在签订合同时应永顺公司的要求而犯了错误,但宏大公司按合同要求,保质保量地按期履行了合同义务，该工程已经质监机构和永顺公司验收合格并交付使用三年多。在履行该合同时，宏大公司同样付出了施工企业应当付出的一切，宏大公司也会发生企业管理费、规费、税金及其他项目费用，而这些也是承建该项目成本的一部分，虽然宏大公司承建该项目超越了资质，但对发生的成本应计算在内，超越资质承包与无资质承包显然是本质不同的，一审法院判决将这些费用排除在外，是对直接费概念的曲解。(3) 一审法院做出"在合同签订和履行过程中宏大公司有欺诈行为"的认定是错误的。1) 宏大公司使用"东天冶金建筑公司第五分公司"的名义与永顺公司签订合同，是应永顺公司要求。永顺公司签订合同时的代理人洪泽（永顺公司工作人员，已去世）在与宏大公司洽谈该业务时，要求宏大公司以一级资质的企业名义签订合同，这样便于永顺公司将该建好后的工程与某钢铁厂合资。为了满足永顺公司的要求，宏大公司通过别人介绍，认识了东天冶金建筑公司第五分公司的张金，经协商张金同意宏大公司挂靠该单位，并以该单位的名义承揽工程，由其出具东天冶金建筑公司第五分公司的全套手续，与永顺公司签订合同，并收取宏大公司的管理费。在整个合同履行期间包括外协合同的签订，后来的应诉，张金始终控制公章，所有文件和合同都由其加盖，宏大公司则向其交纳管理费。直至本案起诉前的2005年10月份，经与中国东天冶金建设公司接触，宏大公司才知道所谓的东天冶金建筑公司第五分公司并不存在，于是就在县公安局报了案。因此，宏大公司并未有欺诈的故意。同时需要说明，从工程开始永顺公司就知道工程是宏大公司承建，永顺公司提供的主要材料都是由永顺公司直接送到宏大公司院内，一审法院认定宏大公司在签订履行合同中存在欺诈行为无事实依据。2) 在合同履行期间宏大公司没有任何欺诈行为。诚然，在合同签订时宏大公司因受了张金等人的蒙骗而使用了不存在的分公司名义签订合同，但宏大公司积极地履行了合同义务，按期完成了工程并经质监机构验收合格，而且在结算上没有弄虚作假，不存在欺诈，一审法院在未查明事实的情况下认定宏大公司在合同签订和履行过程中有欺诈行为，没有事实依据。(4) 一审法院在审理期间，违法解除对永顺公司存款的冻结保全措施，损害了宏大公司的合法权益。请求撤销一审判决，依法改判或发回重审；本案一、二审诉讼费、保全费、鉴定费用，全部由永顺公司承担。

2008年2月2日，宏大公司又提交补充上诉状称，一审法院仅支持工程造价鉴定无异议部分中的直接费用无事实和法律依据。尽管宏大公司不具有承揽涉案工程的施工资质，但是争议的工程确实属于一类工程，而且该工程已经竣工验收合格，并投入使用三年之久，根据最高人民法院《关于审理建设工程施工合同纠纷案件适用法律问题的解释》第二条的规定,建设工程施工合同无效,但建设工程经竣工验收合格,承包人请求参照合同约定支付工程价款的,应予支持。工程价款包括直接费、间接费、税金及成本。而直接费和间接费是工程造价里面的成本,由于间接费是施工企业为工程所支出的实际费用,并不能因为合同无效而由施工人承担本应由发包人承担的成本。如果折价补偿应当包括施工人为建设工程所支出的所有实际费用,其价值就是建设工程的整体价值,也即建设工程的完整造价。如果合同无效后承包人只能主张合同约定的价款中的直接费和间接费,则承包人融进建筑工程产品当中的利润及税金就被发包人获得。发包人依据无效合同取得了承包人应当得到的利润,这与无效合同的处理原则不符合,违背了等价有偿原则。因此,一审法院扣减宏大公司应得的间接费、税金和利润无法律依据。

永顺公司答辩称,其亦不同意一审判决。宏大公司主体不适格,应当认定真实的合同价款是988万元,并依此作为判决的依据。对宏大公司提交的补充上诉状,主张已过上诉期,不予认可,请求二审法院不予采纳。

××市中级人民法院二审查明,一审判决认定的事实属实,予以确认。另查明,本案一审期间,鉴定人员根据永顺公司的申请,出庭接受双方当事人的质询,同时就宏大公司对鉴定报告的异议进行了回复。二审中,宏大公司提出鉴定申请,并提供鉴定材料。永顺公司对鉴定材料质证后认为,一审法院审理过程中,依据当事人的申请,要求鉴定人员出庭接受询问,两位鉴定工程师出庭接受了当事人的询问,对鉴定过程中的问题作了解答,鉴定过程中不存在漏项的情况。因此,宏大公司认为原鉴定结论有漏项根本不存在。

××市中级人民法院二审认为,一审法院已经对涉案工程委托了有资质的鉴定机构进行了鉴定,并对宏大公司提出的相关问题进行了回复,对宏大公司提出的漏项部分已经答复,一审法院委托的鉴定机构出具的鉴定报告合法有效,宏大公司申请重新鉴定不予支持。宏大公司2008年1月2日提交的补充上诉状,因已过上诉期,永顺公司不予认可,故不予审理。宏大公司使用虚假"东天冶金建筑公司第五分公司"的名义与永顺公司签订建设工程施工合同,"东天冶金建筑公司第五分公司"公章系宏大公司冒用,宏大公司不具有承包涉案建筑工程的资质,违背了法律的强制性规定,故宏大公司与永顺公司签订的三份建设工程施工合同均无效。根据最高人民法院《关于审理建设工程施工合同纠纷案件适用法律问题的解释》第二条的规定,建设工程施工合同无效,但建设工程竣工验收合格,承包人请求参照合同约定支付工程价款的,应予支持。但因本案中,涉案工程有三份价款不一致的建设工程施工合同,不能确定双方当事人对涉案工程价款的约定,故一审法院依据鉴定报告确定双方之间的工程款,并无不当。宏大公司称,鉴定报告未进一步质证,鉴定报告有漏项及错算的主张。但是,一审审理过程中,鉴定报告已送达双方当事人签收,鉴定人员已经出庭接受了双方当事人的询问,宏大公司对鉴定报告的异议,鉴定机构已做了答复,故宏大公司关于鉴定报告未进一步质证的主张,不予支持。关于鉴定报告中是否漏算车间钢屋架梁制作和安装、漏算车间采光带、漏算运输费、漏算钢制动梁、漏算面漆、漏算车间墙角泛水包角、背檐口包角、窗口包角、门口包角,漏算3毫米的天沟钢构件及拉丝、隅撑及定额套用是否有误,上城造价公司就此问题已作说明,鉴定报告已对吊车梁、屋面采光带等做了计算,故宏大公司该主张,不予支持。关于宏大公司称一审法院判令永顺公司向宏大公司支付工程直接费对宏大公司不公的主张,由于宏大公司冒用虚假公司的名义与永顺公司签订建设施工合同,致使双方之间的建设施工合同无效,一审法院判令永顺公司向宏大公司支付工程直接费用并无不当。关于宏大公司称一审法院违法解除对永顺公司存款冻结的主张,在一审法院采取财产保全措施后,永顺公司对冻结的存款已经提供了相应的担保,一审法院解除存款的冻结并无不当。综上,宏大公司的上诉请求和理由,证据不足,不予支持。一审判决认定事实清楚,应予维持。依照《中华人民共和国民事诉讼法》第九十五条、一百五十二条、第一百五十三条第一款第(一)项、第一百五十八条之规定,××市中级人民法院于2008年4月11日作出(2008)××民五终字第44号民事判决:驳回上诉,维持原判。二审案件受理费32770元,由宏大公司负担。

宏大公司不服,向检察机关提出申诉。××省人民检察院抗诉认为,二审判决以宏大公司没有承揽该类工程的施工资质,在合同签订和履行过程中其有欺诈行为为由,仅认定了上城造价公司《建筑工程结算书》中无异议部分的直接费用1210万元,而对施工过程中产生的间接费、税金、利润等部分均未予以认定,系适用法律错误。首先,二审判决因双方当事人提交的三份合同系当事人冒用"东天冶金建筑公司第五分公司"的名义签订的,且宏大公司系超越资质承揽业务,故认定合同无效,符合相关法律规定。最高人民法院《关于审理建设工程施工合同纠纷案件适用法律问题的解释》第二条规定:"建设工程施工合同无效,但建设工程经竣工验收合格,承包人请求参照合同约定支付工程价款的,应予支持。"所以,宏大公司请求永顺公司按照原合同的约定支付工程价款,并无不当。既然涉案的三份合同均无效,则工程价款的数额应当以实际发生的价款为准。

2004年5月，涉案工程经双方当事人共同验收结算，工程达到合格标准，该工程的《工程竣工质量验收报告》中载明工程造价为1588万元。本案一审期间，经法院委托，上城造价公司于2007年1月19日对该工程作出《建筑工程结算书》，认定涉案工程造价无异议部分为1577万元，本案一、二审判决均对此予以确认。该认定的造价数额与双方当事人之间结算数额基本一致，进一步证明涉案工程实际造价应当是1588万元左右。其次，建设工程施工合同履行的过程，就是将劳动和建筑材料物化在建筑产品中的过程。合同被确认无效后，已经履行的内容不能适用返还的方式使合同恢复到签约前的状态，而只能按照折价补偿的方式处理。而所谓的"价"，从工程施工管理的角度来讲，应当包括直接费、间接费、税金及利润等各种实际发生的价款，而非仅仅指原材料费、人工费等直接费。最高人民法院《关于审理建设工程施工合同纠纷案件适用法律问题的解释》第二条实际上是对在因为无资质而导致合同无效的情况下所实际发生的合格建筑工程予以有条件的认可，从而对现实生活中普遍存在的此类现象予以合理规范与控制，对由此所产生的社会关系予以合理的解决与疏导。二审判决认定了上述事实，但却以宏大公司没有承揽该类工程的施工资质，在合同签订和履行过程中其有欺诈行为为由，仅认定了上城造价公司《建筑工程结算书》中无异议部分的直接费用1210万元，而对施工过程中产生的各种间接费、税金、利润等部分均未予以认定，明显与最高人民法院《关于审理建设工程施工合同纠纷案件适用法律问题的解释》第二条的本意不符。而且直接费和间接费均属于工程造价里面的成本，是施工企业为工程所支出的实际费用，折价补偿理当包括施工人为建设工程所支出的所有实际费用。再次，就建设工程而言，其价值就是建设工程的整体价值，也即建设工程的完整造价。如果合同无效后承包人只能主张合同约定价款中的直接费和间接费，则承包人融入建筑工程产品当中的利润及税金就将被发包人获得。发包人依据无效合同取得了利润，这也与无效合同的处理原则不符，对施工方不公平，违背了等价有偿的原则。原审判决以宏大公司没有承揽该类工程的施工资质，在合同签订和履行过程中其有欺诈行为为由，仅认定了上城造价公司《建筑工程结算书》中无异议部分的直接费用1210万元，而对施工过程中产生的间接费、税金、利润等部分均未予以认定，系适用法律确有错误。

原再审过程中，宏大公司称：（1）《工程竣工验收总表》和《工程竣工质量验收报告》记载的预算造价和包工总价均为1588万元，且签署在涉案工程竣工后，可以作为永顺公司向宏大公司进行工程结算的依据。经法院委托，上城造价公司于2007年1月19日作出《建筑工程结算书》，认定涉案工程造价无异议部分为 1577 万元，本案一、二审判决均对此予以确认。该认定的造价数额与双方当事人之间结算数额基本一致，证明涉案工程实际造价是 1588 万元左右。(2) 一审法院采用的工程造价鉴定报告存在漏项、定额套用错误，导致对工程造价的认定错误，二审未予纠正。(3) 二审判决以宏大公司没有承揽该类工程的施工资质，在合同签订和履行过程中有欺诈行为为由，仅认定了上城造价公司鉴定报告中无异议部分的直接费用 1210 万元，而对施工过程中产生的间接费、税金、利润等部分均未予以认定，系适用法律错误。

永顺公司辩称，原审判决正确，应予维持。

××省高级人民法院再审查明的事实与原一、二审认定的事实一致。

××省高级人民法院再审认为，宏大公司冒用"东天冶金建筑公司第五分公司"的名义，使用虚假公章与永顺公司签订的三份建设工程施工合同均无效。因宏大公司按工程质量要求施工完成了工程，经验收工程质量合格，永顺公司已经接收了工程并已投入使用，宏大公司以实际施工人的身份主张工程款，予以支持。因本案双方当事人分别举证的三份合同中约定的工程价款不同，双方均各自认为自己所举证的合同真实，因双方对三份合同本身及合同的工程价款存在分歧，法院无法予以参照。根据一审法院委托上城造价公司所作的《造价鉴定报告书》，经质证后，原一、二审法院判决均予以采信，《造价鉴定报告书》中永顺轧钢车间工程造价无异议部分是 1577 万元，有异议部分是 4 万元。建设工程价值就是整体价值，也即建设工程的完整造价。合同无效后，如施工方只能主张建设工程造价中的直接费，则施工方融入建筑工程当中的间接费、利润及税金就被发包方获得，这与无效合同的处理原则不符，对施工方不公平，违背了等价有偿的原则。原审判决以宏大公司没有承揽涉案工程的施工资质，在合同签订和履行过程中有欺诈行为为由，仅支持了宏大公司无异议部分的直接费用 1210 万元，而对间接费、税金、利润等均未予以支持不当。检察机关关于本案应当保护宏大公司整体工程造价（包括直接费、间接费、利润及税金）的抗诉意见成立，予以支持。原一、二审判决适用法律不当，应予纠正。经××省高级人民法院审判委员会研究决定，依照《中华人民共和国民事诉讼法》第一百五十三条第一款第（二）项、第一百八十六条第一款之规定，判决：（1）撤销××市中级人民法院（2008）××民五终字第 44 号民事判决与林城区人民法院（2006）林民商初字第 825 号民事判决；（2）永顺公司于本判决生效 10 日内偿付给宏大公司工程款 382 万元（鉴定的工程造价 1577 万元－已支付的 1195 万元）。一审案件受理费 32770 元，由宏大公司负担 16385 元，永顺公司负担 16385 元；财产保全费 23520 元，由宏大公司负担；鉴定费13万元，由宏大公司负担9万元，永顺公司负担4万元。二审案件受理费32770元，由宏大公司负担16385元，永顺公司负担16385元。

永顺公司不服该判决，向本院申请再审称：（1）宏大公司并非是施工人，从涉案项目的投标到合同的签订、履行，始终都是史忠、刘文冒用"中国东天冶金建筑公司第五分公司"资质，使用虚假公章，属于严重欺诈行为，这是造成工程施工合同无效的根本原因。在××省高级人民法院再审期间，永顺公司曾申请对三份合同是否是同一天签订申请鉴定，但××省高级人民法院未予采纳，属于程序不当。（2）988万元是涉案工程的真实价款，应参照该988万元的施工合同进行工程结算。××省高级人民法院采纳定额价结算方式的鉴定报告，存在误算、多算的问题，对工程造价类别划分界定错误，将二类工程按照一类工程计取费率。即使本案采用司法审价也只能采用市场价结算方式的鉴定结论。（3）涉案工程并没有经过竣工验收，××省高级人民法院依据被申请人伪造的证据认定涉案工程经验收工程质量合格，显然属于事实认定错误。（4）退一步讲，本案即使采用定额结算方式的鉴定结论，应仅支持直接费，而对于间接费、利润和税金则不应支持。（5）原一、二审和原再审法院采纳的定额价鉴定报告本身就存在严重的硬伤。综上，请求撤销××省高级人民法院（2008）××民提字第304号民事判决，驳回宏大公司的诉讼请求。

宏大公司辩称，原再审判决认定事实清楚，适用法律正确，应予维持。

本院再审查明的事实与原审判决认定的事实一致。

本院再审认为，本案争议的焦点问题是：（1）宏大公司是否是涉案工程的实际施工人；（2）涉案工程施工合同的效力认定；（3）涉案工程价款的确定依据。

（1）关于宏大公司是否是涉案工程的实际施工人的问题。

本院认为，首先，虽然从本案建设工程施工合同的形式看，承包人为东天冶金建筑公司第五分公司，与宏大公司并无直接的法律关系，从本案建设工程施工合同的内容看，也没有约定与宏大公司有关的权利义务内容，但是，宏大公司提供了中国网通齐河分公司书证，证明上述施工合同乙方（承包方）一栏记载的电话均是宏大公司办公电话。其次，宏大公司提供的提货单证明永顺公司抵顶工程款的钢材均运送到宏大公司；宏大公司的财务记账凭证、外联单位的收款收据、发票等证据能够证明支付给涉案工程外联单位的各种款项由宏大公司支付；宏大公司法定代表人刘文还以"东天冶金建筑公司第五分公司"名义与案外人英格实业有限公司签订的用于"永顺钢铁公司轧钢厂房"工程预拌混凝土供需合同。再次，宏大公司法定代表人刘文与永顺公司工作人员洪泽签订的一份证明，证明称永顺公司发包给"东天冶金建筑公司第五分公司"承建的30万吨棒线材轧钢厂、加热炉厂房及翼缘板轧钢工程的施工地点已由××市工业北路68号改为董家镇机场路谢家屯村西。最后,宏大公司持有双方争议工程的施工合同、施工技术资料,收取了永顺公司供应的工程用钢材及永顺公司支付的工程价款。因此,原一、二审和认定宏大公司是涉案工程的实际施工人并无不当。永顺公司提出的主张宏大公司不是实际施工人的申请再审理由不成立,本院不予支持。

(2) 关于涉案工程施工合同的效力问题。

本院认为,根据原一、二审查明的事实和证据,能够证明承包人"东天冶金建筑公司第五分公司"系宏大公司工作人员假冒中国东天冶金建设公司第五工程公司的企业名称和施工资质承包涉案工程,宏大公司的行为构成欺诈,且违反了建筑法以及相关行政法规关于建筑施工企业应当取得相应等级资质证书后,在其资质等级许可的范围内从事建筑活动的强制性规定。依照《中华人民共和国合同法》第五十二条第(五)项、最高人民法院《关于审理建设工程施工合同纠纷案件适用法律问题的解释》第一条之规定,应当认定宏大公司假冒中国东天冶金建设公司第五工程公司的企业名称和施工资质与永顺公司签订的建设工程施工合同无效。永顺公司提出的建设工程施工合同无效的主张正确,本院予以支持。

(3) 关于涉案工程价款的确定依据的问题。

本院认为,第一,本案应当通过鉴定方式确定工程价款。尽管当事人签订的三份建设工程施工合同无效,但在工程已竣工并交付使用的情况下,根据无效合同的处理原则和建筑施工行为的特殊性,对于宏大公司实际支出的施工费用应当采取折价补偿的方式予以处理。本案所涉建设工程已经竣工验收且质量合格,在工程款的确定问题上,按照最高人民法院《关于审理建设工程施工合同纠纷案件适用法律问题的解释》第二条的规定,可以参照合同约定支付工程款。但是,由于本案双方当事人提供了由相同的委托代理人签订的、签署时间均为同一天、工程价款各不相同的三份合同,在三份合同价款分配没有规律且无法辨别真伪的情况下,不能确认当事人对合同价款约定的真实意思表示。因此,该三份合同均不能作为工程价款结算的依据。一审法院为解决双方当事人的讼争,通过委托鉴定的方式,依据鉴定机构出具的鉴定结论对双方当事人争议的工程价款作出司法认定,并无不当。

第二,本案不应以定额价作为工程价款结算依据。一审法院委托上城造价公司进行鉴定时,先后要求上城造价公司通过定额价和市场价两种方式鉴定。2007年1月19日,上城造价公司出具的××上城基鉴字〔2006〕第006号鉴定报告载明,采用定额价结算方式认定无异议部分工程造价为 1577 万元,其中直接工程费和措施费合计 1210 万元,有异议部分工程造价为 4 万元。一、二审判决以直接工程费和措施费合计 1210 万元作为确定工程造价的依据;××省高级法院再审判决则以无异议部分 1577 万元作为工程造价。首先,建设工程定额标准是各地建设主管部门根据本地建筑市场建筑成本的平均值确定的,是完成一定计量单位产品的人工、材料、机械和资金消费的规定额度,是政府指导价范畴,属于任意性规范而非强制性规范。在当事人之间没有作出以定额价作为工程价款的约定时,一般不宜以定额价确定工程价款。其次,以定额为基础确定工程造价没有考虑企业的技术专长、劳动生产力水平、材料采购渠道和管理能力,这种计价模式不能反映企业的施工、技术和管理水平。本案中,宏大公司假冒中国东天冶金建设公司第五工程公司的企业名称和施工资质承包涉案工程,如果采用定额取价,亦不符合公平原则。再次,定额标准往往跟不上市场价格的变化,而建设行政主管部门发布的市场价格信息,更贴近市场价格,更接近建筑工程的实际造价成本。此外,本案所涉钢结构工程与传统建筑工程相比属于较新型建设工程,工程定额与传统建筑工程定额相比还不够完备,按照钢结构工程造价鉴定的惯例,以市场价鉴定的结论更接近造价成本,更有利于保护当事人的利益。最后,根据《中华人民共和国合同法》第六十二条第(二)项规定,当事人就合同价款或者报酬约定不明确,依照合同法第六十一条的规定仍不能确定的,按照订立合同时履行地的市场价格履行;依法应当执行政府定价或者政府指导价的,按照规定履行。本案所涉工程不属于政府定价,因此,以市场价作为合同履行的依据不仅更符合法律规定,而且对双方当事人更公平。

第三,以市场价进行鉴定的结论应当作为定案依据。上城造价公司根据一审法院的委托又以市场价进行了鉴定,并于 2007 年 9 月 26 日出具的《造价鉴定补充说明(二)》指出,涉案工程综合单价每平方米 388.35 元,工程总造价 1136 万元。一审法院认为,上城造价公司按市场价结算方式出具的鉴定结论主要是以永顺翼板有限公司委托正方工程造价咨询有限公司所作的××正基审字(2004)第 0180 号《关于永顺翼板有限公司钢结构厂房工程结算的审核报告》为鉴定依据,而该报告委托主体不是合同双方当事人,该报告所涉 452 万元的施工合同是无效合同,且该鉴定结论缺乏较充分的工程同期材料、人工、机械等工程造价主要构成要素的市场价格资料作依据。但是,上城造价公司于 2007 年 8 月 10 日出具的补充说明(一)已经明确载明,××正基审字(2004)第 0180 号造价咨询报告中的综合单价 388.35 元,比较符合当时的市场情况。对于这一鉴定结论,双方当事人均未提供充分证据予以反驳。《关于B翼板有限公司钢结构厂房工程结算的审核报告》委托主体是否为本案合同双方当事人，以及该报告所涉452万元施工合同是否有效，均不影响对综合单价每平方米388.35元的认定。一、二审和原再审判决对以市场价出具的鉴定结论不予采信的做法不当，应予纠正。本案所涉工程总面积为29240平方米，故工程总造价按市场价应为1136万元。鉴于永顺公司已经支付工程款1195万元，永顺公司在一审判决后没有上诉；二审维持一审判决后，永顺公司亦没有提出申请再审，因此，本案工程总造价可按一审确定的1210万元，作为永顺公司应当支付的工程款项。

综上所述，永顺公司申请再审的理由成立，原再审判决认定事实不当，应予纠正。依照《中华人民共和国民事诉讼法》第一百五十三条第一款第（二）项、第（三）项，第一百八十六条第一款之规定，判决如下：

（1）撤销××省高级人民法院（2008）××民提字第304号民事判决；

（2）维持××市中级人民法院（2008）××民五终字第44号民事判决和林城区人民法院（2006）林民商初字第825号民事判决。

一审案件受理费32770元，由宏大钢结构有限公司负担28370元，永顺物资有限责任公司负担4400元；财产保全费23520元，由宏大钢结构有限公司负担；鉴定费13万元，由宏大钢结构有限公司负担9万元，永顺物资有限责任公司负担4万元。二审案件受理费32770元，由宏大钢结构有限公司负担。

本判决为终审判决。

评注：

> 本案历经林城区人民法院一审、××市中级人民法院二审、××省高级人民法院和最高人民法院再审，历时5年，耗费了双方当事人大量的财力、精力，也占用了大量的司法资源。因此，双方当事人都有可吸取借鉴的教训，对业界亦有深刻启示：
> 
> （1）要充分认识当前建筑市场混乱的现状，对风险不可掉以轻心。尤其是建筑工程，涉及标的较大，历时较长，投入较多，有不少不可预见性因素。因此，对建筑市场的风险要高度重视，认真分析，以便规避或化解。

(2) 要严格依法办事。即使一个社会的市场环境好,信用程度高,我们尚且要依法办事。在建筑市场混乱的情况下,更要严格依法办事。否则,隐患层出,后患无穷。本案从合同签订之日起就埋下了纠纷争议的隐患。永顺公司作为建设单位,作为工程项目的发包方,在选定施工单位的时候,实际上是没有严格履行招投标的多项规定,最后把工程交给一家不具备相应资质的单位承包,才引发了后续遭遇资质欺诈的问题。

　　(3) 该项目的实际施工人宏大公司,在不具备相应资质的情况下,"借用"其他公司的名义承揽工程,本身就是严重的违法行为。为工程投入了大量资金和劳务,不可谓不"辛苦"。但由于其资质的缺陷,很可能使其投入处于"付诸东流"之险境。尽管最高人民法院《关于审理建设工程施工合同纠纷案件适用法律问题的解释》对施工人提供了一定的支持,但在具体处理过程中毕竟存在诸多变数。因此,违法承揽工程是一种对各方不负责任的行为。

　　(4) 本案争议的焦点在其他施工纠纷争议中也具有代表性:1) 宏大公司是否是涉案工程的实际施工人;2) 涉案工程施工合同的效力认定;3) 涉案工程价款的确定依据。各级法院分别就此作出了4份判决。我们一方面尊重法律,服从最终判决。但是实际上,每份判决都有其合理性,值得业界人士反复研习,吸取经验和教训。

# 案件3 某大堂装修工程施工合同纠纷案民事判决书

【提要】原告同和集团有限公司与被告乐逸设计工程有限公司2000年10月31日签订《同和集团质检楼一层大堂装饰工程协议》，约定由被告承担同和公司质检楼一层大堂装修工程，工程价格暂定为85万元，按实际工程量及材料的实际价格进行结算。原告分两次向被告支付工程款50万元。后被告要求原告支付第三笔工程款10万元、工程进度等问题，双方产生纠纷。2001年3月29日，原告向被告发出通知，要求被告于2001年3月30日前，将工程所需石材全部到场，否则清场处理。3月31日，被告撤出施工现场。

原告诉称：2001年1月5日，原告考虑到被告在约定的工期内没能完工，而工期又非常紧迫，在全部石材尚未到现场的情况下，支付了被告第二笔工程款20万元，后被告又无理要求原告继续支付第三笔工程款10万元。2001年3月29日向被告发出清场的通知后，被告置之不理，原告后来在邀请了宝兴区公证处等单位到场的情况下，进行了现场清理工作，并核算出被告已经完成的工程造价为192124元。请求法院判令被告立即退还原告已经多支付的工程款人民币307876元。被告称实际已经完成75万余元的工程量，请求法院驳回原告的诉讼请求。

法院经审理认为，双方有异议的是截至2001年3月31日清场时已完成的工程量及已完工部分的工程造价。双方自行制作的工程结算单均不具有客观性，不予认可。原告提交的《公证书》及《现场记录》和光盘的制作时间与清场时间仅间隔4天，在被告不能提供其他证据证明工程量的情况下，可以作为确定工程量的参考依据。法院委托市建设工程造价咨询中心进行鉴定，鉴定结果为工程造价合计240731元。被告虽对鉴定结论不予认可，但没有提出足以反驳的相反证据和理由。最终，法院判决被告乐逸设计工程有限公司返还原告同和集团有限公司人民币259269元。

【关键词】工程量；工程造价；公证；鉴定

原告同和集团有限公司诉被告乐逸设计工程有限公司建设工程施工合同纠纷

一案，××市第一中级人民法院于2003年3月25日受理后，依法组成合议庭，公开开庭进行了审理。原告同和集团有限公司的委托代理人，被告乐逸设计工程有限公司的委托代理人到庭参加诉讼。本案现已审理终结。

原告诉称，原、被告于2000年10月31日在原告处签订《同和集团质检楼一层大堂装饰工程协议》。协议约定，由被告承担同和公司质检楼一层大堂装修工程；工程价格暂定为85万元（人民币，下同），结算方式按实际工程量及材料的实际价格进行结算；付款方式为合同签订生效后预付工程款30万元，全部石材到现场再付工程款人民币20万元，工程完成90%，再付工程款人民币10万元，工程竣工验收合格后，按实际结算价格付全部工程款的95%（含前三次付款），5%余款保修一年后付清；约定的工期为2000年11月1日～2000年12月15日（45个工作日）。合同签订后，原告按合同约定支付了第一笔工程款30万元，而被告在合同约定的工期内没能完工。2001年1月5日，原告考虑到被告在约定的工期内没能完工，而工期又非常紧迫，在全部石材尚未到现场的情况下，又支付了被告第二笔工程款20万元。之后，被告的全部石材始终未能到现场，且被告在工程尚未完成90%的前提下无理要求原告继续支付第三笔工程款10万元，虽经双方的多次协商，均未达成共识，被告借此始终不予开工。因距离中医药文化节开幕式越来越近，原告于2001年3月30日，向被告发出书面通知，要求全部石材必须到现场，否则进行清场，而被告对此通知置之不理，至此原告迫于无奈对被告下了清场的通知，并通知对方进行现场清理和核算，同时邀请了晨达监理公司、宝兴区公证处以及民丰实业发展有限公司（即后续工作的施工人），但被告并没有如期到场，在以上单位均到达现场的情况下，进行了现场清理工作，并由宝兴区公证处进行证据保全，通过核算被告已经完成的工程造价为192124元。综上，原、被告双方签订的合同，合法有效。原告依约履行了合同的义务，共向被告支付工程款50万元。而被告未能在约定的工期内完成工程，并给原告造成了巨大的经济损失，而且被告已实际完成的工程量仅为192124元，至此，原告多支付被告工程款达30余万元。为维护原告的合法权益，特诉请依法判令：（1）被告立即退还原告已经多支付的工程款人民币307876元。（2）由被告承担本案的全部诉讼费用。

被告辩称，《同和集团质检楼一层大堂装饰工程协议》约定工期是2000年11月1日～12月15日，实际上工期变更至2001年4月20日前。原告支付被告第二笔工程款20万元时石材已经到场，并且已经挂贴60%以上。原告擅自终止合同，并没有向被告提过石材到场的问题。双方的纠纷导致工程计量没有成功。被告对原告在诉状中所称通知被告进行现场清理和核算,并邀请监理公司、宝兴区公证处等单位进行现场清理工作,由宝兴区公证处进行证据保全等事实不予认可,实际上被告并未接到通知。被告认为,原告在诉状中称"通过核算被告已经完成的工程造价为人民币192124元",是违背事实的。根据被告的计算,实际已经完成75万余元的工程量。原告尚欠被告工程款25万余元,被告对此保留诉权。请求驳回原告的诉讼请求。

双方当事人在庭审中表示对如下案件事实没有争议:原、被告双方于2000年10月31日在原告处签订《同和集团质检楼一层大堂装饰工程协议》。协议约定,由被告承担原告质检楼一层大堂装修工程,工程价格暂定为85万元;付款方式为合同签订生效后预付工程30万元,全部石材到现场再付工程款20万元,工程完成90%,再付工程款人民币10万元,工程竣工验收合格后,按实际结算价格付全部工程款的95%(含前三次付款),5%余款保修一年后付清;约定的工期为2000年11月1日~2000年12月15日(45个工作日);按实际工程量及材料的实际价格进行结算,结算依据参照××市地区定额,适当考虑被告方的具体情况协商确定。2000年11月22日,原告向被告支付工程款30万元。此后,双方就合同履行问题多次互发传真:2000年12月13日、12月25日,被告向原告发出请款通知,称石材已全部运到现场,请求支付第二笔20万元工程款。2001年1月5日,原告向被告支付第二笔工程款20万元。同年2月13日,被告向原告发出《关于工程进度及请款通知单》,请求支付工程款10万元。3月27日,被告请求变更天花材料,得到原告方认可。3月29日,被告向原告发出《关于质检楼一层大堂工程进行至目前的几点声明》,称因原告未支付第三笔工程款10万元,造成被告垫资施工,工期滞后,原告已构成违约。同日,原告向被告发出通知,称被告违约,并限被告"于2001年3月30日前,将所有石材全部到场,否则我方将做清场处理"。3月30日,被告向原告发出《工程量清单》,要求原告"应于今日19:00之前对贵公司现有工程量进行认可",同日原告回复表示拒绝,并称:(1)被告公司主要负责人及工程师务必于3月31日上午9:00之前抵达现场,会同原告、监理方对已完成工作量进行计量,否则,将以后者的计量数据作为决算依据;(2)被告发出的《工程量清单》视为单方终止合同之举,应承担赔偿责任。3月31日,原告向被告发出通知,限被告"于2001年3月31日下午14:00前,清场完毕"。4月1日,被告向原告发出"声明"称:(1)原告的清场决定系单方终止合同行为,应承担赔偿责任;(2)双方应会同监理单位核对清点工程量作为结算依据,在己方未认可工程量之前,原告应负保护现场之责。4月16日,被告致函原告,表示已于3月31日清场,对原告提出的按××市2000定额结算的要求,"在此不过多争议",请求原告给予时间作××市定额。

对上述双方当事人不持异议的事实,本院予以确认。

在庭审中,原、被告双方对以下待证事实持有异议:截至2001年3月31日清场时已完成的工程量及已完工部分的工程造价。

对此,原告在举证期限内提供如下证据材料:(1)××市宝兴区公证处(2001)宝证经字第0119号《公证书》及《现场记录》、现场摄像资料(VCD)光盘;(2)监理公司于2001年4月3日拍摄的现场照片;(3)原告方于2001年12月18日自行制作的"建筑工程结算书";并申请对清场时已完工部分的工程造价进行鉴定。经质证,被告对上述证据材料的真实性及关联性均提出异议,认为原告向法庭提供的《公证书》复印件未经与原件核实,且公证员签字空缺,不符合公证程序;被告已于2001年3月31日撤场,而现场照片、《公证书》及《现场记录》和光盘分别于4月3日、4月4日在被告未到场的情况下制作,不能客观地反映清场时已完成的工程量;现施工现场已不存在,不同意对工程造价进行鉴定;"建筑工程结算书"系原告自行制作,不具有客观性,不予认可。被告在举证期限内提供如下证据材料:被告于2001年3月30日自行制作的"完工工程量清单"。经质证,原告认为此证据材料系被告方自行制作,不具有客观性,不予认可。

本院经审核认定,原告提交的《公证书》虽系复印件,经与原件核实并询问××市宝兴区公证处公证员,其内容与原件一致,原件上公证员周桂明的签字真实。原告提交的现场照片并非公证人员制作,且不能确定拍摄的准确时间,故对其证明效力不予认定。原告提交的"建筑工程结算书"和被告提供的"完工工程量清单"均系一方当事人自行制作,属于当事人陈述性质,且对方当事人均不予认可,在没有其他证据佐证的情况下,对各自的主张均不具有证明作用。《公证书》及《现场记录》和光盘的制作时间与清场时间仅间隔4天,在被告不能提供其他证据证明工程量的情况下,可以作为确定工程量的参考依据。

本院于2003年10月30日委托市建设工程造价咨询中心对涉案工程2001年3月31日已完工部分的工程造价进行鉴定,该鉴定部门于2003年12月出具《工程造价鉴定书》,鉴定结论为:工程造价合计240731元。2004年1月8日本院再次开庭对《工程造价鉴定书》进行质证,鉴定人出庭接受了当事人的质询。原告对《工程造价鉴定书》的制作程序和鉴定结论均无异议。被告则对鉴定结论不予认可。本院委托鉴定部门所作《工程造价鉴定书》，被告虽对鉴定结论不予认可，但没有提出足以反驳的相反证据和理由，应当确认其证明力，并作为裁判依据。

本院认为，本案属合同纠纷，当事人没有合意选择解决争议的管辖法院，因合同履行地和被告所在地都在本院辖区内，故本院对本案有管辖权。根据双方当事人在合同中的选择，本案适用《中华人民共和国合同法》。

原、被告双方在平等、自愿的基础上签订的建设工程施工合同，不违反法律、行政法规的强制性规定，已发生法律效力，当事人应当依约履行义务。双方虽约定合同履行期限为2000年11月1日～12月15日，但此后各自都有履行行为，表明均同意延长履行期限。原告于2001年3月31日向被告发出解约通知，被告于当日即撤出施工现场，合同已于此日终止。双方当事人在合同中约定，按实际工程量及材料的实际价格进行结算，结算依据参照××市地区定额，适当考虑被告方的具体情况协商确定。《合同法》规定，合同权利义务终止，不影响合同中结算和清理条款的效力。基此，应当按照合同约定的计价方法和计价标准，即按实际完成的工作量参照××市地区定额标准计算工程造价，结算工程款。根据本院委托的鉴定部门基于上述原则所作鉴定结论，涉案工程造价合计240731元，原告已支付被告50万元，被告应返还原告259269元。被告关于实际已经完成75万余元的工程量的抗辩，没有事实依据，不予支持。依照《中华人民共和国合同法》第九十八条的规定，判决如下：

(1) 本判决生效后十日内，被告乐逸设计工程有限公司返还原告同和集团有限公司人民币259269元，逾期给付，按《中华人民共和国民事诉讼法》第二百三十二条的规定执行；

(2) 驳回原告同和集团有限公司的其他诉讼请求。案件受理费7010元，由原告同和集团有限公司负担910元，被告乐逸设计工程有限公司负担6100元；鉴定费2000元，由原告同和集团有限公司负担260元，被告乐逸设计工程有限公司负担1740元。

**评注：**

　　本案的案情虽然不很复杂，属于合同纠纷的"常见病"、"多发病"，具有以下几点启示：

　　（1）古人云："一言既出，驷马难追。"订立合同，履行承诺，是天经地义的事。在市场经济环境下，尤应如此。这是本案给我们的重要启示。

　　（2）原告方能胜诉，可取之处在于其及时进行了证据保全，使得工程量和工程造价的计算有基本的事实和支撑，并在相当程度上得到法院支持，从而有效地维护了自身权益。

　　（3）类似此类合同争议，为了更有效地维护当事人的权益，双方在订立合同时，应该有违约处罚的约定条款。尤其是工程建设合同，倘若不能如期完成，影响的不仅仅是工程项目本身的费用损失，而且会影响到工程项目建成之后的投入使用（或者是预销售收入）。后者的损失往往比前者损失大得多。这也是我们要高度重视、未雨绸缪的关键所在。同时，通过加大违约成本，使其不敢违约，有助于规范市场行为。

# 案例4　某广场地下工程施工合同纠纷案民事判决书

**【提要】**原告蓝天公司与被告尚风公司于2000年4月27日签订《建设工程施工合同》，由原告承建尚风公司投资的"紫山广场地下工程"。蓝天公司进场后，由于政府有关部门尚未审定工程方案，蓝天公司曾多次处于停工状态。2001年8月，原告撤离了工地。原告蓝天公司诉称，被告尚风公司明知合同不能履行的情况下，仍然以必须经其同意为由拖延原告撤出施工设备。被告阳光公司2003年8月承继了尚风公司债务，应与尚风公司共同承担责任。因此，请求法院判决被告尚风公司和阳光公司支付原告欠付工程款、误工损失共计556.5万元，并承担相应的利息。被告尚风公司辩称已经支付给原告200多万元，远远超过了应支付工程款，不存在违约行为，本案争议工程的所有权仍为尚风公司所有，与阳光公司没有法律关系，原告要求阳光公司承担责任没有法律依据。被告阳光公司辩称，本案争议的工程与阳光公司无关。法院经过审理，重点对五个问题进行了确认：一是本案所涉工程的造价问题。根据原告申请，法院委托红日会计师事务所有限公司对本案争议的工程进行司法鉴定，该公司出具司法鉴定意见书，原告完成的工程造价为395万元。二是被告尚风公司向原告蓝天公司已支付工程款数额问题。法院组织双方一一核对被告提交的65份付款的凭证及相关证据，认定了被告尚风公司向原告已支付工程款共计252万元的事实。三是原告主张的误工损失问题。法院对有被告及相关联公司回函确认的两次误工进行了确认，但对原告主张的2000年12月8日～2001年6月30日期间误工损失不予认定，认定原告误工损失共计86.5万元扣除被告支付的停工期间原告建筑设备租赁费71.4万元，被告应支付原告误工误失15.1万元。四是原告主张的利息损失。法院认为，原告仅完成部分工程量，未有充分证据证明双方对该部分工程量进行验收及交付，也未提供双方对该工程量价款进行结算的相关证据，故被告未付原告工程款的利息损失应当从其起诉之日计付。五是原告要求被告阳光公司在本案中承担责任问题。由于××省高级人民法院（2010）××民法提字第00008号民事判决书认定被告尚风公司与被告阳光公司之间转让本案所涉工程的行为无效，因此不予支持。最终法院判决，被告尚风公司支付原告蓝天公司工程款143万元及利息（从2009年7月6日至本判决确定的还款之日止按中国人民银行同期贷款利率计付）、误工损失15.1万元。

【关键词】工程款；误工损失；司法鉴定

原告蓝天建筑工程有限公司（以下简称蓝天公司）诉被告尚风电子技术有限公司（以下简称尚风公司）、被告阳光置业有限公司（以下简称阳光公司）建设工程施工合同纠纷一案，本院于2010年6月3日受理后，依法组成合议庭，于2011年3月3日公开开庭进行了审理。原告蓝天公司委托代理人，被告尚风公司委托代理人，被告阳光公司委托代理人，鉴定人到庭参加诉讼。本院现已审理终结。

原告蓝天公司诉称，2000年4月27日，原告与被告尚风公司签订《建设工程施工合同》，由原告承建尚风公司投资的"紫山广场地下工程"。因该工程地基部分是由其他单位施工，原告依约进场后对现场进行了除锈，并根据工程实际情况搭建了高强钢竹胶合模板，共计费用100万元。被告尚风公司同意后原告继续施工，至2001年6月25日由于被告尚风公司原因，致使合同被迫终止。但被告尚风公司明知合同不能履行的情况下，仍然以必须经其同意为由拖延原告撤出施工设备。截至2001年6月25日，被告书面认可造成原告的窝工、误工损失为3138746.44元，每天损失7048元。2002年5月13日原告与被告尚风公司进行结算，被告尚风公司接到原告《工程结算书》和费用清单后没有提任何异议。尚风公司共欠原告主体工程款522.5万元，停工损失313.9万元。被告尚风公司长时间拖欠原告工程款，应当依法承担拖欠期间原告的利息损失。2003年8月10日，被告阳光公司承继了被告尚风公司债务，阳光公司应与尚风公司共同承担对原告支付工程款、误工损失、利息损失的责任。被告唐城置业有限公司注册资金是由被告尚风公司提供，且其书面承诺承担尚风公司债务，其股东800万的注册出资是尚风公司财产，他们也是尚风公司股东，故唐城置业有限公司及其股东应在800万范围内承担本案的连带支付责任。诉讼中，原告蓝天公司撤回对被告唐城置业有限公司及其股东的起诉。原告蓝天公司请求法院判令：（1）被告尚风公司、阳光公司支付原告欠付工程款、误工损失共计556.5万元；（2）被告尚风公司、阳光公司承担欠款期间银行同期贷款利息自2001年6月26日起至判决生效止（暂计427万元）；（3）被告尚风公司、阳光公司连带承担本案的诉讼费用。

被告尚风公司辩称，原告蓝天公司与被告尚风公司存在建筑工程承包合同关系，但合同约定的是相对固定价取费，不是按实际工程量取费。原告蓝天公司进行除锈、搭建高强钢竹胶合模板的费用尚风公司不予认可。尚风公司已经支付给原告200多万元，远远超过了应支付工程款，不存在违约行为。原告蓝天公司要求支付工程款数额、误工损失、利息损失没有事实依据。本案争议工程的所有权仍为尚风公司所有，与阳光公司没有法律关系，原告要求阳光公司承担责任没有法律依据。

被告阳光公司辩称，本案争议的工程与阳光公司无关，阳光公司不是工程的权利人，没有合法有效的证据证明阳光公司应当承担原告诉请的债务。原告诉请的工程款、误工损失、利息损失数额与事实不符。

原告蓝天公司为支持其诉讼主张，提供了如下证据：（1）原告与被告尚风公司所签《建设工程施工合同》，证明双方签约的内容；（2）紫山地下广场工程除锈、清理工程费用清单，证明原告除锈清理工程费用为50万元；（3）紫山地下广场工程校核模板费用报告，证明原告搭建高强钢竹胶合模板费用50万元；（4）2000年6月30日尚风公司向原告的回函，证明2000年6月14日～6月28日原告停工15天，误工损失10.3万元；（5）2000年12月10日唐城置业有限公司向原告回函，证明2000年8月23日～2000年12月8日原告停工108天，误工损失为76.2万元；（6）2001年6月25日原告向唐城置业有限公司出具的《关于紫山广场地下工程2000年12月8日～2001年6月30日停工费用等情况的报告》，证明原告在该期间的误工损失为135.5万元；（7）唐城置业有限公司向原告的回函，证明原告2000年12月8日～2001年6月26日处于停工状态；（8）原告制作的紫山广场地下工程结算书，证明工程款为4225136.99元；（9）2005年11月28日紫山广场地下工程手续材料交接清单，证明原告窝工、误工及天数和损失金额；（10）2001年1月12日唐城置业有限公司向原告的通知，证明唐城置业有限公司代表尚风公司与原告联络；（11）××市中级人民法院（2008）××民再终字第163号民事判决书，证明尚风公司无偿将原告建设工程转给独资的阳光公司占有、使用至今；（12）阳光公司董事决议，证明内容同证据（11）；（13）阳光公司授权书，证明内容同证据（11）；（14）阳光公司的关于××市临时占用城市道路申请表，证明内容同证据（11）；（15）工商询证函，证明唐城置业有限公司无偿获得尚风公司800万资产。

被告尚风公司为支持其诉讼主张，提供了如下证据：（1）原告第一次起诉在审理中的对账笔录，证明被告尚风公司支付原告249万余元；（2）2003年11月10日出具的原告完成工程量的情况说明，证明原告完成的工程项目范围与实际工程量；(3) ××省高级人民法院（2010）××民法提字第 00008 号民事判决书，证明尚风公司与阳光公司的转让协议无效也没有实际履行，阳光公司与本案没有关系，紫山广场地下工程为尚风公司所有；(4) ××市政府 [1997] 329 号文件，证明紫山广场地下工程为尚风公司所有；(5) ××市国土资源局 1997 年 01 号证书，证明内容同上；(6) 建设工程 [1999] 0441 号许可证，证明内容同上；(7) ××市环境工程指挥部 [2004] 02 号文件，证明内容同上。

被告尚风公司对原告证据的质证意见为：对原告提供的证据（1）的真实性及证明目的均无异议；证据（2）是原告单方制作，不能证明原告主张，被告尚风公司以前也未收到该份证据；证据（3）是复印件，被告尚风公司未收到，也不予认可，不能证明原告主张；对证据（4）的真实性无异议；证据（5）的效力是无效的，不能证明原告主张；证据（6）是原告单方制作的报告，没有证明力，不能证明该事实的存在，虽然有唐城置业有限公司的现场代表签字，但不能证明原告主张成立，对该签字的真实性不予认可；证据（7）与被告尚风公司没有关系，原告证明目的错误，且不能反映出原告存在违约行为；证据（8）是原告单方制作，且有重复计算，不予认可，该结算书被告尚风公司并未收到；对证据（9）的真实性有异议，盛平不能代表尚风公司；证据（10）~（15）不能证明原告主张成立。

被告阳光公司对原告证据的质证意见为：无法核实原告提供的合同、来往函件、结算书等证据的真实性，不发表意见。尚风公司与阳光公司的转让协议无效，原告提供的其他证据不能证明阳光公司应当承担责任。

原告对被告尚风公司证据的质证意见为：对证据（1）的真实性无异议，但认为已付工程款应以实际支付凭证为准；证据（2）是章中所写，但不能证明实际工程量；对证据（3）~（7）的真实性无异议，但认为该证据与本案无关。

本案审理过程中，本院根据原告的申请依法委托红日会计师事务所有限公司对原告已完成紫山广场地下工程的工程量进行司法鉴定。红日会计师事务所有限公司于 2010 年 11 月 15 日作出红司 [2010] 建价鉴字第 208 号工程造价司法鉴定意见书，原告完成工程造价为 395 万元。鉴定人到庭接受了当事人的质询。

原告对红司 [2010] 建价鉴字第 208 号工程造价司法鉴定意见书无异议；被告尚风公司对该鉴定意见书有异议，认为鉴定意见书中的垫层费用、税率标准等鉴定有误；被告阳光公司认为该鉴定意见书只是根据图纸加工程变更计算出的工程价款，工程价款应该以经验收合格的工程确定。

根据双方当事人的质证意见，本院对原告证据（1）、（4）、（5）、（10）及被告尚风公司证据（3）的真实性及证明力予以确认；对原告证据（6）、（7）、（11）、（14）、（15）及被告尚风公司证据（1）、（2）、（4）、（5）、（6）、（7）的真实性均予以确认。本院对红日会计师事务所有限公司于2010年11月15日作出红司[2010]建价鉴字第208号工程造价司法鉴定意见书的证明力予以确认。

  本院根据确认的证据及双方当事人的陈述，查明如下事实：

  2000年4月27日，原告蓝天公司与被告尚风公司签订《建设工程施工合同》，原告承建尚风公司投资的"紫山广场地下工程"，双方约定的工程为现浇框架二层，建筑面积9845平方米，工程总造价550万元；同时合同补充条款第2条约定：该工程按照实际工程量取费，主材钢筋、商品混凝土由尚风公司供应。合同签订后原告进场施工，对该工程进行了部分建设。

  2000年6月30日，被告尚风公司向原告出具回函，内容为：尚风公司已于6月28日开始将现场所需钢材如数进入施工现场，现请贵公司严格履行合同尽快施工，附有关费用及工期顺延天数；附件内容为：停工日期6月14日～6月28日共计15天，费用合计10.3万元，以上费用作为停工期间相关费用，不计入直接费用。

  2000年12月10日，唐城置业有限公司向原告出具回函，内容为：贵公司2000年12月8日送来关于紫山广场地下工程有关事宜的函已收悉，经研究并根据原双方签订的施工合同有关条款就有关事宜答复如下，望贵公司在接到回函后能继续同我方保持联系，并能尽早保质完成紫山广场地下工程，具体见详表；详表内容为：(1)就具体开工一事待市政府有关部门就工程有关方案审定后再另定。(2)现场原进行的购钢筋、除锈等遗留问题，待贵公司所承担项目完成后，结算时按原合同及有关规定一并解决。(3)现场其他事宜参照合同有关条款协商处理。(4)本次停工时间为2000年8月23日～2000年12月8日（截止报告之日）共计108天。(5)现场周转材料、机械设备租赁费、台班费见附表；附表内容为：总共在停工期间造成的费用，周转材料租赁费64万元、机械设备台班费5.6万元、误工费6.6万元，共计76.2万元。

  2001年1月12日，唐城置业有限公司向原告发出通知，内容：从2001年1月1日起，原尚风公司投资开发的紫山广场地下工程整体转入唐城置业有限公司，原签订的合同、文件、签证继续有效，从1月1日起一律以唐城置业有限公司的名义同原告保持关系。

  2001年6月25日，原告向唐城置业有限公司出具《关于紫山广场地下工程2000年12月8日～2001年6月30日停工费用、开工及其他情况报告》，内容为：紫山地下广场工程自2000年8月停工至今，鉴于目前的情况，为使双方减少损失，我公司及各租赁单位一致决定，对现场周转材料进行拆除归还，望贵公司接到报告三日内明确答复，并附有损失表共计金额为135.5万元，同日唐城置业有限公司现场代表陈力签字接收了该报告。

2001年6月26日，唐城置业有限公司向原告出具回函，内容为：2001年6月25日报告已收阅，我公司2000年8月份接市政府金火大道改造指挥部工程变动通知，故而使工程一直处于停工状态，在此期间我公司一直同贵公司保持来往，鉴于贵公司提出的目前工地的周转材料另有所用需拆除，我公司本着真诚的合作态度及贵公司的切身利益，双方就现场周转材料数量认真盘点后可以先行退还部分周转材料，在拆退时贵公司必须同我公司人员就现场周转材料双方签字核实后方可运走。双方在现场核实的各种数量作为停工期间的我公司认可的签证数量。

2001年8月份，因各种原因双方未继续履行合同，原告撤离了工地。

2003年7月16日，原告和被告尚风公司与省物配建材有限公司就主材商品混凝土货款支付达成协议，由××市大水区人民法院制作了（2003）大民二初字第719号民事调解书，内容：由尚风公司支付给省物配建材有限公司商品混凝土货款30万元。

2003年8月22日，原告和唐城置业有限公司与××市金乔建筑机械租赁有限公司就拖欠该公司的钢管租赁费达成协议，由××市大水区人民法院制作了（2003）大民二初字第910号民事调解书，内容：由唐城置业有限公司支付给××市金乔建筑机械租赁有限公司租赁费71.4万元。

原告于2002年5月13日出具《市建筑安装工程预〔结〕算书》，确定本案争议的工程造价为4225136.99元，被告尚风公司对该结算书不予认可。

根据原告申请，本院委托红日会计师事务所有限公司对本案争议的工程进行司法鉴定，该公司于2010年11月15日作出红司〔2010〕建价鉴字第208号工程造价司法鉴定意见书，原告完成的工程造价为395万元。

原告就本案建设工程施工合同纠纷曾起诉被告尚风公司，后撤回起诉。在该案（2009）××民三初字第53号民事卷宗有2008年11月4日原告与被告尚风公司在法庭的主持下对被告尚风公司支付原告的款项的对账笔录。本案在审理过程中，原告和被告尚风公司对争议的已付款数额均要求以（2009）××民三初字第53号民事卷宗2008年11月4日双方对账笔录为准。

为查明双方当事人支付工程款情况，本院组织当事人对已付工程款进行核实。被告尚风公司称其向原告蓝天公司共付款462万元,包括经章中手的主材款(钢筋、混凝土),有65份凭证及相关证据可以证明。原告对部分证据有异议:(1) 2000年6月5日第4号借据有异议,该借据是收到支票(票据号8526),但原告并没有收到钱,到银行办理时因被告尚风公司账户上没有钱,没有收到该款;(2) 2000年6月27日陈力的20万元收条有异议,陈力系被告尚风公司工作人员,该收条不证明原告收到该款;(3) 2000年6月28日陈力的20万元收条有异议,异议意见同上;(4) 对2000年8月21日票号××国字7499353、7499354、7499355(三份票据显示钢材款共297183.48元)有异议,该发票不具有真实性,原告与汉杰钢材公司没有签过合同,没有收该公司的货,被告也不能举证证明该货物进入原告施工现场,原告不予认可;(5) 2001年8月29日范全的6.7万元收条有异议,收条内容是范全给被告的款项,不能证明被告支付该笔工程款;(6) 对××市大水区人民法院(2003)大民二初字第910号民事调解书涉及的租赁费713606元有异议,该款不属于工程款,系支付的停工以后的误工损失;(7) 被告所称商务车16万元抵账,原告没有收到该车;(8) ××市大水区人民法院(2003)大民二初字第719号民事调解书确定的商品混凝土货款金额是30万元不是36.4万元,不能再包括其他费用。扣除上述原告有异议的款项,原告确认被告向其支付工程款共252万元,该款包括本工程所有材料和工程款。

唐城置业有限公司注册资金800万元是由被告尚风公司投资注入,被告尚风公司副总经理盛平是工程实际负责人。2003年8月22日被告尚风公司通过(2003)××证字第6193号公证书将本案争议工程转让给了被告阳光公司。2004年被告阳光公司以申请人名义向市政部门申请施工临时占用城市道路,并委托盛平为工程全权负责人,在原告建设的地下一层基础上,建设了地上一层使用至今。2010年4月29日××省高级人民法院(2010)××民法提字第00008号民事判决书,认定被告尚风公司与被告阳光公司之间转让本案所涉工程的行为无效。

上述事实有当事人陈述、当事人举证材料等在案佐证。

本院认为,原告蓝天公司与被告尚风公司签订的《建筑工程施工合同》是双方真实的意思表示,不违反法律规定,应为有效合同,本院予以认定。原告蓝天公司进场施工后完成了部分工程量,因各种原因原告撤离工地,后该工程由其他施工单位继续承建,双方已实际解除合同,就原告蓝天公司已完成的工程量被告尚风公司应支付相应工程价款。

(1) 关于本案所涉工程造价问题。红日会计师事务所有限公司对本案争议的工程进行司法鉴定，原告蓝天公司完成的工程造价为395万元，红司[2010]建价鉴字第208号工程造价司法鉴定意见书程序合法、客观有效，本院予以采信。关于被告尚风公司对该鉴定意见提出应扣除材机差价的辩解理由，本院认为，虽双方当事人在建设工程施工合同中约定主材由被告尚风公司提供，但在实际施工过程中，主材系由原告购买并付款，原告称没有收到经被告尚风公司付款的任何主材，对此被告尚风公司也未有充分证据证明，结合本案实际情况，红司[2010]建价鉴字第208号工程造价司法鉴定意见书关于材机差价的鉴定并无不当，被告尚风公司要求扣除材机差价的辩解理由不足，不予以采信。被告对红司[2010]建价鉴字第208号工程造价司法鉴定意见书提出的其他异议，因在诉讼中无足以反驳的相反证据和理由推翻该鉴定结论，故本院对其异议亦不予采信。综上，本院予以认定原告蓝天公司所完成的工程造价为395万元。

（2）关于被告尚风公司向原告蓝天公司已支付工程款数额问题。本院认为，被告尚风公司提供的2000年6月5日第4号借据仅能证明原告收到8526号支票（票据号8526），但该支票的款项是否由原告收到，被告尚风公司对此并未有相关证据佐证，故对该证据不予采信。陈力系被告尚风公司工作人员，陈力于2000年6月27日、28日所写的两份20万元收条不能证明系支付原告的款项，对该证据不予认定。被告尚风公司提供的2000年8月21日票号××国字7499353、7499354、7499355发票（三份票据显示钢材款共30万元），仅说明被告尚风公司与钢材供应商之间的供货关系，但并不能证明该货物由原告接收以及使用到本案工程，且原告亦不予认可，故对该证据本院不予采信。范全于2001年8月29日所写6.7万元收条，其内容系范全付给被告的款项，该证据与本案没有关联性，本院不予认定。被告尚风公司称其用现代商务车抵了原告16万元的工程款，但其并没有提供双方对该车进行协商估价的相关证据，且原告不予认可收到该车，对该车的权利被告尚风公司可另行主张，本院不予审理。市大水区人民法院（2003）大民二初字第719号民事调解书载明由尚风公司按调解书确定的内容向省物配建材有限责任公司支付商品混凝土货款30万元，尚风公司主张该款应为36.4万元，包括诉讼费等其他费用的理由不能成立，本院不予采信。除上述本院不予采信的证据外，根据被告尚风公司提供的其他支付工程款证据，本院予以认定被告尚风公司向原告已支付工程款共计252万元的事实。

（3）关于原告主张的误工损失问题。2000年6月14日～6月28日原告共计误工15天，停工费用为10.3万元，被告尚风公司2000年6月30日向原告出具回函确认，证据充分，本院对该事实予以认定。2001年1月12日唐城置业有限公司向原告发出通知,在施工过程中发包方一律以唐城置业有限公司的名义同原告保持关系,被告尚风公司虽称对该通知不知情,但其认可市大水区人民法院(2003)大民二初字第910号民事调解书的协议内容,即由唐城置业有限公司承担原告向××市金乔建筑机械租赁有限公司支付的租赁费71.4万元的义务,对唐城置业有限公司向××市金乔建筑机械租赁有限公司支付租赁费71.4万元的行为予以确认,并在诉讼中要求该款作为其向原告支付的款项计算在内,足以证明2001年1月12日唐城置业有限公司向原告发出通知的真实性和有效性。因此,2000年12月10日唐城置业有限公司向原告出具回函具有证明力,依据该回函内容,2000年8月23日～2000年12月8日原告误工108天,停工费用为76.2万元,本院对原告主张该期间的误工损失为76.2万元的请求予以支持。2001年6月26日唐城置业有限公司向原告出具回函要求双方现场核实数量,以此作为2000年12月8日～2001年6月30日停工期间的其认可的签证数量。原告并未举证按该回函内容双方现场核实数量的相关证据,原告单方作出该期间的周转材料租赁费、机械设备台班费、误工费共计135.5万元的证据不足,并未有被告尚风公司及唐城置业有限公司的确认,原告主张该期间的误工损失本院不予认定。综上,原告误工损失共计86.5万元(10.3万元+76.2万元=86.5万元)。

根据原告提供的××市大水区人民法院(2003)大民二初字第910号民事调解书的案件材料显示,该案所涉租赁费71.4万元发生在本案原告工程停工期间,原告主张该款应为被告尚风公司支付的误工损失的理由成立,本院予以采信。

(4)关于原告主张的利息损失。本院认为,原告仅完成部分工程量,原告未有充分证据证明双方对该部分工程量进行验收及交付,也未提供双方对该工程量价款进行结算的相关证据,故被告未付原告工程款的利息损失应当从其起诉之日计付。本案认定原告的误工损失系被告尚风公司未履行合同而承担的违约责任,原告主张误工损失计算利息没有法律依据,原告该项诉请不能成立,本院不予支持。

(5)关于原告要求被告阳光公司在本案中承担责任问题。××省高级人民法院(2010)××民法提字第00008号民事判决书认定被告尚风公司与被告阳光公司之间转让本案所涉工程的行为无效,被告阳光公司并非本案建设工程施工合同的权利义务人,原告要求被告阳光公司承担本案工程款、误工损失、利息损失的支付责任没有事实和法律依据,本院不予支持。

综上所述,原告蓝天公司所完成的工程造价为395万元,扣除被告尚风公司已付工程款252万元,被告尚风公司应向原告支付工程款为143万元。原告误工损失共计 86.5 万元，扣除被告尚风公司支付的停工期间原告建筑设备租赁费 71.4 万元，被告尚风公司应向原告支付误工损失为 15.1 万元。被告尚风公司应向原告支付工程款 143 万元的利息损失，从本案原告起诉之日即 2009 年 7 月 6 日至本判决确定的还款之日止按中国人民银行同期贷款利率计付。驳回原告要求被告阳光公司承担责任的诉讼请求。依据《中华人民共和国合同法》第六十条、第一百零七条、第二百八十四条，《最高人民法院关于审理建设工程施工合同纠纷案件适用法律问题的解释》第十条、第十八条第（三）项，《中华人民共和国民事诉讼法》第六十四条之规定，判决如下：

（1）被告尚风电子技术有限公司于本判决生效后十日内支付原告蓝天建筑工程有限公司工程款 143 万元及利息（从 2009 年 7 月 6 日至本判决确定的还款之日止按中国人民银行同期贷款利率计付）；

（2）被告尚风电子技术有限公司于本判决生效后十日内支付原告蓝天建筑工程有限公司误工损失 15.1 万元；

（3）驳回原告蓝天建筑工程有限公司对被告阳光置业有限公司的诉讼请求；

（4）驳回原告蓝天建筑工程有限公司的其他诉讼请求。

如果未按照本判决指定的期间履行给付金钱义务，应当依照《中华人民共和国民事诉讼法》第二百二十九条之规定，加倍支付延期履行期间的债务利息。

案件受理费 8.1 万元，原告蓝天建筑工程有限公司负担 6.5 万元，被告尚风电子技术有限公司负担 1.6 万元。鉴定费 3 万元由被告尚风电子技术有限公司负担。

如不服本判决，可在判决书送达之日起十五日内向本院递交上诉状，并按对方当事人的人数提出副本，上诉于省高级人民法院。

 **评注：**

　　我国目前正值建设高峰，各地城镇化进展很快，而建设方赶进度、压工期几乎成为普遍现象，因此，在施工过程中违规违法、违反程序的情况不断发生。本案即为一个典型的施工合同纠纷。从案情及法院判决中，对我们有如下启示：

　　（1）对于施工单位而言，进场施工应先依法取得当地建设主管部门颁发的施工许可证，而不能在政府有关部门尚未审定工程方案的情况下进场施工。否则，由此将使施工企业发生大量费用。因为建设工程属于劳动密集型行业，即使窝工，施工企业也必须支付大量的劳务费用给工人。这是程序违法给予施工企业所带来的经济损失。即使施工企业可以依法向建设单位追偿其损失，但能否如愿，亦属未知。

　　（2）原告主张的误工损失未能全部得到法院支持，原因主要在于原告提出损失的证据不够充分。这就提示我们，任何时候都要注意搜集证据，最好是有书面证据或者是对方的资料来支持自己的主张。否则，一旦打起官司，在法庭上原告、被告各执一词，法庭也很难凭主观判断支持某一方。

　　（3）主张权利宜早不宜迟。本案发生在2000年、2001年，原告2008年才开始起诉，主张权利，由于不能提供相关证据，法庭仅支持了从起诉之日起计付利息损失，损失不小。

# 案件 5  某建设工程监理合同纠纷案
# 民事判决书

**【提要】** 原告红叶房地产开发有限公司与被告中义工程监理有限公司 1999 年 8 月 13 日签订工程建设监理合同，约定被告为原告开发的天德广场工程实施监理，且被告中义公司出具监理承诺书一份，承诺工程质量达到省优工程，若由于监理原因达不到进度和质量要求，愿承担监理费 10% 的罚款。原告红叶公司诉称，在监理过程中，被告怠于履行职责使工程进度拖延，质量未达省优标准，监理资料也拒不提供，使原告不能为工程办理各种证件手续，造成损失。因此，请求法院判决被告赔偿原告损失 200 万元（其中房屋市场价差额 164 万元，延期交付按同期银行贷款利息 195 万元，其他无形资产 50 万元中的部分数额）。被告中义公司辩称，根据监理合同约定，由于第三方违反合同规定的质量要求和完工期限，被告不承担责任。原告所诉被告未提交工程资料不实，验收报告已注明资料齐全。法院经审理认为，承诺书系监理合同的组成部分，对双方均有约束力，被告未按合同约定使其所监理的原告方的工程达到省优标准，且未提供足够的证据证明工程未达省优的原因系第三方所致，应承担相应的违约责任。最终判决被告中义公司支付原告红叶公司违约金 91300 元（原告应支付被告的监理费的 10%）。

**【关键词】** 工程；监理；省优标准；承诺书

原告红叶房地产开发有限公司（以下简称红叶公司）与被告中义工程监理有限公司（以下简称中义公司）建设工程监理合同纠纷一案，本院受理后，依法组成合议庭，公开开庭进行了审理。原告红叶公司的委托代理人和被告中义公司的委托代理人均到庭参加了诉讼。本案现已审理终结。

原告红叶公司诉称：原、被告双方于 1999 年 8 月 13 日签订工程建设监理合同，约定被告为原告天德广场工程实施监理，被告承诺采用有效控制手段，保证工程质量达到省优标准，并于 2000 年 12 月底完工，同时约定施工单位与监理单位之间的所有资料提交业主备案。但在实际监理过程中，被告怠于履行职责使工程进度拖延，质量未达省优标准，监理资料也拒不提供，使原告不能为工程办理各种证件手续，造成损失。故请求依法判令被告赔偿原告损失200万元（其中房屋市场价差额164万元，延期交付按同期银行贷款利息195万元，其他无形资产50万元中的部分数额），诉讼费由被告负担。

被告中义公司辩称：（1）双方签订监理合同为1999年8月13日，监理工程交付时间为2001年12月3日，自工程验收交付，被告全部结束监理事项。自工程交付至今已7年时间原告未向被告主张权利，故其诉讼请求已超诉讼时效。（2）原告所诉工程进度拖延系中途变更设计，增加工程项目及付款不及时造成，该过错责任不在被告。（3）原告所称工程质量未获省优标准是因为原告在发包时只对土建部分约定省优，而对配套工程未约定其达到省优标准，也未按省优工程支付相关费用，且根据监理合同约定，由于第三方违反合同规定的质量要求和完工期限，被告不承担责任。（4）原告所诉被告未提交工程资料不实。如无资料工程不能验收投入使用，质量评定也不能备案，且验收报告已注明资料齐全。（5）原告所诉损失无合法依据，且损失与工程延期，工程质量及资料交付无关联性。综上所述，请依法驳回原告诉讼请求。

经审理查明：1999年8月2日，被告中义公司为了对原告开发的天德广场商住小区工程进行监理，向原告红叶公司出具监理承诺书一份，承诺内容为：……保证工程进度和质量，使工程于2000年12月底完工，质量达到省优工程，若由于监理原因达不到进度和质量，愿承担监理费10%的罚款……监理费按工程投资1.05%计。暂估4600万元，监理费48.3万元，同年8月13日，原、被告双方正式签订建设工程监理合同一份。双方约定：中义公司对天德广场建筑面积为68000平方米及多层商住小区的工程施工阶段（含保修阶段）进行监理，审核设计图纸，同时约定，如果因监理单位过失造成了损失，应当向业主进行赔偿，赔偿总额不应超过监理金总数，监理单位对第三人违反合同规定的质量要求和完工时限不承担责任……，监理单位1999年8月2日提交的《监理承诺书》与本合同具有同等效力。监理业务自1999年8月～2000年12月31日完成……。合同签订后，原告于1999年10月2日又分别与第五建筑安装工程公司、第七建筑安装工程公司两家施工企业签订建设工程施工合同，将天德广场工程土建安装工程分别由两公司承建，约定了工期均为1999年10月5日～2000年12月3日，质量为省优标准等内容，其中1号、3号、5号、6号楼由第五建筑安装工程公司建设，2号、4号、7号、8号、9号、10号楼由第七建筑安装工程公司承建，对工程外墙乳胶化和铝合金门窗制作安装，原告又分别发包给其他两家公司予以承建。在天德广场的实际施工过程中，因存在施工方案有部分变更、天气下雨等诸多因素，工程于2001年10月竣工验收。但经验收，工程质量被质检部门评定仅为合格，未达省优标准。完工后，原告共向建筑单位拨付工程款5596万元，并支付被告监理费42.7万元。

2007年12月20日，××市房地产行业商会证明合格工程与省级优质工程市场价格差一般为房屋造价5％，因建材价格上涨因素，两者差距可增10％。2008年6月25日，××市物价局价格认证中心出具关于对商品房工程差价的价格认证书，认定2002年市商品房省优工程与合格工程差价幅度为单项工程造价2％～3％。

该案在诉讼过程中，被告于2008年3月在我院提起诉讼，要求红叶公司支付监理费486333元及利息240200元（计算办法：工程总造价5596万元，监理费按1.05％计算为58.7万元，附加工作酬金31.1万元，补偿费1.5万元，共计91.3万元，扣除红叶公司支付42.7万元，下欠48.6万元）。

上述事实，由原被告双方代理人的陈述、工程建设监理合同书、承诺书、工程竣工验收报告、备案证书、建设工程合同书、工程延期审批报告、资料交付签收日志、市房地产行业商会证明、市物价局价格认证中心关于对商品房工程差价的价格认证书、中义公司的起诉状等证据在卷为凭，予以认定。

本院认为：原、被告之间所签订监理合同符合合同成立的法定要件，应为有效合同。监理承诺书系监理合同的组成部分，因此，监理合同及承诺书所约定的条款对双方均有约束力，原被告双方均应按合同约定全面履行的各自的义务，但被告却未按合同约定使其所监理的原告方的工程达到省优标准，且被告未提供足够的证据证明工程未达省优的原因系第三方所致，故认定被告中义监理公司违反了合同约定，应承担相应的违约责任。根据双方合同约定，因监理的原因质量不达到省优标准的，被告按监理费10％承担赔偿责任，故按被告所认可的原告应支付被告的监理费为91.3万元计算，被告应承担违约金为913000×10％＝91300元。原告所诉其实际损失为房屋市场价差额164万元，延期交付按同期银行贷款利息195万元，其他无形资产50万元，因原告未能提供因工程未达到省优所遭受的实际损失的有效证据，故对其过高的诉讼请求，本院依法不予支持。综上所述，根据《中华人民共和国合同法》第六十条第一款、第一百零七条、第一百一十四条之规定，并经本院审判委员会讨论决定，判决如下：

（1）本判决生效后十日内，被告中义工程监理有限公司支付原告红叶房地产开发有限公司违约金91300元。

（2）驳回原告红叶房地产开发有限公司的其他诉讼请求。

诉讼费 15600 元，原告负担 13517 元，被告负担 2083 元。

如不服本判决，可自本判决书送达之日起十五日内，向本院提交上诉状，并按对方当事人的人数提出副本，上诉于××市中级人民法院。

**评注：**

工程监理是一种技术性管理服务，因此，监理合同应尽可能明确、详细、全面并准确地载明各类服务内容，不宜笼而统之。否则，一旦出现争执，不易找到对自己有利的依据。本案有如下启示：

（1）由于监理是受业主委托的一种服务工作，但这项服务工作又要通过被监理对象，即施工企业的工作来实现。换言之，监理人的工作成果不完全由自己决定，即使你很努力、很敬业，但假如施工企业不努力或能力不够，监理人的工作成果也要打折扣。因此，从这个特点出发，本案中的监理人向业主承诺其所监理的工程要达到省优工程，实际上风险极大。法院正是以此为依据判决监理公司支付 91300 元违约金。当然，也并不是说监理企业就绝对不能作出此类承诺，但一定要事先预测承诺兑现、实现的可能性，审慎行事。

（2）本案中法院未对被告提出的诉讼时效问题予以回应。因此，监理人为主张自身权益，可以此作为切入点，提起上诉。

# 案件 6　某委托办理资质协议争议仲裁案裁决书

**【提要】**申请人浦田建设（中国）有限公司与被申请人东方房地产经纪有限公司签订《委托协议》，约定由被申请人代理申请人办理冶炼工程施工总承包二级资质晋升为房屋建筑工程施工总承包一级资质，并应于 2007 年 9 月 30 日之前完成委托事项。后又签订补充协议将该时间更改为 2007 年 11 月 15 日之前。合同签订后，申请人按照约定向被申请人支付了服务费总额的 15％，即 45 万元。但被申请人未能按合同约定完成受委托事项。申请人请求仲裁庭裁决被申请人退还代理费，支付逾期罚息和律师费。被申请人未出庭，也未提交任何书面材料。仲裁庭经过审理认为，本案协议未能履行的责任应由被申请人一方承担，被申请人应将已收服务费退还申请人，并支付自 2007 年 11 月 16 日起至 2008 年 7 月 1 日的罚息。

**【关键词】**资质；委托协议；代理费

××仲裁委员会根据申请人浦田建设（中国）有限公司与被申请人东方房地产经纪有限公司于 2007 年 5 月 29 日签订的《委托协议》中的仲裁条款，以及申请人于 2008 年 7 月 23 日向仲裁委员会提交的书面仲裁申请，受理了上述协议项下的本争议仲裁案。本案仲裁程序适用《仲裁委员会仲裁规则》。

鉴于本案争议金额未超过人民币 50 万元，本案程序适用简易程序的规定。仲裁委员会秘书局 2008 年 8 月 1 日和 14 日两次以特快专递的方式向被申请人寄送的材料被邮递部门退回。2008 年 8 月 27 日，仲裁委员会委托××市和田律师事务所向被申请人的法定地址送达了本案仲裁通知及其附件，并于 8 月 28 日收到了××市和田律师事务所的已按所给地址向被申请人寄发上述文件的书面报告。

由于申请人和被申请人未在规定期限内共同选定或共同委托仲裁委员会主任代为指定独任仲裁员，仲裁委员会主任根据《仲裁规则》的规定指定王先生担任本案独任仲裁员，仲裁员在签署接受指定独立声明书后于 2008 年 10 月 13 日成立仲裁庭，审理本案。

仲裁庭于 2008 年 11 月 4 日开庭审理本案。申请人委派代理人出席了庭审。被申请人虽经通知，但未派人出庭，亦未申明理由。在本案仲裁程序中，所有相关文件均已有效送达双方当事人，但被申请人未提交任何书面答辩意见、评论意见及/或证据等案件材料。

本案现已审理终结，仲裁庭依据相关事实和法律，根据《仲裁规则》第三十四条的规定，对本案作出缺席裁决。现将本案案情、仲裁庭意见及裁决分述如下。

## 一、案情

申请人诉称：

2007 年 5 月 29 日，申请人与被申请人签订了本案委托协议。根据委托协议的条款和条件，由被申请人代理申请人办理冶炼工程施工总承包二级资质晋升为房屋建筑工程施工总承包一级资质，并应于 2007 年 9 月 30 日之前完成委托事项。

协议签订后，申请人向被申请人支付了代理费人民币 45 万元。其后，被申请人未能如期完成约定的委托事项，且协议中止后，申请人数次请求退还全部代理费，被申请人虽答应退款，但总以各种理由拖延，至今未退回申请人支付的费用。

此外，按照申请人与被申请人签订的委托协议第 10 条的约定，申请人提出索赔逾期罚息、律师费和仲裁费等费用，并提交有关证据。

根据申请人的仲裁申请书、2008 年 11 月 12 日提交的"代理词"、"违约金的计算方法"及所附"最高人民法院关于逾期付款违约金应当按照何种标准计算问题的批复"、"调查证据的申请"、"证据目录"及其所附证据材料等，其最终的仲裁请求分列如下：

(1) 裁决被申请人退还代理费人民币 45 万元；
(2) 裁决被申请人支付逾期罚息人民币 25051 元；
(3) 被申请人赔偿申请人因仲裁合理花费的律师费用人民币 2.4 万元；
(4) 被申请人承担本案的仲裁费用。

根据《委托协议》的约定，被申请人应在 2007 年 9 月 30 日前完成委托事项，否则就应无条件退还申请人代理服务费，但被申请人至今未履行退款义务，给申请人造成了经济损失，根据《合同法》及《最高人民法院关于逾期付款违约金应当按照何种标准计算问题的批复》、《最高人民法院关于修改〈最高人民法院关于逾期付款违约金应当按照何种标准计算问题的批复〉的批复》，被申请人应支付申请人违约金或赔偿损失，其违约金或损失应按照银行同期贷款利率计算。

申请人还提交了《协议书》、《补充协议书（1）》、《补充协议书（2）》、收款情况说明、收据及银行转账凭证、律师费发票等证据以支持其主张。

被申请人未提交任何答辩意见及证据材料。

## 二、仲裁庭意见

仲裁庭依法进入仲裁程序，听取申请人的仲裁申请，并就有关事实和证据向申请人核实。庭审结束后，申请人又补充了相关证据，提交了书面代理意见。由于被申请人缺席，仲裁庭本着认真负责的精神，对可能影响被申请人利益的问题全面进行了核实。

必须指出，当事人已就案件事实和焦点问题等，向仲裁庭提出了相关资料和分析意见，这些资料和意见分别以证据、笔录、代理意见等形式保留在本案卷宗中。本裁决书没有全面引用上述意见，并非忽视或者忽略上述意见。仲裁庭认为：

### （一）关于本案委托协议的效力及仲裁庭的管辖权

申请人与被申请人于2007年5月29日签订的《委托协议》和相关补充协议体现了双方的意愿，仲裁庭认真审阅了上述资料，没有发现违反法律法规强制性规定的内容。仲裁庭认定上述资料合法有效，可以作为仲裁庭处理本案纠纷的基本依据。

《委托协议》中"十一、争议的解决以及法律适用"约定："本协议依据中国法律解释并适用中国法律。""所有引发的不能友好协商解决的争议将提交××仲裁委员会仲裁解决。仲裁裁决是终局的，对双方均有约束力"。因此，本案中双方就以仲裁方式解决纠纷的约定是明确的，对仲裁机构的约定也是具体确定的，仲裁委员会可以管辖本案，仲裁庭有权处理本案争议。

### （二）仲裁庭对本案有关事实的认定

（1）关于服务费支付问题。双方在《委托协议》中约定，自协议签订后3个工作日内申请人向被申请人支付服务费总额的15%（即：45万元）作为聘请费。依据上述约定，申请人分别于2007年6月18日、6月26日向被申请人支付服务费30万元和15万元，共计45万元。经仲裁庭查看有关收据及银行转账凭证，该服务费的支付情况是真实的，支付金额数量是准确的。

（2）关于违约责任问题。双方在《委托协议》中约定，被申请人应于2007年9月30日之前为申请人完成冶炼工程施工总承包二级资质晋升为房屋建筑工程施工总承包一级资质事宜并拿到资质证书，后又签订《补充协议书（2）》将该时间更改为2007年11月15日之前。申请人也依据协议的约定向被申请人支付了服务费45万元。但被申请人在2008年5月9日致申请人的《关于代办资质晋升事宜的回复》中明确表示，"我司对于未能完成贵司的相关资质申请代理业务感到非常的遗憾"，"如果贵司认为已无继续合作的可能，我们就终止合同。我司会按合同的约定履行退款事宜"。因此，仲裁庭认定，申请人按协议向被申请人支付了有关费用，履行了协议，而被申请人在收到费用后，并未履行双方签订的《委托协议》及相关补充协议，未履行协议的责任应由被申请人一方承担。

### （三）仲裁庭对各项仲裁请求的意见

（1）申请人的第一项仲裁请求"裁决被申请人退还代理费人民币45万元"。通过以上事实的认定，仲裁庭认为申请人已完全履行了其合同义务，违约责任由被申请人承担，被申请人应当依法履行合同及补充协议约定的退款义务。因此，仲裁庭支持申请人的第一项仲裁请求。

（2）申请人的第二项仲裁请求"裁决被申请人支付逾期罚息人民币25051元"。仲裁庭要求申请人提供了逾期罚息的计算方法。

申请人提供的计算方法如下：自2007年10月1日起～2008年7月1日，违约天数为274天，总的罚息为人民币25051元。即2007年10月1日～2007年12月20日，贷款年利率7.29%，违约天数为81天，罚息为7280元；2007年12月21日～2008年7月1日，贷款年利率7.47%，违约天数为193天，罚息为人民币17771元。

仲裁庭认为申请人要求按照银行贷款同期利息支付逾期罚金是合理的，应予支持。但依据双方签订的《补充协议书（2）》，被申请人为申请人完成升级事宜并拿到资质证书完成时间更改为2007年11月15日之前。因此，从2007年10月1日开始计算罚息是不合理的，应该从2007年11月16日开始计算，总的罚息为人民币20917元。

具体计算方法如下：自 2007 年 11 月 16 日起～2008 年 7 月 1 日，违约天数为 228 天，总的罚息为人民币 20917 元。即 2007 年 11 月 16 日～2007 年 12 月 20 日，贷款年利率 7.29%，违约天数为 35 天，罚息为人民币 3146 元；2007 年 12 月 21 日～2008 年 7 月 1 日，贷款年利率 7.47%，违约天数为 193 天，罚息为人民币 17771 元。

（3）申请人的第三项仲裁请求"被申请人赔偿申请人因仲裁合理花费的律师费用人民币 2.4 万元"。申请人向仲裁庭提供了合法有效的律师费支付凭证，金额为人民币 2.4 万元。鉴于申请人的仲裁请求均得到仲裁庭的支持，仲裁庭认为，申请人要求被申请人支付人民币 2.4 万元律师费用是合理的，应予支持。

（4）申请人的第四项仲裁请求"被申请人承担本案的仲裁费用"。鉴于申请人的仲裁请求均得到仲裁庭的支持，故仲裁庭支持本案仲裁费用应全部由被申请人承担。

### 三、裁决

（1）被申请人退还代理费人民币 45 万元；
（2）被申请人支付逾期罚息人民币 20917 元；
（3）被申请人赔偿申请人因仲裁合理花费的律师费用人民币 2.4 万元；
（4）本案仲裁费全部由被申请人承担。

以上 4 项被申请人应向申请人支付的款项，被申请人应当在本裁决作出之日起 30 日内向申请人支付完毕。

本裁决为终局裁决，自作出之日起生效。

案件6　某委托办理资质协议争议仲裁案裁决书

**评注：**

　　这是一起不符合国家法规、也违反常理的不可能实现的《委托协议》。

　　（1）办理资质应由当事人，即相关企业自行向当地建设行政主管部门提出申请，而不应由所谓中介公司办理。

　　（2）《委托协议》中申请人委托被申请人办理所谓由"冶炼工程施工总承包二级资质晋升为房屋建筑工程施工总承包一级资质事宜并拿到资质证书"，根本就不符合资质管理的基本规定。"冶炼工程"与"房屋建筑工程"分属于不同的专业工程，不具备跨专业晋升资质的常规，因而也不可能完成。

　　（3）申请人还向被申请人支付了巨额"代理费"，造成了经济损失和风险，令人唏嘘。其实，对于这类行政许可，申请人只要到建设主管部门当面或电话咨询即可避免此类错误。

　　从本案可提醒有关企业，要依法依规办事，要相信政府主管部门，不要轻信"中介"自吹神通广大而上当受骗。本案的恶劣性不仅体现在对申请人的权益侵害，而且让社会上误以为可凭中介公司打通关节办理资质，给政府部门形象抹黑。

# 案例7 某工程材料供货及施工合同争议仲裁案裁决书

【提要】申请人开元环保技术工程有限公司和被申请人宝成电力科技有限公司签订《宝成电厂4×600MW机组烟气脱硫工程玻璃鳞片防腐工程材料供货及施工合同》，约定被申请人向申请人购买1270.6万元玻璃鳞片防腐工程材料供货及施工服务，工程完工后，合同总价的10%作为材料及施工的质量保证金，于质量保证期满无质量问题或申请人已按合同约定履行了相关质量保证义务后15个工作日内支付。该工程于2007年11月完工。申请人提出该项目最终结算金额为1328.5万元，直到质量保证期结束，被申请人一直未支付剩余的款项1344.5万元，多次催促未果，请求仲裁庭裁决被申请人支付质量保证金及其他未付款，并支付利息。被申请人认为申请人的仲裁请求已过诉讼时效，也不认可申请人提出的最终结算金额。仲裁庭经审理后认为，申请人提供了《工程结算会签表》、《项目竣工结算书》等一系列材料来证明工程的结算金额为1328.5万元，材料完整可信，应予认定，且申请人在质量保证期结束后有持续主张权利的行为，其仲裁请求在仲裁时效内。被申请人应向申请人支付质量保证金及其他未付款，并支付利息。

【关键词】质量保证金；结算金额；仲裁时效

××仲裁委员会（以下简称仲裁委员会）根据申请人开元环保技术工程有限公司和被申请人宝成电力科技有限公司于2006年5月26日签订的《宝成电厂4×600MW机组烟气脱硫工程玻璃鳞片防腐工程材料供货及施工合同》中的仲裁条款以及申请人于2012年1月19日提交的书面仲裁申请，受理了申请人与被申请人之间因上述合同产生的本争议仲裁案。本案仲裁程序适用《仲裁委员会仲裁规则》的规定。

申请人选定的仲裁员李先生，仲裁委员会主任根据《仲裁规则》为被申请人指定的卫女士，以及仲裁委员会主任指定的首席仲裁员汪先生按照《仲裁规则》的规定签署了独立声明书后，于2012年4月9日组成仲裁庭，审理本案。

## 案件7 某工程材料供货及施工合同争议仲裁案裁决书

2012年5月29日,仲裁庭开庭审理本案。双方委托的仲裁代理人参加了庭审。庭后,申请人提交了代理意见。被申请人未提交书面答辩意见及任何证据材料。

本案现已审理终结。仲裁庭根据庭审查明的事实和现有的书面材料,经合议作出本裁决。现将本案案情、仲裁庭意见和裁决结果分述如下:

### 一、案情

申请人与被申请人于2006年5月26日签订了《宝成电厂4×600MW机组烟气脱硫工程玻璃鳞片防腐工程材料供货及施工合同》(以下简称本案合同),双方在合同中约定:被申请人因宝成电厂4×600MW机组烟气脱硫工程所需向申请人购买共计金额为1270.6万元(本案所涉金额均为人民币——仲裁庭注)的玻璃鳞片防腐工程材料供货及施工服务,工程完工后,合同总价的10%作为材料及施工的质量保证金,于质量保证期满无质量问题或申请人已按合同约定履行了相关质量保证义务后15个工作日内支付,合同还对其他问题作了约定。

申请人提起仲裁称:上述合同签订后,申请人依约全面履行了合同约定的义务,后该项目最终结算金额为1328.5万元,被申请人支付了1194万元。现该工程已于2007年11月完工,质量保证期也早已结束。虽经申请人多次催促,但被申请人一直未支付剩余的款项共计134.5万元。

申请人就上述质量保证金及性能验收款等其他未付款的支付问题曾多次派员及用电话、委托律师发函等方式催促,但被申请人拒不支付。

申请人在其《仲裁申请书》中提出如下仲裁请求:

(1) 裁决被申请人向申请人支付质量保证金及其他未付款134.5万元。

(2) 裁决被申请人向申请人支付利息23.1万元(利息计算截止到2011年12月:134.5万元×6.65%×31/12=23.1万元)。

(3) 裁决被申请人承担本案的全部仲裁费用。

庭后,申请人提出如下补充代理意见:

**(一) 一系列证据表明结算金额为1328.5万元**

(1)《工程结算会签表》有被申请人相关人员的签字,且这些人员在其他诸如《工程质量报验单》、《工程完成情况月度统计表》、《分部工程质量检验评定单》、《项目竣工结算书》上均有签字。因此,该会签表的真实性、关联性是毋庸置疑的。其上记载的结算金额 1328.5 万元经双方确认，是真实可信的。

(2)《工程结算会签表》上记载的结算金额 1328.5 万元与《项目竣工结算书》上的金额、申请人开具的发票（被申请人早已收到入账）总金额也是完全一致、相互对应的。

(3) 结算总金额中的施工费为 471 万元这一事实被相关发票、证明所充分证实，该金额超过合同初步约定的施工费金额 450 万元，这也说明材料费会相应地增加。

**（二）申请人的仲裁请求在仲裁时效之内**

申请人曾于 2010 年 1 月 20 日向被申请人邮寄过对账函，对账函中明确提出申请人对被申请人在宝成电厂项目上有应收账款余额为 134.5 万元（与申请人的请求金额一致）。申请人又于 2011 年 11 月 21 日委托律师向被申请人邮寄过律师函主张权利，被申请人于 2011 年 11 月 30 日 17:06 收到了该律师函。

《最高人民法院关于审理民事案件适用诉讼时效制度若干问题的规定》第十条规定："具有下列情形之一的，应当认定为民法通则第一百四十条规定的'当事人一方提出要求'，产生诉讼时效中断的效力：（一）当事人一方直接向对方当事人送交主张权利文书，对方当事人在文书上签字、盖章或者虽未签字、盖章但能够以其他方式证明该文书到达对方当事人的；（二）当事人一方以发送信件或者数据电文方式主张权利，信件或者数据电文到达或者应当到达对方当事人的。"根据该规定，申请人持续主张权利的行为，产生了诉讼时效中断的效力。根据《仲裁法》第 74 条之规定，本案中申请人的仲裁请求应在仲裁时效之内。

针对申请人的上述仲裁请求及意见，被申请人未提交书面答辩意见。在庭审中，被申请人提出，由于申请人提供的证据表明本案合同工程分别于 2006 年和 2007 年完成，其间也没有诉讼时效未中断的证据，申请人的仲裁请求已过诉讼时效。对于申请人提出的最终结算金额 1328.5 万元，被申请人不认可会签单上的签字，故不认可其上记载的结算金额，仅认可合同约定的金额 1270.6 万元。

## 二、仲裁庭意见

仲裁庭依法进入仲裁程序，开庭听取了申请人的仲裁申请，申请人与被申请人进行了质证和辩论，仲裁庭就有关事实和证据向申请人和被申请人进行了核实。庭审结束后，申请人又补充了相关证据，提交了书面代理意见并进行了书面质证。

必须指出，当事人就案件事实和焦点问题等，向仲裁庭提出了相关资料和分析意见，这些资料和意见分别以证据、笔录、代理意见等形式保留在本案卷宗中。本裁决书没有全面引用上述意见，并非忽视或者忽略上述意见。仲裁庭认为：

**（一）关于本案合同的效力及仲裁庭的管辖权**

申请人与被申请人于 2006 年 5 月 26 日签订的本案合同体现了双方的意愿，亦无违反法律法规的强制性规定，仲裁庭认真审阅了上述合同，认定该合同可以作为仲裁庭处理本案纠纷的基本依据。双方在合同中约定在执行合同中的有关争执，应提交××仲裁委员会解决。因此，本案中双方以仲裁方式解决纠纷的约定是明确的，对仲裁机构的约定也是具体确定的，仲裁委员会有权管辖本案，仲裁庭有权处理本案争议。

**（二）仲裁庭对本案有关事实的认定**

（1）关于工程结算金额问题。申请人与被申请人在本案合同中约定的工程合同总价款为 1270.6 万元，其中材料费为 820.1 万元，施工费为 450.5 万元。但申请人提供的《工程结算会签表》、《项目竣工结算书》上写明的结算金额为 1328.5 万元，其中材料费为 857.5 万元，施工费为 471 万元，材料上有被申请人相关工作人员的签字。申请人还提供了《工程完成情况月度统计表》、《分部工程质量检验评定单》、《工程质量报验单》等材料来佐证《工程结算会签表》、《项目竣工结算书》的真实性，并出具了 2007 年 12 月 13 日被申请人认可工程施工费结算金额为 471 万元的证明，即实际发生的施工费高于合同中约定的 450 万元。同时，合同中也约定"竣工验收后，当卖方（即申请人——仲裁庭注）施工的实际工程面积与合同约定的工程面积发生偏差时，在±1%范围内，合同总价不作调整，超出±1%的工程面积，按合同规定单价进行增减"。而从金额上来看，工程结算金额 1328.5 万元与合同总价款 1270.6 万元相比，增加了约 4.6%，应该符合合同约定的总价调整要求。虽然申请人提供的部分材料为复印件，但其记载的内容有很强的关联性，证据链完整。而在仲裁的整个过程中，被申请人未提供任何书面证据材料来反驳申请人，也未对工程质量提出任何问题。综合以上各种证据材料及双方的辩论意见后，仲裁庭认为，工程的结算金额应为 1328.5 万元。

（2）关于仲裁时效问题。申请人与被申请人在签订的本案合同中约定的质量保证期为"性能考核试验"通过后 12 个月或竣工验收后 18 个月。从申请人提供的材料和庭审的情况来看,工程为 2007 年 11 月完工,质量保证期应为 2009 年 5 月结束。申请人于 2010 年 1 月 20 日向被申请人邮寄了对账函,明确提出工程还有应收账款 134.5 万元。2011 年 11 月 21 日,申请人向被申请人邮寄了律师函,要求被申请人支付剩余款项。因此,仲裁庭认为,申请人有持续主张权利的行为,根据《仲裁法》和《最高人民法院关于审理民事案件适用诉讼时效制度若干问题的规定》,申请人的仲裁请求在仲裁时效内,被申请人认为已过仲裁时效的理由不成立。

**(三) 仲裁庭对各项仲裁请求的意见**

(1) 申请人的第一项仲裁请求"裁决被申请人向申请人支付质量保证金及其他未付款人民币 134.5 万元"。

申请人提供了一系列材料来证明工程的结算金额为 1328.5 万元,材料完整可信。而被申请人自始至终未能提供任何反驳的书面材料或证据。因此,仲裁庭认定工程的结算金额为 1328.5 万元,对于已支付的工程款为 1194 万元,双方都是认可的。被申请人在该工程中应付未支付金额(包含质量保证金)应为人民币 134.5 万元,仲裁庭支持该项请求。

(2) 申请人的第二项仲裁请求"裁决被申请人向申请人支付利息人民币 23.1 万元(利息计算截止到 2011 年 12 月:134.5 万元×6.65%×31/12=23.1 万元)"。

由于工程于 2007 年 11 月完工,按照合同的约定,质量保证期应在 2009 年 5 月结束。鉴于仲裁庭支持了申请人的第一项仲裁请求,被申请人应该按照银行同期利率向申请人支付未付款在质量保证期以后的利息。申请人按照 6.65% 的利率计算利息基本合理,且只计算到 2011 年 12 月,因此,仲裁庭支持该项请求。

(3) 申请人的第三项仲裁请求"裁决被申请人承担本案的全部仲裁费用"。

鉴于仲裁庭支持了申请人的所有请求,本案仲裁费用由被申请人承担。

## 三、裁决

仲裁庭经合议,裁决如下:

(1) 被申请人向申请人支付质量保证金及其他未付款人民币 134.5 万元。

(2) 被申请人向申请人支付利息人民币 23.1 万元。

（3）本案仲裁费全部由被申请人承担。

上述裁决款项，被申请人应于本裁决作出之日起 15 日内向申请人支付完毕。本裁决为终局裁决，自作出之日起生效。

评注：

在本案中，仲裁庭支持了申请人的全部请求，维护了申请人的合法权益。这是基于申请人提供了以下有说服力的证据支持自己的主张：

（1）双方订立的《合同》中，对超过原定合同总价款 1270.6 万元的实际工程结算金额 1328.5 万元有明确约定，符合《合同》约定的总价调整要求。

（2）在工程施工过程中，申请人与相关方面在《工程结算会签表》、《项目竣工结算书》、《工程完成情况月度统计表》、《分部工程质量检验评定单》、《工程质量报验单》中有记载和签名，说明所做工程的真实性。

（3）申请人通过邮寄对账函、律师函等方式向被申请人催款，持续主张自己的权利，使得被申请人试图以诉讼时效已过作为要求仲裁庭不予受理的理由得不到支持。

综上所述，任何一方当事人维护自身权益，都必须保留有效的证据，俗话说"口说无凭"。在仲裁时，证据是最有力的维权武器。同时，自始至终、持续不断地依法维权，保持维权效力的有效性，也是非常重要的，千万不要轻言放弃。

# 案件 8　某钢结构工程制作安装合同争议仲裁案裁决书

**【提要】** 申请人环宇土木建筑工程公司第一分公司与保业建筑工程有限责任公司电厂项目经理部签订《电厂扩建工程干煤棚网架、压型钢板制作安装合同》，约定申请人以包工包料的方式提供主体网架材料并完成安装，同时负责业主方提供的屋面板、主次檩条及相关附属材料的安装。在履行合同的过程中，被申请人因赶工期，将屋面板工程转包给他人。工程于 2006 年 2 月全部完成，通过正式验收并投入使用。但申请人与被申请人在钢网架的结算重量上发生分歧。申请人认为按照竣工结算图等材料，钢网架的结算重量为 388 吨，并以被申请人与电厂结算重量为 379 吨来佐证。申请人请求仲裁庭裁决被申请人按图纸重量 388 吨支付欠付工程款，并支付欠款利息至清偿之日止。被申请人先提出钢网架经据实计算应为 303 吨，后又提交了标注设计重量为 330 吨的设计院图纸，并以申请人与第三方火华钢结构集团有限公司的定作重量 292 吨来佐证。仲裁庭经审理后认为，申请人提出的 388 吨的数据有设计图纸为依据，且被申请人未能提供有力的反驳证据，是可信的，而其他数据没有可信证据作为支撑。被申请人应按 388 吨的重量支付欠付工程款，并支付欠款利息至清偿之日止。但由于申请人未按合同约定履行屋面板安装工程，被申请人将该工程分包给第三方所发生的安装费用应从申请人应得工程款中扣除。

**【关键词】** 钢结构；结算重量；工程价款

××仲裁委员会（以下简称仲裁委员会）根据申请人环宇土木建筑工程公司第一分公司与保业建筑工程有限责任公司电厂项目经理部之间签订的《电厂扩建工程干煤棚网架、压型钢板制作安装合同》（以下简称合同）中的仲裁条款以及申请人于 2008 年 9 月 16 日向仲裁委员会提交的书面仲裁申请，受理了上述合同项下的争议仲裁案。

2008 年 12 月 23 日，被申请人书面提交了仲裁反请求。申请人选定的仲裁员兰先生，申请人选定的仲裁员姬女士，以及仲裁委员会主任指定的首席仲裁员万先生，按照《仲裁规则》的规定签署了独立声明书后，于 2009 年 1 月 13 日组成仲裁庭，共同审理本案。

2009 年 2 月 18 日和 4 月 21 日，仲裁庭两次开庭审理本案。申请人与被申请人均委派仲裁代理人参加了庭审。庭后，双方均多次提交了书面材料。申请人书面变更了部分仲裁请求。

因案件审理需要，仲裁庭申请，仲裁委员会主任同意并决定将本案裁决作出的期限延长至 2009 年 7 月 13 日。后因相同原因再次延长到 2009 年 8 月 13 日。

本案现已审理终结。仲裁庭根据双方当事人提交的书面材料以及经庭审查清的事实和查证的证据，经合议，作出本裁决。现将本案案情、仲裁庭意见和裁决结果分述如下：

## 一、案情

2005 年，申请人（乙方）和被申请人（甲方）签订合同，约定由申请人以包工包料的方式提供主体网架材料并完成安装，同时负责业主方提供的屋面板、主次檩条及相关附属材料的安装；由被申请人向申请人支付合同款项。合同对于双方的义务、结算及付款方式、施工质量及设计变更事项、工程验收及保修、违约责任以及争议解决方式等均作了明确的约定。

双方在合同中约定：

（1）依据初设图纸网架结构总吨位为 449 吨，按 7500 元每吨计算，暂按 449 吨×7500 元＝337 万元整总价计起，如图纸有变化吨位依实调整。

（2）付款方式：

第一期付款：合同生效后，甲方向乙方支付合同总价的 35％作为预付款；

第二期付款：材料到场后七天内甲方向乙方支付合同总价的 25％；

第三期付款：网架主体结构安装完成后七天内甲方向乙方支付合同总价的 20％；

第四期付款：屋面板、主次檩条安装完成后七天内甲方向乙方支付合同总价的 15％；

第五期付款：钢结构单项工程通过竣工验收起满一年之日后的七天内，甲方向乙方支付合同总价的 5％。

甲方需严格按付款方式进行付款，如因财务原因暂时无法按时付款时，需开出期限为 90 天以内的银行承兑汇票，以免影响工程进度。

(3) 施工设计变更。甲方提供的设计图纸、施工图、说明和有关技术资料为施工的有效依据，任何一方均不得擅自修改。施工图的重大修改变更，必须经原批准设计单位同意，并办理设计修改议定单。设计修改议定单经甲方签证后，乙方才予实施。议定单和修改图纸发出份数与施工图份数相同，并作为合同的补充文件。乙方可在保证工程质量和不降低设计标准的前提下，提出设计修改合理化建议经甲方书面同意后方可实施。

(4) 违约责任。本协议签订后，任何一方不得任意变更或解除本协议，否则违约方按法律法规的有关规定赔偿另一方因此而遭受的经济损失。工程质量不符合协议规定的，应由乙方负责无偿修理或返工。在保修期内乙方拒不修理时，甲方可动用预留保修款请其他人修理，超支部分应由乙方负担。因工地现场不具备安装条件，造成乙方超出计划工期外损失的，甲方应给予适当补偿。

(5) 凡因协议引起的或与协议有关的任何争议，双方应友好协商解决。假如自任何一方在接到另一方准备提起仲裁的通知之日起 30 个日历日之内，双方未能就争议事项达成协议，则该争议应提交××仲裁委员会仲裁。在争议解决期间，除争议事项外，双方仍应继续履行协议规定的义务。

申请人称：

合同签订后，工程施工过程中，因被申请人不能依约付款致使工期滞后。被申请人项目经理以赶工期为由，提出将彩色压型钢板轻型屋面另外转包他人。工程于 2006 年 2 月全部完成，通过正式验收并投入使用。竣工结算图网架主体结构为 388 吨，按当时每吨 7500 元计算，申请人的结算金额应该为 291 万元（屋面板另计结算工程量为 9856 平方米、未核算吨位）。

被申请人与电厂进行了结算，其中彩色压型钢板轻型屋面结算价为 86 万元；钢网架结算价为 311 万元。然而被申请人仅付 235 万元，余款 56 万元拖欠拒付，亦不依约与申请人进行结算。直至 2007 年 5 月 30 日才收到了一份被申请人邮寄送达的结算表。其内容完全不顾事实。

钢网架实际结算重量应为 388 吨，而不是被申请人认为的 303 吨。压型板已分包，其分包费用应从彩色压型钢板轻型屋面总价人民币 86 万元中扣除，而不应在申请人完成的钢网架安装款中扣除。另，当初约定申请人使用被申请人的钢管扣件不收费，使用时由申请人方人员在土建现场拆除修正后才能正常使用，用完后又由申请人帮助拆除装车转运，因此要求计租用费是没有理由的。

申请人的仲裁请求为：

(1) 被申请人按合同约定支付工程欠付款 56 万元；

(2) 被申请人支付欠款利息人民币 56 万元×0.51‰×24（月）=68.5 万元；

(3) 被申请人承担本案仲裁费用。

随后，申请人变更了上述仲裁请求。申请人最终确认的仲裁请求为：

(1) 被申请人按图纸重量 388 吨支付欠付申请人工程款 56 元－3.86 万元（申请人丢失的钢管及扣件赔偿费用——仲裁庭注）=52.14 万元；

(2) 被申请人支付欠款利息至清偿之日止，人民币 52.14 万元×0.51‰×（24＋2008 年 1 月 21 日至清偿之日的月数）；

(3) 被申请人承担本案全部仲裁费用及执行费用。

被申请人提出如下仲裁反请求：

(1) 驳回申请人的仲裁请求；

(2) 申请人返还工程款人民币 43.9 万元（被申请人在本案第一次开庭时当庭将反请求金额明确为人民币 35.86 万元）；

(3) 反请求费用由申请人承担。

在本案仲裁程序进行过程中，被申请人提出如下观点：

(1) 依据合同约定，网架结构总吨位经据实计算为 303 吨×7500 元/吨＝227 万元；因申请人无法按时完成工程内容且无力施工，被申请人不得不将其中屋面板安装另行分包，价值为 14 万元；另申请人租用被申请人钢管及扣件丢失赔偿金：钢管 6.9 吨×4000 元/吨＝276 万元、扣件 2466 个×4.5 元/个＝1.1 万元，共计 3.86 万元（不含申请人租赁被申请人钢管和扣件租金 17.6 万元和租用吊车租金 2.66 万元）。在未结算情况下，被申请人共支付申请人工程款 245 万元。

(2) 申请人依据设计院设计图纸同火华钢结构集团有限公司签订的《网架工程加工定作合同》的约定，吨位为 284 吨，每吨 5800 元。申请人实际付款 169.4 万元，折合吨位 292 吨，申请人依据设计院图纸实际定作购进为 292 吨。这也证实设计院图纸计算错误，依据合同约定依实计算应为 303 吨的规定是正确的。更印证申请人要求按 388 吨结算是不正确的。

(3) 申请人定作价为每吨人民币 5800 元，而同被申请人结算是每吨 7500 元。因申请人无法按合同约定工期要求 2005 年 10 月完工，实际 2006 年 2 月完工。被申请人不得已分包部分工程。被申请人认可分包工程，仅认为这部分工程不属于其施工范围，所以这部分（按市场价计算为 14 万元）应从其应得工程款中扣除。

(4) 被申请人反请求中的钢管及扣件丢失赔偿金 3.86 万元因为手续齐全，

申请人当庭认可。

（5）某电力设计院发现原设计图有误后，当年又出了一份新图。新图标注设计重量为330吨，原图标注设计重量为388吨。依据新图中设计与施工说明第十二、十六条及原图设计与施工说明十二条。图中标注重量为理论消耗量。

申请人补充发表了如下意见：

（1）申请人要求以388吨结算是有充分理由的。根据被申请人提供的证据（被申请人与业主的竣工结算图）即可证明。

（2）虽然被申请人辩称图纸错误，但如果图纸有错误，应以设计院的"更改通知"为依据。而被申请人没有此类更改通知，也不可能有。

（3）《最高人民法院关于审理建设工程施工合同纠纷案件适用法律问题的解释》第十六条规定：当事人对建设工程的计价标准或计价方法有约定的，按照约定结算工程价款。申请人与被申请人的合同中已经就结算方式和付款方式有明确约定。该《解释》第二十二条规定：当事人约定按照固定价结算工程价款，一方当事人请求对工程造价进行鉴定，不予支持。本案合同约定了固定结算工程单价，总量按照设计图纸计算，应适合于本条。

（4）彩色压型钢板轻型屋面板只计算了面积和造价，没有计算吨位，如果按合同要求由申请人安装，造价应在20万元左右，但其工程已被直接分包给了第三方，与申请人无关。而被申请人要求从申请人处扣除其发包给第三方的工程款14万元毫无道理。

（5）被申请人如能提供足够证据证明申请人公司丢失的扣件和钢管，申请人本着实事求是的原则予以承认，同意从工程余款中扣除其要求的人民币38713元。

## 二、仲裁庭意见

仲裁庭依法进入仲裁程序，两次开庭听取申请人的仲裁申请及被申请人的仲裁反请求，申请人与被申请人质证，申请人与被申请人辩论。仲裁员就有关事实和证据向申请人和被申请人进行了核实。庭审结束后，申请人和被申请人又补充了相关证据，提交了书面代理意见并进行了书面质证。

必须指出，当事人已就案件事实和焦点问题等，向仲裁庭提出了相关资料和分析意见，这些资料和意见分别以证据、笔录、代理意见等形式保留在本案卷宗中。本裁决书没有全面引用上述意见，并非忽视或者忽略上述意见。仲裁庭认为：

### (一) 关于本案安装合同的效力及仲裁庭的管辖权

申请人与被申请人于 2005 年 5 月 20 日签订的《电厂扩建工程干煤棚网架、压型钢板制作安装合同》体现了双方的意愿,仲裁庭认真审阅了上述合同,没有发现违反法律法规强制性规定的内容。仲裁庭认定该合同合法有效,可以作为仲裁庭处理本案纠纷的基本依据。

《安装合同》中"第十条争议的解决方式"约定:"凡因协议引起的或与协议有关的任何争议,双方应友好协商解决。假如自任何一方在接到另一方准备提起仲裁的通知之日起 30 个日历日之内,双方未能就争议事项达成协议,则该争议应提交××仲裁委员会仲裁"。因此,本案中双方就以仲裁方式解决纠纷的约定是明确的,对仲裁机构的约定也是具体确定的,仲裁委员会可以管辖本案,仲裁庭有权处理本案争议。

### (二) 仲裁庭对本案有关事实的认定

(1) 关于工程款结算总额的问题。申请人与被申请人在《安装合同》中约定"结算方式"为:"依据初设图纸网架结构总吨位为 449t,按人民币 7500 元每吨计算,暂按 449 吨×7500 元/吨=337 万元整总价计起,如图纸有变化吨位依实调整。"申请人与被申请人对 7500 元/吨的单价未提出异议,但在实际工程量上存在争议。

双方在庭审期间及庭后补充提交的书面材料中,对实际工程量提出了五个数据。一是申请人在《仲裁申请书》中提出的竣工结算图网架主体结构为 388 吨;二是申请人在《仲裁申请书》提出的被申请人与建设单位电厂结算的钢网架吨位为 379 吨;三是被申请人在仲裁反请求中提出的依据合同约定,网架结构总吨位原计算有误,经据实计算应为 303 吨;四是被申请人在补充材料中提出的申请人与网架杆件及辅件加工单位——火华钢结构集团有限公司签订的《网架工程加工定作合同》的约定吨位为 284 吨,每吨人民币 5800 元。申请人实际付款人民币 169.4 万元,折合吨位为 292 吨;五是被申请人在 2009 年 4 月 30 日提交的补充材料中指出某电力设计院发现原设计图有误后,当年又出了一份新图,新图标注设计重量为 330 吨。

对第一个数据 388 吨,申请人提供了竣工结算图及设计院工程联系单出具的施工图工程量,被申请人在 2 月 18 日的庭审中也提供了设计院的同一张图纸,并指出该图纸计算有误,称实际重量应为 303 吨。但在随后提交的补充材料中并未提交证明该设计院图纸计算错误的证据,直到 4 月 30 日才向仲裁庭提交设计院一份设计重量为 330 吨的新图,与被申请人一直声称的 303 吨亦不符。且双方在《安装合同》中约定"甲方提供的设计图纸、施工图、说明和有关技术资料为施工的有效依据,任何一方均不得擅自修改。施工图的重大修改变更,必须经原批准设计单位同意,并办理设计修改议定单"。仲裁庭认为,388 吨的数据有设计图纸为依据,且被申请人未能提供有力的反驳证据,因此是可信的。

对第二个数据 379 吨,申请人是依据获得的《电厂二期($2\times300$MW 机组)循环水泵房、输煤系统土建工程标段工程量差结算表》复印件得出的,但在补充材料中未能提供出建设单位电厂出具的书面证明或结算表原件。被申请人认为其与建设单位之间的结算依据的是另一份合同,属另一个合同关系,与本案无关。仲裁委员会按申请人的请求向电厂致函请其提供相关结算材料,但该厂未能提供。仲裁庭认为,该数据牵涉到被申请人与第三方电厂的合同关系,且未取得电厂方面的证明,因此不予采信。

对第三个数据 303 吨,被申请人虽一再说明是经据实计算得出,但并未提出有信服力的证明材料,也与被申请人于第二次开庭之后在 4 月 30 日提供的设计院新图标注的设计重量 330 吨不相符。仲裁庭认为,该数据没有证据作为支撑,因此不予采信。

对第四个数据 292 吨,被申请人表示是其通过去法院查询及摘抄 2006 年火华钢结构集团有限公司因货款起诉申请人的母公司、申请人、被申请人及电厂的材料得出的。仲裁庭认为,该数据牵涉到申请人与第三方火华钢结构集团有限公司的合同关系,同时也不能确定申请人未从其他单位采购或自行加工制作材料,因此不予采信。

对第五个数据 330 吨,被申请人在第二次庭审结束后,于 4 月 30 日提交了一份设计图,表示是设计院发现原设计图标注重量有误后,当年又出的一份新图,新图标注设计重量为 330 吨。仲裁庭认为,被申请人在申请人于 2008 年 9 月 29 日提出仲裁请求后,在 2009 年 2 月 18 日第一次开庭及 4 月 21 日第二次开庭中,一直坚持设计院原设计图据实计算的数据应为 303 吨,均未提及此图,直到 4 月 30 日提出这份新的图纸,且这份新图纸未注明日期,其证据力不足,因此不予采信。

综合以上情况,仲裁庭认定,申请人承包被申请人的钢网架工程的总重量应为 388 吨,总价款应为 388.432 吨×7500 元/吨=291 万元。

(2) 关于彩色压型钢板轻型屋面分包安装费用的问题。双方在《安装合同》

约定"工程承包方式：包工包料。工程范围和内容：乙方（申请人——仲裁庭注）负责提供主体网架材料并完成安装；乙方负责业主方提供的屋面板、主次檩条及相关附属材料的安装"。被申请人提出因为申请人无法按合同约定工期要求完工，便将彩色压型钢板轻型屋面分包给第三方，发生工程款 14 万元，并提供了书面结算表。申请人认可该屋面工程分包给了第三方，但是是因为被申请人不能依合同付款致使工期滞后，不属于其施工范围，不应从其工程款中扣除。

仲裁庭认为，双方在《安装合同》中约定彩色压型钢板轻型屋面工程属申请人的承包范围，为业主方提供材料，申请人负责安装。合同还约定"依据初设图纸网架结构总吨位为 449 吨，按 7500 元/吨计算，暂按 449 吨×7500 元/吨＝337 万元整总价计起，如图纸有变化吨位依实调整"。"付款方式：……第三期付款：网架主体结构安装完成后七天内甲方向乙方支付合同总价的 20%；第四期付款：屋面板、主次檩条安装完成后七天内甲方向乙方支付合同总价的 15%"。从这些条款可以看出，合同中对网架结构总吨位以 7500 元/吨计价是建立在申请人负责彩色压型钢板轻型屋面安装的基础上的，且工程款的支付进度也与屋面安装进度是相关联的。由于申请人确实未按合同约定履行此项工作，因此，被申请人将本应由申请人负责安装的工程分包给第三方所发生的安装费用 14 万元应从申请人应得工程款中扣除。

（3）关于钢管及扣件丢失赔偿金的问题。被申请人提出申请人应支付钢管及扣件丢失赔偿金 3.86 万元，其中钢管 6.9 吨×4000 元/吨＝2.76 万元、扣件 2466 个×4.5 元/个＝1.1 万元，并出具了申请人方签字的书面材料。对此，申请人在开庭审理中已予认可。

因此，仲裁庭认定，申请人应向被申请人支付钢管及扣件丢失赔偿金 38713 元。

（4）关于已支付的工程款金额的问题。申请人提出被申请人已支付工程款 235 万元，被申请人提出已支付申请人工程款 245 万元。双方认定的已支付工程款中存在 10 万元的差额。双方均承认，工程后期为加快进度，经协商同意，改为由电厂将货款直接支付给火华钢结构集团有限公司。申请人表示 2006 年 1 月 23 日委托电厂付的 10 万元货款，电厂并未付给火华钢结构集团有限公司。从被申请人提供的材料中也可看出，2006 年，火华钢结构集团有限公司起诉申请人的母公司、申请人、被申请人及电厂，也是因为电厂未付剩余货款 10 万元。

仲裁庭认为，申请人和被申请人委托电厂支付 10 万元货款给火华钢结构集团有限公司，但电厂未能支付，从款项的来源追溯，应由被申请人承担付款义务，因此也应视为申请人的工程款未能给付，所以被申请人已支付工程款应为

235万元。

**(三) 仲裁庭对各项仲裁请求和反请求的意见**

(1) 申请人的第一项仲裁请求"被申请人按图纸重量388.432吨支付欠付申请人工程款56万元－3.86万元＝52.14万元"。

仲裁庭认定,申请人承包被申请人的钢网架工程的总重量应为388吨,被申请人已支付工程款为235万元,申请人应支付被申请人屋面工程分包费用为14万元,钢管及扣件丢失赔偿金为3.86万元。按合同约定单价7500元/吨计算,工程总价款应为388吨×7500元/吨＝291万元,则欠付工程款为291万元－235万元－14万元－3.86万元＝38.14万元。

(2) 申请人的第二项仲裁请求"被申请人支付欠款利息至清偿之日止,52.14万元×0.51%×(24＋2008年1月21日至清偿之日的月数)"。

仲裁庭认为,申请人在计算利息时采用的月利率为0.51%,相当于年利率6.12%,而同期银行人民币一年期贷款基准利率在5.31%～7.47%之间,因此这种取值是合理的,应予支持。在计息时间上,从2006年2月(网架工程通过正式验收并投入使用)至裁决生效之日大致为40个月,即38.14万元×0.51%×40＝7.78万元,从裁决生效之日至实际支付之日可仍按该标准按月计息。

(3) 申请人的第三项仲裁请求"被申请人承担本案全部仲裁费用及执行费用"。

鉴于仲裁庭对申请人的仲裁请求给予了部分支持,本案本请求仲裁费由申请人承担30%,由被申请人承担70%。

(4) 被申请人的第一项仲裁请求"驳回申请人的仲裁请求"。

鉴于仲裁庭对申请人仲裁请求给予了部分支持,因此,仲裁庭对被申请人的第一项仲裁请求不予支持。

(5) 被申请人的第二项仲裁请求"申请人返还工程款43.9万元(被申请人在本案第一次开庭时当庭将反请求金额明确为35.86万元)"。

仲裁庭对被申请人的第二项仲裁反请求给予部分支持,即对被申请人提出的申请人应支付被申请人屋面工程分包的安装费用14万元,钢管及扣件丢失赔偿金3.86万元的请求予以支持,但对被申请人提出网架工程量经据实计算为303吨不予支持。

(6) 被申请人的第三项仲裁请求"反请求费用由申请人承担"。

鉴于仲裁庭对被申请人的仲裁反请求给予了部分支持,本案反请求仲裁费用由被申请人和申请人各承担70%和30%。

## 三、裁决

仲裁庭经合议,裁决如下:

(1) 被申请人支付申请人工程欠款人民币 38.14 万元。

(2) 被申请人支付欠款利息至裁决生效之日止,即人民币 7.78 万元;并按每月利率为 0.51‰ 的单利计算从 2009 年 7 月 1 日起至实际支付之日的利息。

(3) 本案本请求和反请求仲裁费由申请人承担 30%,由被申请人承担 70%。

本裁决为终局裁决,自作出之日起生效。

 评注:

(1) 施工争议中,工程量的争议往往是争议的焦点。因为它直接关系到工程价款的总额。因此,合同中一定要对工程量的计量有明确、科学的约定。一旦发生争议,可以依照约定维护自己的权益,避免出现"打死狗之后再来讲价"的现象发生。本案中,申请人正是依此约定主张自己的权益,并得到了仲裁庭的支持。

(2) 保留证据的重要性。工程项目中尤其要注意保留设计图纸、设计文件及其重要变更的书面证据。否则,有可能吃哑巴亏。

(3) 对无争议的客观事实,当事人无需强词夺理地去"狡辩"。而应坦然承认。此前本案中申请人对丢失的钢管及扣件等主动承认,并愿意向被申请人赔偿损失,体现了通情达理。这样,对于仲裁庭支持申请人的其他请求也会有好的印象。

(4) 被申请人就工程量提供的数据自相矛盾,这是"打官司"的大忌。除了得不到支持以外,还给人以不诚实、说谎话的印象。

# 案件 9  某挖掘机融资租赁协议争议仲裁案裁决书

**【提要】** 申请人福地融资租赁有限公司与被申请人柴先生签订了《租赁协议》，由申请人依据被申请人对设备的选择，购买一台卡特彼勒（徐州）有限公司生产的 320C 型液压挖掘机，并租给被申请人使用，租期为 25 个月。但被申请人 2005 年 8 月收到租赁设备后，自 2006 年 1~6 月无理拖欠租金。申请人请求仲裁庭裁决被申请人赔偿已到期应付的设备租金、迟延利息，以及租赁设备的全部剩余租金及选择价格。申请人提请仲裁后，被申请人支付了部分租金，申请人对仲裁请求进行了调整。仲裁期间，被申请人未出席开庭审理，也未提交答辩。仲裁庭经审理后认为，《租赁协议》合法有效，根据合同规定，申请人提出仲裁请求是合理的，应予支持。

**【关键词】** 融资租赁；液压挖掘机；租金

××仲裁委员会（以下简称仲裁委员会）根据申请人福地融资租赁有限公司与被申请人柴先生于 2005 年 8 月 25 日签订的《租赁协议》中的仲裁条款以及申请人于 2006 年 6 月 28 日向仲裁委员会提交的书面仲裁申请，受理了本案合同项下的争议案。本案仲裁程序适用《仲裁委员会仲裁规则》。

本案仲裁程序进行期间，申请人提交了有关证据。

本案开庭审理时被申请人没有出席，也未提交答辩。在此种情况下，仲裁庭根据本仲裁委员会仲裁规则的规定进行了缺席审理，仲裁程序继续进行。

本案现已审理终结。仲裁庭根据现有的书面证据材料、庭审过程中查明的事实以及相关法律规定，作出本裁决。现将本案案情、仲裁庭意见和裁决分述如下：

## 一、案情

本案中，双方当事人于 2005 年 8 月 25 日签订了××号《租赁协议》。根据

《租赁协议》的约定，申请人依据被申请人对设备的选择，购买一台卡特彼勒（徐州）有限公司生产的 320C 型液压挖掘机，并租给被申请人使用，租期为 25 个月，基本租金为首付 34.8 万元人民币，其后分 24 个月，从 2005 年 9 月～2007 年 8 月每月付 5.56 万元人民币。

申请人称：《租赁协议》签订后，被申请人于 2005 年 8 月 26 日收到租赁设备，并完成验收。但被申请人自收到租赁设备后，未按租赁协议规定缴付每月租金。2006 年 1～6 月被申请人累计欠缴租金 33.36 万元，按照合同第 4.2 条规定，截至 2006 年 6 月 30 日，应支付延迟利息人民币 18 万元，合计人民币 51.36 万元。经申请人多次催促，被申请人拒不支付到期的租金。被申请人拒不支付到期租金的行为，已构成租赁协议项下的承租人违约事件。

申请人的仲裁请求为：

（1）被申请人赔偿已到期应付的设备租金人民币 33.36 万元；

（2）被申请人赔偿截至 2006 年 6 月 30 日应支付的迟延利息人民币 18 万元以及到仲裁庭作出仲裁裁决时为止按照租赁协议规定应支付的迟延利息；

（3）被申请人支付租赁设备的全部剩余租金及选择价格人民币 71.6 万元；

（4）被申请人赔偿申请人因仲裁合理花费的费用人民币 2 万元；

（5）被申请人承担本案的仲裁费用。

2006 年 10 月 31 日，申请人根据被申请人补交租金及租金到期的情况，对仲裁请求的金额作出调整并提出了补充证据。调整后的仲裁请求为：

（1）被申请人赔偿已到期应付的设备租金人民币 38.8 万元；

（2）被申请人支付截至 2006 年 10 月 31 日的迟延利息人民币 2.5 万元以及到仲裁庭做出仲裁裁决时为止按照租赁协议规定应支付的延迟利息；

（3）租赁设备的全部剩余租金和选择价格人民币 49.4 万元；

（4）原仲裁请求书中其他请求事项不变。

申请人称，按照租赁协议规定，被申请人应按期支付租金。被申请人自 2006 年 4 月起，没有任何理由，拒付《租赁协议》项下的租金，已根本违反了《租赁协议》规定的义务。《租赁协议》第 18 条规定："申请人作为出租人有权追索所有租赁协议项下已到期租金、未到期租金、迟延利息、设备的选择价格（如有）及其他应付款项。"合同法第 248 条规定："承租人应当按照约定支付租金。承租人经催告后在合理期限内仍不支付租金的，出租人可以要求支付全部租金；也可以解除合同，收回租赁物。"申请人的仲裁请求有合同及法律依据。

按照申请人与被申请人签订的租赁协议第 28 条的规定，本协议项下任何仲裁中的胜诉方应有权要求对方（作为仲裁裁决或命令的一部分）支付其或他们的合理律师费和其他仲裁费用。

## 二、仲裁庭意见

本案是一起融资租赁合同纠纷仲裁案。《租赁协议》由申请人作为出租人和被申请人作为承租人于2005年8月25日签署成立。《租赁协议》规定："本协议应受中华人民共和国法律管辖并根据中华人民共和国法律解释。有关本协议的任何争议，如果协商不成，则应提交设在北京的××仲裁委员会按其仲裁规则仲裁，仲裁裁决是终局的并对双方均有约束力。"

经过审理，仲裁庭查明事实如下：

（1）本案《租赁协议》经双方签署盖章及被申请人加按手印，于2005年8月25日依法生效。

（2）申请人提交的证据显示，《租赁协议》项下的租赁物，即一台卡特彼勒（徐州）有限公司生产的320C型液压挖掘机，系由出租人即本案申请人福地融资租赁有限公司作为买方向卖方永生有限公司以总价158万元人民币购买，并以《租赁协议》规定的条件和条款交付给承租人柴先生即本案被申请人作为租赁设备使用。该液压挖掘机由承租人于2005年8月26日在云南接收，承租人在《租赁协议》附件2——交付附件上签字认可。

（3）本案《租赁协议》附件1——设备租赁附表A规定，租赁设备的租赁期限为25个月。基本租金金额：首付人民币34.8万元，月付人民币5.56万元。租赁保证金为6万元，手续费为1.8万元，期满选择价格为10元整。

（4）被申请人自2006年1~6月无理拖欠租金。申请人多次催促，被申请人拒不支付到期的租金。申请人于2006年6月28日向本仲裁委员会提起仲裁后被申请人支付了从2006年1~3月的每月租金以及4月份的部分租金。

（5）被申请人虽如上述未按《租赁协议》规定支付租金，但已按协议规定支付了首期、手续费和2005年8月~2006年3月的租金以及至2006年4月份的部分租金。自2006年4月欠缴租金5.47万元，2006年5月~2006年10月合计已到期而未支付的租金共计人民币38.8万元。现尚未到期的租期为2006年11月~2007年8月，共10期，未到期租金为55.6万元。申请人在变更仲裁请求的申请及补充证据说明中请求调整已到期租金，即被申请人赔偿已到期应付的租金人民币38.8万元以及被申请人支付租赁设备的全部剩余租金和选择价格人民币49.4

万元。对于已到期租金的迟缴利息，申请人请求到仲裁庭做出仲裁裁决时为止按照租赁协议规定应支付的延迟利息。

仲裁庭认为，《租赁协议》为依法成立的有效合同，被申请人在接收租赁设备以后应当履行合同规定的支付租金的义务。根据《租赁协议》第17.（1）条规定，承租人未能支付任何到期款项将构成承租人违约事件。根据第18.（1）条，如发生违约事件，出租人有权向承租人追索所有本协议项下已到期租金、未到期租金、迟延利息、设备的选择价格及其他应付款项。

根据以上约定，仲裁庭认为申请人提出要求被申请人支付已到期应付的款项38.8万元和到仲裁庭做出仲裁裁决时为止按照租赁协议规定应支付的延迟利息，以及被申请人支付租赁设备的全部剩余租金和选择价格49.4万元是合理的，应予以支持。

关于申请人的办案费用，申请人提交的2006年7月19日和2006年10月24日的两张发票显示申请人发生的律师费用为2万元。根据《仲裁规则》第46条规定，仲裁庭认为申请人请求被申请人补偿本案的办案费用是合理的，仲裁庭予以支持。

## 三、裁决

基于上述，仲裁庭裁决如下：

（1）被申请人向申请人支付自2006年4月（其中4月为部分）起已到期而未付的租金计38.8万元。这部分的延迟利息按月利率2%计算，至本裁决作出之日止。

（2）被申请人向申请人支付租赁设备的全部剩余租金和选择价格共计人民币49.4万元。

（3）被申请人赔偿申请人因仲裁合理花费的费用人民币2万元。

（4）本案仲裁费全部由被申请人承担。

上述各项应付款项，被申请人应于本裁决作出之日起30日内支付完毕。逾期，加计年利率4%计算的利息。

本裁决为终局裁决，自作出之日起生效。

**评注：**

　　本案案情比较简单，过错责任完全在被申请人即承租人一方。据了解，有关类似融资租赁纠纷的案件在我国较为多发。虽然案情简单，责任明确，裁决程序快捷高效，但对出租人仍不可避免地带来损失。尽管裁决支持了申请人的主张，但在实践中，执行裁决也是一个漫长的过程，何况不少承租人亦无担保、抵押或者资产可供执行。甚至一些承租人还"人间蒸发"。因此，本案给人的启示是：出租人一定要慎重考察承租人的信用和资产状况，把承租人可能违约的风险予以全面评估。简言之：市场有风险，出租需慎重。

# 案件 10　某发电机组交易争议仲裁案裁决书

**【提要】** 申请人昂立建设工程有限公司与被申请人博大能源股份有限公司签订《合同》，约定由被申请人向申请人提供 C30 型微型燃气轮机发电机组一台。双方在履行合同过程中，因发电机组不能正常运转发生争议，申请人请求仲裁庭裁决被申请人更换一台新的质量合格的 C30 型微型燃气轮机发电机组，并支付 5% 的违约金和赔偿因其违约行为给申请人造成的损失。被申请人辩称微型燃气轮机发电机组本身符合合同要求，不能正常运行是因为与其匹配的环境问题，而申请人不积极查找和解决问题。仲裁庭经审理认为，申请人和被申请人都认可该微型燃气轮机在申请人处不能正常运转的事实，被申请人未能全面履行合同承诺的义务，即做到设备能成功地调试并使买方满意，已构成违约，应予以更换并支付违约金。但申请人主张裁决被申请人赔偿损失，并没有提交实际支付的相关证据，不予支持。

**【关键词】** 微型燃气轮机；验收；质量鉴定

××仲裁委员会（以下简称仲裁委员会）根据申请人昂立建设工程有限公司与被申请人博大能源股份有限公司于 2007 年 4 月 27 日订立的买卖 C30 型微型燃气轮机发电机组的《合同》中的仲裁条款以及申请人于 2010 年 7 月 29 日向仲裁委员会提交的书面仲裁申请，受理了本案合同项下的争议案。

申请人选定的仲裁员孙先生，仲裁委员会主任根据《仲裁规则》为被申请人指定的王先生，以及仲裁委员会主任指定的首席仲裁员季女士按照《仲裁规则》的规定签署了独立声明书后，于 2008 年 10 月 8 日组成仲裁庭，共同审理本案。

经商仲裁委员会秘书局，仲裁庭决定于 2010 年 11 月 30 日开庭审理本案。2010 年 10 月 28 日，申请人提交了"变更开庭时间申请书"。应申请人的申请，仲裁庭决定将原定开庭延期至 2010 年 12 月 3 日进行。

2010 年 12 月 3 日，仲裁庭对本案进行了开庭审理。后于 2011 年 2 月 28 日对本案再次开庭审理。双方当事人的仲裁代理人均出席了两次庭审。庭审中，双方当事人的仲裁代理人向仲裁庭就本案的事实和法律问题进行了陈述和辩论，对相关证据的原件进行了质证，并回答了仲裁员的相关问题。

本案现已审理终结。仲裁庭根据现有的书面证据材料、庭审过程中查明的事实以及相关法律规定，作出本裁决。现将本案案情、仲裁庭意见和裁决分述如下：

## 一、案情

2007年4月27日，申请人与被申请人订立一份《合同》，约定由被申请人向申请人提供C30型微型燃气轮机发电机组一台，双方在履行合同过程中因发电机组不能正常运转发生争议，申请人依据双方约定的仲裁条款及其他相关证据，向本会提起仲裁。

申请人提起仲裁称：申请人2007年2月6日在工程学院能源综合利用实验平台项目中中标，负责为工程学院提供及安装调试分布式能源实验平台和太阳能空调实验平台，需要C30型微型燃气轮机发电机组一台。2007年4月27日，申请人与被申请人签订买卖C30型微型燃气轮机发电机组的《合同》，合同约定"货物详细规格及服务按照昂立建设工程有限公司与博大能源股份有限公司签订的《工程学院分布式能源系统C30型微型燃气轮机发电机组技术规格书》规定"。后2007年5月23日申请人与被申请人对《合同》和《C30型微型燃气轮机发电机组技术规格书》达成了变更的合意，对设备的型号和主要技术参数作了变更。

在收到预付款后16个星期，被申请人把C30型微型燃气轮机发电机运抵工程学院。但自这台燃气设备到货之日起，就没有正常运作过。依据《合同》11.2规定："在上述质量保证期内如果按卖方（即被申请人）提供的技术要求进行操作和维护时发现合同设备的任何部分有缺陷而引致机组未能达到应有的性能指标，卖方有义务对该有缺陷的部分及时进行更换，并运送新的合同设备零部件到项目实施地，或修理好该有缺陷的部分，使合同设备重新完全达到合同的相关质量要求，其上述的更换或修理的费用概由卖方负责。"申请人与被申请人多番交涉，申请人2009年7月29日传真"更换维修设备"的函给被申请人，被申请人于2009年7月31日作了回复，同意将设备运回××市维修。但经过被申请人的维修，涉案C30型微型燃气轮机发电机仍无法正常运作。被申请人的违约行为导致申请人不能如约完成工程学院能源综合利用实验平台项目，整体项目不能完工。

综上所述，被申请人的瑕疵交付行为，已经构成根本违约，且造成申请人重大经济利益及可期待利益的损失。依据《合同》13.1规定："如买方向卖方提出索赔，买卖双方同意后，应按下列某种或几种方式赔偿：……（B）根据货物的疵劣程度、损害范围，以及买方所遭受的损失将货物折价，赔偿给买方。（C）调换有瑕疵的货物，换货必须全新，并符合合同规定的规格、品质和性能。对换货的质量，卖方仍应按本合同 11 条的规定给予同样的保证期。"第 21 条 "违约金……超过合同价格总金额的 5%"。另根据《中华人民共和国合同法》第 112 条 "当事人一方履行合同义务或者履行合同义务不符合约定的，在履行义务或者采取补救措施后，对方还有其他损失的，应当赔偿损失"及第 114 条第 2 款 "约定的违约金低于造成的损失的，当事人可以请求人民法院或者仲裁机构予以增加"，申请人向被申请人提出调换新的质量合格的 C30 型微型燃气轮机发电机组一台，并将原 C30 型微型燃气轮机发电机组折价赔偿申请人工程学院能源综合利用实验平台项目延期损失及其他损失。

所以，根据《中华人民共和国合同法》、《中华人民共和国民事诉讼法》及《中华人民共和国仲裁法》及相关法律法规、司法解释，请求依法裁决：

（1）被申请人向申请人更换一台新的质量合格的 C30 型微型燃气轮机发电机组（机组型号：30R-FG4-B000；燃气进气压力：1.3～101kPa）。

（2）被申请人向申请人支付违约金人民币 25250 元（505000×5%）。

（3）被申请人赔偿因其违约行为给申请人造成的损失共计人民币 50 万元整。

（4）被申请人承担全部的仲裁费用。

被申请人答辩称不同意申请人在仲裁申请书中的仲裁请求。理由如下：

（1）被申请人根据双方 2007 年 4 月 27 日合同交付给申请人的微型燃气轮机是由美国 KT 公司生产制造的。被申请人是美国 KT 公司的中国区总代理。

（2）被申请人已按双方合同规定将合同全套设备包括全套技术资料交付给了申请人，并对货物的质量、技术规格和数量进行检验。微型燃气轮机本身是符合合同要求的。

（3）由于微型燃气轮机在安装现场不能正常工作，作为代理商的被申请人和生产商也做了多次调试。包括运到××市，在被申请人工厂里调试，微型燃气轮机的启停、功率加载等功能均正常，但之后再次运到工作现场，仍不能完全正常运行。经被申请人与生产商调试工程师初步查明确认，是工作现场的燃气的热值不明确，机器的燃烧系数无法匹配，因此燃烧不稳定，导致不能正常运行，为此被申请人曾于 2010 年 1 月 8 日致函申请人，要求现场取样测试成分和热值确认燃烧系数，从而最终解决正常运行问题。

被申请人认为，现在微型燃气轮机不能正常运行，不是机器设备本身的原因而是与其匹配的环境问题（如作为动力的燃气问题）。现申请人不积极查找、解决与微型燃气轮机匹配的环境问题，一味认为是微型燃气轮机本身问题是不实事求是、不科学的。因此，被申请人不同意申请人的仲裁请求第1、第2条。另双方合同第20条对责任限定有特别规定，且合同的责任限定完全是双方的合意，故申请人完全没理由提出第3项仲裁请求。请仲裁庭依法审理，不支持申请人的仲裁请求。

庭后，申请人的仲裁代理人补充陈述称：

通过仲裁庭调查、辩护、仲裁庭审理等活动，申请人与被申请人C30型微型燃气轮机发电机组买卖合同纠纷一案，案件事实已经很清楚，证据确实充分，现提出如下代理意见：

（1）被申请人向申请人提供的C30型微型燃气轮机发电机组自送货之日起从来没有正常运作过，存在根本的质量问题，不符合《技术规格书》的约定，属于根本违约。

1）涉案C30型微型燃气轮机发电机组从送货至今一直未有正常运作过。

2）被申请人在履行合同过程中出具的涉案C30型微型燃气轮机发电机《测试报告》中已检测出机器存在根本的质量问题。被申请人2009年6月30日单方出具的《测试报告》提到"轮机无法正常运行，机器显示4011错误代码，是由于软件不兼容所引起的。更新了微燃机的软件和PM信息。……尝试启动微燃机，又出现错误代码9022，……发现Inverter IGBT的交流侧和直流侧之间的电压低于正常值，约为0.04～0.05V之间，正常值应该在0.2～0.5V之间，鉴于该种情况，初步断定是Inverter IGBT Power board有故障"，即涉案发电机存在根本质量问题，而非一般质量问题。

3）在仲裁过程中，被申请人未能举出任何证据证明机器质量合格。被申请人作为涉案的这种高精尖机器设备的技术掌握方、维修方，在仲裁期间既不能出示证明涉案机器质量合格的证据，也不能出示涉案机器在收货调试期间验收合格的证据或维修期间机器调试合格的证明报告等。在被申请人对机器质量负有证明责任的情况下，被申请人应当承担不能举证的不利法律后果。

综上所述，涉案C30型微型燃气轮机发电机存在根本的质量问题，被申请人应当承担根本违约的赔偿责任。

（2）在合同履行期间，被申请人未尽到合同明确约定的指导机器安装及现场调试合格的卖方义务，且在机器维修期间及仲裁过程中将机器调试的义务推给申请人，是完全违反合同约定及公平交易原则的。

1)《合同》及《技术规格书》明确约定被申请人负有指导机器安装及现场调试合格的卖方义务。《合同》11.1"卖方……保证在质量、技术规格和性能方面完全符合合同的规定。卖方还保证,当按卖方提供的技术要求进行操作和维护时,设备能成功地调试并使买方满意,在服务年限中显示出令人满意的性能";《技术规格书》8.1"……乙方(即被申请人)进行安装指导,并负责C30微燃机的现场调试。同时,按KT规定的有关文件进行验收,验收合格后双方签署验收协议,设备投入运行"、8.3"在安装调试期间,乙方向甲方提供C30微燃机使用的技术服务和培训"。

2)在履行合同过程中,被申请人一直没有尽到将机器调试合格及正常运作的义务。从申请人所提交的证据《外部联络函》及《航天能源Fax》能看出,被申请人一直未做到其在合同所"保证在质量、技术规格和性能方面完全符合合同的规定,卖方还保证……设备能成功调试并使买方满意"的义务,且一直都是在申请人先行催促的情况下才派人到现场进行机器检测,没有积极主动地履行合同的保质保修义务。

3)在仲裁过程中被申请人一直辩称安装环境与机器不匹配,这实际上是将机器调试的卖方合同义务强行推卸给申请人,是无赖的、不负责任的行为。对于涉案的高精尖设备,申请人作为买方以高价购买的,除机器设备本身,还包括机器安装技术及调试技术、运作技术等。在机器调试期间,被申请人未能出具任何一份机器现场调试成功的验收报告,且在维修期间也未按机器维修的基本流程出具维修报告交给申请人,即被申请人将机器运回××市后是否有认真检测过,申请人根本无从得知。在整个合同履行过程中,被申请人从未出具一份正式的验收报告或维修检测报告,可见被申请人是极度不负责任,敷衍了事的。

对于这种高精尖设备,消费者是无这方面专业知识,故向卖方支付高价以获得卖方的技术支持。但在2010年1月8日《航天能源Fax》中被申请人要求申请人"和工程学院能够在现场取样,测定成分和热值"及在仲裁过程中答辩"工作现场的燃气热值不明确,机器的燃烧系数无法匹配,……"就是被申请人未尽到机器调试的义务而将调试义务推给申请人的明确表现,是完全违反合同约定及公平交易原则的。被申请人应当依约自行将机器调试到能够持续正常运作为止。

(3)根据我国相关法律,销售者不得以生产者存在过错为由对抗消费者的索赔请求,故被申请人应当直接向申请人作出违约赔偿后,再自行与生产方解决最终责任归属问题。

根据《中华人民共和国产品质量法》第四十条的规定"售出的产品有下列情

形之一的，销售者应当负责修理、更换、退货；给购买产品的消费者造成损失的，销售者应当赔偿损失：（一）不具备产品应当具备的使用性能而事先未作说明的；（二）不符合在产品或者其包装上注明采用的产品标准的；（三）不符合以产品说明、实物样品等方式表明的质量状况的。销售者依照前款规定负责修理、更换、退货、赔偿损失后，属于生产者的责任或者属于向销售者提供产品的其他销售者（以下简称供货者）的责任的，销售者有权向生产者、供货者追偿。销售者未按照第一款规定给予修理、更换、退货或者赔偿损失的，由产品质量监督部门或者工商行政管理部门责令改正"。

而且，被申请人没有任何确切证据证明"被申请人在履行合同过程中已经尽到机器安装及调试的合同义务"，可见被申请人本身就存在违约行为。故被申请人在仲裁过程中单方提出涉案机器生产商存在过错，但没有任何证据支持"机器质量问题归因于生产方"，却一直拖延对申请人承担违约责任，是完全违反合同相对性原则及我国相关法律规定的。

（4）在 2009 年 7 月 31 日《航天能源 Fax》中，被申请人已承诺"同意最终验收地点为工程学院"，故被申请人应按《合同》及此 Fax 的约定及承诺，无条件使得涉案机器在工程学院正常运作，及赔偿之前由于涉案机器无法运作而给申请人造成的全部损失。

1）裁决被申请人限期之内向申请人更换一台新的质量合格的 C30 型微型燃气轮机发电机组，且必须调试至机器能够在工程学院持续正常运作为止。依据申请人在仲裁过程中提供的各项证据及被申请人未能提交任何证据证明机器质量合格的事实，可见涉案机器存在根本的质量问题，不能通过一般的维修手段使其正常运行，故申请人请求依据《合同》11.2 条，裁决被申请人限期之内向申请人更换一台新的质量合格的 C30 型微型燃气轮机发电机组，且依据 2009 年 7 月 31 日《航天能源 Fax》必须调试至机器能够在工程学院持续正常运作为止。

2）依照合同约定，裁决被申请人向申请人支付违约金。依照《合同》第 21 条约定"违约金……超过合同价格总金额的 5%"，即在被申请人根本违约的情况下，应当向申请人支付违约金人民币 25250 元整（505000×5%）。

3）在申请人的实际损失远大于违约金的情况下，请求依法裁决被申请人向申请人赔偿因其违约行为给申请人造成的损失。依据《合同》中"货物详细规格及服务按照……《工程学院分布式能源系统 C30 型燃气轮机发电机组技术规格书》"，可见工程学院提供及安装调试分布式能源实验平台和太阳能空调实验平台项目与本合同签订的 C30 型燃气轮机发电机组买卖交易之间是有直接因果关系的。

申请人已经对工程学院的分布式能源实验平台和太阳能空调实验平台的所有配套设施安装完毕,但由于被申请人提供的C30型微型燃气轮机发电机组这一实验平台的核心部分存在根本的质量问题,影响了实验平台的整体完工及申请人向工程学院履行项目竣工验收义务,极大损害了申请人的经济利益及公司信誉。

根据《中华人民共和国合同法》第112条"当事人一方履行合同义务或者履行合同义务不符合约定的,在履行义务或者采取补救措施后,对方还有其他损失的,应当赔偿损失"及第114条第2款"约定的违约金低于造成的损失的,当事人可以请求人民法院或者仲裁机构予以增加",故被申请人应当向申请人赔偿工程学院的分布式能源实验平台和太阳能空调实验平台的项目实际损失及主张权利的包括律师费、仲裁费用在内的所有费用损失。

被申请人针对申请人质量鉴定申请发表书面意见,主要内容为,被申请人曾将出售的机器设备拉回××市,请专家进行调试,机器运转正常,但到了申请人处就不能正常运转,应检测当地燃气数值等环境数据有无问题,不能确定机器本身是否存在质量问题。如果是当地燃气数值等环境问题,再更换一台新的设备也同样不能正常运转。

申请人于2010年12月30日又补充质证意见如下:

(1) 对被申请人提交的"书面意见"的异议。

1) 申请人在仲裁过程中申请机器质量鉴定,目的是请求借助专家、技术等手段确认涉案机器设备存在质量问题的事实,而非被申请人所说的"申请人不确定机器是否存在质量问题"。

2) 申请人以高价购买的不仅是机器设备本身,而且包括相关的机器安装、运作等高精尖技术,所以被申请人在其未能使机器验收合格及正常运作的情况下一直要求申请人自行"检测当地燃气数值等环境数据",而且还声称不懂技术的申请人"不配合",是推卸卖方合同义务的表现。

3) 被申请人应当按照《合同》及《航天能源FAX》的约定,无条件完成"使机器能在工程学院验收合格"的合同义务(请见2009年7月31日《航天能源Fax》,被申请人已承诺"最终验收地点为工程学院"),否则应当承担全部违约责任。

(2) 对被申请人推荐的燃气轮机检测机构的意见。

被申请人推荐的两家燃气轮机检测机构均非机器所在地,根本不便于机器本身质量以及被申请人所提出的工程学院的机器安装环境等项目的检测。申请人申请仲裁庭指定机器设备所在地附近的鉴定机构进行鉴定,否则,申请人对被申请人向仲裁庭提出的鉴定机构不予确认,由被申请人所提出的鉴定机构以及鉴定的申请所产生的任何法律后果由被申请人承担一切法律责任。申请人对被申请人提出鉴定机构并进行鉴定的行为不承担任何责任。

被申请人拖延履行合同义务、拖延仲裁过程以及拖延机器检测时间的行为,给申请人造成的扩大性的损失,申请人对此保留追究的权利。

(3) 对被申请人所提交的证据《微型燃气轮机美方出厂检测报告》质证意见。

1) 此证据中实验员的签名,无法证实其真实性,证据上也没有加盖生产者的公章故无法证实这份《微型燃气轮机美方出厂检测报告》的真实性。

2) 这份《微型燃气轮机美方出厂检测报告》不能证明是对涉案机器这一特定对象的检测报告。

3) 此机器出厂的证据(只能证明生产者与销售者的关系)完全无法证明被申请人(销售者)在向申请人(消费者)交付机器时涉案机器的质量合格。

4) 在申请人已经履行完毕买方义务的情况下,被申请人应当无条件履行保证机器质量合格、调试机器至正常运作并验收合格等卖方义务。

## 二、仲裁庭意见

### (一) 关于本案的管辖

仲裁庭注意到,本案合同第16条约定:"(1) 凡执行本合同所发生的或本合同有关的一切争议,双方应通过友好协商解决。(2) 如果协商不能解决,应提交××仲裁委员会(北京)根据该会仲裁程序暂行规定进行仲裁。(3) 仲裁裁决是终局的。对双方都有约束力。……"仲裁委员会受理此案后,被申请人进行了答辩,亦未就管辖权问题提出异议,因此,仲裁庭对本案具有管辖权。

### (二) 关于本案的法律适用问题

仲裁庭注意到,本案合同第16条除约定管辖外,还明确约定:"(5) 本合同适用法律为中华人民共和国当前的法律。"因此,本案争议应当适用中华人民共和国的法律解决。

### (三) 关于本案合同的效力

申请人与被申请人经磋商,于2007年4月27日签订《合同》,约定被申请人向申请人提供 C30 型微型燃气轮机发电机组一台。经审查，仲裁庭认为，合同中当事人意思表示真实，合同所规定的权利义务内容不违反我国法律和行政法规的规定，并且双方对合同的法律效力没有异议。因此，仲裁庭认定，本案合同依法成立，合法有效，对双方均有约束力。

**（四）本案争议的焦点问题**

申请人与被申请人对本案合同履行过程中的下列事实没有分歧：

（1）被申请人向申请人交付了合同项下的 C30 型微型燃气轮机发电机组一台，申请人也已收到上述设备。

（2）申请人已向被申请人付清了设备的货款人民币 50 余万元。

（3）因设备不能正常运行问题，被申请人应申请人的要求，曾将设备拉回××市进行调试，该设备调试后运回申请人处仍不能正常运转。

本案双方当事人争议的焦点在于：设备在申请人处仍不能正常运转的原因究竟是设备本身存在质量问题，还是机器安装环境燃气数值不匹配导致机器不能正常运转问题。为此，双方对该焦点问题存在严重分歧：申请人坚持认为是机器本身存在质量问题才不能正常运转。而被申请人则相反，认为机器本身没有质量问题，美国专家在××市调试运转正常，之所以设备运到申请人处不能正常运行，是安装环境燃气数值等与机器不匹配造成的。双方各执一词。

申请人提出对涉案的 C30 型微型燃气轮机发电机组进行质量鉴定，被申请人亦不反对，但其认为，应检测当地燃气数值等环境数据。于是仲裁庭令双方当事人在规定期限内分别或共同选定一家鉴定机构进行鉴定，但最终因双方没有就鉴定机构达成一致，故未进行鉴定。因此，仲裁庭将围绕申请人的仲裁请求，结合争议焦点问题，依据本案查清的事实和法律作出认定和裁决。

**（五）关于申请人的仲裁请求**

（1）关于申请人请求裁决被申请人更换一台新的质量合格的 C30 型微型燃气轮机发电机组的仲裁请求。

仲裁庭注意到，双方在本案合同中对微型燃气轮机的发电功率、燃气压力、天然气用量等规格型号有具体约定，并在《合同更改确认备忘录》中予以记载，即由于买方的燃气供气压力有变，因此要求对设备的型号和主要技术参数作了更改，增加了内置增压泵。合同价款包含指导安装、调试和现场培训费用。

仲裁庭还注意到，本案合同第 11 条质量保证和售后服务条款的约定："卖方还保证,当按卖方提供的技术要求进行操作和维护时,设备能成功地调试并使买方满意……","卖方有义务对该有缺陷的部分及时进行更换,并运送新的合同设备零部件到项目实施地,或修理好该有缺陷的部分,使合同设备重新完全达到合同的相关质量要求,基于上述的更换或修理的费用概由卖方负责"。

根据本案查明的事实,仲裁庭认为,无论申请人与被申请人基于何种原因产生争论,到目前为止,该微型燃气轮机在申请人处不能正常运转是不争的事实。仅就此一点,作为卖方的被申请人既未全面履行上述合同承诺的义务,已构成违约,未能做到设备能成功的调试并使买方满意。因此,仲裁庭认为,申请人关于更换一台新的质量合格的C30型微型燃气轮机发电机组的请求合理,仲裁庭予以支持,被申请人应予以更换一台新的质量合格的C30型微型燃气轮机发电机组给申请人。

(2) 关于申请人请求裁决被申请人支付违约金的仲裁请求

仲裁庭注意到,本案合同第21条双方约定有"索赔金"内容:"本合同所有违约金及索赔金总额不超过合同价款总金额的5%。"本案合同价款总金额为人民币505000元,5%的违约金即为人民币25250元。因此,根据仲裁庭上述认定,申请人的该项仲裁请求有事实和合同依据,仲裁庭亦予以支持,被申请人应当向申请人支付人民币25250元的违约金。

(3) 关于申请人主张裁决被申请人赔偿损失的仲裁请求

仲裁庭注意到,对该项请求,申请人称是基于与案外人之间的合同约定,但并没有提交实际支付的相关证据。据此,仲裁庭认为,申请人的关于被申请人应向其赔偿损失的仲裁请求缺乏证据佐证,故仲裁庭对申请人的该项请求不予支持。

**(六) 关于仲裁费的承担**

仲裁庭认为,依据本案实际情况和裁判结果,申请人与被申请人应共同分担本案仲裁费用。申请人承担30%,被申请人承担70%。

## 三、仲裁裁决

综上所述,仲裁庭裁决如下:

(1) 被申请人给申请人更换一台新的C30型微型燃气轮机发电机组(机组型号:30R-FG4-B000;燃气进气压力:1.3~101kPa);

(2) 被申请人向申请人支付违约金人民币 25250 元；

(3) 驳回申请人的其他仲裁请求；

(4) 本案仲裁费由申请人承担 30%，被申请人承担 70%。鉴于申请人已预缴了全部仲裁费，因此被申请人应将其承担的仲裁费人民币××元支付申请人。

上述裁决，被申请人应自本裁决作出之日起 30 天内履行完毕。

本裁决为终局裁决，自作出之日起生效。

 评注：

> 仲裁庭在本案中基本支持了申请人的主要仲裁请求。从法律意义上讲，实际上是《合同》中的约定有效地维护了申请人的合法权益，对各方都有借鉴和启发。
>
> 双方订立《合同》是建设工程项目中的一项分部工程。双方采用的是包括设备采购、安装、调试、验收及一系列技术服务在内的"交钥匙"工程承包方式。这种承包方式的特点是责任明确。申请人提出多种要求，被申请人依约定全面履行，最后由申请人竣工验收。因此，基于这种明白无误的约定，一旦出现设备运行的任何问题，责任都应该由被申请人承担。因此，对于一些专业性强、技术含量高且不易分阶段厘清问题和责任的项目，采用"交钥匙"方式对买方来说不失为明智之选。这样，可以避免在技术问题上与具有专业优势或技术话语权的卖方纠缠不清。
>
> 此外，作为卖方而言，在《合同》中应尽量避免作出下列承诺："设备能成功调试并使买方满意"或者"在服务年限中显示出令人满意的性能"。因为，何为"满意"？不同的人有不同的理解。这种带主观色彩的词句应尽可能不出现在专业合同中，而应采用专业的技术术语或技术指标来反映技术功能。以免一旦发生纠纷后各执一词，难以决断。

# 案件 11　某设备购销合同争议仲裁案裁决书

**【提要】** 申请人华特实用气体有限公司与被申请人金奇玻壳股份有限公司签订《V-19 型真空变压吸附制氧系统设备购销合同》。申请人向被申请人交付了设备，在之后的几年内，被申请人陆续支付了部分款项，但仍余人民币 210.5 万元未支付。申请人请求仲裁庭裁决被申请人支付剩余设备款，并支付利息。被申请人委派仲裁代理人参加了庭审，承认欠款的基本事实，但对于申请人要求其支付货款利息的请求，要求申请人提供法律依据。仲裁庭经审理认为，申请人已完全履行了其合同项下义务，被申请人应当依法履行合同及补充还款协议约定的付款义务，偿还拖欠申请人的款项，并承担因违约而给申请人造成的经济损失。

**【关键词】** 真空变压吸附制氧系统；购销合同；货款

××仲裁委员会（以下简称仲裁委员会）根据申请人华特实用气体有限公司与被申请人金奇玻壳股份有限公司于 2001 年 11 月 29 日签订的《V-19 型真空变压吸附制氧系统设备购销合同》和 2006 年 12 月 19 日签订的《还款协议》中的仲裁条款，以及申请人于 2007 年 9 月 10 日提交至本会的书面仲裁申请，受理了申请人和被申请人之间关于上述购销合同项下的争议仲裁案。

申请人选定的仲裁员柯先生，仲裁委员会主任根据《仲裁规则》为被申请人指定的范先生，以及仲裁委员会主任指定的首席仲裁员刘女士按照《仲裁规则》的规定签署了独立声明书后，于 2007 年 12 月 11 日组成仲裁庭，审理本案。

2007 年 12 月 27 日，仲裁庭开庭审理本案。双方当事人分别委派仲裁代理人参加了庭审。庭审中，双方就本案主体问题发表了各自的意见、陈述了本案案情、出示了相关证据、回答了仲裁庭的庭审调查提问，并就有关事实和法律问题进行了辩论，双方还进行了最终陈述。双方当事人均表示庭后不再提交补充证据材料。

本案现已审理终结。仲裁庭根据现有书面文件以及开庭审理所查清的事实和查证的证据，经合议后，依法作出本裁决。本案案情、仲裁庭意见以及裁决内容如下：

## 一、案情

2001年11月29日,申请人和被申请人签订了《V-19型真空变压吸附制氧系统设备购销合同》。2001年11月30日双方又签订了上述合同的《补充条款》。根据该份合同的约定,申请人向被申请人出售型号为V-19型真空变压吸附制氧装置设备一套,价款为人民币835万元。

申请人称,合同签订后,申请人向被申请人交付了设备并对该设备进行了安装、调试,并经检测符合合同的约定。被申请人于2001年12月17日支付第一期款项140万元后,即未按照合同约定的时间向申请人支付后续各期款项。经申请人和被申请人协商,被申请人于2004年3月26日致函申请人,对所欠款项制定了还款计划,同意自2004年3月起~2005年6月止逐月偿还剩余设备款,总计人民币355万元。但是,被申请人仍旧未按照还款计划支付货款。2006年12月18日,申请人与被申请人再次进行协商,12月19日,申请人与被申请人再次达成《还款协议》。被申请人在《还款协议》中承诺自2006年12月20日开始,每月支付一定数额的合同款,直至2007年12月20日全部支付完毕。然而,被申请人再次违反《还款协议》的约定,自2006年12月~2007年4月支付14万元后,不再向申请人支付合同款项。

申请人认为,被申请人的违约行为给自己造成了很大的经济损失,为此,申请人提出如下仲裁请求:

(1) 依法裁决根据《V-19型真空变压吸附制氧系统设备购销合同》,被申请人向申请人支付设备款210.5万元人民币。

(2) 依法裁决被申请人向申请人支付上述货款至2007年8月31日的利息78054元人民币;自2007年9月1日至裁决生效之日的利息(按每日358元计算);从裁决生效之日起至被申请人实际给付设备款之日的利息(按每日358元计算)。

(3) 依法裁决被申请人承担申请人的仲裁费用以及申请人的律师代理费。

被申请人没有按照《仲裁规则》的有关规定进行书面答辩。开庭审理时,其代理人对欠款的基本事实予以承认,但是对于申请人要求其支付货款利息的请求,要求申请人提供法律依据。

## 二、仲裁庭意见

**（一）关于本案的法律适用**

本案合同于 2001 年 11 月 29 日签署，按该合同第 26.0 条规定，"本合同将受合同生效日执行的中华人民共和国法律的制约和解释"，合同签署时，中华人民共和国合同法已于 1999 年 3 月 15 日生效，故本案主要适用《中华人民共和国合同法》的有关规定。

**（二）关于本案合同的效力**

双方当事人对于本案合同的签订及其内容均无异议。仲裁庭审查后认为该合同具备《中华人民共和国合同法》所要求的合同生效的要件，且不违反法律强制性规定，因此，本案合同依法成立并具备法律效力，双方当事人均应依照该合同主张权利，履行义务。

**（三）关于本案相关事实的认定**

根据仲裁申请人递交的证据材料以及庭审中的陈述，并经被申请人庭审中予以确认，仲裁庭对如下与本案相关事实予以认定：

（1）2001 年 11 月 29 日，申请人与被申请人签署了本案合同，次日，双方签订了本案合同的补充条款。

（2）合同签订后，申请人如约履行了合同义务，而被申请人则未按照合同约定的分期付款时间向申请人支付。曾经几次制定还款计划，但被申请人再次违约仍未按还款计划支付货款，于 2006 年 12 月 19 日，申请人与被申请人再次达成还款协议，而被申请人未能全部履行该还款协议的约定。自 2007 年 5 月起不再向申请人支付本案合同项下的余款。

（3）申请人认定被申请人尚欠本案合同项下设备款人民币 210.5 万元。对此，在庭审中被申请人对此欠款金额及事实确认无误。

**（四）关于申请人的仲裁请求**

（1）请求仲裁庭裁定被申请人向申请人支付所欠合同设备款 210.5 万元人民币。

《中华人民共和国合同法》第八条规定"依法成立的合同对当事人具有法律约束力，当事人应当按照约定履行自己的义务，不得擅自改变或解除合同，依法成立的合同受法律保护"。第六十条规定"当事人应当按照约定全面履行自己的义务",据此,仲裁庭认为申请人已完全履行了其合同项下义务,被申请人应当依法履行合同及补充还款协议约定的付款义务,偿还上述拖欠申请人的款项。故申请人的第一项仲裁请求应当予以支持。

(2) 请求依法裁决被申请人向申请人支付上述货款从 2007 年 1 月起~2007 年 8 月 31 日的利息 7.8 万元人民币;自 2007 年 9 月 1 日至裁决生效之日的利息(按每日 358 元计算);从裁决生效之日起至被申请人实际给付设备款之日的利息(按每日 358 元计算)。

如前所述,申请人如约履行了合同义务之后,被申请人确未能如约向其支付全部的设备款项,因此仲裁庭认为被申请人的行为已构成违约。按照中华人民共和国合同法第一百零七条规定"当事人一方不履行合同,或者履行合同义务不符合约定的,应当承担继续履行采取补救措施或赔偿损失等违约责任"。据此,仲裁庭认为被申请人应当依法承担因违约而给申请人造成的经济损失。仲裁庭注意到,申请人从 2007 年 1 月开始起算利息,这个日期远远晚于被申请人应支付货款的时间,申请人在计算利息时采用的人民币贷款基准利率(年利率 5.58%~6.21%)也是合理的,故仲裁庭支持申请人的第二项仲裁请求。

(3) 依法裁决被申请人承担申请人的仲裁费和申请人的律师代理费。

鉴于申请人的仲裁请求均得到仲裁庭的支持,故本案仲裁费用全部由被申请人承担。此外,申请人向仲裁庭提供了合法有效的律师费支付凭证,金额为 4.2 万元人民币。鉴于申请人的仲裁请求均得到仲裁庭的支持,根据《仲裁规则》第 59 条的规定,仲裁庭决定由被申请人支付申请人委托律师办案的合理费用 4.2 万元人民币。

### 三、裁决

综上所述,仲裁庭对本案作出裁决如下:

(1) 被申请人应向申请人支付拖欠设备款 210.5 万元人民币。

(2) 被申请人向申请人支付 2007 年 1 月~2007 年 8 月 31 日的延期付款利息 7.8 万元人民币;支付 2007 年 9 月 1 日起至实际支付之日按每日 358 元人民币计算的利息。

(3) 被申请人向申请人支付律师费用 4.2 万元人民币。

(4) 本案仲裁费全部由被申请人承担。该款项已由申请人预缴的等额仲裁预付金冲抵，被申请人应向申请人偿还申请人代其垫付的仲裁费。

以上四项被申请人应向申请人支付的款项，被申请人应当在本裁决作出之日起 30 日内向申请人支付完毕。

本裁决为终局裁决，自作出之日起生效。

评注：

工程建设除了规划、设计、施工等环节外，材料与设备采购是一个必不可少的环节。因此，本案所涉设备买卖合同对于工程建设方也有启示作用。本案虽为一起常见的因合同履行中货款支付引起的仲裁，且双方当事人均认可基本事实，欠款人也不否认自身的违约责任。被申请人除希望免除利息外，也愿意支付欠款。既然案情如此明了，那又有何启示呢？

（1）对卖方而言，要慎重考察买方的支付能力，而不仅仅是支付意愿。即使是诚实守信的买家，在其遇到资金困难时，他想付钱，无奈"要钱没有，要命一条。"因此，卖方切不可一见订单就盲目签约，盲目发货。最保险的办法当然是款到发货。即使先发货后付款，也要有买方的担保或抵押。尤其是对于不熟悉的买方。有时，还要防止出现恶意诈骗的情况：前几次买方都能按时付货款，无论是先付还是后付。在卖方自以为对买方可以完全信任时，买方在一笔"先发货后付款"项目中取得货物后逃之夭夭，对卖方造成重大损失。

（2）对买方而言，要慎重决策买什么？买多少？回报率如何等多种因素。市场经济大多是买方市场，商品剩余，因而有"顾客即上帝"之称。买家即顾客。但是，买方切忌盲目决策投资，大买特买，以致债台高筑。尤其在市场环境多变的情况下，投资风险极大。而货物一旦买回，再售出或者"处理"起来就没有那么容易了。低价抛出，亦要割肉。因此，对买方来说，要货比三家，在满足功能的前提下，尽可能少买，以提高投资性价比和回报率，降低负债率。

# 第二部分

规划设计合同争议案件判决及评注

# 案件 12　某建设工程设计合同纠纷案民事判决书

**【提要】** 原告顾先生与被告爱家装饰设计有限公司 2011 年 12 月签订协议，约定被告承担"北郊 20 号"工程项目设计事宜，设计费总价为 10 万元。原告称，其在 2011 年底和 2012 年初先后支付 5000 元定金和预付款 4.5 万元后，被告未能交付设计成果，2013 年 1 月原告向被告发函，通知被告解除双方签订的协议。因此，原告向法院起诉，要求被告向原告支付双倍定金 1 万元，归还预付款 4.5 万元。被告辩称，已经完成了相应的设计成果。由于原告不支付款项，故没有交付设计成果，应驳回原告的诉讼请求。法院认为，本案的争议焦点在于造成合同不能继续履行的原因和责任，即违约主体的确定问题。本案协议书对设计审定的日期作出了约定，但是对设计成果的交付时间没有作出约定。被告向法院提交的装饰设计方案并未向原告送达，即未能在合理的期限内按约履行自己的义务，已经构成违约，原告有权解除合同。且被告在收到原告的律师函后，没有实际履行的积极行为，没有要求继续履行协议的意思表示，故本案《协议书》可确认已经解除。因此，判决被告双倍返还原告定金 1 万元，返还预付款 4.5 万元。

**【关键词】** 设计合同；装饰设计；定金；律师函

原告顾先生诉被告爱家装饰设计有限公司建设工程设计合同纠纷一案，本院于 2013 年 3 月 28 日受理后，由审判员倪先生独任审判，于 2013 年 4 月 16 日公开开庭进行了审理。原告委托代理人、被告委托代理人到庭参加了诉讼。本案现已审理终结。

原告顾先生诉称，原、被告于 2011 年 12 月 3 日签订了《委托设计协议书》一份，约定由被告承担"北郊 20 号"工程项目设计事宜。同年 12 月 25 日，双方重新签订了一份《委托设计协议书》，就前述协议书内容作出部分变更。协议签订后，原告依约于 2011 年 12 月 26 日支付人民币 5000 元定金，并于 2012 年 2 月 22 日应被告要求先行支付预付款人民币 4.5 万元，但被告在收取上述费用后却未能按照协议约定的履行期限向原告交付设计成果，不得已原告于 2013 年 1

月7日委托律师向被告发送律师函,通知被告解除双方签订的《委托设计协议书》,并要求被告归还双倍定金及预付款合计5.5万元,但被告拒不履行还款义务。为此原告诉讼本院,其诉讼请求为:(1)判令被告向原告支付双倍定金1万元;(2)判令被告向原告归还预付款4.5万元;(3)判令被告赔偿预付款利息损失2596元(计算至2013年2月6日);(4)本案诉讼费由被告负担。

审理中,原告撤回了第三项利息请求。

原告对其诉称的事实向本院提供了如下证据:

(1)《委托设计协议书》两份,证明原、被告间存在合同关系,且合同已经合法生效;

(2)收款收据一份,证明原告于2011年12月26日支付了定金5000元;

(3)收款收据一份,证明原告于2012年2月22日支付了设计费预付款4.5万元;

(4)律师函、快递单据各一份,证明《委托设计协议书》因律师函而已经解除。

被告爱家装饰设计有限公司辩称,不同意原告的诉讼请求。原告未按照约定履行付款义务,被告已经完成了相应的设计成果。由于原告不支付款项,故没有交付设计成果,应驳回原告的诉讼请求。

被告对其辩称的事实向本院提供了如下证据材料:

(1)《回函》一份,证明被告及时对原告律师函进行了回复,被告已经完成了相应设计方案,原告解除合同应承担相应的责任义务;

(2)装饰设计方案一份,证明被告已经完成协议书约定的义务。

经庭审质证,原、被告就对方证据的真实性均不持异议,本院对上述证据均予以采信。

根据上述证据,结合当事人在审理中的陈述,本院确认如下事实:

2011年12月3日,原告(甲方)与被告(乙方)签订了《委托设计协议书》一份,约定由被告承担"北郊20号"工程项目设计事宜,被告地址为xx市xx路618号xx大厦20F。同年12月25日,双方重新签订了一份《委托设计协议书》,对前述协议书内容作出部分变更。该协议书约定:(1)设计流程:1)设计师与客户交流设计概念。2)设计方案及制作(初步平面方案设计):①原始尺寸图;②平面布置图;③顶面布置图。3)施工图制作及设计(深化施工图方案设计):①平面布置图:A.设计说明;B.装潢施工及工艺说明;C.基础装饰节点大样图;D.原始尺寸图;E.结构改动图;F.地面材质分布图;G.平面布置图;H.扑面布置尺寸图;I.水路走向示意图;J.弱电插座布置示意图;K.强电插座布置示意图；L. 固定装饰里面索引图；M. 室内使用面积测量图。②顶面布置图：A. 顶面布置图；B. 复杂顶面局部大样详图；C. 灯具布置图；D. 照明开关布置图；E. 中央空调管道布置图（由空调公司配合）。③立面详图（按照一个房间为一个单元，每单元均具备以下内容）：A. 正立面图；B.（复杂部分）立面侧（剖）面图。(2) 设计协议：1）项目名称、地址北郊 20 号，建筑面积 1100 平方米；2）设计面积 1100 平方米；3）设计类别方案、施工图、效果图、虚拟现实三维动画、室外环境、软装饰；4）设计费总价 10 万元；5）……；6）乙方设计交付甲方审定日期，第一稿 10 天，第二稿 14 天，其他双方协定；7）交付设计文件清单，效果图 5 张，施工图 1 套；8）设计费付款方式，甲方确认平面布局方案后首付设计费总额的 50%（含定金），深化方案确认后付总额的 50% 出全套图纸；9）协议签订后，甲方单方提出解除协议，甲方应根据乙方已进行的实际工作量，不足 50%，按该阶段设计费的 50% 支付给乙方，超过 50% 时，按该阶段的全部支付；10）……；11）甲方在没有付清室内设计的相关费用前提下，所有设计图纸、预算报价及相关资料由乙方保管。

协议签订后，原告于 2011 年 12 月 26 日支付了定金 5000 元。2012 年 2 月 22 日，原告支付了第一期设计费 4.5 万元。

2013 年 1 月 7 日，原告委托律师向棋山路等地址发送律师函，称被告在收取费用后没有交付设计成果，故认为被告在收到律师函后《委托设计协议书》即解除，被告应双倍返还定金并返还预付款 4.5 万元。2013 年 1 月 10 日，被告回函称，深化方案已经完成了平面布局图（设计说明；装潢施工及工艺说明；基础装饰节点大样图；原始尺寸图；结构改动图；地面材质分布图），已经完成顶面布置图（顶面布置图；复杂顶面局部大样详图；灯具布置图），已经完成立面详图（正立面图；复杂部分立面侧剖图）。原告可确认后付 50%，被告出全套图纸给原告。同时，被告认为按照协议第 9 条约定，原告单方解除协议的，按照被告已进行的实际工作量计取。

另查明，被告当庭提供的装饰设计方案没有载明日期，封面载明的"20 号初步方案"，该 20 号即为协议书中约定的北郊 20 号，该设计方案没有交付给原告。

还查明，协议书中载明的被告住所为天永大厦 20F，在协议履行中被告因故撤销了该网点，该网点负责人亦从被告处离职。

本案的争议焦点在于，造成合同不能继续履行的原因和责任，即违约主体的确定问题。

原告认为，被告收到原告函件后没有及时诉讼，视为被告同意解除合同，故本案合同已于 2013 年 1 月 18 日解除；原告已经支付了相关费用，被告在约定的期限内没有交付相关设计图，违约在先，故原告具有解除权，不能适用合同第 9 条的约定；被告在没有通知原告的情况下，临时撤销经营网点，负责人也离职，导致与被告无法正常沟通。综上，原告的诉讼请求应得到支持。

被告认为，根据合同约定，原告在支付剩余 50％费用后，再由被告出具全套图纸。被告制作了深化图；因原告没有支付余款，故未交付相应图纸；因房屋已经装修完毕，图纸交付与否已经没有必要；原告可以解除合同，但无权要求返还已付款。

本院认为，依法成立的合同，受法律保护。本案中，原、被告间签订的《委托设计协议书》系当事人真实意思表示，内容并未违反国家法律、行政法规的强制性规定，应为有效。

根据协议书内容，双方对设计审定的日期作出了约定，但是对设计成果的交付时间没有作出约定。按照常理，在履行中双方理应保持联络，以便原告对设计方案予以回应，被告根据原告回应履行约定义务。但在本案中，被告撤销了协议书中所载明的棋山路网点，负责该项目的经办人也从被告处离职，上述事实显然会影响双方之间的联系和沟通。被告称以电话的方式多次联系原告，要求其前来阅看设计方案，该陈述并无证据证明，且设计方案自己不送而要求对方阅看的做法也不合常理，本院对被告的意见不予采信。

被告当庭向本院提交了装饰设计方案，首先，该方案并未向原告送达，当然原告也无从进行确认；其次，该装饰设计方案载明是"初步方案"，比照协议书"设计流程"中约定的深化方案内容，不能确定该方案为深化方案；再者，根据被告自述，该方案出具的时间是在 2012 年的 1 月，原告支付预付款 4.5 万元的时间是在 2012 年 2 月 22 日，该方案在时间上更符合设计流程的第二步骤即初步平面设计方案，而并非深化施工图方案设计。根据协议书约定，深化方案确认后付剩余的 50％再出全套图纸，被告之先义务尚未完成，其无权要求因故履行后义务。

综上，本院认为，被告未能在合理的期限内按约履行自己的义务，已经构成违约，该行为致使原告不能实现合同之目的，原告有权解除合同。原告在发出解除协议的律师函后，被告没有实际履行的积极行为，没有要求继续履行协议的意思表示，故本案《委托设计协议书》可确认已经解除。鉴于合同解除系被告违约所致，并非原告违约而解除，故委托协议中第 9 条在本案中并不适用，本院对被告相应的意见不予采纳。原告主张返还预付款及双倍定金的请求于法有据，本院予以支持。依照《中华人民共和国合同法》第八条、第九十四条（四）项、第九十七条、第一百一十五条之规定，判决如下：

（1）被告爱家装饰设计有限公司于本判决生效之日起十日内双倍返还原告顾先生定金人民币1万元；

（2）被告爱家装饰设计有限公司于本判决生效之日起十日内返还原告顾先生人民币4.5万元。

如果未按本判决指定的期间履行给付金钱义务，应当依照《中华人民共和国民事诉讼法》第二百五十三条之规定，加倍支付迟延履行期间的债务利息。

案件受理费人民币1240元，减半收取，计人民币620元，由被告负担。

如不服本判决，可在判决书送达之日起十五日内向本院递交上诉状，并按对方当事人的人数提出副本，上诉于xx市第一中级人民法院。

**评注：**

> 作为设计业务，在委托方和被委托方之间发生纠纷争议较为普遍，但作为被委托方受到委托方的起诉并被判决败诉却并不多见。一般情况是委托方不履约或不支付设计费而受到被委托方的起诉。因为通常而言，委托方较为强势，被委托方则属弱势。较为弱势的被委托方往往被逼无奈才会诉诸法律，寻求支持。纵观本案有如下启示：
>
> （1）设计人要有为业主精心服务的理念。受人之托，不可懈怠。否则，在激烈的市场竞争中将无立足之地。
>
> （2）设计人要主动与业主沟通，尽可能满足业主的合理要求，即使对业主某些不专业、不合理的要求，也要认真对待，详细说明，而不能简单地视对方为"外行"不加理睬。
>
> （3）设计人在履约过程中为业主精诚服务，并不意味着无原则地迁就业主而放弃自己的合法权益。尤其作为以智力和技术服务为特点的设计工作，大量的创意来自于大脑思维，一旦形成设计文件、图纸，一定要及时交付，并取得已交付成果的书面证据，以便维护自己的合法权益。否则，一旦发生争议，口说无凭，权益受损。

# 案件 13　某设计协议纠纷案民事判决书

**【提要】** 宝丽建筑规划设计有限公司与蓝天房地产开发有限公司 2012 年 7 月 31 日签订《设计协议书》，约定由宝丽公司为蓝天公司提供北方花园项目的设计服务，设计费用为人民币 20 万元。2012 年 7 月 31 日，宝丽公司收到设计费 10 万元；8 月 1 日，宝丽公司第一次提交设计方案；8 月 6 日第二次提交设计方案。8 月 17 日，蓝天公司致函宝丽公司称设计方案与蓝天公司的定位不符，无须进行深化设计。为此，宝丽公司向法院提起诉讼，请求判决蓝天公司支付设计费余款 10 万元，并支付利息。蓝天公司辩称，宝丽公司两次提出方案均未得到其书面认可，按照合同约定只能视为初步方案，不能满足蓝天公司要求，并提起反诉，要求法院判决宝丽公司返还之前已付的 10 万元设计费。

一审法院经审理认为，双方当事人争议的焦点是宝丽公司 2012 年 8 月 6 日提交的设计文本是否属于最终方案，对此《设计协议书》中有明确规定，设计方在每个阶段得到业主对设计成果的书面认可并正式提交业主之后，方可开展下一阶段工作，因此宝丽公司提供的方案为初步方案。由于设计服务合同的标的是人的思维创造，一旦向他人展示，必然会对他人的思维产生一定影响，其保密性和价值性必然有所减损，蓝天公司要求返还已付的设计费，有违公平。一审法院驳回了宝丽公司的本诉请求和蓝天公司的反诉请求。

一审判决后，宝丽公司不服，提起上诉，认为一审未查清《设计协议书》为 2012 年 8 月 6 日倒签的事实，仅根据合同的书面约定而未考察实际履行情况就进行认定存在错误，请求撤销原审判决，改判支持宝丽公司的诉讼请求。二审法院认为，对于合同签订的具体时间，双方各执一词，均未能提供充分直接的证据加以证明。即便合同实际签订的时间与合同文本所载的时间有所出入，合同内容也是双方的真实意思表示，缔约双方均应当根据合同条款履行相应的义务。宝丽公司以合同倒签为由，主张不能适用合同关于"书面确认"的条款，缺乏事实和法律依据，不能成立。最终，二审法院维持了原判。

**【关键词】** 概念规划设计；初步方案；设计费；合同倒签

## 案件 13 某设计协议纠纷案民事判决书

上诉人宝丽建筑规划设计有限公司（以下简称"宝丽公司"）因服务合同纠纷一案，不服××县人民法院（2012）宗民二（商）初字第 480 号民事判决，向本院提起上诉。本院依法组成合议庭，公开开庭进行了审理。上诉人宝丽公司委托代理人，被上诉人蓝天房地产开发有限公司（以下简称"蓝天公司"）委托代理人到庭参加诉讼。本案现已审理终结。

原审查明：宝丽公司与蓝天公司于 2012 年 7 月 31 日签订《设计协议书》，就北方花园项目 1000 亩概念规划设计事宜达成一致，宝丽公司为蓝天公司提供设计服务，设计费用为人民币 20 万元（以下币种相同），该款分两次支付，第一笔 10 万元由蓝天公司在协议书签订并收到发票 7 日内支付；第二笔 10 万元由蓝天公司在宝丽公司提交正式总体概念规划方案文本并收到发票后 7 个工作日内支付。2012 年 7 月 31 日，宝丽公司收到设计费 10 万元。2012 年 8 月 1 日，宝丽公司第一次提交设计方案，后于 2012 年 8 月 6 日第二次提交设计方案。2012 年 8 月 17 日，蓝天公司发函至宝丽公司称：宝丽公司的设计方案系中间成果，与蓝天公司的定位不符，因此无须再进行深化设计。现因蓝天公司拒付设计费余款，宝丽公司提起诉讼请求蓝天公司支付设计费余款 10 万元，并支付以 10 万元为本金，自 2012 年 8 月 22 日至判决生效之日止按日息 0.5％计算的违约金计 50500 元。蓝天公司则认为，按照《设计协议书》的约定，宝丽公司在合同签订 7 日内提交初步设计方案，该方案经过蓝天公司书面认可后再过 7 日，宝丽公司再次提交的设计方案才是最终方案，宝丽公司在 8 月 1 日、6 日提交的方案均未得到蓝天公司的书面认可，上述两方案均系初步方案。故在宝丽公司没有提交最终方案的情况下，蓝天公司没有支付第二笔设计费的义务。由于宝丽公司的设计方案不能满足蓝天公司要求，故蓝天公司提起反诉要求宝丽公司返还之前已付的 10 万元设计费。

原审法院认为：双方当事人之间的争议是宝丽公司 2012 年 8 月 6 日提交的设计文本是否属于最终方案。宝丽公司认为：（1）其于 2012 年 8 月 1 日提交的为初步方案，其后，蓝天公司曾会同第三方多次与宝丽公司沟通协商，在此基础上宝丽公司于 2012 年 8 月 6 日提交了正式方案。（2）从双方电子邮件可以看出，《设计协议书》实际是于 2012 年 8 月 6 日补签，故该行为能反映出蓝天公司对于设计方案的认可。（3）因双方是倒签合同，故宝丽公司履行合同在前，双方签约在后，蓝天公司用合同中关于"书面确认"的条款去要求已经发生的行为不符逻辑，不合情理。蓝天公司认为：合同明确约定，宝丽公司提交的初步方案得到蓝天公司的书面认可后，经过 7 个工作日，宝丽公司再次提出的修改后的方案才能成为最终方案。现在无论是 8 月 1 日还是 8 月 6 日的方案，均未得到蓝天公司的书面认可，按照合同约定只能视为初步方案。对此，原审法院认为：签订《设计协议书》是双方真实意思表示，对双方均有约束力。初步方案进化到最终方案属于质变，是设计合同中非常重要的条款，对此合同已有明确约定。合同第一部分 5.2.4 条约定：设计方在每个阶段得到业主对设计成果的书面认可并正式提交业主后，方可视为此阶段工作之完成，在此前提下，方可开展下一阶段工作。合同第二部分 2.3 条约定：(1) 收到蓝天公司合同后 7 天完成初步概念规划总图；(2) 蓝天公司确定初步概念规划总图后 7 天提交正式总体概念规划方案文本。所以按照双方合同约定，宝丽公司提交的两次设计方案因未能得到蓝天公司书面认可，故均属初步方案。

对于宝丽公司提出的倒签问题，原审法院认为：(1) 从宝丽公司提交的证据看，只能反映出蓝天公司于 8 月 4 日要求将盖章合同寄至蓝天公司处，并于 8 月 6 日应宝丽公司要求提供了地址，该证据不能直接地、必然地反映出双方是于 8 月 6 日倒签。(2) 即使双方于 8 月 6 日倒签合同，但宝丽公司提交第二次设计方案亦在 8 月 6 日，现有证据并不能排除同一天内先签合同，再提交设计方案之可能。(3) 即使双方是先提交设计方案再签合同，但是能导致倒签合同的原因有很多，并不能必然推导出蓝天公司对宝丽公司方案的认可，且设计方案内容广博，专业性强，按照常理蓝天公司在收到宝丽公司的设计方案后，应该经过一段时间之研究方能得出认可不认可的结论，蓝天公司在一天之内立马签约的行为，实难被认为是出于对宝丽公司方案的认可。(4) 即使按照宝丽公司观点，蓝天公司倒签是出于对宝丽公司方案之认可，但这样一来，双方签订合同日期就在 8 月 6 日，即宝丽公司 8 月 1 日提交的设计方案因在合同签订之前而不能被视为是初步方案，只能是一种先合同行为，因为合同约定：宝丽公司收到蓝天公司委托确认函（合同）后 7 天完成初步概念规划总图供蓝天公司讨论。所以 8 月 6 日的设计方案亦只能算做初步方案。(5) 即使存在倒签，倒签本身也是当事人真实意思表示，即双方都同意让该合同在 7 月 31 日生效，以规制双方的履约行为，故宝丽公司选择性的认为对其不利的条款因倒签而无效显然有违公平。

且设计合同中为了平衡双方的权利义务，双方关于业主先支付一部分价款，待设计方案获得其认可后再支付余款的约定，既符合设计合同的特点，也符合公平正义，法院亦应尊重当事人协商约定的意思表示，故在未满足合同约定的余款付款条件的情况下，蓝天公司没有支付第二笔设计款的义务。故原审法院对于宝丽公司要求蓝天公司支付设计费余款 10 万元以及相应违约金之诉请不予支持。

那么，在未确认最终方案的前提下，宝丽公司是否应当返还蓝天公司已支付的设计费10万元。对此，原审法院认为，设计服务合同不同于一般的买卖合同，其标的是人的思维创造，一旦向他人展示，必然会对他人的思维产生一定影响，其保密性和价值性必然有所减损，故蓝天公司在收到宝丽公司的设计方案后，未具体指出、论证不符要求之处，仅仅表达了与公司定位不符的意思表示，并以此为据解除合同，要求返还已付的设计费，有违公平，故原审法院对蓝天公司要求返还已付的设计费之诉请不予支持。原审法院据此判决驳回宝丽公司的本诉请求和蓝天公司的反诉请求。本诉案件受理费3310元，减半收取计1655元，由宝丽公司负担；反诉案件受理费1150元，由蓝天公司负担。

原审判决后，宝丽公司不服，向本院提起上诉称：原审未查清《设计协议书》的倒签事实。根据双方的往来邮件，双方于2012年7月25日已就具体合作事项达成一致，双方于同年8月9日通过邮寄签订的书面合同是为了确认合同关系，因此本案系争合同成立时间应当是2012年7月25日，而非原审认定的2012年8月6日。因宝丽公司在已经履行了大部分设计义务后才与蓝天公司签订了书面合同，故合同中部分条款的约定已为既定事实。宝丽公司于2012年8月1日提供的初步方案在同年8月2日的会议中已经获得蓝天公司的口头认可，故同年8月6日宝丽公司向蓝天公司提交8月1日方案的深化设计，已经完成了系争合同所涉义务。在此情况下要求宝丽公司再按合同约定向蓝天公司请求书面确认等不合常理。蓝天公司以初步方案定位不符、未经确认为由拒付设计费用缺乏依据。原审法院仅根据合同的书面约定而未考察实际履行情况就进行认定存在错误，因此请求撤销原审判决，改判支持宝丽公司的诉讼请求。

被上诉人蓝天公司答辩称：宝丽公司没有完成合同约定最终设计方案。按照合同约定，最终设计方案系对初步设计方案的深化，需要在蓝天公司书面确认宝丽公司提供的初步设计方案之后，宝丽公司再进行设计。宝丽公司于2012年8月1日提供了初步设计方案，双方和案外人也就该方案在同年8月2日开会讨论。蓝天公司已经向宝丽公司提出定位不符的问题，宝丽公司于同年8月6日提交的方案，仍未能得到蓝天公司认可。即便合同系在双方已经协商一致后倒签，合同内容也系双方真实的意思表示，合同的履行应当以此为准。宝丽公司提交的设计方案不符合蓝天公司要求，蓝天公司无需支付由此产生的设计费用。因此蓝天公司请求驳回上诉，维持原判。

二审中，双方当事人之间的争议焦点为宝丽公司2012年8月6日提交的设计文本是否属于最终方案。

本院经审理查明：原审法院查明的事实属实，本院予以确认。

本院认为，对于本案系争合同签订的具体时间，双方各执一词，均未能提供充分直接的证据加以证明。因该合同是双方协商后订立，即便合同实际签订的时间与合同文本所载的时间有所出入，合同内容也是双方的真实意思表示，缔约双方均应当根据合同条款履行相应的义务。依照该合同约定，宝丽公司在向蓝天公司提交初步设计方案后，须得到蓝天公司书面确认后方可开展下一阶段的深化设计。由于宝丽公司未能提供其方案已经获得蓝天公司书面确认的证据，且宝丽公司主张在合同签订之前就已经交付了设计方案，并于8月2日的会议中得到了蓝天公司的认可，蓝天公司予以否认，宝丽公司也不能提供相应证据证明，故对于宝丽公司主张8月6日提交的方案是最终的设计规划方案，宝丽公司已经履行合同义务，本院难以采信。宝丽公司以合同倒签为由，主张不能适用合同关于"书面确认"的条款，缺乏事实和法律依据，不能成立。由于宝丽公司不能证明其已经完成系争合同所约定的设计义务，故宝丽公司无权要求蓝天公司支付合同余款。综上，宝丽公司的上诉请求不能成立，本院不予支持。原审认定事实清楚，适用法律正确，所作判决并无不当。据此，依照《中华人民共和国民事诉讼法》第一百七十条第一款第（一）项之规定，判决如下：

（1）驳回上诉，维持原判。

（2）二审案件受理费人民币3310元，由上诉人宝丽建筑规划设计有限公司负担。

（3）本判决为终审判决。

**评注：**

众所周知，设计活动的特点是智力型技术服务。设计人的劳动付出主要来自于大脑的抽象思维，并进而把这种抽象思维的成果以文件和图纸的方式记录和展示。根据这一特点，本案有如下启示：

（1）设计人在未能取得委托人书面承诺或合同约定的情况下，切勿轻易将自己的设计成果示人，否则，知识产权就难以得到保护。因此，在实践中，有经验的设计人连让委托方"看一眼"设计图纸的要求亦予拒绝，看似不合情理，小家子气，但却是必须坚持的底线，否则，设计人难免被人剽窃方案，吃哑巴亏。

（2）本案中设计人以合同是"倒签"为由来主张自己的权益，在法律上难获支持。无论合同是"倒签"或"顺签"，只要不违反法律规定或行业惯例，又是双方真实意思的表示，双方均应遵守，而不得以此为由拒绝履约。

（3）蓝天公司以设计文件不能满足要求为由，请求法院判决设计人返还之前已付的10万元设计费。依行业惯例和合同约定，法院予以驳回，也正是考虑到设计活动为抽象劳动的特点。这点，对于委托方而言，也是应该注意的。除非双方对于预付款、定金等有特殊约定，否则，设计人依约定交付设计文件后，要想不付费用是很难获法律支持的。而要求设计人返还费用更是难上加难。

# 案件 14　某建筑设计顾问服务协议争议仲裁案裁决书

**【提要】** 申请人中本资产运营管理有限公司与被申请人格林建筑咨询有限公司签订了《协议书》，约定由被申请人向申请人提供奇正科技园综合开发项目建筑设计顾问服务。在协议履行过程中，申请人与被申请人就修改设计方案发生争议，导致合同无法继续履行。申请人认为双方签订的《协议书》实质是一份建设工程设计合同，违反我国法律、法规禁止无资质的单位承担建设工程设计业务的规定，请求仲裁庭裁决该《协议书》无效，被申请人返还因无效合同而支付的定金和设计费，以及相关损失。被申请人认为本案协议是设计顾问服务协议，而非设计合同，即使被申请人无设计资质，在我国目前法律环境下，本案协议也是合法有效的合同。同时，申请人对被申请人经营范围、主体资格、有无设计资质有充分且清醒的认知，不存在被申请人故意隐瞒的问题。仲裁庭经审理后认定，本案《协议书》因违反我国法律的强制性规定，应为无效，但申请人和被申请人都有责任。虽然申请人认为被申请人的设计成果存在许多问题，但设计活动属于智力劳动，一旦付出就无法恢复原状，应酌情给予补偿。

**【关键词】** 设计顾问协议；设计合同；设计资质；合同效力

××仲裁委员会（以下简称仲裁委员会）根据申请人中本资产运营管理有限公司与被申请人格林建筑咨询有限公司之间签署日期为 2010 年 4 月 23 日的《协议书 LETTER OF AGREEMENT》（以下简称本案协议）中的仲裁条款以及申请人于 2011 年 5 月 12 日向仲裁委员会提交的书面仲裁申请，受理了申请人与被申请人之间因执行上述协议书而产生的建筑设计顾问服务协议争议仲裁案。本案仲裁程序适用《仲裁委员会仲裁规则》的规定。

申请人选定的仲裁员田先生，被申请人选定的仲裁员陈女士，仲裁委员会主任根据《仲裁规则》的规定指定的首席仲裁员卫先生在签署了接受选定或指定的《声明书》后，于 2011 年 8 月 3 日组成仲裁庭，共同审理本案。申请人于 2011 年 9 月 29 日提交了《变更仲裁请求申请》。

2011年10月28日,仲裁庭开庭审理本案。申请人仲裁代理人和被申请人仲裁代理人均出席了庭审。根据审理需要,经仲裁庭请求,仲裁委员会主任决定将本案裁决期限延长至2012年2月3日。

本案现已审理终结。仲裁庭根据双方当事人提交的现有书面材料和庭审查明的事实,经合议,作出本裁决。现将本案案情、仲裁庭意见以及裁决结论分述如下:

## 一、案情

申请人称,2010年4月21日,申请人与被申请人签订了《协议书》,约定由被申请人向申请人提供奇正科技园综合开发项目(以下简称奇正科技园项目)建筑设计服务,协议对被申请人的工作范围、工作成果的提交方式和付款方式作了明确约定。为了保证项目的顺利进行,2010年12月2日与被申请人签订了《奇正科技园商服项目方案设计分工及进度时间表》(以下简称进度表)作为协议书的附表,对被申请人工作成果的交付时间作了更进一步的细化、明确,工作任务更加具体、明晰。

合同签订后,申请人按照约定,于2010年5月18日支付被申请人定金人民币120万元。2010年8月3日,申请人收到被申请人交付的一期商服概念方案。该方案是要向规划部门报批的,而被申请人没有能力提供依照协议书约定的设计方案,无法达到符合开发区规划部门报批的要求,致使报批不能顺利通过。因不具备相关资质条件,被申请人假借设计顾问的名义掩盖其没有相应资质条件而签订该设计合同,从而导致申请人的合同目的不能实现。申请人认为,根据《中华人民共和国建筑法》第十三条、《中华人民共和国合同法》第五十二条的规定,双方签订的设计合同应当认定为无效。在协议履行过程中,申请人曾多次向被申请人提出修改设计方案要求,但被申请人不予理睬,且根据进度时间表的约定,被申请人交付迟延。申请人多次通过传真、信函、谈话、座谈等方式欲协商解决,但双方最终无法达成一致意见。

为减轻损失,保障奇正科技园项目的顺利进行,申请人向仲裁委员会提交了仲裁申请,并最终提出了下列仲裁请求:

(1)确认申请人与被申请人签订的本案协议无效;

(2)被申请人向申请人返还因无效合同而支付的定金人民币120万元;

(3)被申请人向申请人返还因无效合同而支付的设计费用人民币160万元;

(4)被申请人向申请人支付人民币10万元损失,以补偿申请人花费的律师费、差旅费等；

(5) 本案仲裁费用由被申请人承担。

申请人认为：

(1) 本案双方签订的《协议书》实质是一份建设工程设计合同。

从协议书及进度时间表的基本内容来看，该协议书应当为建设工程设计合同，以下是引用部分重要合同条款："协议书之1. 基本服务的工作范围 1.1 从概念设计深化到方案设计的深度，并将提供标准详图，说明施工方法；设计顾问将负责所有区域的建筑设计。1.2 工作范围包括：所有建筑的建筑设计，至概念设计深度，选择建筑的建筑设计，至方案设计深度，提交清单：……"从这些内容来看，本合同约定的是建设工程设计而不是所谓的咨询服务，在时间进度表中更明确被申请人交付设计成果的深度要求及时间，"方案设计阶段乙方（即被申请人——仲裁庭注）2010年12月5号提交正式总图报批文件，同时委派专业设计人员到××市配合甲方（即申请人——仲裁庭注）的报批工作，明确要求乙方组织合并制作完成完整的达到开发区规划部门报批深度要求的总图报审文件，在取得规划部门的修改意见后完成修改，直至修改的报审文件通过当地规划部门的审批。组织合并制作完成完整的达到开发区规划部门报批深度要求的研发楼、公寓、孵化器单体方案报批文件……"等，从以上内容可以明确看出本案之合同是建设工程设计合同。

从合同的履行来看，被申请人交付的工作成果是相关建设工程设计方案以及相关设计图纸，规划局通过的报批总图，这些设计图纸根本不可能是咨询服务，具有一般认知能力的人都可以看出这些图纸是建设工程设计图纸。在被申请人提交的证据3中，其已经承认是在做设计工作。所以该合同是一份建设工程设计合同，并非咨询合同。

从本合同约定价值看出，本案合同是一份建设工程设计合同，根据合同约定，本案合同总价值为人民币600万元，设计费均价人民币40元每平方米，这个价值还不包括施工图设计（根据《工程勘察设计收费标准》显示，建设工程设计分为方案设计、初步设计、施工图设计三个阶段），近期本代理人经咨询权威设计机构了解到，现在与该项目相当的项目正常设计费用为每平方米人民币20元左右，也就是说完成三个阶段的设计费用在人民币300万元左右，按常理一项咨询服务的费用不可能远远高于设计费用，如果说该合同项下的费用是咨询费用，那么整个项目三个阶段的咨询费加上正当的设计费用将是一个天文数字，这种现象是违背常理的，所以本案合同是建设工程设计合同，并非咨询服务合同。

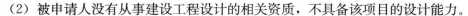

(2) 被申请人没有从事建设工程设计的相关资质,不具备该项目的设计能力。

被申请人提供的"企业法人营业执照副本"显示,被申请人公司成立于2009年7月7日,注册资本15万美元,实收资本4.78万美元,经营范围只是与建筑工程相关的咨询服务。从此可以看出,被申请人经营项目显示其不能进行建设工程设计,一个注册资本只有15万美元,实收资本4.78万美元的小公司,怎么能承担标的人民币600万元建设工程设计项目。再者,被申请人公司成立于2009年7月7日,本案协议签订于2010年4月21日,加之合同的磋商时间。申请人难免对被申请人公司的成立与拿到该设计项目之间的关系产生合理怀疑。

(3) 本案协议为无效合同。

根据《中华人民共和国建筑法》第十三条:"从事建筑活动的建筑施工企业、勘察单位、设计单位和工程监理单位,按照其拥有的注册资本、专业技术人员、技术装备和已完成的建筑工程业绩等资质条件,划分为不同的资质等级,经资质审查合格,取得相应等级的资质证书后,方可在其资质等级许可的范围内从事建筑活动。"

《建设工程勘察设计管理条例》第八条:"建设工程勘察、设计单位应当在其资质等级许可的范围内承揽建设工程勘察、设计业务。禁止建设工程勘察、设计单位超越其资质等级许可的范围或者以其他建设工程勘察、设计单位的名义承揽建设工程勘察、设计业务。禁止建设工程勘察、设计单位允许其他单位或者个人以本单位的名义承揽建设工程勘察、设计业务。"

《建设工程质量管理条例》第十八条:"从事建设工程勘察、设计的单位应当依法取得相应等级的资质证书,并在其资质等级许可的范围内承揽工程。禁止勘察、设计单位超越其资质等级许可的范围或者以其他勘察、设计单位的名义承揽工程。禁止勘察、设计单位允许其他单位或者个人以本单位的名义承揽工程。勘察、设计单位不得转包或者违法分包所承揽的工程。"

申请人与被申请人签订的《协议书》违反我国法律、法规的强行性禁止规定,法律、法规禁止无资质的单位承包建设工程设计业务,同时禁止发包单位将建设工程设计发包给无资质的单位,立法的本意是保障建设工程的质量,减少工程事故,规范建设工程相关行为,这种合同一旦签订履行将会给国家社会利益造成重大损失,影响公共安全,所以根据《中华人民共和国合同法》第五十二条之规定,申请人、被申请人双方签订的本案《协议书》为无效合同。

(4) 被申请人是该合同无效的过错方。

被申请人明知自己没有相关建设工程设计资质,通过非正当方法与申请人签订本案协议,从协议书签订直到仲裁庭开庭,被申请人一直在拿国外的格林公司说事,该公司如何有实力,有资质,出过多少成果,被申请人以该公司自居,混淆视听,掩盖其自身没有资质,不具有设计能力的事实,而且被申请人提供的证据已显示其设计工作是借助其他公司的设计人员做的,其掩盖不具有资质的事实,属于过错方,应当承担相应的法律责任。根据《建设工程勘察设计管理条例》第九条规定:"国家对从事建设工程勘察、设计活动的专业技术人员,实行执业资格注册管理制度。未经注册的建设工程勘察、设计人员,不得以注册执业人员的名义从事建设工程勘察、设计活动。"第十条规定:"建设工程勘察、设计注册执业人员和其他专业技术人员只能受聘于一个建设工程勘察、设计单位;未受聘于建设工程勘察、设计单位的,不得从事建设工程的勘察、设计活动。"因此被申请人借用其他公司设计人员的设计行为违反我国法律、法规所禁止的强行性规定,并且被申请人所完成的工作成果没有实用价值,在实际设计过程中交付工作成果逾期、一期商服设计扭转过多,面积浪费较大,不仅增加了成本,而且不利于销售,单体平面设计不能满足防火规范的疏散要求,擅自将研发楼内部电梯由一部改为三部,极不合理又与概念设计方案不符。也就是说被申请人在实际工作中表现出根本没有能力完成协议项下的设计任务。

(5) 被申请人应当返还因无效合同取得的财产。

根据《中华人民共和国合同法》第五十八条之规定,合同无效或者被撤销后,因该合同取得的财产,应当予以返还。申请人根据前述无效合同已经支付被申请人定金人民币 120 万元,支付协议部分设计费用人民币 160 万元。

本合同项下的定金是为了确保合同的顺利履行,合同无效后,被申请人因本合同取得的定金构成不当得利,因此被申请人应当将定金人民币 120 万元退还申请人。

关于设计费部分,被申请人已经提交的全部设计成果显示,设计只进行到规划局总图报批,方案设计的大量工作还没有进行。前面已述被申请人设计成果本身存在许多问题,但是申请人已经按照当时的约定,以一个具有设计资质,按照其为合格的成果支付了全部已完成的工作费用人民币 160 万元,这些成果不具有技术含量且没有实用性,浪费建筑的实用面积,不利于下阶段设计工作的进行,而且会加重申请人各项成本,被申请人是本合同无效的过错方,应当全部返还设计费 160 万元人民币。但是,申请人基于商业诚信、公正,同意扣除已经完成的设计工作的劳务费用,被申请人应当将多出部分返还给申请人。

本案中不存在成果交付,被申请人证据 3 只是证明被申请人发快递的行为,不能证明是成果的交付,被申请人在庭上出示的网站截图是以往概念设计的建筑外观图片。成果的交付应当由交付和接收的严格手续,以及成果的相关修改意见直至修改完成最终接受等。再者正当正常的交付行为不可能拿去公证,实际上当时被申请人已经停止了设计工作,因为在此之前被申请人的法人在奇正科技园项目的工作会议上把桌子都掀了,已经以其行为表示不再履行本协议。对方的工作更不可能达到合同约定的再次付费的工作任务以及时间节点。

针对申请人的上述主张和请求,被申请人提出如下反驳意见:

(1) 本案协议无论从名称看,还是从内容、实际履行等实质要件看都是设计顾问服务协议,而非设计合同。被申请人实际承担或从事设计顾问工作,是申请人与被申请人双方真实意思表示,内容不违反现行法律、法规的相关规定,是合法有效的合同,申请人要求确认其无效没有事实与法律依据。

本案协议全称为"建筑设计顾问服务协议书",而非"设计合同"或"建筑工程设计合同",这表明申请人与被申请人关于协议的性质为设计顾问服务协议而非对设计合同有充分的认知。

通过庭审查明的事实可以知道:申请人就奇正科技园项目,除与被申请人签订本案协议,聘请被申请人在奇正科技园项目上担任申请人的设计顾问外,又另行聘请了专门的设计师并与之签订专门的"设计合同",这充分证明,申请人与被申请人之间签署本案协议的本意或者说真实意思是聘请被申请人担任其奇正科技园项目设计顾问,协议性质上为设计顾问协议而非设计合同。

(2) 从协议约定的内容看,被申请人担任申请人的设计顾问,提供的是设计顾问工作,因此,从实质要件看,协议的性质也系设计顾问服务协议而非设计合同。协议第1页开宗明义地写明:双方同意:"设计顾问"(即本案被申请人)仅担任业主(即本案申请人)的设计顾问之职,而不承担建筑师或室内建筑师的责任。这是因为设计顾问没有在国内从事此类服务的合法资质。协议第3页第1.2条约定申请人提供的工作范围包括:"在政府部门审批结果和业主设计任务书的基础上,对现有的总平面图进行深化设计;所有建筑的建筑设计,至概念设计深度;选择建筑的建筑设计,至方案设计深度;协调所有的工程服务,包括机电、结构、照明、视听和建筑IT系统,至方案设计深度;艺术现场监督以及施工重要阶段的质量控制,基本服务的工作范围中包括10次施工现场视察;扩初设计和施工图设计阶段提供审阅服务以及设计相关的咨询服务;景观设计,包括整个项目,仅限于设计概念;照明性能说明,为指定的照明顾问提供照明概念和设计意图的描述;主要材料和装修的说明。"

（3）协议第 5 页第 1.3 款明确约定的被申请人工作范围不包括："结构、设备、电气、视频和音频、IT 工程等专业的服务；扩初设计文件编制；施工文件编制（因设计顾问在中国不具备合法资质）报批申请；采购或运送与项目相关的任何物品；景观工程和植物的扩初设计和说明；施工之前的建设基地测量；照明设计说明，聘请专业的照明设计师对设计顾问提供的照明概念进行扩初设计和说明；所有地下区域，仅限于概念设计"。

协议的上述约定，清楚地说明：

1）被申请人作为申请人奇正科技园项目的设计顾问所提供的顾问服务主要集中在概念设计阶段及方案设计阶段。这充分体现申请人与被申请人签订本案协议的目的主要是要求被申请人作为申请人的设计顾问，向其提供一种先进的设计理念或方案。

2）从被申请人的《工商档案资料》可知，被申请人的经营范围是从事与规划设计、建筑设计、室内设计及环境景观设计有关的技术咨询；有关工程前期策划研究、方案、初步设计、施工图设计的咨询服务等。而上述被申请人工作范围的约定均在前述被申请人经营范围之列，并未超越，因此，涉案协议内容合法有效。

3）申请人与被申请人清楚地知道签订的不是设计合同，因此，设计合同必备的条款如扩初设计文件编制、施工文件编制、报批申请、景观工程和植物的扩初设计和说明、施工之前的建设基地测量等均非涉案协议的内容。至于申请人所称的《设计进度时间安排表》，被申请人认为，这是被申请人被迫签署的，不是被申请人真实意思的体现，被申请人通过邮件明确告知申请人："1. 我方认为无需签订附加协议。鉴于贵我双方已签订了项目合同，我方实在不理解为何要在当初合同内容仍充分适用的情况下，需再签订一份附加协议？"；"2. 格林公司不具备在中国编制方案的报批文件的资质。"申请人提供的公证书第 19 页载明"贵司的附加协议中要求格林公司整理并提交完整的规划和方案报批文件。然而格林公司不具备在中国提供这些方案报批服务的资质，且合同首页的前言部分也对此进行了清楚地说明"。因此，申请人提交的进度表不能否定双方签订的本案协议是设计顾问服务协议的事实，不能否定被申请人提供设计咨询顾问服务的事实。

4）从协议履行过程看，协议为设计顾问服务协议而非设计合同。被申请人提交的《证人金先生的证言》明确提到"2010 年 4 月 21 日，格林建筑咨询有限公司与中本资产运营公司签订《建筑设计顾问服务协议书》，约定由格林公司为奇正科技园综合开发项目提供设计顾问服务"。证人金先生是申请人在项目伊始确定的项目顾问,是申请人与被申请人的直接联系人,他对被申请人在协议项下所提供的服务性质的认知,充分代表了申请人的认知。因此,申请人清楚地知道本案协议为设计顾问服务协议而非设计合同的事实。

被申请人称,2010年4月23日被申请人发送给申请人确定的项目联系人金先生邮件,即《有关奇正科技园项目组织架构图》(以下简称组织架构图)。该组织架构图明确表明,奇正科技园项目中申请人有单独的国内设计公司参与其中,并监督被申请人提供的设计顾问服务是否符合中国法律要求,被申请人仅是申请人设计顾问,因此,该等证据也证明本案协议为设计顾问服务协议而非设计合同。

实践中,被申请人主要是通过向申请人提交说明书、模型、图片、分析报告、建议、解释及平面图等方式向被申请人提供技术咨询以及概念设计、方案设计的咨询服务,忠实并高质量的履行涉案协议项下设计顾问的职责,向申请人传达或解释设计理念或方案,供申请人选择决策,这种方式我国现行法律法规并未禁止,也符合被申请人经营范围。

自2010年5月7日被申请人向申请人开具第一张发票,至2010年9月26日开具的最后一张发票,被申请人所开具的每一张发票所载"项目"中,均系明确为"设计咨询费",在本案开庭审理之前的任何时间,申请人对此都未提出过任何异议。这也足以证明,实际履约过程中,申请人认为被申请人提供的是设计顾问服务。

综上所述,被申请人向申请人提供设计顾问服务,是双方的真实意思表示,且涉案协议内容不违反中国现行法律、法规的规定,属当事人意思自治范畴,理应认定有效,申请人请求确认涉案协议无效无事实与法律依据。

(4) 在我国目前法律环境下,即使被申请人无设计资质,本案协议也是合法有效的合同,申请人请求确认协议无效无法律依据,理由在于:

第一,根据协议约定,被申请人提供的设计顾问服务由五部分组成:即:1)概念设计阶段;2) 方案设计阶段;3) 扩初设计阶段;4) 施工图阶段;5) 施工阶段施工合同的管理。被申请人认为,该等五部分的约定都是合法有效的约定:就概念设计阶段及方案设计阶段而言,中国政府为兑现2001年加入世界贸易组织时的承诺,未将初步设计前的方案设计(更前的概念设计自应也包含在内)列入法律规范范围之内,放宽了对方案设计、概念设计的限制,所有就方案设计、概念设计签订的合同都不受资质影响。其中,原建设部《关于外国企业在中华人民共和国境内从事建设工程设计活动的管理暂行规定》(建市〔2004〕78号)即是这一精神的集中体现，该规定第三条第二款明确约定"提供建设工程初步设计（基础设计）之前的方案设计不适用本规定"。因此，现行法律对于概念设计阶段、方案设计阶段并无资质要求，故本案协议中有关被申请人向申请人提供概念方案及方案设计顾问服务的约定是合法有效的约定。有必要特别提请注意的是，被申请人向申请人提供的概念设计成果及方案设计成果是集被申请人以及被申请人德国关联公司及美国洛杉矶的关联公司共同完成的，其中德国关联公司在德国拥有从事建筑设计的资质。在奇正科技园项目上，申请人又专门聘请了有设计资质的国内设计公司天成公司自始至终参与该项目，因此，该等措施足以保证被申请人提供高质量的成果，同时，也确保了涉案协议即使按最严格的效力解释，也是有效的。事实上，该等阶段的成果已然得到申请人及有关政府部门的高度赞扬与肯定。在被申请人提交的天成公司《证明信》明确提到"该公司的总体概念规划方案最后被开发区政府及规划部门选中"；在申请人回复被申请人邮件中明确说"我方对贵司提交的概念设计方案文件内容表示认可"；被申请人提交的《规划局通过报批的总图》也证明被申请人提交的方案设计成果获得政府部门的认可。

就扩初设计阶段、施工图阶段、施工阶段施工合同的管理阶段而言，根据本案协议第3页第1.2条约定"工作范围包括"可知：被申请人仅是提供审阅服务以及设计相关的咨询服务，这显然属于被申请人经营范围内的业务，被申请人有权提供，该等约定当然有效。

第二，随着我国理论界、司法实践界中对于"强制性规定"的本质的逐步认识、认清实践中，对于违反"强制性规定"的合同并非一概认定无效，根据最高人民法院2009年5月13日颁布施行的《关于适用〈中华人民共和国合同法〉若干问题的解释（二）》（以下简称"合同法解释二"）第十四条规定"合同法第五十二条第（五）项规定的'强制性规定'，是指效力性强制性规定"。因此，司法实践中只有违反"效力性强制规定"的行为才被认定为无效。

前述《建筑法》及《设计条例》的规定不符合效力性强制性规定的定义。从其规定本身及立法本意看，该等规定其实是解决"市场准入"资格，方便"市场管理"，将其认定为"管理性强制规定"更符合实际。因此，即使本案协议被认定为设计合同，仅仅以被申请人不具有设计资质而否定协议的合同效力，没有法律依据。

（5）申请人对被申请人经营范围、主体资格、有无设计资质有充分且清醒的认知，不存在被申请人故意隐瞒的问题。

首先，正式签订本案协议前，被申请人已将营业执照等证件、资料提供申请人备查，申请人也多次到被申请人处洽商、会谈，因此，申请人对于被申请人系建筑咨询公司而非设计公司的性质及经营范围心知肚明。

其次，本案协议开篇即明确约定："双方同意：'设计顾问'仅担任业主的设计顾问之职，而不承担建筑师或室内建筑师的责任；这是因为设计顾问没有在国内从事此类服务的合法资质。"显然，申请人对被申请人没有设计资质签约伊始就是清楚的。

合同标的的大小和合同性质或效力无关。标的大小仅和提供服务者的服务水平、信誉、服务项目的难易、事务多寡、业主的接受能力等有关；其次，合同标的的大小是合同当事方意思自治的范畴，传统上讲的合同自由，其中就含有合同标的大小由当事人平等协商确定的自由；《工程勘察设计收费标准》仅是签订设计合同的一个参考、指导标准，并不是强制标准，是否选择适用该标准，完全取决于合同当事人的意思表示。

被申请人成立时间不长、注册资本也不高，这是事实，但由此而否认被申请人的团队所提供的服务的质量或质疑该团队的设计能力是没有根据的。前面已述，被申请人提供的顾问服务成果已获得申请人及政府有关当局的认可与批准，其本身就是对被申请人能力的肯定。

根据本案证据揭示的事实，天成建筑设计有限公司参与奇正科技园项目的设计工作，是申请人与之签订的设计合同，天成公司在奇正科技园项目中有自己独立的权利与义务，这与被申请人无涉。

(6) 被申请人严格并高质量的履行自己在本案协议项下的义务，而申请人却至今未按协议第5.1.3款约定向被申请人支付当期设计咨询费人民币210万元。申请人提请仲裁，请求确认涉案协议无效，显然是企图逃避自己应当承担的合同责任。

被申请人从奇正科技园项目的总体形势及合作双赢的愿望出发，尽量给予积极配合。2011年1月下旬，被申请人到申请人处提供现场服务，申请人突然对协议约定的付款条件提出质疑，为避免误会，被申请人及时书面向申请人解释，但未接到申请人的任何回复。

2011年1月30日，被申请人通过公证送达方式向申请人交付全部方案设计文件，申请人收到后已将部分图案刊载在自己的网站上对外宣传。同时，申请人在自己网站上也明确表达了对被申请人工作成果的高度肯定。鉴于以上情况，申请人本应依据协议约定及时向被申请人支付当期设计咨询费人民币210万元，但时至今日，申请人也未支付。被申请人保留另案追究其违约责任的权利。

(7) 对申请人已付费用的意见。

依据协议，申请人已向被申请人支付人民币 280 万元，对此数额在庭审时被申请人已经确认。但对于其中的 120 万元的性质，被申请人认为在协议开始履行后已由定金转化为设计咨询费，这由被申请人向申请人开具的发票足以证明。

综上所述，根据本案证据揭示的事实及现行法律的相关规定，被申请人认为，本案协议是申请人与被申请人真实意思表示，内容不违反法律、法规的规定，是合法有效的合同，当事各方均应严格遵守，申请人的仲裁请求显然无法律与事实依据，依法应不予支持。

## 二、仲裁庭意见

仲裁庭依法进入仲裁程序，开庭听取了申请人的仲裁申请，申请人与被申请人均提供了证据，并进行了质证和辩论。仲裁庭就有关事实和证据向申请人和被申请人进行了核实。庭审结束后，申请人和被申请人又补充了相关证据，提交了书面代理意见并进行了书面质证。

必须指出，当事人已就案件事实和焦点问题等，向仲裁庭提出了相关资料和分析意见，这些资料和意见分别以证据、笔录、代理意见等形式保留在本案卷宗中。本裁决书没有全面引用上述意见，并非忽视或者忽略上述意见。仲裁庭认为：

### (一) 仲裁庭对本案有关事实的认定

(1) 关于《协议书》的效力问题。申请人与被申请人于 2010 年 4 月 21 日签订的《协议书》中，名称中标明是"建筑设计顾问服务"，合同也始终使用"设计顾问"一词。但从《协议书》中约定的"工作范围"以及各阶段设计成果的"提交清单"来看，相当多的业务超出了顾问服务的范畴，实质上为建设工程设计业务。概念设计、方案设计也属于建设工程设计。鉴于《协议书》中相当多的内容实质上是建设工程设计活动，被申请人作为一家在中国境内注册成立的企业，不具备我国法律法规规定的从事建设工程设计（包括概念设计、方案设计）工作的相应资质，本案《协议书》的签订违反我国法律的强制性规定，应为无效。就该《协议书》的实际履行状况看，目前已处于终止状态，双方已不再继续履行。

（2）关于《协议书》无效的责任问题。《协议书》首页即约定"双方同意：设计顾问仅担任业主的设计顾问之职，而不承担建筑师或室内建筑师的责任；这是因为设计顾问没有在国内从事此类服务的合法资质"。"1.3 工作范围不包括：……施工文件编制（因为设计顾问在中国不具备合法资质……）"。从这些条款中可以看出，双方对于被申请人不具备我国法律法规规定的从事建设工程设计工作的资质的情况，在《协议书》签订时就已经是知情的，不存在欺骗问题。因此，对于《协议书》的无效，双方都负有责任。

（3）关于设计成果的问题。《协议书》签订后，被申请人启动了设计工作，形成了部分设计成果并向被申请人进行了提交。申请人也表示，于8月3日收到了被申请人的一期商服概念方案，被申请人的设计需要到规划局总图报批。虽然申请人认为被申请人的设计成果存在许多问题，但设计活动属于智力劳动，一旦付出就无法恢复原状。因此，仲裁庭认为，对于被申请人已经提交的设计成果应予以认定。申请人不能在明知被申请人无设计资质的情况下与其签订设计合同，待设计工作启动且已完成部分成果的时候，又以其无资质为由无偿占用其工作成果，不支付相应的费用，这是不符合公正原则的。

**（二）仲裁庭对各项仲裁请求的意见**

（1）申请人的第一项仲裁请求"确认申请人与被申请人签订的本案协议无效"。

仲裁庭认为，本案《协议书》是双方当事人在知情的情况下自愿签订的，不存在欺骗的问题，但由于相当多的内容超出了设计顾问服务的范畴，实质上是设计业务，而被申请人不具备我国法律法规规定的从事建设工程设计工作的相应资质，因此，该《协议书》应予以无效认定，支持该项请求。

（2）申请人的第二项仲裁请求"被申请人向申请人返还因无效合同而支付的定金人民币120万元"。

被申请人为了履行本案《协议书》，组成了设计团队，研究了设计事宜，付出了人力、物力等有形和无形的劳动和资源，这些工作是为顾问服务或设计的全过程服务的。《协议书》不能继续正常履行，双方都负有责任，因此，仲裁庭认为，申请人应支付被申请人定金的二分之一作为合理补偿。被申请人应退还申请人人民币60万元。

（3）申请人的第三项仲裁请求"被申请人向申请人返还因无效合同而支付的设计费用人民币160万元"。

被申请人按照《协议书》的约定，向被申请人提交了一期商服概念方案。设计工作属于智力劳动，付出后就无法收回，也无法恢复原状。申请人也是在知道被申请人没有设计资质的情况下与其签订的合同，要求被申请人返回设计费用不符合公平原则。因此，仲裁庭对该项请求不予支持。

（4）申请人的第四项仲裁请求"被申请人向申请人支付人民币10万元损失，以补偿申请人花费的律师费、差旅费等"。

仲裁庭认为，申请人未提供支付律师费用的证据，对该项请求不予支持。

### （三）本案仲裁费用的承担

鉴于仲裁庭部分支持了申请人的仲裁请求，本案仲裁费用由申请人承担50%，被申请人承担50%。

本案仲裁员来京开庭审理案件产生的实际费用由被申请人承担。

## 三、裁决

仲裁庭经合议，裁决如下：

（1）确认双方当事人于2010年4月23日签订的本案《协议书 LETTER OF AGREEMENT》无效。

（2）被申请人向申请人退还定金人民币60万元。

（3）本案仲裁费用由申请人和被申请人各承担50%。本案仲裁员来京开庭产生的实际费用人民币7743元，由被申请人承担。

（4）驳回申请人的其他仲裁请求。

上述第2项和第3项支付款项，被申请人应于本裁决作出之日起15日内向申请人支付完毕。

本裁决为终局裁决，自作出之日起生效。

## 案件 14　某建筑设计顾问服务协议争议仲裁案裁决书

**评注：**

规划设计是工程建设的灵魂和先导，是建设工程项目的重要环节，日益引起人们的重视，由于其在工程建设中的作用是如此重要和特殊，以致人们推而广之，把在某项工作或事件中起重要作用的人物比喻为"总设计师"。目前，围绕规划设计引发的合同纠纷也越来越多。本案可谓是一起典型案例，我们从此案中可以吸收的经验教训主要有：

（1）依法订立设计合同。双方均应依法订立设计合同，委托方要在有资质的设计机构中选择设计方，而不可打"擦边球"，选定不具备资质的机构，以从事"咨询、顾问"业务为名而从事设计活动，这是埋下本案纠纷的重要原因。作为设计机构，应先取得设计资质，才能依法开展设计活动——无论这种设计活动是否以"咨询、顾问"的名义进行。否则，设计方付出的劳动也就可能得不到法律的有效保障。

（2）当事人的合法权益应予保障。本案中双方订立的《协议书》因违反我国法律规定而被裁定为无效。如果是一般货物买卖的无效合同，则裁定为恢复原状——买方退货、卖方退款。但在设计活动中，却不能如此简单地裁定，否则，就对设计方显失公平。因为设计活动属于智力劳动，一旦启动设计工作，设计方付出的智力劳动，就不可能"恢复原状"。理应由委托方按合同约定支付其劳动成果。除非是设计方有意欺骗委托方骗取了设计任务。

（3）对双方当事人所主张的权益是否支持？支持多少？基于以下几点考虑：1）国家法律规定；2）设计行业惯例；3）合同的具体约定（显失公平的"霸王"条款除外）；4）证据效力。因此，双方当事人和委托代理人均应从以上各方面尽力提供对自己有利的内容。

# 案件15　某建设工程设计咨询合同争议仲裁案裁决书

**【提要】** 申请人安全财产保险股份有限公司与被申请人帕森建筑设计咨询有限公司签订《建设工程设计咨询合同（精装修设计咨询）》，被申请人为安全国际金融中心的部分楼层提供设计咨询意见，并提供设计方案。在履行合同的过程中，双方因是否更换设计人员引发了分歧，后又对修改意见的认识不统一，设计工作无法继续往下进行，合同不能得到正常履行。申请人认为被申请人未能按照要求提交相应设计成果，构成根本违约，请求仲裁庭裁决解除合同，被申请人支付申请人违约金，并退还已收的设计费用。被申请人认为其已经履行了合同中的部分合同义务，有权获得相应的报酬，其无法完成设计的原因是申请人没有给出明确的修改意见，同时提出仲裁反请求，请求仲裁庭裁决申请人第二阶段设计费用的欠款。仲裁庭经审理认为，支持申请人解除本案合同的要求，但合同不能正常履行双方当事人负有同等责任。虽然申请人认为该图纸不符合其设计要求和修改意见的要求，但设计活动属于智力劳动，一旦付出就无法恢复原状。因此，对被申请人已经形成的设计成果应予以认定或部分认定，申请人支付的预付款不应予以退还。

**【关键词】** 装修设计；预付款；设计成果；智力劳动

××仲裁委员会（以下简称仲裁委员会）根据申请人安全财产保险股份有限公司与被申请人帕森建筑设计咨询有限公司于2010年5月20日签订的《建设工程设计咨询合同（精装修设计咨询）》（以下简称合同）中的仲裁条款，以及申请人于2011年3月21日向仲裁委员会提交的书面仲裁申请，受理了申请人和被申请人之间上述合同项下的本争议仲裁案。本案仲裁程序适用《仲裁委员会仲裁规则》。

2011年7月11日，被申请人提交了反请求申请书。在被申请人办理相关手续后，仲裁委员会受理了被申请人的反请求。

申请人选定的仲裁员迟先生，被申请人选定的仲裁员杜女士，仲裁委员会主任根据《仲裁规则》的规定指定的首席仲裁员蔡先生签署了接受选定或指定的

《声明书》后，于 2011 年 9 月 9 日成立仲裁庭，审理本案。

2011 年 11 月 3 日，仲裁庭在北京开庭审理本案。庭审中，双方陈述了案情，就仲裁请求发表了意见，出示了证据原件，就证据进行了质证。双方就案件涉及的相关法律问题进行了辩论，回答了仲裁庭的询问。庭后，申请人提交了补充意见，仲裁委员会秘书局将上述材料转交了被申请人。

本案现已审理终结。仲裁庭根据申请人提交的现有书面材料和证据以及经开庭所查明的事实，依法作出本裁决。现将本案案情、仲裁庭意见和裁决内容分述如下：

## 一、案情

申请人提出仲裁请求的事实与理由如下：

2010 年 5 月，申请人与被申请人就安全金融中心项目室内设计事宜签订了《建设工程设计咨询合同（精装修设计咨询）》，设计费总额为人民币 402 万元。

申请人已按合同约定向被申请人支付了预付款人民币 60.3 万元（设计费总额的 15%）。

2010 年 7 月 1 日，被申请人进行了第一次设计方案汇报工作，但未获得申请人通过。

2010 年 7 月 16 日，被申请人进行了第二次方案汇报，但设计方案仍未获得申请人通过。

2010 年 7 月 21 日，申请人向被申请人发送函件和电子邮件，要求其更换项目主设计师，其未予更换。

2010 年 12 月 11 日，申请人再次向被申请人发送电子邮件，向其传达了明确的设计风格方向，并同时发送了效果图。时至今日其仍未按照申请人要求的设计风格提交相应成果。

根据双方签署的本案合同第 14.3、14.5、14.5.1 条之约定，被申请人已构成根本违约，其行为已严重损害了申请人的合法权益。

申请人提出仲裁请求如下：

（1）裁决解除《建设工程设计咨询合同（精装修设计咨询）》。

（2）裁决被申请人支付申请人违约金人民币 57.3 万元（截至 2011 年 1 月 24 日）。

（3）裁决被申请人退还已收的设计费用人民币 60.3 万元。

（4）裁决被申请人承担本案的全部仲裁费用。

被申请人对申请人的仲裁请求提出答辩意见如下：

（1）被申请人已经履行了合同中的部分合同义务，有权获得相应的报酬。

根据《合同》第一条的约定，合同目的为被申请人根据申请人的提供的设计任务书，对安全金融中心的部分楼层提供设计咨询意见，并提供设计方案。合同附件设计任务书约定设计范围为一层大堂、核心筒，以及A座的18、19层。被申请人的设计团队为主设计师马先生，项目协调人为储先生，以及被申请人芝加哥设计团队的古先生和何先生。合同第6.2条款约定，上述设计人员不得随意变动，若申请人需要变动的，必须征得被申请人的同意。

合同第九条约定了设计费的金额及付款方式。第9.2条款约定设计费总额为人民币402万元，第9.5条款约定，合同签订后10个工作日内，申请人支付被申请人设计费总额的15%，即人民币60.3万元作为预付款。被申请人完成方案设计并得到申请人书面确认后10个工作日内，申请人另支付设计费总额的25%，即人民币100.5万元。

被申请人收到申请人的预付款后，即根据设计任务书的要求进行了设计，并于2010年6月18日将设计成果提交了申请人。设计成果包括区块划分图，功能空间分配表，以及两套不同风格的设计效果图，同时被申请人还向申请人提交了意向图，供申请人参考和选择，以便进行下一步的设计工作。

设计成果提交后，应申请人的要求，双方于2010年7月1日在申请人处召开了首次概念设计汇报会议。在会议中，申请人提出了修改意见，被申请人根据修改意见进行了二次设计并提交了设计成果——设计效果图。由此，被申请人已经完成了第一阶段的工作，申请人以被申请人违约为由要求退还预付款并承担违约金，没有合同和法律依据。

（2）被申请人无法继续完成设计任务的原因是申请人没有给出明确的修改意见，导致被申请人无法继续工作，被申请人有权利与申请人重新商讨设计费用。

在双方2010年7月1日项目会议中，申请人的多名领导提出了修改意见。被申请人遵循申请人所提之意见进行了修改，并二次提交了工作成果。双方又于2010年7月16日就方案设计汇报工作召开了视频会议，但该视频会议仅进行到一半，双方尚未对设计方案进行充分地沟通和交流，申请人即中途单方面取消了视频会议，并拒绝与被申请人就方案改进继续沟通。为此，双方曾在7月间多次往来信函和邮件进行交流。

在2010年7月21日申请人的来函中，申请人要求被申请人更换设计人员，对此被申请人无法接受。因为现有的设计人员是被申请人最好的设计人员,而主要设计人员也是应申请人的要求,由双方共同协商设定的。项目设计人员已经充分理解了项目设计任务书的要旨,如要更换势必不利于项目设计的推进。为此,被申请人于 2010 年 7 月 26 日专程回函表达了这个想法。2010 年 7 月 29 日,申请人收到被申请人回函后电话通知被申请人修改方案,但没有给出任何具体意见。为此,被申请人于 2010 年 8 月 5 日再次复函,希望申请人给出具体的修改意见,以便被申请人对现有设计进行修改。

然而,令人不解的是,此后的 3 个月间申请人一直没有任何回音,一直到 2010 年 11 月 17 日左右才再次致函被申请人要求继续设计。此时,离第一次汇报会议已经过去了 4 个多月。后双方又进行了多次邮件交流,被申请人还于 2010 年 12 月专程赴京与申请人商议。但由于双方对于合同的理解相去甚远,被申请人于 2011 年 1 月 15 日向申请人致函,认为根据合同第 11.1.2 条款的约定,如设计工期延长时间超出 3 个月,被申请人有权利与申请人重新商讨设计费用。

事实上,根据设计任务书的要求,设计的总体要求是定位为国际一流写字楼,突出"金融中心"的主题文化,满足各区域必要的功能性要求等。而被申请人提交的第一稿和第二稿都符合这些要求。同时,根据设计任务书第六条第 1 项的要求,被申请人提交了相应的设计说明、平面规划图、概念图、效果图。然而,申请人对被申请人的设计提出了设计任务书以外的,而且是非常抽象的要求,即"整体设计思路与甲方要求相去甚远"。对修改稿又不给出具体的修改意见,使得被申请人想要再次修改也无的放矢。为此,在被申请人致申请人的函中,也多次提出,希望申请人给出具体意见,但申请人始终没有给出具体意见。

因此,被申请人认为项目设计之所以无法继续,其责任不在被申请人而在申请人。申请人对于被申请人提出的合理建议没有采纳,并迟至 3 个多月以后才予以答复,已经达到了合同第 11.1.2 条款约定的双方重新商讨设计费用的条件。

(3) 申请人索要预付款,并要求被申请人承担违约责任没有合同依据。

根据《合同》的约定,只有在被申请人没有开始实际工作的前提下,申请人方有权要求被申请人退还预付的设计费。但本案现有证据已经表明,被申请人已经完成了初步概念设计并提交了相应的工作成果,双方进行了沟通,并进一步根据申请人的要求修改了方案。因此申请人要求退款没有合同依据。既然索要退款没有合同依据,则被申请人没有构成违约,也就不应当承担什么违约责任。

(4) 根据合同第 14.9 条款的约定,申请人应当向被申请人支付相应的设计费。

《合同》第 14.9 条款约定，在合同履行期间，由于申请人原因而导致合同不能履行时，申请人应根据被申请人已进行的实际工作量支付相应的设计费。如前所述，被申请人完成方案设计并得到申请人书面确认后 10 个工作日内，申请人另支付设计费总额的 25%，即 100.5 万元。现在，被申请人已经完成了初步方案设计，而停止设计工作的原因是申请人怠于履行协助义务，并导致设计时间超过合同约定的 3 个月的期限。因此，被申请人有权要求申请人支付该阶段的设计费。

被申请人提出仲裁反请求的事实和理由如下：

合同签署后，被申请人如约根据《设计任务书》的规定进行了设计工作，并提交给了申请人。同时，双方就设计方案召开了多次会议或者电话会议。被申请人也根据对方的意见进行了多次修改。申请人每一次召开会议都会提出不同的观点，而且其观点大多比较抽象，被申请人作为专业设计咨询机构无所适从。为此，被申请人曾于 2010 年 7 月～2011 年 1 月间多次致函申请人，要求其提供具体意见，但申请人均没有给予正面回答。

被申请人认为，被申请人完成了方案设计，就应当得到相应的设计费用。根据合同约定，第二阶段的费用为人民币 100.5 万元，被申请人要求申请人支付其中的 50%，即人民币 50.25 万元。另外，因为被申请人没有违约行为，故而申请人提出的仲裁请求是不合理的，其应当承担被申请人由此支付的律师费用人民币 8.3 万元。

被申请人提出仲裁反请求如下：

（1）要求申请人向被申请人支付合同欠款人民币 50.25 万元。

（2）申请人向被申请人支付律师费人民币 8.3 万元。

（3）本案仲裁费由申请人支付。

申请人对被申请人的反请求提出答辩意见如下：

本案合同约定：乙方（即被申请人，下同）完成方案设计并得到甲方（即申请人，下同）书面确认后 10 个工作日，甲方支付乙方设计费。双方在签署合同时以《设计任务书》作为设计依据及合同附件。在工作交流会议中被申请人向申请人展示的设计方案离申请人的要求相去甚远，申请人提出了修改意见，可被申请人第二次向申请人展示的设计方案几乎和第一次展示的一样，仅稍作修改，导致申请人领导极度不满意。申请人认为被申请人设计师就是在敷衍工作，或者根本没有理解《设计任务书》及申请人领导的设计修改要求。在此情况下，申请人本想终止与被申请人的合作，但还是给了被申请人机会，让其更换主设计师。没有想到，被申请人找出种种理由拒绝更换。由于被申请人的行为给申请人造成了重大经济损失，包括但不限于迟延开工、迟延入住、人力成本等。另外根据合同及《设计任务书》的约定，被申请人从未按照要求的份数、制式正式向申请人提交过设计成果，被申请人的设计方案从未得到申请人的认可和满意，更未得到申请人的书面确认，因此，被申请人的反请求没有法律依据。

申请人提出补充意见如下：

（1）要求被申请人退还合同总金额15%，即人民币60.3万元预付款之合同与法律依据是：

1）合同9.5条第②条将上述款项定义为"预付款"，其含义为，在合同正常履行的情况下，成为价款的一部分，在合同没有得到履行的情况下，不管是给付一方当事人违约，还是接受方违约，预付款都要原数返回。

2）被申请人没有按照合同要求完成设计工作。根据合同附件《安全金融中心项目室内设计任务书》第五条设计要求，双方已对设计的具体要求、标准作出了明确的约定，可被申请人向申请人汇报的设计方案没有体现出申请人之形象，国际化金融企业的目标，也没有满足设计任务书第五条的其他要求、标准。被申请人第一次汇报第一版方案时，几乎是在敷衍工作，所有的效果图均未达到展示设计效果之目的。之后，申请人提出了大量的修改意见。被申请人根据合同汇报第二次方案时，其数量和质量仍都不能达到合同约定的设计要求。

3）申请人的设计要求是否抽象、是否完不成。设计工作是抽象的工作，申请人支付费用所要购买的就是被申请人作为专业设计公司的创意和展示出来的效果。申请人已经多次向被申请人表述设计要求，并辅以详细的阐述，被申请人既没有与申请人进行沟通也没有设计出符合设计要求的方案。

4）被申请人没有完成合同约定之工作量。根据《设计任务书》第六条设计成果之约定：被申请人须向申请人提交平面规划布置图（A2图纸）首层大堂：入口1份、内部空间2份、卫生间1份、电梯厅1份、休闲娱乐空间1份；私人会所：前台接待1份、餐厅及宴会2份、会务功能2份、康乐中心1份。但直到7月16日第二次汇报被申请人仅提供4张效果图，其中电梯间还是一个半成品（即总共三张半），更没有见到上述平面规划布置图和效果图的A2图纸，所以被申请人没有完成合同约定的工作量，且不到三分之一。

5）关于设计资质要求。被申请人两次汇报的设计方案都不能达到合同约定的要求，申请人不得不怀疑被申请人的资质问题。根据《设计任务书》第三条设计深度之约定：本合同包括概念方案设计；方案深化设计；扩初图纸设计；再根据《建筑装饰装修工程设计与施工资质标准》第一条第二项、第三条等规定总投资在 1200 万元以上的项目设计人必须具备设计一级资质,可被申请人不具备。

(2) 要求被申请人支付违约金人民币 57.3 万元的依据:

1) 根据合同 14.3 条之约定:如因乙方自身原因未能按照本合同约定的时间提交设计成果,或对于甲方或政府部门提出的设计修改和调整意见未能按规定时间修正,每逾期 1 日,乙方应支付本合同该阶段应付款部分千分之三的违约金。截至 2011 年 1 月 24 日,为人民币 57.3 万元。

2) 申请人通过书面函件、平时电子形式交流以及电话沟通的形式一直在要求被申请人履行合同,但被申请人根本就不重视申请人的工作,对申请人的工作逐渐不闻不问。被申请人不提交设计成果导致申请人延误装修开工,延误入住该大厦,给申请人造成了巨大经济损失。

3) 被申请人的工作态度问题:被申请人对申请人的要求总是找若干不合理的理由予以搪塞,对于要求按照 2010 年 7 月 1 日会议纪要要求进行的修改,被申请人修改的方案仅增加了一个灯饰;对于要求更换设计师的要求,被申请人称设计团队是最优秀的。被申请人向申请人汇报了 3 张半不符合合同约定的电子版图纸,并要求收取申请人人民币 60 余万元的费用。

4) 被申请人未按照合同约定完成设计任务,更未达到申请人的设计要求,其无权主张设计费,更无权主张律师费开支。

另外,《设计任务书》第六条约定:上述约定为初步要求,根据后期需求再行调整。申请人认为其有权根据后期的要求进行设计调整,而被申请人应予以执行。

## 二、仲裁庭意见

仲裁庭听取了申请人的仲裁请求及被申请人的仲裁反请求所依据的事实和理由,申请人与被申请人进行了质证和辩论。仲裁庭就有关事实和证据向申请人和被申请人进行了核实。庭审结束后,申请人和被申请人又补充了相关证据,提交了书面代理意见并进行了书面质证。

必须指出,当事人已就案件事实和焦点问题等向仲裁庭提出了相关资料和分析意见,这些资料和意见分别以证据、笔录、代理意见等形式保留在本案卷宗中。本裁决书没有全面引用上述意见,并非忽视或者忽略上述意见。仲裁庭认为:

### (一) 关于本案合同的效力及仲裁庭的管辖权

申请人与被申请人于 2010 年 5 月 20 日签订的《建设工程设计咨询合同》体

现了双方的意愿，是双方真实的意思表示，亦无违反法律法规的强制性规定，仲裁庭认真审阅了上述合同，认定该合同合法有效，可以作为仲裁庭处理本案纠纷的基本依据。

《建设工程设计咨询合同》中"第二十五条 争议解决方式"约定："在履行本合同的过程中发生争执，双方当事人和解或调解不成，任何一方有权将争议提交××仲裁委员会通过仲裁解决。"因此，本案中双方就以仲裁方式解决纠纷的约定是明确的，对仲裁机构的约定也是具体确定的，仲裁委员会可以管辖本案，仲裁庭有权处理本案争议。

**（二）仲裁庭对本案有关事实的认定**

（1）关于合同的解除及违约责任的问题。申请人与被申请人于2010年5月20日签订《建设工程设计咨询合同》后，被申请人开展了相关工作，于7月1日向申请人进行了第一次设计方案汇报，提交了概念方案设计阶段的部分设计图纸，于7月12日进行了第二次汇报。申请人认为被申请人第二次提交的图纸未按照其要求进行修改，要求申请人更换项目主设计师。被申请人没有接受。其后双方当事人多次进行沟通，但始终因对修改要求的认识达不成一致意见，设计工作无法继续往下进行，合同不能得到正常履行。

《建设工程设计咨询合同》第6.2条规定，"在各阶段设计工作中，双方认定的上述乙方人员（即被申请人设计团队人员——仲裁庭注）不得随意变动。……甲方若有合理理由需要变动乙方人员，必须书面告知乙方，经与乙方协商后进行人员更换"。从该条款可看出，更换设计人员须双方当事人均同意。《建设工程设计咨询合同》第11.1.2条规定，"乙方提交设计成果的内容和深度达不到甲方的要求，甲方要求乙方返工，若还达不到甲方要求的深度，甲方可以随时中止对乙方的委托"。在协商期间，申请人也未书面提出中止对被申请人的委托，即合同未能得到解除。因此，由于是否更换设计人员引发的分歧及后续对修改意见的认识不统一问题，不能判定哪一方应单独承担责任，也就是说，合同不能正常履行，双方当事人负有同等责任。

（2）关于设计成果的问题。《建设工程设计咨询合同》的附件《安全金融中心项目室内设计任务书》中约定概念方案设计阶段的成果内容包括"设计说明"、"平面规划图"、"概念图效果图"等。被申请人在2011年7月1日和12日分别向申请人提交了概念方案设计阶段的部分设计图纸及修改稿，启动了设计工作，并形成了部分成果。虽然申请人认为该图纸不符合其设计要求和修改意见的要求,但设计活动属于智力劳动,一旦付出就无法恢复原状。因此,仲裁庭认为,对于被申请人在概念方案设计阶段的设计成果应予以认定。

(3) 关于预付款的问题。双方当事人签订《建设工程设计咨询合同》后,申请人按合同约定向被申请人支付了人民币 60.3 万元(设计费总额的 15%)作为预付款。被申请人组成了设计团队,研究了设计事宜,付出了人力、物力等有形和无形的劳动和资源,这些工作将为设计的全过程服务,而不仅仅是在概念方案设计阶段发生作用。

仲裁庭注意到,本案合同第 14.7 条约定,"本合同签订生效后,乙方没有开始实际工作的,甲方有权要求乙方退还已经预付的设计费"。仲裁庭认为,从合同 9.5 条的约定来看,申请人支付的人民币 60.3 万元的预付款是设计费总额的 15%,属于设计费的一部分。根据第 14.7 条的约定,申请人要求退还的条件应是"乙方没有开始实际工作"。而在上述第 2 点中,仲裁庭已经认定了被申请人已启动设计工作并形成了部分成果,因此,仲裁庭认为,申请人支付的预付款不应予以退还。

**(三) 仲裁庭对各项仲裁请求和反请求的意见**

(1) 申请人的第一项仲裁请求"裁决解除《建设工程设计咨询合同(精装修设计咨询)》"。

《建设工程设计咨询合同》第 11.1.2 条规定"乙方提交设计成果的内容和深度达不到甲方的要求,甲方要求乙方返工,若还达不到甲方要求的深度,甲方可以随时中止对乙方的委托"。仲裁庭认为,申请人作为甲方,认为被申请人对设计方案的修改达不到其要求,要求解除合同,依据合同约定及合同未能继续履行的事实,应予支持。

(2) 申请人的第二项仲裁请求"裁决被申请人支付申请人违约金人民币 57.3 万元(截至 2011 年 1 月 24 日)"。

《建设工程设计咨询合同》第 14.3 条规定"如因乙方自身原因未能按照本合同约定的时间提交设计成果,或对于甲方或政府部门提出的设计修改和调整意见未能按规定时间修正,每逾期 1 日,乙方应支付本合同该阶段应付款部分千分之三的违约金"。事实上,被申请人提交了设计成果且按照甲方要求进行过修改,且仲裁庭认为合同没有正常履行双方当事人均负有责任,因此对该项仲裁请求不予支持。

(3) 申请人的第三项仲裁请求"裁决被申请人退还已收的设计费用人民币

60.3万元"。

鉴于仲裁庭对预付款问题的认定情况，被申请人已经启动了设计工作，付出了资源和劳动，因此，对于申请人的该项仲裁请求，仲裁庭不予支持。

（4）申请人的第四项仲裁请求"裁决被申请人承担本案的全部仲裁费用"。

本案本请求仲裁费用应全部由申请人承担。

（5）被申请人的第一项仲裁反请求"要求申请人向被申请人支付合同欠款人民币50.25万元"。

《建设工程设计咨询合同》约定"乙方完成方案设计并得到甲方书面确认后10个工作日内，甲方支付乙方设计费总额的25%，即人民币100.5万元"。仲裁庭认为，尽管被申请人提交的概念方案设计阶段的部分设计图纸及修改稿未得到申请人的认可，但确实启动了工作，付出了资源和劳动，申请人应该支付劳动报酬作为补偿。因此，仲裁庭决定部分支持该反请求，根据完成任务量的情况，由申请人向被申请人支付该阶段设计费用的四分之一，即人民币25.125万元。

（6）被申请人的第二项仲裁反请求"申请人向被申请人支付律师费人民币8.3万元"。

仲裁庭认为，被申请人未提供支付律师费用的证据，因此仲裁庭对该项请求不予支持。

（7）被申请人的第三项仲裁反请求"本案仲裁费由申请人支付"。

鉴于仲裁庭部分支持了被申请人的仲裁反请求，本案反请求仲裁费用由申请人和被申请人各承担50%。

## 三、裁决

仲裁庭经合议，裁决如下：

（1）双方当事人解除《建设工程设计咨询合同（精装修设计咨询）》；
（2）申请人向被申请人支付设计费人民币25.125万元；
（3）驳回申请人的其他仲裁请求；
（4）驳回被申请人的其他仲裁反请求；
（5）本案本请求仲裁费由申请人承担；
（6）本案反请求仲裁费由申请人和被申请人各承担50%；
（7）本案外地仲裁员费用为人民币4176.88元，由被申请人承担。

本裁决为终局裁决，自作出之日起生效。

第二部分 规划设计合同争议案件判决及评注

评注：

本案具有设计合同纠纷争议的几个共同特征：(1) 合同是否有效；(2) 预付款的认定；(3) 合同无效或者依法解除合同后对预付款如何处理；(4) 已完成设计工作成果是否应支付费用？如支付，应支付多少？(5) 合同无法履行的责任方或者主要责任方是谁。对以上事实的认定和证据的主张往往决定"官司"的输赢。由于本案中申请人提出了仲裁请求，被申请人提出了仲裁反请求。综合双方的请求，最终裁决结果是被申请人的主张比较多地得到了仲裁庭的支持。同时也意味着申请人的主张大多未获仲裁庭的支持。此案给我们以下几点启示：

(1) 一般而言，无论合同是否合法，也无论合同是否依法解除，对于设计合同，仲裁庭大多会依法保护设计人的工作成果。也就是说，只要在订立合同之后，设计人因合同约定开始了设计活动，并完成了部分或全部设计任务，只要设计人有充分证据予以证明，对已完成的成果设计人有权得到设计费用。因此，作为设计人，在订立合同以及履行合同时，对相关条款及证据应予以高度重视。

(2) 关于设计合同所谓"预付款"，有的也称"定金"的认定和裁决。设计合同订立后，甲方付少量预付款或定金给设计人，这是设计行业的惯例，这也符合设计这一智力创作劳动的特点，是对双方都有利的一种制度设计。但是，一旦发生纠纷，对预付款如何处理，往往是双方争执不下的焦点。在这种情况下，仲裁庭一般考虑谁是违约的主要责任方，根据双方应负的不同比例的责任来确定预付款的归属比例。本案中合同规定对被申请人比较有利。合同规定更换设计团队必须书面告知乙方。同时合同还规定，申请人要求退还预付款的条件应为："乙方没有开始实际工作。"而事实是，乙方已经开始了实际工作。因此，仲裁庭认为违约责任主要在申请人，驳回了申请人要求退还预付款的请求。

（3）反之，作为设计业务的委托方，即甲方，亦可从提案中总结反思合同订立及履行过程中的一些教训，以最大限度地维护自身权益。

# 案件 16 某修建性详规设计合同争议仲裁案裁决书

**【提要】** 申请人柯本建筑城市规划设计有限公司与被申请人成长岛投资发展有限公司签订合同,约定被申请人委托申请人承担英语世界项目和运动城项目修建性详细规划设计。申请人认为,其按合同约定向被申请人提交了设计成果,已基本完成设计任务,但被申请人单方面强行终止合同,并不支付相关设计费。事后得知,被申请人早已将申请人的设计成果在自己的网站上公开发布,并已另行委托他人进行设计。申请人请求仲裁庭裁决被申请人支付已实际完成设计任务的设计费,从网站上删除申请人的设计成果并给予赔偿。被申请人认为,申请人未能善尽其责任与义务,提交的部分设计图稿存在大量错误与疏漏,政府规划主管部门初审时屡次提出批评,经修改仍无法达到要求,因此其提出要与申请人解除合同,并另行委托他人进行设计。被申请人提出反请求,请求仲裁庭裁决双方解除合同,申请人承担因其违约行为给被申请人造成的直接经济损失。仲裁庭经过审理,对申请人依据合同约定所作的设计成果这一事实予以了认定,被申请人应支付相关设计费。被申请人在公司网站上不以营利为目的宣传展示设计成果的行为没能违约,不应赔偿,但应标明设计公司(含中方合作设计单位)的名称。

**【关键词】** 修建性详规设计;合同终止;设计费;设计成果

××仲裁委员会(以下简称仲裁委员会)根据申请人 Herb architecture and urban design Co., Ltd(中文名:柯本建筑城市规划设计有限公司)与被申请人成长岛投资发展有限公司于 2006 年 9 月 28 日签订的《英语世界项目修建性详规设计合同补充协议》和《运动城项目修建性详规设计合同》中的仲裁条款,以及申请人于 2007 年 6 月 8 日向仲裁委员会提交的书面仲裁申请,受理了申请人与被申请人之间因履行上述合同而产生的设计合同争议仲裁案。

鉴于申请人提交仲裁申请之时,本案争议金额未超过人民币 50 万元,本案仲裁程序适用简易程序的规定。2007 年 7 月 16 日,被申请人提起仲裁反请求,仲裁庭将对申请人的仲裁请求与被申请人的仲裁反请求一并予以审理。鉴于被申请人的反请求争议标的已超过人民币50万元，本案仲裁程序自2007年7月30日起由简易程序转为普通程序。

申请人选定的仲裁员楚先生，被申请人选定的仲裁员齐先生，仲裁委员会主任根据双方委托代其指定的首席仲裁员张先生分别签署接受指定《声明书》后，于2007年9月21日成立仲裁庭，共同审理本案。

2007年11月8日，仲裁庭开庭审理本案。双方当事人均委派仲裁代理人及/或法定代表人出席庭审。庭审中，双方当事人分别结合各自的仲裁请求陈述事实及法律意见，双方当事人对证据进行了质证、辩论，双方当事人还回答了仲裁庭的询问。

本案现已审理终结，仲裁庭根据双方当事人提交的现有材料以及庭审时查明的事实和查证的证据，经合议作出本案裁决书。现将本案案情、仲裁庭意见和裁决结论分述如下：

## 一、案情

2006年9月14日，申请人作为乙方、被申请人作为甲方共同签订了《英语世界项目修建性详规设计合同》（以下简称英语世界项目合同），约定被申请人委托申请人对其已承担完成的《成长岛概念性城市规划设计》中的英语世界项目作修建性详细规划设计。此后，双方当事人于2006年9月28日又签订了《英语世界项目修建性详规设计合同补充协议》（以下简称英语世界项目补充协议）和《运动城项目修建性详规设计合同》（以下简称运动城项目合同）。两份合同对设计项目的内容、设计任务、设计费、违约责任等内容作了明确的约定。两份合同约定的设计费合计为人民币189.4万元。

申请人诉称：

申请人按两份合同的约定向被申请人提交设计成果，被申请人仅支付了设计费人民币89.7万元。2007年4月2日，被申请人单方面强行终止合同，并未告知申请人有什么具体的要求。考虑到运动城项目合同的设计任务已全部完成、英语世界项目合同的设计已基本完成的情况，申请人于2007年4月4日向被申请人提出还应支付设计费人民币49万元的要求。双方通过传真和面谈，协商未果。事后得知，被申请人早已将申请人设计的英语世界项目和运动城项目的设计成果在自己的网站上公开发布，并已另行委托他人进行设计。由于被申请人严重违约导致申请人的合法权益受到侵害，申请人根据英语世界项目补充协议和运动城项目合同中的仲裁条款向仲裁委员会提起仲裁申请。申请人的仲裁请求如下：

（1）要求继续履行《英语世界项目修建性详规设计合同》和《运动城项目修建性详规设计合同》；

（2）被申请人如坚持单方终止上述两份合同，应按合同第七条的约定承担违约责任，将已实际完成设计任务的设计费人民币42.5万元支付给申请人；

（3）被申请人擅自复制并在网站上发布申请人的设计成果，应按合同第六条的约定承担违约责任，赔偿申请人人民币2万元，并从网站上删除申请人的设计成果；

（4）被申请人应赔偿申请人因仲裁支付的合理费用人民币30020元；

（5）被申请人承担本案全部仲裁费用。

针对申请人的上述仲裁申请及请求，被申请人答辩称：

2006年9月14日，被申请人与申请人签订英语世界项目合同，2006年9月28日又签订英语世界项目补充协议和运动城项目合同，委托申请人进行相关规划设计工作。在合同履行过程中，被申请人按照合同约定先后向申请人支付了部分设计费用人民币89.7万元，但申请人未能善尽其责任与义务，提交的部分设计图稿存在大量错误与疏漏，政府主管规划部门初审时屡次提出批评。被申请人根据政府主管规划部门的意见和要求，向申请人反复提出修改建议，但其设计图稿仍无法达到政府主管部门的要求，导致被申请人申请项目土地指标及其他工作进度被严重阻滞，造成巨大的直接经济损失。被申请人认为，上述事实证明申请人已无法提供使政府主管规划部门能够依法及时审批的设计成果，申请人对其义务的不适当履行，造成双方合同的目的不能实现。

在此情形下，被申请人根据《中华人民共和国合同法》第九十四条第四款"有下列情形之一的，当事人可以解除合同：……（四）当事人一方迟延履行债务或者有其他违约行为致使不能实现合同目的；……"的规定，于2006年4月2日通知申请人依法解除双方签订的三份合同。

被申请人依法解除上述合同后，考虑到双方曾有较长时间的合作关系，建议双方友好协商，妥善处理合同中止（原文为"中止"，仲裁庭认为应为"终止"——仲裁庭注）的后续问题。但申请人却提出要求被申请人额外支付其设计费用，被申请人表示不能接受，并在会谈中及会后以书面方式予以拒绝。被申请人认为，由于申请人不能善尽其责任和义务，已实质违约，造成合同目的落空，被申请人解除合同有充分法律依据。同时，申请人所称已完成的各部分成果及工作进度，并未经被申请人验收并接受，其提出额外支付设计费的仲裁请求缺乏法律及事实依据。

案件 16　某修建性详规设计合同争议仲裁案裁决书

被申请人于 2004 年 3 月 24 日与法国友邦建筑景观城市规划设计公司（以下简称友邦设计公司）订立了关于成长岛《概念性城市规划设计合同》，并分别于 2004 年 12 月 9 日、2005 年 9 月 14 日订立了《概念性城市规划设计调整合同（一）》、《概念性城市规划设计调整合同（二）》，委托友邦设计公司进行成长岛的概念性设计。友邦设计公司是申请人的关联公司，法人代表及董事长均为彭先生。被申请人与友邦设计公司订立的上述合同均已完整履行，被申请人已支付上述合同约定的全部设计费用。申请人所称被申请人使用的设计成果，事实上是申请人的关联公司，即友邦设计公司提供的概念性设计成果，被申请人已拥有该设计成果的使用权。因此，申请人关于被申请人擅自复制并在网站上发布其设计成果的主张与事实不符。

由于申请人的根本违约，导致被申请人不得不依法解除合同，同时也给被申请人造成直接和间接的经济损失。基于此，被申请人提出反请求，要求申请人依法赔偿相关直接损失，即被申请人已支付给申请人的委托设计费用人民币 89.7 万元。被申请人的仲裁反请求如下：

（1）确认被申请人解除与申请人之间签订的《英语世界项目修建性详规设计合同》、《英语世界项目修建性详规设计合同补充协议》、《运动城项目修建性详规设计合同》合法有效；

（2）申请人承担因其违约行为给被申请人造成的直接经济损失人民币 89.7 万元；

（3）申请人承担本案全部仲裁费用。

针对被申请人的上述答辩意见以及反请求，申请人反驳称：

（1）关于被申请人所称申请人不适当履行合同义务的主张。

1）双方签订的英语世界项目合同和运动城项目合同第五条明确约定了设计分阶段提交设计成果和支付设计费。根据该条约定，申请人提交了设计成果，被申请人支付了两份合同各自的第一阶段和第二阶段的设计费人民币 16.7 万元和人民币 73 万元，合计为人民币 89.7 万元。双方对此并无争议。

2）2006 年 11 月 28 日，被申请人发函给申请人表明："总体而言，此次设计很成功，功能布局合理。"双方在此基础上还作了一些局部修改。

3）被申请人在仲裁答辩书中所称"政府主管规划部门初审时屡次提出批评"等，被申请人从来没有向申请人提出过有此事。

4）被申请人未经申请人同意，将申请人向其提交的英语世界项目合同和运动城项目合同的设计成果在自己的网站上公开发表。被申请人在答辩书中所称的

"提交的部分设计图稿存在大量错误与疏漏"的谎言不攻自破。

由此可见，被申请人对申请人的设计成果予以肯定，根本不存在申请人对其义务不适当履行的问题。

(2) 关于被申请人所称工作成果未经其验收的主张。

1) 双方签订的英语世界项目合同和运动城项目合同第七条第7.1款对甲方即被申请人要求单方终止合同应承担的违约责任有明确的约定，申请人根据该约定，已将被申请人已付和应付的设计费及违约赔偿计算清单提交给仲裁庭。

2) 申请人组织人力、物力、精心设计等，在履行合同中，被申请人单方强行终止合同，对申请人的工作进度和成果自然就不会验收和接受，但并不影响被申请人应当承担的违约责任。

(3) 关于被申请人所称在网站上发布的设计成果，是申请人的关联公司友邦设计公司提供的成果，被申请人有该设计成果的使用权的主张。

1) 申请人在中华人民共和国香港特别行政区注册登记，系香港注册的公司。友邦设计公司在法国巴黎注册登记，系法国注册的公司。两公司各自具有独立的法人资格，并无关联。

2) 被申请人与友邦设计公司于2004年签订的是《概念性城市规划设计合同》，双方已经履行完毕。申请人与被申请人于2006年签订的是具体的英语世界项目合同和运动城项目合同，完全是两码事，公证书中证实，被申请人将申请人提交的英语世界项目合同和运动城项目合同的设计成果发表在网站上，这种行为违反了双方签订的合同中的第六条第6.1.5款，被申请人故意将此与友邦设计公司混为一谈。

(4) 被申请人的反请求没有事实和法律依据，其请求应予驳回。

申请人经修改的最终明确的仲裁请求为：

1) 被申请人向申请人支付申请人已实际完成设计任务的设计费人民币42.5万元；

2) 被申请人向申请人赔偿其擅自复制并在网上发布申请人的设计成果赔偿金人民币2万元；

3) 被申请人向申请人赔偿申请人为本案支出的合理开支人民币70020元。

以上各项请求合计为人民币515020元。

被申请人的补充意见如下：

(1) 基本事实

被申请人根据英语世界项目合同的约定，分别于2006年9月14日、12月

14日向申请人支付了该合同约定的第一阶段设计费人民币29.2万元、第二阶段设计费人民币43.8万元；又根据运动城项目合同的约定，分别于2006年9月28日、12月14日向申请人支付了该合同约定的第一阶段设计费人民币6.7万元、第二阶段设计费人民币10万元；以上两合同合计人民币89.7万元。申请人也提交了部分设计方案未完成草稿。

2006年12月18日，被申请人接到××区规划和国土资源局对有关方案草稿初步评审后的正式意见，该意见指出设计方案草稿存在四点问题，并提出"望你司能根据上述意见对《运动城项目草案》进行修改，及时同规划设计单位沟通，提高规划方案的质量，并加快后续各项工作的步骤，推动成长岛项目二期尽早落地实施"。此后，被申请人同申请人进行了反复交涉，并要求申请人按照政府主管部门的要求进行修改。随后申请人在2007年初分别提交了修改后的设计方案草稿。2007年3月19日，被申请人接到××区规划和国土资源局再次评审后的正式意见，该意见严厉批评了设计方案存在的问题，并向被申请人指出"要正视存在的问题，尽快对规划设计方案按照评审意见进行整改。要充分认识到相关问题的严重性，加大整改力度，尽快使相关修建性规划设计达到审批标准，以确保建设用地指标能够依法申请"。

考虑到申请人提交的设计图稿经屡次修改仍存在大量错漏，无法达到政府主管部门的审批标准，导致被申请人的项目开发工作进度严重受阻，造成巨大的直接经济损失。被申请人认为，申请人已无法及时提供使政府主管规划部门能够依法审批的设计成果，申请人对其义务的不适当履行，造成双方合同的目的不能实现。2007年4月2日，被申请人在与申请人的会谈中，通知申请人，依法解除双方签订的三份合同。

（2）申请人对合同的不当履行已先行构成根本违约

被申请人与申请人订立前述合同，对设计内容、质量指标、乙方（即本案申请人，下同——仲裁庭注）责任均有明确约定：英语世界项目合同第二条、运动城项目合同第二条中对设计内容有详尽明确的陈述，并特别指出"完成该区的修建性详细规划设计并满足报批修建性详规的深度"；英语世界项目合同第六条第6.2款、运动城项目合同第六条第6.2款对乙方责任有明确陈述，并特别指出"乙方应按国家技术规范、标准、规程及甲方（即本案被申请人，下同——仲裁庭注）提出的设计要求进行工程设计，按照合同规定的进度要求提交质量合格的设计资料，并对其负责"。

被申请人于2006年12月15日将申请人提供的《运动城项目修建性详细规

划设计》未完成草案提请审批主管部门即××区规划与国土资源局进行初步评审时，该局在同年12月18日下达的正式意见中明确指出："规划方案要符合有关技术规范，减少错漏"；"贵公司及规划设计单位能够充分理解和掌握国家关于房地产建设的最新政策，及时调整有关方案"，要求对该草案进行修改。被申请人随后与申请人进行反复沟通，并要求申请人对相关图稿进行修改。2007年3月，被申请人再次将申请人修改后的《运动城项目修建性详细规划设计（草案）》及《〈英语世界项目修建性详细规划设计〉基本设想》提交给××区规划与国土资源局进行评审，该局在2007年3月19日下达的正式意见中更为明确地指出："区域布局和功能结构不甚合理，缺乏科学论证，不能提供各单元规划设计内容的数据及合理依据，项目的可行性、生态性与经济性仍存有许多疑问"；"规划的整体建筑风格不够协调，没有鲜明特色，不能体现建筑与环境之间的和谐共融"；"草案中各地块的土地容积率在0.17～0.71之间，均小于1.0，违反国家现行土地政策"；"草案中仍有多处不符合国家有关城市规划的标准规范，存在明显错漏。草案关于道路交通、电力、给水、排水、供暖以及各类管线的规划，没有针对本地大区域配套进行论证，在实际建设中将会存在衔接困难"；"草案缺乏生态环境保护的举措或规划，未落实环境评估报告中的有关意见，存在生态破坏的隐患"等。

上述事实表明，申请人作为规划设计事项专业承担人，没有善尽合同约定的各项责任和义务。而申请人在《仲裁申请书》所附证据4中以及《被反请求答辩书》中引用2006年11月28日被申请人在给申请人的致函中所言"总体而言，此次设计很成功，功能布局很合理"来表明被申请人认可申请人的设计成果，企图回避其违约事实。被申请人提请仲裁庭关注，被申请人做出的该陈述并不等于承认申请人已完全、完整履行合同义务，该陈述具有时效性，是在2006年11月28日发出的，时间在××区规划与国土资源局下达的两份评审意见之前，不能对此后被申请人对申请人未完整履行合同义务的意思表示作出否定。

此外，申请人还试图以被申请人按照合同约定向其支付了第一阶段、第二阶段的设计费用为由，证明被申请人认可其设计工作的质量，这同样难以成立。被申请人支付英语世界项目合同、运动城项目合同的第一阶段、第二阶段设计费用，均是按照两合同第五条的约定执行，只能证明被申请人积极诚实履约，不能改变申请人设计工作在此后遭到专业权威部门否定的事实，也不是被申请人承认申请人已完整履行合同义务的有效意思表示。

被申请人并不具有对规划设计成果进行专业判断的能力，完全依赖于申请人提供规划设计的专业服务，并且合同中也明确约定设计方案如出现国家技术规范、标准、规程方面的错漏将全部是申请人的责任。而××区规划与国土资源局作为规划设计方案的审批主管机关，其评审意见具有专业性、权威性和最终性。

至于申请人声称从未见到政府主管部门相关意见，则与事实完全不符。被申请人在政府主管部门第一份意见下达后，即与申请人进行了反复沟通，申请人在《被反请求答辩书》中也承认根据被申请人提出的要求对设计方案进行了局部修改。

在被申请人要求申请人采取补救措施，对设计方案按照相关要求进行修改之后，修改后的草案在政府主管部门的第二次评审中遭到更严厉、更具体的否定。被申请人认识到，申请人作为海外设计单位，对中国大陆有关城市规划的技术规范、标准、规程掌握不足，加之接了大量项目，已超出其人力承担范围，故对设计工作草率敷衍，经补救仍无起色。因此，被申请人可以预见到，申请人已无法实现在合同约定期限内提交两合同第二条约定的"满足报批修建性详规的深度"之设计方案，两合同的目的显然已经落空，申请人构成根本违约。

（3）合同中各项约定不能限制法定解除权的行使

英语世界项目合同第七条第 7.1 款和运动城项目合同第七条第 7.1 款均约定了被申请人要求终止合同的后果。该约定其实是在一般条件下由于被申请人的过错或过失导致合同不能继续履行的违约后果，并未明示限制被申请人以法定事由行使解除权。在被申请人可以充分预见合同目的不能实现且本身无过错的前提下，其依法行使解除权也是符合合同公平原则和诚实信用原则的。

事实上，在被申请人依法行使合同解除权的同时，考虑到同申请人之间存有长期的合作关系，并考虑到虽然申请人能力有限导致不能善尽其责任和义务，但毕竟也付出一定劳动，故被申请人在通知申请人合同解除时，曾友好地表示可以放弃对申请人索赔的权利。但申请人却一直纠缠不休，故被申请人也将坚持要求申请人承担全部违约责任并对被申请人造成的直接经济损失进行赔偿。

在本案中，被申请人已明确拒绝接受第一阶段、第二阶段的设计方案时，又何来第三、第四阶段的深化修改设计？两合同的履行，事实上在第一阶段、第二阶段成果提出后已被中止，因此，申请人提出要求被申请人支付第一阶段、第二阶段之外的设计费用在法律和事实上是没有根据的。

## 二、仲裁庭意见

### （一）关于本案的审理范围

本案双方当事人先后共签订了三份合同：在 2006 年 9 月 14 日签订的《英语

世界项目修建性详规设计合同》第8.5条约定:"本合同在履行过程中发生争议,由双方当事人协商解决,协商不成的,提交××市仲裁委员会仲裁。"在2006年9月28日签订的《英语世界项目修建性详规设计合同补充协议》第三条约定:"原第八条8.5'本合同在履行过程中发生争议,由双方当事人协商解决,协商不成的,提交××市仲裁委员会仲裁。'改为:'本合同在履行过程中发生争议,由双方当事人协商解决,协商不成的,提交××仲裁委员会仲裁。'"在2006年9月28日签订的《运动城项目修建性详规设计合同》第8.5条约定:"本合同在履行过程中发生争议,由双方当事人协商解决,协商不成的,提交××仲裁委员会仲裁。"

申请人提起仲裁时依据的是上述英语世界项目补充协议和运动城项目合同的仲裁条款,鉴于双方当事人在英语世界项目补充协议已对英语世界项目合同中的仲裁条款作了修改,因此,上述英语世界项目补充协议中仲裁条款的效力及于英语世界项目合同项下的争议,本仲裁庭对上述三份合同项下的争议均有权审理。

**(二)法律适用**

双方当事人对于法律适用问题在上述三份合同中均未作约定,鉴于本案争议为设计规划合同争议,设计规划项目实施地在中国内地,且双方当事人在各自的陈述中均援引了《中华人民共和国合同法》的相关规定支持其主张,因此,仲裁庭认定,解决本案争议适用中华人民共和国内地法律是合适的。

**(三)对本案合同履行中的有关事实的认定**

仲裁庭审查了双方当事人提交的所有书面材料及证据,并经过庭审调查核实,对本案合同履行中的以下事实予以认定:

(1)双方当事人于2006年9月14日、9月28日签订的本案英语世界项目合同、英语世界项目补充协议和运动城项目合同等三份合同符合中华人民共和国有关法律、法规,体现了双方的意愿,合法有效。被申请人对申请人的中方合作设计单位中国格林城市建设研究院参与设计无异议。

(2)双方当事人签订的英语世界项目合同和运动城项目合同第五条约定了设计分阶段提交设计成果和支付设计费。两份合同约定的设计费合计为人民币189.4万元。据此,被申请人支付了两份合同各自的第一阶段和第二阶段的设计费人民币16.7万元和人民币73万元,合计为人民币89.7万元。转账支付日期和费用单据分别为以下四次:2006年9月14日人民币29.2万元,9月29日人民币 6.9 万元，12 月 14 日人民币 10 万元和 12 月 14 日人民币 43.8 万元。"

（3）被申请人称：××区规划和国土资源局于 2006 年 12 月 18 日和 2007 年 3 月 19 日发给被申请人的两份公函中提出了修改意见后，申请人"无法提供使政府主管规划部门能够依法及时审批的设计成果"，"申请人对其义务的不适当履行，造成双方合同的目的不能实现"。因此，"根据《中华人民共和国合同法》第九十四条第四款：'有下列情形之一的，当事人可以解除合同：……（四）当事人一方迟延履行债务或者有其他违约行为致使不能实现合同目的；……'，依法解除被申请人与申请人签订的《英语世界项目修建性详规设计合同》、《英语世界项目修建性详规设计合同补充协议》和《运动城项目修建性详规设计合同》。"被申请人还提出了反请求书。

申请人称：2006 年 11 月 28 日，被申请人发函给申请人表明："总体而言，此次设计很成功，功能布局合理。"并依约支付了两份合同中各自的第一阶段和第二阶段的设计费合计人民币 89.7 万元。在申请人申请仲裁和被申请人提出反请求之前，被申请人从来没有向申请人提出和告知有上述政府主管规划部门的两份公函。

仲裁庭对双方的以上争议进行了认真审理。仲裁庭认为：

（1）申请人依据合同约定，在第一和第二阶段设计成果的基础上，继续深化设计，并向被申请人提交了设计文件，被申请人的网站上也有相关内容。

（2）对于申请人关于被申请人未向其转交政府主管规划部门两份公函的主张，被申请人没有提供证据证明其在申请人于 2007 年 6 月 8 日申请仲裁和被申请人于 2007 年 7 月 12 日提出反请求前，向申请人提出和告知过有这两份公函。

（3）任何设计文件都可能有因政府部门、业主方、专家论证意见等多种原因而进行修改的过程。从被申请人 2006 年 11 月 28 日对申请人提交的设计成果所作的肯定性评价和申请人及其中方合作设计单位中国格林城市建设研究院的专业技术能力而言，仲裁庭无法得出申请人不能继续履约以实现合同目的的结论。

因此，仲裁庭对于申请人依据合同约定所作的设计成果这一事实予以认定，而被申请人提出解除合同的依据不成立，所提出的反请求因而也缺乏依据。

（4）被申请人在其公司网站上发布了由申请人提交的设计成果，申请人以合同第 6.1.5 条规定："甲方应保护乙方的有关本合同的一切文件资料，未经乙方同意，不得擅自修改、复制或向第三方转让或用于本合同外的项目。如发生以上情况，甲方应负法律责任，乙方有权向甲方提出索赔"为由，要求被申请人赔偿人民币 2 万元，并从网站上删除申请人的设计成果。

仲裁庭认为，被申请人在该公司网站上不以营利为目的宣传展示设计成果的行为不属于"擅自修改、复制或向第三方转让或用于本合同的项目"，因此没有发生违约，对申请人索赔人民币2万元的请求不予支持。但被申请人在支付设计费用后仍可以在网站上继续发布该设计成果，同时应标明设计公司（含中方合作设计公司）的名称。

(5) 仲裁庭对申请人因本案支付的公证、律师费用共计人民币70020元的单据的事实予以认定。

**（四）关于申请人的仲裁请求**

基于仲裁庭认定的以上事实，仲裁庭对申请人提出的五项仲裁请求分述如下：

(1) 关于申请人要求继续履行《英语世界项目修建性详规设计合同》和《运动城项目修建性详规设计合同》的仲裁请求。

因被申请人已经将该项目的设计另行委托了其他公司，合同已无继续履行的可能，同时，申请人经修改的、最终明确的仲裁请求未再主张该项请求，仲裁庭认为，申请人已放弃了该项仲裁请求。

(2) 关于被申请人应按合同约定的第七条承担违约责任，向申请人支付已实际完成设计任务的设计费人民币42.5万元的仲裁请求。

仲裁庭在审理中了解到，被申请人已经将该项目的设计另行委托了其他公司，原合同实际上已经由被申请人终止。仲裁庭认为，被申请人应将已实际完成设计任务的设计费人民币42.5万元支付给申请人（其中人民币13.3万元为《运动城项目修建性详规设计合同》已完成的第三阶段的设计费；人民币29.2万元为《英语世界项目修建性详规设计合同》已部分完成的第三阶段的设计费人民币58.4万元的一半）。

(3) 关于被申请人赔偿擅自复制并在网站上发布申请人的设计成果，应承担的赔偿金人民币2万元的仲裁请求。

仲裁庭认为，被申请人在支付了设计费用之后，有权使用设计成果并在公司网站上作非盈利性的宣传展示，此举并未侵犯申请人的权利，申请人要求赔偿人民币2万元的请求缺乏依据，仲裁庭不予支持。但仲裁庭认为，被申请人应在发布该设计成果的同时标明设计公司（含中方合作设计单位）的名称。

(4) 关于被申请人赔偿申请人因申请仲裁支付的合理费用人民币70020元的仲裁请求。

仲裁庭认为,由于本案系因被申请人违约引起,申请人提交了该笔费用实际发生的相关证据凭证,因此,仲裁庭予以支持。

**(五)关于被申请人的反请求**

(1)关于确认被申请人解除其与申请人之间签订的《英语世界项目修建性详规设计合同》、《英语世界项目修建性详规设计合同补充协议》、《运动城项目修建性详规设计合同》合法有效的仲裁请求。

鉴于申请人已放弃其关于继续履行合同的仲裁请求,且双方已无继续履行合同的可能,因此,仲裁庭确认,双方当事人之间的本案三份合同已经解除。

(2)关于申请人承担因其违约行为给被申请人造成的直接经济损失人民币89.7万元的仲裁请求。

鉴于仲裁庭的前述意见,被申请人关于申请人违约的主张缺乏依据,仲裁庭对此项反请求不予支持。

**(六)关于本案仲裁费用的承担**

鉴于仲裁庭已认定被申请人违约,且申请人的大部分仲裁请求已获支持,仲裁庭认为,本案本请求仲裁费由申请人承担10%,被申请人承担90%;本案反请求仲裁费全部由被申请人承担。

## 三、裁决

仲裁庭裁决如下:
(1)被申请人向申请人支付已实际完成设计任务的设计费人民币42.5万元。
(2)被申请人向申请人补偿因本案支付的合理费用人民币70020元。
(3)驳回申请人的其他仲裁请求。
(4)驳回被申请人的仲裁反请求。
(5)本案本请求仲裁费由申请人承担10%,被申请人承担90%。本案反请求仲裁费全部由被申请人承担。

上述第(1)、(2)、(5)项,被申请人应向申请人支付的费用应于本裁决作出之日起三十日内全部支付完毕。

本裁决为终局裁决,自作出之日起生效。

## 评注：

本案双方签订的所谓《修建性详规设计合同》与《概念性城市规划设计合同》，仅从两份合同名称与内涵来看，就很容易在履约中各说各话。在签订合同时，也难以面面俱到地事先预知各种不确定因素。果不其然，一旦发生纠纷争议，双方观点和主张的对抗性极强。纵观全案，其主要特征和启示为：

（1）所谓"详规设计"和"概念性城市规划设计"涉及的范围很广，涉及的层级也比较高，往往最后要由政府部门和政府领导拍板确定，因而具有极强的不可预见性。每一次审查、每个阶段的报批都可能会遇到"枪毙"设计方案的可能性。

（2）规划设计本身就是一项主观意念极突出的智力创作。除了要满足国家和地方规定的一些硬性指标外，在艺术上是仁者见仁、智者见智，即使在专业人士中，也很难形成高度一致的共识，何况还要接受社会各方的评头品足。因此，双方都要有充分的思想准备和预判。

（3）基于以上情况，在力争合作成功的基础上，双方都应该在设计合同的订立时约定对自身权益保障有利的条款。要设立一些底线，建立保障自身权益的"防火墙"。以免在出现纠纷争议时任人宰割，权益受损。换言之，不要在合同中对自身义务做过度承诺，却对自身权利予以忽略。

（4）履行合同过程中，尽可能多地保存对自己有利的证据。如本案中被申请人曾致函申请人，称："总体而言此设计很成功，功能布局很合理。"这份证据白纸黑字，证明力很强，对于申请人依法维护自身权益的主张发挥了重要作用。

# 案件17　某建设工程设计合同争议仲裁案裁决书

**【提要】** 申请人张青力建筑工程师楼有限公司和被申请人中通科技产业集团有限公司签订《中通科技住宅项目（暂命名）建设工程设计合同》，约定被申请人委托申请人就中通科技住宅项目进行总体规划方案设计及单体建筑方案设计。申请人认为其已严格依照该合同约定和被申请人要求，提交总体规划方案报批图、建筑单体方案报批图等全部设计成果，被申请人却未支付中间的两笔设计费，以及因实际设计面积增加而增收的设计费用，请求仲裁庭裁决被申请人支付拖欠设计费用、因实际设计面积增加而增收的设计费用、逾期付款违约金等。被申请人则认为，申请人提交的方案未通过项目所在地规划管理部门的批准，其多次要求申请人按照建设部《关于落实新建住房结构比例要求的若干意见》的规定进行修改，但申请人却未对已提供的设计方案作出进一步修改，因此申请人提供的是无效的设计方案，最终通过的设计方案是其委托其他设计公司设计的。仲裁庭经审理后认为，申请人完成了合同约定的设计工作，被申请人未按合同约定，在有关国家政策出台后需对设计文件进行重大修改时，出具有关政府部门的书面文件并与申请人充分协商，且没有征得申请人的同意即擅自另行委托他人对设计图纸进行修改。但因没有证据表明经批准的实际设计面积增加，被申请人应按合同约定的最低额支付设计费用，并支付逾期付款违约金。

**【关键词】** 总体规划方案设计；单体建筑方案设计；设计面积；规划审批；另行委托

××仲裁委员会（以下简称仲裁委员会）根据申请人张青力建筑工程师楼有限公司和被申请人中通科技产业集团有限公司于2004年4月30日签订的××号《中通科技住宅项目（暂命名）建设工程设计合同》中的仲裁条款，以及申请人于2007年12月7日提交的书面仲裁申请，受理了双方当事人之间上述合同项下的争议仲裁案。本案仲裁程序适用《仲裁委员会仲裁规则》。

申请人选定的仲裁员洪先生，被申请人选定的仲裁员李先生，仲裁委员会主任根据《仲裁规则》的规定指定的首席仲裁员单先生签署了接受选定或指定的《声明书》后,于 2008 年 5 月 4 日组成仲裁庭,审理本案。

2008 年 6 月 19 日,仲裁庭开庭审理本案。申请人和被申请人均委派了仲裁代理人参加了庭审。庭审时,申请人和被申请人就本案的事实进行了陈述,出示了相关证据的原件,就事实、法律问题进行了阐述,回答了仲裁庭的提问,在仲裁庭主持下进行了质证。庭审后,双方都提交了代理意见。

本案现已审理终结。仲裁庭根据现有书面文件以及庭审所查清的事实和查证的证据,经合议,作出本裁决。

现将本案案情、仲裁庭意见以及裁决内容分述如下:

## 一、案情

2004 年 4 月 30 日,申请人与被申请人签订了《中通科技住宅项目(暂命名)建设工程设计合同》(以下简称合同)。合同约定:被申请人委托申请人就中通科技住宅项目进行总体规划方案设计及单体建筑方案设计;总设计费为人民币 145 万元,该设计费是以建筑面积每平方米人民币 14.5 元整取,计算设计费面积以政府规划部门批准的初步设计文件的总建筑面积为准(包括计入及不计入容积率的总建筑面积),若实际批准的设计面积比设计合同暂定收费面积增加或减少幅度的绝对值超过 2%,则超过部分之设计费按照设计合同单价进行调整。无论最终批准裁定总计面积增减幅多少,其总设计费最低额不应低于人民币 138 万元,最高额不高于人民币 166 万元。

合同约定的设计费支付进度为:按设计费总额人民币 145 万元计取,合同签订后九个工作日内支付总设计费的 20%,提交总体规划方案报批图后七个工作日内付 25%,总体规划方案报批图通过政府审批后七个工作日内付 15%,提交建筑单体方案报批图后七个工作日内付 25%,建筑单体方案报批图通过政府审批后七个工作日内付 15%等。

申请人称:合同签订后,申请人严格依照合同约定和被申请人要求,将总体规划方案报批图、建筑单体方案报批图等全部设计成果交付被申请人,被申请人也已签收确认;并向申请人支付了"提交总体规划方案报批图"、"提交建筑单体方案报批图"相应的设计费。截至目前,中通科技住宅项目仅余"总体规划方案报批图通过政府审批后七个工作日内付 15%"、"建筑单体方案报批图通过政府审批后七个工作日内付 15%"两笔设计费未予支付。方案报批图交付后,申请人多次向被申请人了解中通科技住宅项目方案报批情况并催收设计费,而被申请人一直未正式向申请人明确说明该项目设计成果报批审核情况,也一直未予付费。由于将设计方案报批系由建设单位即被申请人负责,政府部门也仅直接向被申请人发文,故申请人无法直接了解审批进度。后,申请人发现,中通科技住宅项目竟然已进入实际施工阶段,且已动工部分与申请人提交的设计成果完全相符。根据设计流程常规及我国关于建设工程设计审批报建的相关规定,建设工程设计的审批流程为:规划方案及建筑单体方案审批通过—初步设计方案审批通过—施工图审批通过—取得建筑工程施工许可证—进入施工阶段方案。毫无疑问,被申请人的项目施工行为足以证明申请人提交的总体规划方案及建筑单体方案已获得审批通过,也就是说,合同约定的第三、第五次付费合计人民币43.5万元,被申请人理应支付。

此外,应被申请人要求,申请人于中通科技住宅项目中实际完成的设计面积为123614平方米,比《建设工程设计合同》暂定的设计面积10万平方米增加约23600平方米。按照合同第一部分第三条"设计费及支付方式"、第二部分第四条第1款的约定,设计面积增加部分应增加收费人民币34.22万元(14.5元/平方米×23600平方米)。该笔增收设计费同暂定总设计费人民币145万元之和已超过合同约定的设计费上限人民币166万元,故应按人民币166万元计收总设计费,即被申请人应依约支付因实际设计面积增加而增收的设计费用人民币21万元。

综上所述,申请人认为:合同是双方的真实意思表示,合同还约定:被申请人应及时办理各种设计阶段之设计文件的报建、审批工作;被申请人若未按合同约定的金额和时间(以银行汇出日为准)向申请人支付设计费用,每逾期支付一天,须承担该阶段应支付设计费金额2‰的违约金,但违约金总额不超过该阶段设计费金额的20%。因此,被申请人未付设计费的行为已严重违反合同约定,根据相关法律法规的规定,被申请人除了应向申请人支付所欠设计费外,仍应承担支付逾期付款违约金等法律后果。为此,申请人提出如下仲裁请求:

(1) 被申请人支付拖欠设计费用人民币43.5万元;

(2) 被申请人依约支付因实际设计面积增加而增收的设计费用人民币21万元;

(3) 被申请人支付逾期付款违约金人民币17.62万元;

(4) 被申请人承担本案的全部仲裁费用;

(5) 被申请人补偿申请人因本案所支出的律师费、差旅费等合理费用。

针对申请人的上述仲裁请求,被申请人提出答辩如下:

（1）申请人提供的设计方案是未被通过的无效方案，无权再向被申请人收取任何设计费用。

双方签订合同的目的是从申请人处取得能够获得规划部门批准的设计方案并用于实际建设施工。因此，只有申请人提供的设计方案能够并实际获得规划部门的批准，才是有效的设计方案。但事实上，申请人提供的设计方案没有通过审批，是无效的设计方案。

被申请人收到申请人提供的设计方案后，及时向规划管理部门提交了该设计方案，但却迟迟未能获得规划管理部门的批准。2006年7月6日建设部颁布的《关于落实新建住房结构比例要求的若干意见》（建住房［2006］165号，以下简称《若干意见》）规定，"单套面积90平方米以下的房屋比例应该达到70%以上"。申请人向被申请人提交的初步设计方案明显不符合对住房结构比例额的设计要求，因此，申请人提供的设计方案已不可能获得规划管理部门的批准，完全成了无效的设计方案。

基于该情况，规划管理部门要求被申请人重新提供新的设计方案报批，被申请人为此曾多次向申请人提出修改设计方案的要求，请申请人按照规定修改和调整原有设计方案。但申请人却拒绝了被申请人的合理要求，未对已提供的设计方案作出进一步修改。申请人的行为直接影响了被申请人向规划管理部门提供设计方案的报批，进而影响了被申请人下一步施工工作的开展。被申请人在无奈之下，只能另行委托了其他设计单位重新设计并报批。目前，被申请人的施工建设是完全按照其他设计单位提供的符合《若干意见》规定的设计方案进行施工建设的。被申请人未使用申请人提供的任何方案，被申请人已开工建设的工程也与申请人的设计方案无任何联系。

虽然本案合同中对国家政策发生变化没有作出相应的规定，但申请人作为设计单位，在出现《若干意见》后，明知其提供的设计方案因不符合该政策要求成为无效设计方案而不能使用，却完全拒绝被申请人提出的修改要求，申请人的行为不仅违背了诚实信用原则，给被申请人造成了巨大的经济损失，包括但不限于另行委托其他设计单位需要支付的费用和工期延误的损失，以及市场时机的错过，也使得被申请人签订合同的目的均不能得以实现。因此，申请人无权要求被申请人就其提供的无效的设计方案向其另外再支付人民币43.5万元的设计费用。被申请人将保留向申请人追索赔偿责任的权利。

（2）申请人已支付的设计费用明显多于已通过审批的有效设计方案所应付的部分。

由于申请人拒绝修改无效的设计方案,被申请人为尽快向规划管理部门提交符合规定的设计方案,只能请求最初与申请人合作的启明设计公司帮助。启明设计公司对申请人提供的设计修改方案作出了修改和调整并形成了二次报批方案,被申请人向启明设计公司支付了费用。被申请人将该二次报批方案提交给规划管理部门后,直至2006年9月6日,被申请人才取得了规划管理部门的批准。

经规划部门批准的二次报批方案的设计图载明:已批准的初步设计文件的总建筑面积(包括计入及不计入容积率的总建筑面积)约为6.6万平方米。可见,二次报批方案最终实际取得规划管理部门批准的总建筑面积不足合同约定的70%,与被申请人的要求和签订合同的目的相距甚远。

即使不考虑被申请人已向启明设计公司支付了费用,根据《建设工程设计合同》计算设计费,被申请人已支付的费用也远远超出了需为该通过审批的面积支付的设计费,具体为:根据《建设工程设计合同》第一部分第三条的约定:总设计费为人民币145万元。该设计费是以建筑面积每平方米人民币14.5元整计取,该计算设计费面积以政府规划部门批准的初步设计文件的总建筑面积为准(包括计入及不计入容积率的总建筑面积)。

据此计算,14.5元/平方米×6.6万平方米=95.7万元,即被申请人仅需向申请人支付人民币95.7万元的设计费用。现被申请人已实际支付申请人设计费人民币101.5万元,还多向申请人支付了人民币5.8万元的设计费。

但事实上,在二次报批方案所包括的1、2、3、4和5号楼的方案中,规划管理部门后来又要求对4号和5号楼的平面布局和单体全部重新设计。4号和5号楼的设计面积约为3.3万平方米,因此,实际可以使用的设计仅剩约3.3万平方米。如果据此计算,14.5元/平方米×3.3万平方米=47.85万元,即被申请人仅需向申请人支付人民币47.85万元的设计费用,被申请人已多向申请人支付了人民币53.65万元的设计费。更何况事实上,1~3号楼的平面布局和单体也都作了较大的变更,几乎完全没有采纳申请人的原设计方案。

由此可见,申请人要求被申请人再向其支付人民币43.5万元的设计费用是没有任何事实和法律依据的。

(3)申请人提出由被申请人支付因实际设计面积增加而增收的设计费的要求是无理要求。

合同对支付设计费的标准已作出明确约定,即设计费面积以政府规划部门批准的初步设计文件的总建筑面积为准。而申请人提供的设计方案根本没有通过规划管理部门的审批,即使是由启明设计公司提供的二次报批方案也仅批准了约

6.6万平方米，不足《建设工程设计合同》约定的设计面积的70%，更谈不上超出设计面积了。

申请人主张按照实际完成的设计面积123641平方米支付设计费用，是违背合同约定的，也是不合情理的。因为该设计面积如果没有通过规划管理部门的审批，对被申请人来说将不具有任何实际意义，被申请人签订《建设工程设计合同》的目的就无法实现。显然，依据申请人实际完成的设计面积来支付设计费用的请求是不应支持的。

因此，根本不存在因设计面积增加而增加设计费的情形。申请人无权要求被申请人向其支付人民币21万元的超出部分设计费。

（4）申请人要求支付违约金的请求已超过诉讼时效，该项仲裁请求不应该得到支持。

该部分的仲裁请求由四个阶段迟延支付设计费的违约责任构成。根据合同约定和被申请人实际向申请人支付该两笔款项的时间来看，申请人提出的第二阶段应付款时间为2005年1月20日，实际付款发生在2005年2月21日，即申请人自该日起就明确知道被申请人已迟延付款应承担违约责任，申请人在2008年1月7日才提出，已过了诉讼时效，申请人的该项仲裁请求不应得到支持。

至于申请人对第三阶段和第五阶段迟延付款的违约请求。因被申请人不应承担任何付款义务，故被申请人也就无须承担任何逾期付款的违约责任。

综上，申请人提供的设计方案未能通过规划管理部门的审批又拒绝根据《若干意见》的规定修改该设计方案的行为，已使得被申请人与申请人签订的本案合同目的完全不能得以实现，给被申请人造成了重大的损失。因此，申请人仲裁请求缺乏事实和法律依据，应依法予以全部驳回。被申请人不应再向申请人支付任何费用。

本案开庭后，申请人结合庭审情况提交了代理意见：

（1）关于审批通过后支付的设计费。

依照被申请人设计要求以及其对前期方案草图的确认，申请人完成了中通科技住宅项目规划方案和建筑单体方案报批图，后又根据规划局评审会及被申请人的要求补充提供修改图纸。之后，直至仲裁程序中被申请人提交证据之前，申请人对中通科技住宅项目后续的审批情况及转委托他人设计等情况一无所知。如果申请人知道2006年9月该项目规划及单体方案已部分通过审批，以及申请人知道2007年3月被申请人已另行委托博大建筑设计公司修改设计，那么申请人早就于2006年9月或2007年3月即申请仲裁了。而且，申请人申请仲裁时还以为自己的方案审批通过了,并不知道好端端的竟被抛弃了。庭审过程中,被申请人一直在强调一个审批的结果,殊不知,其在审批过程中也肩负着义务,不能因其想调高容积率而导致规划审批过程严重延误,不能不向申请人反馈任何审批情况,不能认为其另行委托他人修改设计而与申请人无关。申请人理应得到法律救济,理由如下:

1) 方案审批通过即予以付款的行为属于附条件的民事法律行为,被申请人不正当阻止付款条款成就,应视为付款条件已经成就。

《合同法》第45条规定:"当事人对合同的效力可以约定附条件。附生效条件的合同,自条件成就时生效。附解除条件的合同,自条件成就时失效。当事人为自己的利益不正当地阻止条件成就的,视为条件已成就;不正当地促进条件成就的,视为条件不成就。"从该规定看,法律从来就没有简单的"以结果论英雄",而是要分析导致结果的成因、过错进而"论英雄"。

① 被申请人没有通知申请人进行修改,没有征得申请人的同意即擅自另行委托他人对申请人的设计图纸进行修改设计,事实上剥夺了申请人设计方案最终通过审批的权利。

合同第二部分第三条第4项约定:"乙方在设计文件交付后,应参加甲方及政府部门的审查,并根据审查意见对设计文件进行调整修改。"修改对于申请人,既是义务也是权利。合同第二部分第七条第1项约定:"由于甲方提交的设计任务书或有关政府部门对本项目的规划要点的内容重大变化而需要重新设计或需要作重大修改时,甲方必须出具有关政府部门的书面文件,并经双方协商,另签合同。"不能小看"协商"二字,当合同履行过程出现重大变化时,根据合同法的诚信原则,双方此时应充分协商,这是双方知情权、互相尊重的体现。国务院《建设工程勘察设计管理条例》第二十八条的规定:建设单位不得修改设计文件;确需修改设计文件的,应由原设计单位修改;经原设计单位书面同意,建设单位也可以委托其他设计单位修改。结合前述规定看,由于原设计单位对自身设计图纸的固有修改权,其不但享有比其他设计院的优先修改权利,而且建设单位另行委托他人修改须征得原设计人的同意。因此,超出原设计任务书范围的重大修改,不仅是需要被申请人的书面通知,前述《建设工程设计合同》约定中的"双方协商"也是必经程序。

"单套面积90平方米以下的房屋比例应该达到70%以上",被申请人所称之修改是涉及整个项目户型面积及比例的重大修改,当出现此种情况时,根据合同约定及设计常规,被申请人应做如下处理:

A. 形式上：书面通知申请人，如此重大的修改须落实到字面上方能严谨和准确，不能仅是口头的简单通知。

B. 内容上：书面通知的内容不但要包含单套面积 90 平方米以下的房屋比例应该达到 70％以上，还需提供设计方重大修改所需要的前提设计指标及资料，例如新的户型配比（如：40、50、80、90、110 平方米等户型分别占项目的百分之几？每种面积户型定位为几房几厅？）、公建、商业要求、停车指标、市场定位、容积率等新的量化指标等（注：请比照被申请人与博大建筑设计公司签订的合同第三条"影响设计的各类前提条件"）。否则，仅凭一个简单、粗略的通知换任何一家设计单位也无从着手修改设计。

而且，前述需要如此大工作量的修改工作，根据《建设工程设计合同》第二部分第三条第 5 项及第七条第 1 项约定，申请人均有权增加修改设计费，那么，被申请人除了要求修改外，还应就费用问题与申请人协商。

C. 程序上：根据合同约定，不仅是单方通知即可，还需充分协商。

以上三点应同时具备。可是，被申请人庭审回答仲裁庭提问时，其承认其没有向申请人发出任何书面修改通知，被申请人更谈不上做到 B、C 两点。同时，被申请人也无任何证据证明其口头明确要求申请人修改规划及单体方案阶段设计（注：初步设计属于双方合同范围外、项目下一阶段的设计），更无法证明其修改要求遭到了申请人的拒绝。对此，被申请人只能承担举证不能的不利后果，此后果就是剥夺申请人的修改权利、剥夺申请人设计方案最终获得审批通过的机会应付出的代价。

② 被申请人从始至终未能证明申请人的设计方案未审批通过。即使真如此，也是因被申请人未尽及时办理报批义务而导致的，不正当阻止了付款条件成就。

合同第二部分第二条第 2 项约定："甲方应及时办理各设计阶段之设计文件的报建、审批工作。"申请人提交报批图后，被申请人就此申请报批，2005 年 4 月 28 日规划局的规划评审会原则肯定了总平面规划及单体方案，提出了一些细枝末节的修改。申请人又根据被申请人的要求补充了修改设计图纸。按常理，规划局在大原则肯定的情况下，收到补充修改的图纸后，设计方案获得审批通过是顺理成章的事，而且，此后申请人再也没有收到被申请人关于规划局补充调整修改的任何通知。实际的情况是被申请人暗示申请人：审批欲通过没有问题，但其一直想向政府争取调高项目容积率且已有些眉目。

被申请人庭审否认证据 36 即规划评审会纪要的真实性，可其却忘了其承认所有签收单及图纸的真实性。证据 40、41 签收单上的签字即被申请人公司员工田先生所签，而规划评审纪要后，证据37即被申请人向申请人发出的函恰恰是田先生根据规划评审委员会纪要手写的补充修改要求，后被申请人签收的正是申请人根据该函补充的图纸。所有证据链相互印证、环环相扣，被申请人无法抹杀申请人设计方案已获规划评审基本肯定的事实。

从申请人最后一次补充图纸至建设部重大政策出台，期间历时一年时间，被申请人没有任何反馈。在没有拿到规划局明确不予审批通过的函文情况下，如果被申请人认为审批没有通过，那么规划局不应该有相应的修改意见，而被申请人未能及时将规划局意见向申请人反馈并修改可视为被申请人未及时履行报批义务的表现；如果规划局行政不作为，被申请人既不问明原因也不采取相应救济措施，也是被申请人未及时履行报批义务的表现。因为，一年时间足够做好多事情，超出了正常的合理限度。

2) 被申请人另行委托他人修改设计并重修报批，其事实上终止了合同，根据约定其理应支付剩余设计费。

显然，被申请人另行委托他人修改设计，申请人已无机会参与该项目设计工作，被申请人行为表明其终止本案合同的意思表示。根据合同第二部分第六条第2项约定："……甲方要求终止或解除合同，……已开始设计工作，甲方应根据乙方已进行的实际工作量，……超过一半时，按该阶段设计费的全部支付，同时终止合同关系。"在方案报批阶段，报批图全部的工作申请人已基本完成了，如果在原设计任务书内有修改，也只能是相对于报批图主要已完成工作的小量修改，申请人完成的工作显然已超过一半，也就是说，被申请人应支付该审批阶段的全部设计费。

3) 被申请人未经申请人同意即另行委托他人对申请人的设计进行修改，既违约也侵权。

合同第二部分第二条第9项约定："甲方应保护乙方的知识产权，包括：投标书、设计方案、文件、资料图纸、数据、计算机软件和专利技术。"

《建设工程勘察设计管理条例》第二十八条规定：建设单位不得修改建设工程勘察、设计文件；确需修改建设工程勘察、设计文件的，应当由原建设工程勘察、设计单位修改。经原建设工程勘察、设计单位书面同意，建设单位也可以委托其他勘察、设计单位修改。

其他著作权法均有对原版权进行修改的保护性规定。

因此，被申请人行为违反法律规定，也违反合同规定，违约行为（或侵权行为，此处竞合）产生相应的赔偿后果也是法律所主张之基本精神。

4) 被申请人也已实际使用申请人的设计效果,符合合同约定之目的。

申请人第一手拿到的是完全无概念的生地,经过与被申请人长期的磨合及讨论,最后将这块地催熟。可以看到,被申请人最后拿出来的规划方案总体规划格局、道路交通系统、园林绿化环境、水概念、地下出入口等基本沿用申请人的方案,单体建筑也有部分采纳原来方案。而且,被申请人售楼资料中也用申请人之名称进行宣传。所以,既然已使用就应该予以付费,公平合理。

(2) 关于面积增加而增收的费用。

申请人每一步设计均以被申请人提供的技术指标及要求严格执行。前述合同约定提及法人"批准的初步设计文件的总建筑面积",合同的原意当然指的是按照被申请人原设计任务书、原指标、原既定路线沿袭下来的、相关联的初步设计。故方案已不能视为同一合同项下的文件了,因为已无关联。就比如被申请人要求申请人制作的椅子,后来被申请人又改为桌子,其过错或者说风险在于被申请人,而不能影响申请人主张椅子的费用。

被申请人拿已发生重大指标变化的启明设计公司通过审批的方案面积来计算申请人原有设计费,显然是牛头不对马嘴;而且,启明设计公司的设计方案6.6万平方米也仅是其总建筑面积中的先期部分,被申请人在故意以偏概全;同时,被申请人计算时也故意将总设计费最低额不应低于138万元的约定飘忽不计。

合同第一部分第四条第1项约定:"本项目的总设计费按收费面积计算,收费面积为实际设计的总建筑面积。"既然被申请人怠于履行报批义务,剥夺申请人修改权利,擅自单方终止本案合同,导致原方案后续的初步设计文件失去既定机会。那么,按劳取酬,实际做多少给多少,公平合理。即便对此存在争议,从被申请人过错的角度看,做出有利于申请人的解释也是应该的。

(3) 关于逾期付款违约金。

被申请人认为部分违约金超过诉讼时效是对法律的误解。本案合同是以总设计费145万元(暂定)为一个独立、整体的债来看待的。其项下的分期付款行为诉讼时效是以最后一期付款为准计算诉讼时效的,对此广东省高级人民法院专门有指导全省司法实践的会议纪要。违约金属于分期付款行为派生出来的从债务,当然也只能以最后一期付款行为起算付款时效。

(4) 关于律师费及差旅费。

无论被申请人是否承认被申请人的委托代理合同,毫无疑问,申请人聘请律师代理此案需要付费,而且,代理律师费的收费标准也符合《广东省律师收费标准》的要求,合法合理。此部分费用支出恳请仲裁庭根据仲裁规则、异地办案成本较高等实际情况给予相应的补偿。

被申请人在其庭后提交的代理意见中表示：

1) 在政府部门对项目规划作出重大变更的情况下，申请人未能与被申请人就修改设计方案达成一致，因此，申请人无权向被申请人再收取任何费用。

被申请人将申请人提供的设计方案报送到规划部门后，规划部门迟迟没有批准。被申请人与申请人签订的合同第七条其他约定："由于甲方（被申请人）提交的设计任务书或有关政府部门对本项目的规划要点内容发生重大变更而需要重新设计和需要作重大修改设计时，甲方必须出具有关政府部门的书面文件，并经双方协商，另签合同。甲方已经支付给乙方（申请人）的设计费不用退还。"由于政府出台了新的强制性政策，该政策具有普遍性，应是各方明知的，因此被申请人和政府均无须再对此另行出具任何书面文件，被申请人按照合同的相关规定履行了与申请人对设计方案重大修改的协商义务，但遗憾的是，双方未能就相关的修改事宜达成一致。

尽管对于双方的重新磋商无书面证据，单从后续发生时间和正常的逻辑推理分析上，可以断定被申请人主动与申请人协商过的事实是不容置疑的。因为同一地块的设计方案，没有任何一个开发商会不做任何努力的、平白无故的重复支付三次设计费，花了总额近400万，而且方案还没有最后通过。这一定是与申请人协商不能达成一致而导致的迫不得已的结果。此外，在庭审中，申请人陈述，其负责本项目的主要设计师和联络人柴设计师保持联系，申请人也未重新指定与被申请人的联系人，因此，他的离开恰好印证了双方失去了进一步合作的基础，使得双方协商一致不再具有可能性。由于时间紧急，为保障被申请人能够尽快取得获得规划管理部门批准的设计方案，被申请人无奈只能另行委托其他单位修改设计方案。因此，根据合同的约定，申请人虽无须退还被申请人已支付的设计费，但其也无权再要求被申请人向其支付其余的设计费。

2) 申请人已支付给申请人的设计费明显多于在申请人提供的设计方案的基础上修改后通过审批的总建筑面积所需的设计费。

二次报批方案并非申请人完成，且实际通过审批获得的有效设计面积过低，因此，即使考虑该二次报批方案是在申请人原设计方案的基础上修改取得的，申请人也无权据此要求被申请人向其再支付任何设计费用。

3) 申请人无权要求被申请人按照其实际设计的面积向其支付增加的设计费。

合同约定设计费面积是依据政府规划部门批准的总建筑面积为基准来计算的。现申请人提供的设计方案根本未通过管理部门的审批，被申请人无须支付任何属于以通过批准为前提的设计费用,即第三阶段和第五阶段费用。即使是按二次报批方案计算,如前所述,被申请人也已支付了足额甚至超额的设计费用。因此,被申请人认为,根本不存在因实际设计面积增加而增收设计费用的情形。申请人无权要求被申请人向其支付人民币21万元的超出部分设计费。

  同时,在合同履行过程中,被申请人是在申请人已提供全部可供报批的设计方案后,因政策变化才要求申请人修改方案的,该修改阶段不是《建设工程设计合同》中规定的报批前的正式制图阶段,申请人无权按照《建设工程设计合同》对正式制图阶段的计费规则要求被申请人按实际发生的工作量支付实际设计费。被申请人在合同履行期间从未提出提前终止合同或解除合同的要求,申请人也未能提供被申请人曾有此意思表示的任何证据,倒是申请人不愿继续履行合同,导致被申请人不得以又与博大建筑设计公司签订新的设计合同,并支付人民币114万元的费用。因此,被申请人也无权引用合同中与此无关的计费规定,要求被申请人按照其实际设计的面积支付设计费。

  4)违约金请求缺乏事实和法律依据。

  由于被申请人不应再向申请人支付任何设计费,因此,被申请人也就无须承担所谓第三阶段和第五阶段的任何逾期付款的违约责任。

  申请人自收取被申请人向其支付的第二阶段和第四阶段付款后,就明确知道了被申请人违约事实和违约金的确切数额,但从未向被申请人提过逾期付款违约金的主张已超出诉讼时效。广东省高级人民法院的实际操作完全不能对抗法律关于诉讼时效的规定。申请人的该请求缺乏事实和法律依据,不应该得到支持。

  5)庭审中出现的相关问题的意见。

  ① 所谓"恶意阻止"。

  对申请人认为被申请人存在恶意阻止审批通过的观点,被申请人认为:首先,被申请人与申请人签署合同目的是从申请人处尽快取得能够得到规划部门批准的设计方案后,被申请人才是推动设计方案尽快获得批准以便可以投入实际施工建设从而获取开发利润的最为积极的结果,都恰恰是被申请人最不愿意见到和最损害被申请人利益的。因此,被申请人不存在任何阻挠设计方案尽快获得规划管理部门批准的主动动机。

  其次,即使被申请人有"恶意",也要具备阻止的能力。申请人对方案上报的事实已经非常清楚,并了解审批相关的情况,因此申请人应该非常明确一旦方案上报了,是否通过审批的权利根本不由被申请人所控制,决定权完全掌握在政府规划部门,不是被申请人能够左右的。

因此，总体面积审批不能通过，责任不在被申请人，被申请人没有过错。申请人声称被申请人恶意阻止条件的成就完全是无稽之谈，经不起推敲，以此来作为要求仲裁庭裁定被申请人付款的理由不能成立。

② 宣传材料。

首先宣传图片上印制的图形只是为了早日开展销售工作，根本不是与购买者签订的合同的有效组成部分，它未经规划部门最后审批；其次关于使用张青力建筑工程师楼有限公司的标识问题，被申请人已经向其支付了合理的费用，按约定使用该标识来促销并无过错。这并不能证实申请人的方案全部得到批准的事实，更何况同时还使用了博大建筑设计公司的标识。事实上，二期方案还在报批过程中。另一方面，这恰恰说明被申请人迫不得已又聘请新的设计单位并付费的真实性。

③ 保底条款。

根据合同第一部分第三条"设计费及支付方式"的约定：总设计费为人民币145万元。该设计费是以建筑面积每平方米14.5元整计取的，该计算费用面积以政府规划部门批准的初步设计文件的总建筑面积为准（包括计入及不计入容积率的总建筑面积）。无论最终批准裁定总计面积减幅多少，其总设计费最低额不应低于人民币138万元，最高额不高于人民币166万元。

表面看该条似乎含有保底条款的意思，即无论最终结果如何，被申请人都应向申请人支付不少于人民币138万元总设计费，但如果对该条款仔细分析，再结合合同本身的目的来看，就不难得出该保底条款在本案中不适用的结论。首先，合同的目的是要做出一个能够通过审批的设计方案，因此，合同约定"该计算设计费面积以政府规划部门批准的初步设计文件的总设计面积为准"，由此可以看出，费用的计费基础是批准通过的面积，如果不满足批准通过的前提条件就失去了订立该合同的目的，该设计方案就毫无意义。其次，"总设计费用最低额不应低于人民币138万元"的前提指的是"无论最终批准的总计面积减幅多少"，即该条指的是总的面积批准的情况下出现的幅度调整应该如何计费的方式，不是无论批准的面积是多少都应该支付不少于138万元的意思，如果这样理解，那就不必约定以批准的总设计面积为准的条款，不如干脆直接约定"无论最终结果如何，被申请人都应该向申请人支付不少于138万元的设计费"即可，如果是这样的约定显然有悖合同的真实意图。再者，合同分阶段收费也正是体现两个阶段的价值，属于申请人的设计费用被申请人已经支付了。只有审批通过才能支付的部分企望通过保底条款来获得是不应该得到支持的。

由此，保底条款只有在设计面积得到批准而幅度有所调整的情况下适用，在本案仅部分面积批准的情况下不适用，如果依据该保底条款来确定申请人的付费数额是不恰当的。

④ 对申请人在庭审中提出的与知识产权有关的意见，由于本案双方的争议，申请人提请的仲裁请求和所依据的事实和理由均与知识产权无关，因此，申请人提出的该意见与本案审理无关，不应采信。

综上，申请人提供的设计方案不符合新出台的强制性规定，因此，不可能通过规划管理部门的审批。经被申请人的要求，申请人又拒绝根据《若干意见》的规定修改设计方案使其能够符合相关规定，致使双方最终未能就修改设计方案达成一致。被申请人在无奈之下，委托了与申请人合作的启明设计公司在申请人提供的设计方案的基础上修改出二次报批方案并最终获得了规划管理部门的部分批准。为完成4号楼和5号楼及二期方案的报批，被申请人不得已又与博大公司签订新的设计合同，导致再次重复支付费用的结果。被申请人的行为不违反《建设工程设计合同》的约定。在此情况下，申请人已无权要求被申请人再向其支付任何设计费。且被申请人已向申请人支付的设计费远远多于从规划管理部门获得的设计批准的建筑面积对应的费用，因此，被申请人无须再向申请人支付任何设计费用。申请人的仲裁请求缺乏事实和法律依据，应依法予以全部驳回。

此外，被申请人就其作为证据提供的两份图纸的证明内容进行了说明：

（1）关于启明设计公司的图纸。

由于被申请人未能就修改设计方案事宜与申请人达成一致，因此，被申请人为尽快修改方案通过审批，请求与申请人合作的启明设计公司对申请人提供的设计方案作出了修改和调整并形成了该份图纸。为此，被申请人还向启明设计公司另付了一定的费用。

2006年9月6号，该份图纸取得了规划管理部门部分批准通过，包含1、2、3、4和5号楼的总体和单体设计，批准的总建筑面积（包括计入及不计入容积率的总建筑面积）约定6.6万平方米，不足合同约定的70%。

该份图纸的审批通过，足以证明申请人原提供给被申请人的图纸始终未能通过规划管理部门审批的事实，也证明了申请人拒绝为被申请人修改图纸的事实。此外，由于该份图纸是被申请人请与被申请人合作的启明设计公司修改的，也从侧面说明了被申请人并未放弃寻求申请人修改图纸的努力，但申请人未能与被申请人就修改事宜最终达成一致。

按照合同约定的建筑面积每平方米人民币14.5元整计取设计费的计费标准，

该份图纸中通过批注的总设计面积最多仅价值人民币 95.7 万元。再考虑到 2008 年 2 月规划管理部门出具的文件证实：事实上 4 号楼和 5 号楼的方案虽然通过审批，但均不能适用，要求被申请人重新设计。该两部分的面积为 3.3 万平方米，使得实际可用的通过审批的总建筑面积减少至 3.3 万平方米，其价值也减少到 478500 元人民币，被申请人已实际支付申请人人民币 101.5 万元，被申请人已支付的设计费比其获得的有效的设计面积多了人民币 536500 元。

该份图纸充分证明申请人并未充分完成审批通过设计图纸的设计，无权据此要求被申请人向其支付任何费用。

（2）关于博大建筑设计公司设计的图纸。

由于实际通过批准并能够投入建设的图纸在事实上仅有 1、2 和 3 号楼，为能够继续开发建设其他土地，申请人又与博大建筑设计公司签订了新的设计合同并支付人民币 114 万元的费用，由博大建筑设计公司重新对整体进行设计。该份图纸即为博大建筑设计公司报送给被申请人用以报批的图纸。目前，该份图纸仍在审批过程中。

从该份图纸可以证明，申请人提供的设计图纸完全是无效和无用的，在此情况下，被申请人为同一块土地的规划设计已支付相当于三份的设计费用，包括申请人、启明设计公司和博大建筑设计公司。可见，被申请人因申请人提供的图纸未能批准通过，已遭受了巨大的经济损失。因此，被申请人不应再向申请人支付任何设计费用。

针对被申请人的上述代理意见及证据说明，申请人提出：

影响本案定性的无非归结于这么一个基本环节事实的认定：被申请人是否通知申请人修改设计而且遭到申请人的拒绝。仲裁庭给予双方补充证据的最后期限为 2008 年 6 月 27 日。现补充证据的最后期限已过，截至目前，被申请人未能提供任何证据证明其通知申请人修改规划及单体方案阶段设计，而且，该通知遭到了申请人的拒绝。对此，被申请人只能承担举证不能的法律后果。

关于该项目后续环节的事实过程，双方均在庭上进行了陈述。各自有各自的事实和逻辑推理。此事事关案件定性的环节上，仲裁裁决不可能依据一个毫无根据的被申请人单方的所谓"逻辑推理"来定案。因为，一个开发商作出其商业决策时有千万种理由，受其领导团队水平、眼光、内部矛盾、喜好、背景、人品等多种因素制约，在中国特色环境下甚至上级部门一个授意都能改变一个决策，毫无章法可言，不具有唯一、确定性。因此，仅凭单方错误的逻辑推理而不顾证据的做法是非常危险的。

被申请人认为政府的政策具有普遍性，其无需对申请人出具任何书面文件的说法是错误的。国办发（2006）37号文规定："过去审批但未取得施工许可证的项目不符合上述要求的，应根据要求进行套型调整。"从前述规定看，该规定并非适用所有项目，而是有条件、有选择的适用。本案项目中，从申请人图纸报批至该政策出台期间足足经历了一年多的时间，被申请人项目是否已取得施工许可证，是否属于政策套型调整的范围，申请人无从所知，这当然依赖于被申请人的通知。而且该政策仅是框架性要求，具体到每个城市及项目、每个开发商、每种市场定位均会对方案设计提出不同的具体要求。

被申请人以柴设计师的离职推脱自己未能就修改事宜与申请人充分协商的责任是可笑的。首先，被申请人是与申请人签订的合同，而并非是和柴设计师签订合同，合同最后一栏中明确记载了申请人公司地址、签字代表姓名、电话、传真号；其次，柴设计师只是由申请人公司委派参与本项目设计的员工之一，而且其是于2007年6月1日离开申请人公司的，而被申请人是2006年7月开始修改设计、2007年3月与博大建筑设计公司重新签订的合同；再次，该项目除了柴设计师，还有项目总监、主任设计师、建筑师、业务主任、秘书等参与该项目设计、联络、跟踪，申请人公司财务也多次向被申请人催款，被申请人从来不是与柴设计师单线联系；最后，申请人公司还拥有其他众多优秀的设计师，柴设计师的离去不会影响申请人知名设计楼的设计质量。

## 二、仲裁庭意见

必须指出，当事人已就案件事实和焦点问题等，向仲裁庭提出了相关资料和分析意见，这些资料和意见分别以证据、笔录、代理意见等形式保留在本案卷宗中。本裁决书没有全面引用上述意见，并非忽视或者忽略上述意见。

在庭审过程中，申请人和被申请人均表示愿意和解，仲裁庭主持了双方的和解。但是，在和解过程中双方未能达成共识，和解中止。因此，仲裁庭继续进行仲裁程序，听取申请人的仲裁申请，申请人与被申请人质证意见和辩论意见。仲裁员就有关事实和证据向申请人和被申请人进行了核实。庭审结束后，双方又补充了证据，提交了书面代理意见。仲裁庭认为：

### （一）关于本案的审理范围

本案双方当事人于2004年4月30日签订的《中通科技住宅项目（暂命名）

建设工程设计合同》第二部分其他条款的第7.4条约定:"甲、乙双方在履行合同过程中发生纠纷,可由双方协商解决,协商不成时,提交××仲裁委员会××分会仲裁,仲裁裁决是终局的,对双方都有约束力。"

申请人提起仲裁时依据的是本案合同的仲裁条款,由于前述仲裁条款约定的"××仲裁委员会××分会"具有唯一确定性,且被申请人对管辖权没有提出异议,因此,本仲裁庭对本案合同项下的争议有权审理。

### (二)法律适用

双方当事人对于法律适用问题在本案合同第二部分其他条款的第7.5条约定:"对双方争议的解决适用中华人民共和国法律和法规。"因此,解决本案争议适用中华人民共和国法律和法规。

### (三)对本案合同履行中的有关事实的认定

仲裁庭审查了双方当事人提交的所有书面材料和证据,并经过庭审调查核实,对本案合同履行中的以下事实予以认定:

(1)双方当事人于2004年4月30日签订的《建设工程设计合同》符合中华人民共和国有关法律、法规,体现了双方的意愿,合法有效。被申请人对申请人的中方合作设计单位启明设计公司无异议。

(2)合同第一部分项目条款的第2.2条和第3.1条约定了设计分阶段提交设计成果和支付设计费。据此,被申请人于2004年5月12日支付了第一笔设计费人民币29万元,2005年2月21日支付了第二笔设计费人民币362500元,2005年4月21日支付了第四笔设计费人民币362500元,合计为人民币101.5万元。

(3)申请人称:"项目已进入施工阶段,根据设计流程常规及我国关于建设工程设计审批报建的相关规定,建设工程设计的审批流程为:规划方案及建筑单体方案审批通过→初步设计方案审批通过→施工图审批通过→取得建设工程施工许可证→进入施工阶段方案。毫无疑问,被申请人的项目施工行为足以证明申请人提交的总体规划方案及建筑单体方案已获审批通过。"

被申请人称:"在收到申请人提供的设计方案后,及时向规划管理部门提交了该设计方案,但却迟迟未能获得规划管理部门的批准。2006年7月6日建设部颁发的《关于落实新建住房结构比例要求的若干意见》(建住房[2006]165号)规定,'单套面积90平方米以下的房屋比例应该达到70%以上',因此,申请人提供的设计方案已不可能获得规划管理部门的批准,完全成了无效的设计方案。为此多次向申请人提出修改设计方案的要求,但申请人却拒绝了被答辩人的合理要求,未对已提供的设计方案作出进一步的修改。于是与启明设计公司签订协议,对申请人提供的设计方案作出了修改和调整并形成了图纸,这份图纸随后取得了规划管理部门部分批准通过,包括1、2、3、4和5号楼的总体和单体设计,批准的总建筑面积(包括计入及不计入容积率的总建筑面积)约为6.6万平方米,不足本案合同约定的70%。"

申请人随后在开庭审理后提交的代理词中称:"依照被申请人的设计要求以及其对前期方案草图的确认,申请人完成了该项目规划方案和建筑单体方案报批图,后又根据规划评审会及被申请人的要求补充修改图纸。之后,直至仲裁程序中被申请人提交证据之前,申请人对该项目后续的审批情况及转委托他人设计等情况一无所知。"

仲裁庭对双方的以上争议进行了认真审理,认为:

(1) 申请人依据本案合同的约定,按照被申请人的要求,完成了合同约定的设计工作。后又根据被申请人的要求,多次修改设计图,并于2005年10月24日提交了最后的供报建的方案模型,被申请人对此也没有提出异议,仲裁庭认为申请人已经履行了合同约定的义务。

(2) 对于被申请人提出的"根据《关于落实新建住房结构比例要求的若干意见》的规定,'单套面积90平方米以下的房屋比例应该达到70%以上',申请人提供的设计方案已不可能获得规划管理部门的批准,为此多次向申请人提出修改设计方案的要求,但申请人却拒绝了被答辩人的合理要求,未对已提供的设计方案作出进一步的修改"的主张,根据《建设工程设计合同》第7.1条规定:"由于甲方提交的设计任务书或有关政府部门对本项目的规划要点的内容发生重大变更而需要重新设计或需要作重大修改设计时,甲方必须出具有关政府部门的书面文件,并经双方协商,另签合同。甲方已经支付给乙方的设计费不用退还。"但被申请人却并未向申请人出具有关政府部门的书面文件,也没有任何书面证据表明与申请人经过充分协商,因此,被申请人提出的申请人拒绝了被申请人提出的对设计文件进行重大修改的主张缺乏证据,仲裁庭不支持被申请人的主张。

(3) 对于被申请人提出的被规划管理部门部分批准通过的图纸是启明设计公司在申请人提供的设计方案图基础上作出了修改和调整后的设计图,因此不能支付给申请人第三笔和第五笔方案图报批后应支付的设计费的主张。根据《建设工程勘察设计管理条例》第二十八条规定:"建设单位不得修改建设工程勘察、设计文件;确需修改建设工程勘察、设计文件的,应当由原建设工程勘察、设计单位修改。经原建设工程勘察、设计单位书面同意,建设单位也可以委托其他勘察、设计单位修改。"仲裁庭认为被申请人没有征得申请人的同意即擅自另行委托他人对设计图纸进行修改,剥夺了申请人对设计方案进行修改的权利,因此,违反了《建设工程勘察设计管理条例》的规定。

(4) 对于申请人提出自 2005 年 10 月 24 日提交最后的报批文件起至 2007 年 11 月发现对方已进入施工阶段的长达两年的时间内,被申请人一直未对审批情况对申请人尽基本的告知义务,致使申请人一直无法了解具体的审批进展,因此无法主张权利的主张。仲裁庭调查确定:2005 年 10 月 24 日,申请人提交方案模型(1∶500)供报建;2006 年 5 月 10 日,申请人向被申请人催收第三笔和第五笔设计费以及因设计面积增加而增收的设计费;2006 年 7 月 6 日建设部颁发《关于落实新建住房结构比例要求的若干意见》(建住房 [2006] 165 号);2007 年 11 月 2 日,申请人发现该项目已进入实际施工阶段;2007 年 12 月 7 日,申请人向仲裁委员会提交仲裁申请书及附件。仲裁庭认为自 2005 年 10 月 24 日以后的多项工作,被申请人作为甲方应该是起主导作用的,申请人是起配合、协助作用的,而被申请人没有提交证据证明其曾与申请人就报批情况进行过必要的告知和磋商。因此,仲裁庭支持申请人的主张。

(5) 对于被申请人应在提交规划总体报批图后七个工作日内付总设计费的 25% 的款项,申请人于 2005 年 1 月 10 日提交总体规划方案报批图,被申请人应付款时间为 2005 年 1 月 20 日,而其于 2005 年 2 月 21 日支付了这笔款项,迟延付款 32 天。对于被申请人应在提交建筑单体方案报批图后七个工作日内付总设计费的 25% 的款项,申请人于 2005 年 1 月 10 日提交总体规划方案报批图,被申请人应付款时间为 2005 年 1 月 20 日,而其于 2005 年 4 月 21 日支付了这笔款项,迟延付款 91 天。

### (四) 关于申请人的仲裁请求

基于仲裁庭认定的以上事实,仲裁庭对申请人提出的五项仲裁请求分述如下:

(1) 关于申请人要求被申请人支付拖欠设计费用人民币 43.5 万元的仲裁请求。

目前正在建设的总建筑面积(包括计入及不计入容积率的总建筑面积)约为 6.6 万平方米,而《建设工程设计合同》第一部分项目条款第 1.3 条规定的总建筑面积为 10 万平方米,仲裁庭认为,尽管该合同的违约责任在被申请人,但目前尚无证据表明规划审批通过的建筑面积数量的设计费总额高于人民币138万元,因此按照《中通科技住宅项目(暂命名)建设工程设计合同》第3.1条规定:"无论最终批准的设计面积减幅多少,其总设计费最低额不应低于人民币138万元,最高额不高于人民币166万元。"仲裁庭认为,被申请人应按《建设工程设计合同》约定的最低额支付人民币138万元的设计费,由于被申请人已经分三次共支付了人民币101.5万元,因此,还需支付设计费人民币36.5万元。

(2) 关于申请人要求被申请人支付因实际设计面积增加而增收的设计费用人民币21万元的仲裁请求。

依据《建设工程设计合同》第一部分项目条款第3.1条的约定:"无论最终批准的设计面积减幅多少,其总设计费最低额不应低于人民币138万元,最高额不高于人民币166万元。"由于仲裁庭确定被申请人应按合同约定的最低额支付设计费用138万元,因此申请人提出的此项仲裁请求仲裁庭不予支持。

(3) 关于申请人要求裁决被申请人支付逾期付款违约金人民币17.62万元的仲裁请求。

此仲裁请求中共分四项:

1) 对于提交规划总体报批图后七个工作日内付总设计费的25%的款项的违约金,申请人于2005年1月10日提交总体规划方案报批图,应付款时间为2005年1月20日,被申请人于2005年2月21日支付了这笔款项,迟延付款32天。依据最高人民法院2008年9月1日公布实施的《关于审理民事案件适用诉讼时效制度若干问题的规定》,当事人约定同一债务分期履行的,诉讼时效期间从最后一期履行期限届满之日起计算,因此被申请人提出的这笔违约金已过诉讼时效的主张并不成立。由于仲裁庭确定的被申请人需支付的设计费为人民币138万元,因此,仲裁庭支持被申请人支付违约金为人民币 $1380000 \times 25\% \times 2‰ \times 32 = 22080$ 元。

2) 对于提交建筑单体方案报批图后七个工作日内付总设计费的25%的款项的违约金,申请人于2005年1月10日提交总体规划方案报批图,应付款时间为2005年1月20日,被申请人于2005年4月21日支付了这笔款项,迟延付款91天。依据最高人民法院2008年9月1日公布实施的《关于审理民事案件适用诉讼时效制度若干问题的规定》,当事人约定同一债务分期履行的,诉讼时效期间从最后一期履行期限届满之日起计算,因此被申请人提出的这笔违约金已过诉讼时效的主张并不成立。由于仲裁庭确定的被申请人需支付的设计费为人民币138万元,因此仲裁庭支持被申请人支付违约金为人民币 $1380000 \times 25\% \times 2‰ \times$

91＝62790 元。

3) 对于总体规划方案报批图通过政府审批后七个工作日内付总设计费的 15‰ 的这笔款项的违约金，因被申请人一直未付，依据《建设工程设计合同》第二部分其他条款第 5.4 条规定："甲方若未按本合同约定的金额和时间（以银行汇出日为准）向乙方支付设计费用，每逾期支付一天，须承担该阶段应支付设计费金额 2‰ 的违约金，但违约金总额不超过该阶段的设计费金额的 20％。"因此被申请人应支付的违约金应为人民币 1380000×15‰×20％＝41400 元。

4) 对于建筑单体方案报批图通过政府审批后七个工作日内付总设计费的 15‰ 的这笔款项的违约金，因被申请人一直未付，依据《建设工程设计合同》第二部分其他条款第 5.4 条规定，被申请人应支付的违约金应为人民币 1380000×15‰×20％＝41400 元。

因此本仲裁庭支持被申请人支付申请人违约金人民币 167670 元。

(4) 关于申请人要求被申请人承担本案的全部仲裁费用的请求。

由于本案系被申请人违约引起，且仲裁庭支持了申请人的大多数仲裁请求，仲裁庭认为，应由被申请人承担 90％ 的仲裁费用，申请人承担 10％ 的仲裁费用。

(5) 关于申请人要求的裁决被申请人补偿申请人因本案所支出的律师费、差旅费等合理费用的请求。

申请人出具了已向律师支付的费用人民币 1.5 万元的发票，同时委托代理合同中规定的律师费按甲方回收款项（扣除退回仲裁费后）的 18％ 计。考虑到合理的费用支出等因素，仲裁庭支持被申请人向申请人支付共计人民币 8 万元的律师费、差旅费的请求。

综上，仲裁庭已就双方的主要争议作出分析，并认为在充分综合考虑当事人各方观点和证据的基础上，已能对本案争议作出裁决。

## 三、裁决

(1) 被申请人向申请人支付已实际完成设计任务的设计费人民币 36.5 万元。

(2) 被申请人向申请人支付违约金人民币 167670 元。

(3) 本案仲裁费由申请人承担 10％，被申请人承担 90％。

(4) 被申请人向申请人支付律师费、差旅费等人民币 8 万元。

(5) 驳回申请人的其他仲裁请求。

上述第（1）～（4）项，被申请人应向申请人支付的费用应于本裁决作出之日起三十日内全部支付完毕。

本裁决为终局裁决,自作出之日起生效。

评注:

本案为商品房开发中开发单位与设计单位发生的设计费支付争议。中国的房地产市场规模大,房地产业已成为国民经济的支柱产业,并带动相关产业的发展,现阶段为我国经济社会的发展发挥了显著作用。但是,毋庸讳言,由于市场不规范,诚信缺失,法制意识淡薄,房地产市场是最为混乱的市场之一。因此,出现本案一类的纠纷争议不足为奇。我们可以从中得到以下启示:

(1)违约责任的认定。由于出现争议的概率较高,而一旦出现争议,一定会出现"公说公有理、婆说婆有理"的情况。双方都会挖空心思地提出对己方有利的主张和证据,同时提出违约责任在对方的指控。人们通常俗称司法诉讼为"打官司"。一个"打"字,形象地说明了双方的对立关系。但是官司怎么"打",怎么样才能"打"赢官司,如何使法庭或仲裁庭支持自己的诉求,一方面是在庭上据理力争。然而,更为重要的是要未雨绸缪,在订立合同时就要预见各种因素,避免在合同中约定对自己过多的义务,放弃自己的权利。否则,在日后"打官司"时就有可能被认定为违约的责任方或主要责任方,从而损害自己本应享有的合法权益。

(2)合同对付款条件都会有所规定。双方在约定所谓"付款条件"时一定要慎重考虑。一般而言,商品房开发项目要经过比较多的环节,有些外部因素是双方都无法左右的。以本案为例,由于设计方较为弱势,如果合同规定:"以通过政府部门批准为前提支付设计费",或者规定:"以甲方满意为标准"之类,那对设计方是极为不利的,在诉讼或仲裁中设计方将处于被动,甚至有可能输掉官司。

(3)关于设计费的确定和变更。一个工程项目往往会发生多次变更,而每次变更都会涉及工程规模的变化和设计费的增减。通常,商品房开发项目由于涉及开发商的利益,往往是越变越多,规模越变越大,容积率越变越高。在这种情况下,合同约定一个保底的设计费尚可,如果约定对设计费总额的最高限定,将对设计方不利,也有失公平。

(4)关于设计方案的修改权。国家对设计方案的修改权有明确规定,一方面是为了维护设计方的权益,另一方面也是为了保证工程的质量与安全。但在实践中,甲方有时会置此规定于不顾,未经原设计方同意,将设计方案的修改委托另一家设计单位。对此,提醒那些强势的甲方,切记肆意妄为,否则,得不到法律支持。

# 第三部分

房地产业合同争议案件判决及评注

# 案件18 某集资诈骗罪刑事裁定书

**【提要】** 2003年，曾成杰在自身没有开发资质和资金能力的情况下，挂靠邵阳市建筑安装工程公司，并以邵阳市建筑安装工程公司的名义挂靠具有开发资质的吉首市国土房屋综合开发公司，参与湘西土家族苗族自治州"三馆项目"开发权的竞标。他向农村信用合作社贷款取得开发投资项目保证金，贿赂相关人员，补偿共同中标的其他两家单位800万元，最终获得了该项目的整体开发权。2003年底，他贷款注册成立湘西吉首三馆房地产联合开发有限公司，以邵阳市建筑安装工程公司驻吉首开发部为集资主体，依托"三馆项目"，面向社会公众非法集资。从2003年11月～2008年8月，曾成杰先后使用多种集资形式向社会集资，将集资利率从月息1.67%逐渐提高至10%。为筹措项目启动资金，还先后两次向李德高息借款。他集资总额34.52亿余元，但是实际投入工程项目支出只有5.56亿余元，占集资总数的16.12%。2008年7月，三馆公司集资款还本付息出现困难，9月上旬，三馆公司停止向集资户还本付息，引发了2008年9月5日吉首市万余名群众围堵铁路及火车站事件，同月25日数千名集资群众围堵湘西土家族苗族自治州人民政府并进行"打砸"的事件，集资户吴安英用汽油当众自焚造成七级伤残。该案经长沙市中级人民法院、湖南省高级人民法院一审、二审判决后，最高人民法院进行了复核，核准湖南省高级人民法院（2011）湘高法刑二终字第60号维持第一审以集资诈骗罪判处被告人曾成杰死刑，剥夺政治权利终身，并处没收个人全部财产的刑事判决。

**【关键词】** 开发；集资诈骗；还本付息；死刑

被告人曾成杰，曾用名曾维亮，男，汉族，1958年11月1日出生于湖南省新邵县，高中文化，湖南三馆房地产开发集团有限公司总裁，户籍地湖南省新邵县酿溪镇杨世村7组23号，住湖南省湘西土家族苗族自治州（以下简称"湘西自治州"）吉首市商贸大世界B1栋601室。2008年12月18日被逮捕。现在押。

湖南省长沙市中级人民法院审理长沙市人民检察院指控被告人曾成杰犯集资诈骗罪一案，于2011年5月20日以（2010）长中刑二初字第0029号刑事判决，认定被告人曾成杰犯集资诈骗罪,判处死刑,剥夺政治权利终身,并处没收个人全部财产。宣判后,曾成杰提出上诉。湖南省高级人民法院经依法开庭审理,于2011年12月26日以(2011)湘高法刑二终字第60号刑事判决,驳回曾成杰的上诉,维持原审对曾成杰的判决,并依法报请本院核准。本院依法组成合议庭,对本案进行了复核,依法讯问了被告人,听取了辩护律师意见。现已复核终结。

经复核确认:

2003年6月,经中共湘西自治州委常委办公会议研究决定,湘西自治州图书馆、体育馆、群艺馆、电力宾馆、东方红市场等(以下简称"三馆项目")实行整体开发,明确了选择竞标开发商不准挂靠和委托报名。被告人曾成杰在自身没有开发资质和资金能力的情况下,仍然决定参与该项目开发的竞标。2003年8月,为了获取开发项目的资质和条件,曾成杰挂靠邵阳市建筑安装工程公司,并以邵阳市建筑安装工程公司的名义挂靠具有开发资质的吉首市国土房屋综合开发公司参与竞标。

被告人曾成杰以吉首市国土房屋综合开发公司的名义,于2003年8月28日向吉首市人民路农村信用合作社贷款4000万元用于交纳"三馆项目"的开发投资项目保证金。同日又借款80万元用于支付4000万元的贷款利息。期间,曾成杰、范吉湘(另案处理)多次找到时任湘西自治州州长杜崇烟的弟弟杜崇旺(已判刑),要求杜崇旺找杜崇烟帮忙获取"三馆项目"开发权,并向杜崇旺许以利益回报。杜崇旺带曾成杰等人找到杜崇烟,并获得杜崇烟的同意。事后,曾成杰按事前承诺给予杜崇旺20万元。

2003年9月16日,被告人曾成杰挂靠的吉首市国土房屋综合开发公司、吉首市光彩房地产开发公司和湖南湘西荣昌集团同时中标。三家公司中标后,政府要求"三馆项目"成立新的房产联合开发公司共同开发。2004年1月12日、14日,曾成杰以邵阳市建筑安装工程公司的名义与吉首市光彩房地产开发公司和湘西乾城房地产开发有限责任公司(属于湖南湘西荣昌集团)签订三馆开发建设项目合作协议书,通过分别补偿吉首市光彩房地产开发公司和湖南湘西荣昌集团200万元和600万元的方式,吉首市光彩房地产开发公司和湖南湘西荣昌集团退出"三馆项目"开发,曾成杰从而获取了"三馆项目"的整体开发权。

2003年11月5日,被告人曾成杰和范吉湘在吉首市武陵东路湘运宾馆四楼租房挂牌成立"三馆建设工程筹建处",并刻制"邵阳市建筑安装工程公司驻吉首开发部"印章。2004年1月8日,曾成杰、范吉湘在没有公司注册资金的情况下,贷款850万元,注册成立湘西吉首三馆房地产联合开发有限公司,曾成杰任公司董事长、法定代表人。因曾成杰被人告发不具备出任公司法定代表人的资格，2004年6月30日，公司董事长、法定代表人由曾成杰变更为其妻邓友云（同案被告人，已判刑），曾成杰负责公司一切事务。2006年11月23日，公司名称变更为湖南三馆房地产开发有限公司。2008年5月22日，公司名称变更为湖南三馆房地产开发集团有限公司。

2003年11月，被告人曾成杰和范吉湘在吉首市挂牌成立"三馆建设工程筹建处"后，即开始在《团结报》、《湘西广播电视报》等媒体上以大量广告虚假宣传三馆项目已由吉首市国土房屋综合开发公司和邵阳市建筑安装工程公司驻吉首开发部联合开发。同时，曾成杰和范吉湘商议决定，以邵阳市建筑安装工程公司驻吉首开发部为集资主体，依托"三馆项目"，面向社会公众非法集资。同月15日正式开始以《关于参与"三馆"开发项目的协议书》的形式，以年回报20%为诱饵，非法向社会不特定公众集资。至2004年1月30日，该集资主体才变更为湘西吉首三馆房地产联合开发有限公司（以下简称三馆公司）。

2004年1月30日，被告人曾成杰决定以三馆公司的名义对外集资，并先后增加了与集资户签订《三馆物业认购协议书》、《吉首商贸大世界房屋认购承诺书》、《吉首商贸大世界物业认筹投资协议书》、《吉首商贸大世界物业认筹投资合同书》，直接向集资户开具《借条》、《收据》，发售钻石卡、金卡、银卡、普卡等集资形式向不特定的社会公众集资。2004年7月起，为继续筹措项目启动资金，曾成杰、范吉湘先后两次向李德高息借款2000万元。至2008年8月，三馆公司陆续归还李德本息共计4065万余元。2004年10月22日，吉首商贸大世界一期工程正式动工，同年12月9日，一期A栋7339.71平方米面积取得预售许可。2005年1月8日，吉首商贸大世界正式开盘，同年2月3日，一期B、C栋37392.34平方米面积取得预售许可。至2008年8月28日，该一期工程共计销售回款8400万元，三楼以上的大量商铺房产滞销。

在以上三馆公司极度缺乏资金和经营亏损的情况下，被告人曾成杰为了保持资金链运转，设计了多种集资模式，并组织宋长银、曾正、张宏霞、陈容花、陈喜深（均系同案被告人，已判刑）等人积极开展非法集资吸纳社会资金。为了最大量地集资，曾成杰不顾自身兑付能力，与吉首地区其他非法集资公司盲目攀比集资利率，反复多次提高三馆公司的非法集资利率。从2003年11月～2008年8月，曾成杰先后使用多种集资形式向社会集资，将集资利率从月息1.67%逐渐提高至10%。同时曾成杰还给三馆公司员工布置了集资任务，为鼓励员工对外揽资，曾成杰决定对员工按揽资额6%进行奖励。2007年9月开始，曾成杰又决定按集资款存期不同给予集资户奖励,对存半年的奖励 250 元/万元,存一年的奖励 500 元/万元,以此类推。2008 年 7 月提高至存三个月奖励 300 元/万元,存半年奖励 600~800 元/万元,一年奖励 1200~1600 元/万元。2007 年 5 月 17 日~2008 年 8 月 19 日,三馆公司支付奖励金额累计 11522.36 万元。

为维系资金链,被告人曾成杰还隐瞒"三馆项目"吉首商贸大世界一期房产销售的真实情况和项目亏损的事实,用集资款出资,通过湘西自治州《团结报》、《边城视听报》等报纸、电视等媒体虚假宣传三馆公司开发的房产销售好、开发项目多,项目区域由湘西吉首市拓展到省会长沙和株洲、邵阳等大中城市,在三馆公司投资没有任何风险等。此外,曾成杰还通过邀请明星参加三馆公司成立周年庆典、大众飙歌、开展情系农民工等活动大肆彰显所谓的公司实力,并通过花钱为三馆公司和曾成杰个人换取"湖南商业地产十强"、"2005~2006 年度湖南省消费者信得过单位"、2007 年"中国房地产先进单位"、"第二届中国企业改革十大杰出人物"、"中国诚信企业家"等荣誉,扩大社会影响,骗取集资户的信任,向社会公众大量集资。三馆公司自成立以来,举办了一系列的庆典活动,如周年庆典、开工庆典、大众飙歌、元旦晚会等活动,共计支出 982.44 万元。

被告人曾成杰存在使用集资款以他人名义投资和成立公司,随意支取公司资金等转移公司资产的情形。曾成杰集资总额 34.52 亿余元,但是实际投入工程项目支出只有 5.56 亿余元,占集资总数的 16.12%。集资资金被曾成杰以他人名义投资公司、项目或直接转移资产共计 2.64 亿余元,个人隐匿占有大额集资款 1530 万元,将资产转移到邓友云名下 1991.768 万元,曾正直接套取 731.99 万元。

2008 年 7 月,三馆公司集资款还本付息出现困难。2007 年 10 月和 2008 年 7 月,吉首市房地产商会和吉首市政府分别开会要求集资企业降息自救,并要签订协议执行,被告人曾成杰拒绝签订协议,同时为应付政府检查,要求工作人员在给集资户开认筹书时将一份改为两份,表面上降息实际上没有降息。2008 年 8 月中旬,因资金链断裂,三馆公司无法足额兑付集资户的集资本息,8 月 14 日最后办理退本手续,8 月 17 日最后办理银行退息手续,8 月 27 日最后办理现金退息手续。同年 9 月上旬,三馆公司停止向集资户还本付息。因三馆公司及吉首市其他进行非法集资的公司相继不能兑付到期的集资款本息,引发了 2008 年 9 月 5 日吉首市万余名群众围堵铁路及火车站事件、同月 25 日数千名集资群众围堵湘西自治州人民政府并进行"打砸"的事件。2009 年 1 月 12 日下午 14 时许,集资户吴安英见集资款兑付无望,在湘西自治州人民政府旁的人行道上用汽油当众自焚造成七级伤残。

综上，自 2003 年 11 月 15 日～2008 年 9 月 30 日，被告人曾成杰等人以邵阳市建筑安装工程公司驻吉首开发部、三馆公司的名义面向不特定社会公众非法集资总金额 34.52 亿余元，其中实际收到现金集资总额 28.25 亿余元，集资转存总金额 6.27 亿余元；已退集资本金总金额 16.81 亿余元，其中现金退本总金额 10.54 亿余元，转存退本总金额 6.27 亿余元；支付集资利息总金额 9.41 亿余元；集资涉及人数 24238 人，集资累计 57759 人次，仍有 17.71 亿余元的集资本金未归还。集资总额减去还本付息的金额后，曾成杰集资诈骗金额为 8.29 亿余元，造成集资户经济损失共计 6.2 亿元。

上述事实，有第一审、第二审开庭审理中经质证确认的借款合同、转账支票、进账单、中国人民银行湘西土家族苗族自治州中心支行和中国银行业监督管理委员会湘西监管分局出具的证明材料、《企业法人营业执照》、《三馆公司从业人员名单》、《股东会决议》、《授权委托书》、《劳动合同书》、《任职文件》、《关于参与开发"三馆"项目的协议书》、《物业认购协议书》、《吉首商贸大世界房屋认购承诺书》、《吉首商贸大世界物业认筹投资合同书》、《吉首商贸大世界房屋认购金领取登记表》、记账凭证、收款收据、《三馆公司招商引资办法》、三馆公司宣传资料、《宣传协议》、《广告协议》等书证，证人范吉湘、金孟贤、张昌政、杜崇烟、杜崇旺、石先英等的证言，被害人李华、吴安英等的陈述，湖南省华信司法鉴定所司法会计鉴定意见和同案被告人曾正、邓友云、宋长银、张宏霞、陈容花、陈喜深的供述等证据证实。被告人曾成杰亦供认。足以认定。

本院认为，被告人曾成杰以非法占有为目的，以高额利息为诱饵，使用诈骗方法面向社会公众非法集资，其行为已构成集资诈骗罪。在集资诈骗共同犯罪中，曾成杰起组织、指挥作用，系罪行最为严重的主犯。曾成杰集资诈骗数额特别巨大，造成集资户大量财产损失，既严重破坏国家金融管理秩序，又严重侵犯公民财产权，并且严重影响当地社会稳定，罪行极其严重，应依法惩处。第一审判决、第二审判决认定的事实清楚，证据确实、充分，定罪准确，量刑适当。审判程序合法。依照《中华人民共和国刑事诉讼法》第二百三十五条、第二百三十九条和《最高人民法院关于适用〈中华人民共和国刑事诉讼法〉的解释》第三百五十条第（一）项的规定，裁定如下：

核准湖南省高级人民法院（2011）湘高法刑二终字第 60 号维持第一审以集资诈骗罪判处被告人曾成杰死刑，剥夺政治权利终身，并处没收个人全部财产的刑事判决。

本裁定自宣告之日起发生法律效力。

## 第三部分 房地产业合同争议案件判决及评注

**评注：**

本案是一个震惊全国的刑事案件，经过最高人民法院的死刑复核，案犯曾成杰已被执行死刑，走完了令人唏嘘的一生。其教训不可谓不痛。人们也许会问，我又不去搞非法集资，我也不去触犯刑律，我主观上也不想去犯罪，曾成杰案与我何干？实际上，对于任何从事开发建设活动的企业而言，至少可从本案中吸取以下教训：

（1）要有合格的主体资质。在我国，从事房地产开发必须有开发企业资质。如果没有获得建设主管部门颁发的开发企业资质证书，你就不能进入市场。否则，就是违法。而主体资格都不具备的话，一定会遇到各种各样的问题，举步维艰，难言成功。

（2）要确定合理的开发规模。房地产开发利润较高，这是一个不争的事实。有人戏言：搞过房地产以后再也不想干别的行业了。但是，房地产又是一个风险极高的行业。从投资、建设到预销售等等，产业链和周期都比较长。上至政府，下至群众，合作方众多，协调沟通量大面广，任何一方关系未处理好，都会对开发项目的顺利实施造成影响。因此，开发企业要有较强的管理能力，尤其是要有充裕的资金实力，才能在遇到风险时妥善应对，度过难关。而本案中的开发商正是因为资金短缺，从而陷入资金链断裂的泥潭中不能自拔。

（3）要妥善应对风险。出现问题后，不可一意孤行，而要全面分析，提出妥善的应对之道。切忌鲁莽行事。如本案的开发商在出现资金短缺之后，一错再错，孤注一掷，走上了集资诈骗罪的犯罪之路。总而言之，赌徒心理要不得。

# 案件 19　某房产公司股权转让纠纷案
## 民事判决书

**【提要】** 艾可投资公司和东方理财公司于2007年1月9日经竞拍获得长天房产公司100%的出资额及权益，在××市产权交易所的见证下，与长天房产公司的原出资人签订了《出资额及权益转让合同》。同年4月28日，艾可投资公司与博大房产公司、东方理财公司签订了《长天房产公司股权转让及项目合作合同》，约定艾可投资公司将其持有的长天房产公司的28.5%的股权转让给博大房产公司，并在艾可投资公司与长天房产公司原股东的过户手续完成后三日内办理相关的工商登记变更手续，如逾期办理，违约金为每天1‰。博大房产公司依约支付了受让股权价款，艾可投资公司与长天房产公司原股东的股权过户手续于2007年7月24日办理完毕，但艾可投资公司经博大房产公司多次催促，一直未办理股权变更手续。

博大房产公司向××市中级人民法院起诉，请求法院判决艾可投资公司、长天房产公司和东方理财公司立即办理股权转让的工商登记变更手续，并按每天1‰的标准支付逾期履行违约金。一审法院经审理认为，本案属涉港股权转让纠纷，《中华人民共和国中外合作经营企业法》第十条规定："中外合作者的一方转让其在合作企业合同中的全部或者部分权利、义务的，必须经他方同意，并报审查批准机关批准。"但这只是对股权转让的程序予以规范，并未直接规定未经审批的涉外股权转让合同无效，如果仅因为艾可投资公司事后反悔，拒绝将合同报批就否定合同效力，将导致法律适用结果的严重不公平。艾可投资公司在东方理财公司和长天房产公司均明确表示愿意配合办理股权转让手续的情况下，无正当理由拒绝将合同报请审查批准机关批准，其行为已构成恶意违约，应承担相应的民事责任，判决艾可投资公司办理与博大房产公司、东方理财公司共同签订的《股权转让及项目合作合同》项下的股权转让事宜，并以4300万元为基数，按每天1‰的标准支付逾期违约金。

艾可投资公司不服一审判决，向二审法院提起上诉。二审法院维持了原判。

艾可投资公司不服二审判决，向最高人民法院申请再审。最高人民法院认为，本案合同是典型的股权（权益）变更合同，当事人选择了转让股权（权益）这种方式来筹资，并无借款的意思表示。根据《中华人民共和国中外合作企业法》、《合同法》及相关司法解释，本案合同效力应确定为未生效，而非无效。由于该合同未生效的原因是未经批准，而批准的前提是当事人报批，促成合同生效的报批义务在合同成立时即应产生，否则，当事人可肆意通过不办理或不协助办理报批手续而恶意阻止合同生效，显然违背诚实信用原则。法院可以判决艾可投资公司履行报请审查批准机关批准的义务。最终，最高人民法院驳回了艾可投资公司的再审申请。

【关键词】股权转让；恶意违约；股权变更手续；合同未生效

再审申请人艾可投资策划有限公司（以下简称艾可投资公司）因与再审被申请人博大房地产股份有限公司（以下简称博大房产公司）、原审被上诉人长天房产有限公司（以下简称长天房产公司）、原审被上诉人东方国际理财有限公司（以下简称东方理财公司）股权（权益）转让纠纷一案，不服××省高级人民法院（以下简称二审法院）于2009年3月10日作出的(2009)××高法民四终字第323号民事判决，向本院申请再审。本院依法组成合议庭进行了审查，现已审查完毕。

博大房产公司向××市中级人民法院（以下简称一审法院）起诉称：艾可投资公司和东方理财公司于2007年1月9日经竞拍获得长天房产公司100％的出资额及权益，并在××市产权交易所（以下简称产交所）的见证下，与长天房产公司的原出资人签订了《出资额及权益转让合同》。艾可投资公司受让上述权益后，于2007年4月28日与博大房产公司签订了《长天房产公司股权转让及项目合作合同》（以下简称《股权转让及项目合作合同》），约定艾可投资公司将其持有的长天房产公司的28.5％的股权转让给博大房产公司，并在艾可投资公司与长天房产公司原股东的过户手续完成后三日内办理相关的工商登记变更手续，如逾期办理，违约金为每天1％。以上合同签订后，博大房产公司依约支付了受让股权价款，艾可投资公司与长天房产公司原股东的股权过户手续亦于2007年7月24日办理完毕，但艾可投资公司经博大房产公司多次催促，却一直未办理股权变更手续，给博大房产公司造成了严重经济损失。请求判令：(1)艾可投资公司、长天房产公司和东方理财公司立即办理将艾可投资公司所持有的长天房产公司28.5％的权益变更至博大房产公司名下的工商登记变更手续；(2)艾可投资公司按每天1‰的标准支付逾期履行违约金至办理工商登记变更手续之日（由2007年

7月28日起暂计至2007年11月27日的违约金数额为人民币516万元）；（3）艾可投资公司将长天房产公司房产项目有关证照，即该房产项目的国有土地使用权证原件交由博大房产公司保管。

一审法院经审理查明：

艾可投资公司曾于2007年1月26日经××省工商行政管理局核准更名为现名。长天房产公司是于1993年8月18日在××市注册成立的中外（香港）合作经营房地产开发项目公司，系有限责任公司，经营范围包括"在得正南路19～49号、富行街22～28号地段开发、建设、销售、出租和管理自建的商品楼宇"（以下简称讼争房产项目），其成立时的中外合作双方分别为三轻房产开发公司（以下简称三轻公司）和香港卓越发展有限公司（以下简称香港卓越公司）。

2007年1月9日，三轻公司为甲方，香港卓越公司为乙方，艾可投资公司为丙方，东方理财公司为丁方，在产交所的见证下签订了一份《出资额及权益转让合同》。合同称，鉴于甲方作为标的公司（长天房产公司）的中方出资人，乙方作为外方出资人，基于其所投入的注册资金和土地使用权等合作条件而分别取得标的公司"寰球大厦"项目，建成后甲方占40％、乙方占60％建筑面积的分配权利，丙、丁两方愿意受让甲、乙两方对标的公司的全部出资额及权益，并同意按照法律规定和合同约定履行义务；转让标的为长天房产公司中外合作双方全部出资额与权益及其在长天房产公司的章程和合作合同及其相应修改文件项下的全部权利和义务；转让价格为丙、丁方竞买的价格即人民币8500万元，丙、丁方同意于合同签订后20日内付清该款，其中合同签订后10日内付清该款的50％即人民币4250万元；为保证交易的顺利进行，合同四方特委托产交所对交易资金进行监管结算，丙、丁方应按照约定时间将应付款划入产交所的监管账户；除支付转让价款外，丙、丁方还须承担标的公司的债务人民币250万元和支付之前由乙方垫支的标的公司档案保证金和市政管理费合计人民币76.8万元；企业移交日（即丙、丁方付清款后3个工作日内，由产交所组织合同四方办理企业移交手续之日）到产权交割日（即标的公司在工商登记机关登记变更出资人之日）期间，受让方对标的公司的管理和安全负责，标的公司的公章（包括但不限于公章、合同章和财务章）暂交产交所保管；产权交割日起3个工作日内，产交所及甲、乙方结束对标的公司的监管，并向丙、丁方移交公章和证照等。此外，合同还就转让的其他条件、职工安置、资产、债权债务和所有者权益的处理等问题作了约定。

2007年4月28日，艾可投资公司为股权出让方（甲方），博大房产公司为股权受让方（乙方），东方理财公司为项目合作方（丙方）共同签订《股权转让及项目合作合同》，称甲方和丙方经产交所在公开市场合法竞拍获得长天房产公司100％的股权，甲方占40％股权，丙方占60％股权，该拍卖标的金额为人民币8500万元，甲方与丙方共同支付该拍卖款项人民币4280万元，出现资金缺口人民币4591.8万元，经三方协商一致同意实行股权转让，乙方受让甲方所占28.5％的长天房产公司股份，形成新的长天房产公司股权结构，即乙方占长天房产公司28.5％股权，甲方占11.5％股权，丙方占60％股权；由于甲、丙方转让标的时出现资金缺口，为了能从产交所将全部股权过户到甲、丙方，乙方代甲方一次性垫付人民币4300万元，并作为乙方受让甲方28.5％股权的对价，该笔资金由甲方及丙方的股权作质押担保并将有关房地产项目的有关证照原件交给乙方作为履约的另一保证，待过户完毕后三日内，甲、乙、丙三方另行签订《股权转让协议》并到市工商行政部门办理股权变更手续，上述质押同时解除；甲、丙双方保证公司及项目用地手续的合法性和产权的清晰性，负责对该项目用地手续及产权纠纷所引起的一切责任；甲、丙方应在长天房产公司产权交易完成后，将甲方所占的28.5％股权转让给乙方，并负责将甲方的股权转让到乙方名下；甲、丙方应在本合同签订后20日内完成长天房产公司的整体股权变更手续，以保证甲方与乙方的股权转让行为得以尽快履行；甲、乙、丙三方按约定完成本次股权转让的全部法律文件，并到市工商行政部门办理股权变更手续，由乙方根据有关法律及长天房产公司章程的规定，按照其所受让的股权比例享有权利并承担相应的义务；若甲、丙方不能按约定完成乙方办理股权转让的全部法律手续，视为甲、丙方违约，甲方无条件退还乙方投资款并承担乙方出资总额每天1％的违约金，并赔偿乙方由此遭受的一切直接和间接损失，而乙方在该公司中占有甲方股份自动转归甲方所有；乙、丙方办理银行贷款后，根据贷款发放金额人民币1亿元，按乙方占45％的比例及丙方股东占55％的比例归还投资款项，具体返还金额为甲方不少于收回人民币3000万元，乙方不少于人民币2500万元，余款留作开发项目之用；项目验收完工后，乙方按成本单价5900元/平方米分享建筑面积1.1万平方米，包括商业2000平方米、写字楼9000平方米；甲乙双方任何一方未履行约定的权利及义务时，均为违约，守约方有权追究违约方的责任，违约方须赔偿守约方的一切经济损失；若甲方在本合同签订并实施后未使乙方与甲方签订股份转让协议的，乙方有权单方终止本合同并追究甲、丙方经济责任；若乙方不能按本合同约定投入投资款的，甲方有权单方终止本合同及股份转让协议；与本合同有效性、履行、违约及解除等有关争议，各方应友好协商解决，如果协商不成，可向乙方所在地人民法院提起诉讼。次日，以上三方又签订《补充协议》称，由于甲方事先已变更企业名称为艾可投资公司，为此三方确认在竞拍及出让股权事项的过程中，各项合法的权利与义务都由甲方与艾可投资公司共同连带承担，并增加艾可投资公司为主合同的庚方，在工商登记过程中，艾可投资公司更名后，将行使甲方的权利与义务。艾可投资公司在该补充协议的庚方落款处盖章确认。该补充协议签订的同一天，艾可投资公司、博大房产公司和东方理财公司还与肖天、梁现、何晓签订了《补充协议（保证函）》，约定该三个自然人作为前述股权转让及项目合作的连带责任保证人承担连带保证责任，若艾可投资公司、东方理财公司不按时履行合同的全部和部分内容，博大房产公司有权要求该三人或其中任何一方履行清偿责任。以上《股权转让及项目合作合同》及相关补充协议签订后，至今尚未报请我国对外经济贸易主管部门审查批准。

2007年4月30日，博大房产公司自行划款或通过案外人高星资产管理有限公司代为付款的方式向艾可投资公司指定的产交所账户划付了人民币4300万元。同年7月20日，艾可投资公司向博大房产公司开具收据，确认收到博大房产公司投资款4300万元。

2007年6月4日，××市越秀区对外贸易经济合作局批准三轻公司、香港卓越公司与艾可投资公司、东方理财公司签订的《出资额及权益转让合同》以及长天房产公司相应的合作合同修正案、章程修正案生效。同年7月24日，工商行政管理局向长天房产公司颁发了新的营业执照，长天房产公司的合作方（投资者）亦由三轻公司和香港卓越公司变更为艾可投资公司和东方理财公司，公司的法定代表人和董事会成员也作了相应变更。

由于上述股权变更登记手续完成后，艾可投资公司和东方理财公司并未按照《股权转让及项目合作合同》的约定将艾可投资公司所受让40%股权中的28.5%过户到博大房产公司名下，博大房产公司遂委托律师事务所于2007年8月23日向艾可投资公司、东方理财公司发出律师函，认为后者的行为已构成违约，要求接函后马上着手办理与博大房产公司的股权转让手续，并将讼争房产项目已有的证照原件交给博大房产公司，尽快推进合作合同的履行。2007年9月2日，艾可投资公司和东方理财公司向博大房产公司复函，认为《股权转让及项目合作合同》约定的股权转让存在一定法律障碍，包括：长天房产公司作为中外合作经营企业分别是由外方提供注册资本，中方提供土地使用权作为合作条件，公司章程及批准成立文件未对合作各方在公司中所占股权（股份）进行约定或划分，故中方合作者在项目建成后享有物业分配权但不享有股权，因此实际操作中无法向博大房产公司转让"股权",而只能转让项目建成后的部分物业分配权;《股权转让及项目合作合同》未对博大房产公司可分享物业的具体楼层、方位、坐向等进行约定,另外有关贷款及分配事项的约定不清楚,缺乏可操作性,对开发资金的来源等问题也未作明确约定等。但博大房产公司认为该合同合法有效,是可以履行的,艾可投资公司和东方理财公司应先为其办理股权转让手续,故未就复函中提出的相关问题与后者再行协商,并于2007年9月24日提起了本案诉讼。

本案开庭时,讼争各方一致表示同意适用内地法律作为处理本案争议的准据法。另外,博大房产公司、东方理财公司和长天房产公司表示《股权转让及项目合作合同》的审批手续是可以办理的,艾可投资公司则明确表示不同意协助办理审批手续,理由是该合同违法无效,艾可投资公司的老板也不同意其约定的合作方式。博大房产公司和艾可投资公司均表示,不同意本案纠纷以艾可投资公司向博大房产公司退还相关股权转让款及利息的方式解决。

对于本案第三项诉讼请求中的"长天房产公司房产项目有关证照原件",博大房产公司庭上确认是指讼争房产项目的国有土地使用权证原件,并主张该证现为艾可投资公司所掌控;庭审辩论时表示,同意该证原件交由长天房产公司现法定代表人或者由产交所暂时保管。产交所的相关资料显示,该证于2007年2月2日移交给产交所,由产交所的高勇接收,之后又于2007年8月13日由高勇移交给艾可投资公司。艾可投资公司代理人庭上表示对此不清楚,庭后书面答复称,高勇将该证移交给了长天房产公司的董事何伟。经查,何伟是艾可投资公司委派到长天房产公司的董事。

一审法院另查明:长天房产公司原章程记载的合作双方为三轻公司(甲方)和香港卓越公司(乙方),公司注册资本为720万美元,其中甲方提供场地,乙方投入注册资本720万美元;该章程的第十七条规定:"董事会由七名董事组成,其中甲方委派三名,乙方委派四名,董事任期为四年,经委派方继续委派,可以连任。"第十八条规定:"董事会设董事长一人,由甲方委派;副董事长一人,由乙方委派。"第四十二条规定:"大厦建成后,甲乙双方按大厦建成后的实际建筑总面积(含地下室面积在内)各占50%比例进行分配。"第四十三条规定:"在分配时以整座大厦的南北方向垂直中线对称划分,面积对等,甲方分给北面部分,乙方分给南面部分。"第六十五条规定:"有关资财、债权、债务的清理责任,各种用具、设施的归属处理,均按双方签订的合同条款执行。"艾可投资公司和东方理财公司从三轻公司和香港卓越公司受让取得在长天房产公司的投资权益后,长天房产公司的章程进行了相应修改,由艾可投资公司作为合作甲方,东方理财公司作为合作乙方，公司注册资本仍为 720 万美元，其中甲方提供土地使用权为合作条件，乙方出资 720 万美元现金；同时章程的第十七条修改为："董事会由三名董事组成，其中甲方委派二名，乙方委派一名，董事任期为三年，经委派方继续委派，可以连任。"第十八条修改为："董事会设董事长一人，由乙方委派。"第四十二条修改为："大厦建成后，甲、乙双方按大厦建成后的实际建筑总面积（含地下室面积在内）按 4：6 的比例进行分配，其中甲方占 40%，乙方占 60%。"第四十三条修改为："在分配时以整座大厦的南北方向垂直按 6：4 划分，甲方分给北面部分，乙方分给南面部分。"第六十五条修改为："有关资产、债权、债务的清理责任，其财产划分归属按双方签订合同的有关条款执行。合作公司的债权、债务按中国的中外合作经营企业的有关法规和本合同规定，由甲、乙双方按 5：5 的比例承担相关责任。"

在本案诉讼过程中，艾可投资公司还向一审法院出示了落款时间为 2007 年 1 月 9 日的《股权转让协议书》，该协议书由三轻公司、香港卓越公司与艾可投资公司、东方理财公司共同签订，约定的事项与《出资额及权益转让合同》的主要内容相同。东方理财公司对该协议书的真实性没有异议，但对于为何会在同一天就同一事项签订两份合同表示不清楚。艾可投资公司庭后向一审法院提交书面解释，认为 2007 年 1 月 9 日签订《出资额及权益转让合同》时艾可投资公司尚未更名，《股权转让协议书》是其更名后根据产交所的要求再行签订的，落款时间也是应产交所的要求倒签为 2007 年 1 月 9 日。

此外，本案最初由××市天和区人民法院受理，该院根据博大房产公司的财产保全申请和提供的担保，于 2007 年 10 月 16 日作出民事裁定，冻结艾可投资公司在长天房产公司 28.5% 的股东权益，同时查封担保人共有的一处房屋。

一审法院认为：东方理财公司是在香港注册成立的公司，故本案属涉港股权转让纠纷，依法应比照涉外案件处理。艾可投资公司和长天房产公司的住所地均在××市，根据《中华人民共和国民事诉讼法》第二十二条第二款关于"对法人或者其他组织提起的民事诉讼，由被告住所地人民法院管辖"的规定，该院作为被告住所地有涉港民商事案件集中管辖权的中级人民法院，对本案依法享有管辖权。又因本案为合同纠纷，讼争各方开庭时已一致同意适用内地法律，根据《中华人民共和国民法通则》第一百四十五条第一款和最高人民法院《关于审理涉外民事或商事合同纠纷案件法律适用若干问题的规定》第四条第一款的规定，该院确认以内地法律作为解决本案争议的准据法。

综合双方的诉辩意见，本案的争议焦点首先在于，艾可投资公司与博大房产公司和东方理财公司签订的《股权转让及项目合作合同》的法律效力如何。博大房产公司和东方理财公司、长天房产公司均认为合同有效,艾可投资公司则以该合同未经审批,违反内地法律的禁止性规定为由主张合同无效。一审法院认为,《股权转让及项目合作合同》是缔约各方的真实意思表示,合同内容除了其中第五条第2款关于博大房产公司和东方理财公司在取得讼争房产项目的银行贷款后可直接从贷款中按比例先行收回部分投资的约定,因违反《中华人民共和国公司法》第三十六条关于"公司成立后,股东不得抽逃出资"的禁止性规定应属无效外,其他条款并未违反内地法律、行政法规的强制性规定,依法不应认定为无效。尽管《中华人民共和国中外合作经营企业法》第十条规定:"中外合作者的一方转让其在合作企业合同中的全部或者部分权利、义务的,必须经他方同意,并报审查批准机关批准。"但这只是对股权转让的程序予以规范,并未直接规定未经审批的涉外股权转让合同无效,并且现在也没有任何迹象和证据显示,若使本案合同有效将损害国家利益和社会公共利益,鉴此亦不宜以上述法律规定为据否定《股权转让及项目合作合同》在民商法上的效力。更重要的是,从当事人签订《股权转让及项目合作合同》的背景来看,该合同是在艾可投资公司和东方理财公司已经通过竞拍准备受让长天房产公司的股权,并与长天房产公司的原出资人签订了《出资额及权益转让合同》,但由于出现人民币4591.8万元的资金缺口以致是在合同履行出现困难的情况下签订的。博大房产公司的及时垫资避免了艾可投资公司的违约,并使其成功获取了长天房产公司40%的出资权益。在此博大房产公司的诚信履约行为值得肯定,其据此所享有的合同权利亦应受到法律的保护。该院同时注意到,在《股权转让及项目合作合同》签订的当时,艾可投资公司、东方理财公司与长天房产公司原出资人之间的《出资额及权益转让合同》尚未获得审查批准机关的批准,长天房产公司的股权也尚未过户到艾可投资公司名下,此时要求《股权转让及项目合作合同》的缔约各方立即将合同报请审查批准机关批准并不现实。在此情况下,如果仅仅因为艾可投资公司事后反悔,拒绝将合同报批就否定合同效力,将导致法律适用结果的严重不公平。另外从《股权转让及项目合作合同》的内容来看,博大房产公司的义务是一次性垫付人民币4300万元,并以此作为受让艾可投资公司28.5%股权的对价,而办理股权转让的全部法律手续,将艾可投资公司所占40%股权中的28.5%过户到博大房产公司名下则是艾可投资公司和东方理财公司应该承担的义务。换言之,办理股权转让的审批手续在此并非合同的生效要件,而是缔约一方应当履行的合同义务。况且,本案的股权转让只是在中方之间进行,通常不存在审批上的法律障碍。综上，艾可投资公司关于合同无效的抗辩没有法律依据，该院不予采纳；《股权转让及项目合作合同》属依法成立的合同（其中第五条第 2 款除外），对当事人具有法律约束力，各方当事人均应遵照执行。

《股权转让及项目合作合同》签订后，博大房产公司已经及时履行了支付股权转让款的义务，艾可投资公司却在取得长天房产公司股权后，迟迟未将博大房产公司应得的部分转让到博大房产公司名下，甚至于本案开庭时，在东方理财公司和长天房产公司均明确表示愿意配合办理股权转让手续的情况下，无正当理由拒绝将合同报请审查批准机关批准，其行为已构成恶意违约，并在客观上影响了讼争房产项目土地的及时开发利用，艾可投资公司理应承担相应的民事责任。现博大房产公司请求艾可投资公司立即办理股权转让手续并支付逾期履行违约金符合法律规定，该院予以支持。长天房产公司作为合作企业，东方理财公司作为外方合作者，均应就股权转让手续的办理给予配合。至于违约金标准，合同中的约定是每天 1‰，博大房产公司起诉时已自行将其调整为每天 1‰，这是博大房产公司对其诉讼权利的处分，依法应予尊重。而根据《中华人民共和国合同法》第一百一十四条第二款的规定，约定的违约金只有在过分高于违约所造成的损失的情况下，才需要根据当事人的请求予以适当减少。本案中，艾可投资公司的行为显然缺乏诚信，现又无证据证明每天 1‰的违约金过分高于因艾可投资公司违约给博大房产公司造成的损失，鉴此，对于艾可投资公司关于违约金标准应在每天 1‰的基础上再次予以调整的请求，该院不予支持。至于讼争房产项目的国有土地使用权证原件，因其本来就为长天房产公司所有，持有该证又是长天房产公司进行讼争房产项目开发的必要条件，况且博大房产公司开庭时已经表示，同意该证原件交由长天房产公司法定代表人或者由产交所暂时保管，有鉴于此，该院对博大房产公司和长天房产公司的上述意见予以尊重。而产交所的相关资料显示，该证原件现已移交给了艾可投资公司，尽管艾可投资公司对此答复称接收证件的是长天房产公司的董事何伟，但由于何伟是艾可投资公司委派的董事，故证件移交的责任仍应由艾可投资公司承担。

根据《中华人民共和国中外合作经营企业法》第十条的规定，讼争各方在办理本案股权转让的工商变更登记手续之前，应到审查批准机关办理相关股权变更手续，包括将《股权转让及项目合作合同》或者依照该合同另行签订的股权转让协议报请审查批准机关批准。根据对外贸易经济合作部和国家工商行政管理局 1997 年 5 月 28 日颁布的《外商投资企业投资者股权变更的若干规定》，中外合作经营企业在申请办理股权变更的批准和登记手续时，应提交合作企业原合同、章程及其修改协议、企业董事会关于投资者股权变更的决议以及股权变更后的董事会成员名单等法律文件。故在此过程中，缔约各方应遵循诚实信用原则，按照各自所占股权比例，通过友好协商合理确定各方的权利和义务，及时完成相关法律文件。如果其中任何一方不予配合，拒绝协商和签署有关法律文件，则其他方可依照《股权转让及项目合作合同》商定的股权结构，在合理确定各方权利义务的基础上，对长天房产公司的合同和章程进行相应的修改（例如可由艾可投资公司、博大房产公司、东方理财公司分别作为合作的甲、乙、丙方，公司注册资本仍为720万美元，出资方式为甲方、乙方共同提供土地使用权的合作条件，丙方出资720万美元现金；同时董事会可仍然由三名董事组成，由甲、乙、丙方分别委派，董事长由丙方委派；大厦建成后的实际建筑总面积按甲方占11.5%，乙方占28.5%，丙方占60%的比例进行分配；分配时以整座大厦的南北方向垂直按11.5∶28.5∶60划分，由甲、乙、丙方从北往南依次分得；长天房产公司的债权、债务依照有关法律规定及权利义务对等的原则，由甲、乙、丙方按14.375∶35.625∶50的比例承担责任），并将修改后的文件、决议及新组成的董事会成员名单等上报有关部门，以办理股权转让的批准和变更登记手续。

至于诉讼费用的负担问题，鉴于本案纠纷系因艾可投资公司的不诚信行为所致，东方理财公司和长天房产公司在合同的履行方面并无过错，故由此产生的诉讼费用依法应由艾可投资公司负担。

综上所述，一审法院依照《中华人民共和国民事诉讼法》第二十二条第二款、第二百三十五条，《中华人民共和国合同法》第六条、第八条、第五十六条、第六十条、第一百零七条，《中华人民共和国中外合作经营企业法》第十条之规定，判决：（1）艾可投资公司于判决生效之日起十日内，就其与博大房产公司、东方理财公司共同签订的《股权转让及项目合作合同》项下的股权转让事宜，报请审查批准机关批准；并在审查批准机关批准之日起十日内，到工商行政管理部门办理该股权变更的登记手续。东方理财公司、长天房产公司对此应予配合。（2）艾可投资公司于判决生效之日起十日内，向博大房产公司支付截至判决生效之日的违约金〔违约金以博大房产公司已付款人民币4300万元为基数，按每天1‰的标准，自2007年7月28日起计付；之后的违约金以同样的基数和标准计至股权变更的工商登记手续办理完毕之日止（行政机关审批和登记的工作时间予以扣除）〕，艾可投资公司应在股权变更的工商登记手续办理完毕之日一次性给付。（3）艾可投资公司于判决生效之日起十日内，将编号为×府国用〔2000〕字第特126号的国有土地使用权证原件移交给长天房产公司的法定代表人保管。本案一审案件受理费人民币48020元，财产保全申请费人民币5000元，均由艾可投资公司负担。

艾可投资公司不服一审判决，向二审法院提起上诉称，一审判决认定事实不清，适用法律错误，判决结果不当。请求撤销一审判决，驳回博大房产公司的全部诉讼请求，本案一、二审案件受理费由博大房产公司负担。

二审法院补充查明事实如下：

2007年1月9日，艾可投资公司、东方理财公司与长天房产公司原股东三轻公司、香港卓越公司签订《出资额及权益转让合同》，前者分别从后者受让长天房产公司40%、60%的股份后，依据长天房产公司修订后的公司章程，艾可投资公司委派何小、何伟任长天房产公司董事，东方理财公司委托梁现到长天房产公司任董事长。2007年7月24日，长天房产公司领取了新的营业执照，法定代表人为梁现。2007年11月17日，长天房产公司向工商部门提出变更法定代表人申请，将原法定代表人梁现变更为林朋。2008年1月14日，××市工商行政管理局出具的企业注册基本资料显示：长天房产公司法定代表人为林朋。本案一审期间，林朋以长天房产公司法定代表人身份委托华恩律师事务所的两名律师为长天房产公司委托代理人。盖有长天房产公司公章的授权委托书显示委托信德联合律师事务所的两名律师为长天房产公司委托代理人。一审法院认可华恩律师事务所的两名律师为合法代理人。

二审法院查明的其他事实与一审判决相同，对一审判决认定的事实，二审法院予以确认。

二审法院认为，本案是涉外股权转让纠纷，根据最高人民法院《关于审理涉外民事或商事合同纠纷案件法律适用若干问题的规定》第八条第（四）项关于"中外合资经营企业、中外合作经营企业、外商独资企业股份转让合同"适用中华人民共和国法律的规定，本案应适用内地法律。一审适用法律正确，二审法院予以支持。

本案二审争议焦点是：艾可投资公司是否应按合同约定将其从三轻公司受让的对长天房产公司28.5%的股权过户给博大房产公司，承担不及时办理股权过户的违约金责任，并将国有土地使用权证原件交由长天房产公司法定代表人林朋保管。

关于长天房产公司委托代理人资格问题。长天房产公司法定代表人由梁现变更为林朋后，林朋作为长天房产公司法定代表人，有权以长天房产公司名义委托代理人参加诉讼。一审法院认可林朋以长天房产公司法定代表人身份委托华恩律师事务所的两名律师为长天房产公司委托代理人参加本案诉讼,并无不当,二审法院予以支持。艾可投资公司上诉主张,一审法院否认信德联合律师事务所的两名律师作为长天房产公司委托代理人资格错误,该主张依据不足,二审法院不予支持。

关于《股权转让及项目合作合同》效力问题。合同各方当事人对一审判决认定《股权转让及项目合作合同》第五条第2款属无效条款没有异议,但对合同效力有争议。本案事实表明,长天房产公司成立时是中外合作经营企业性质的有限责任公司,2007年1月9日,艾可投资公司、东方理财公司与长天房产公司原股东三轻公司、香港卓越公司签订《出资额及权益转让合同》,分别从长天房产公司的中、外方股东受让40%、60%股权后,2007年4月28日,艾可投资公司、东方理财公司、博大房产公司签订《股权转让及项目合作合同》,约定艾可投资公司将其受让的长天房产公司28.5%的股权转让给博大房产公司,仍属中外合作经营企业的股权转让问题,根据《中华人民共和国中外合作经营企业法》第十条关于"中外合作者的一方转让其在合作企业合同中的全部或者部分权利、义务的,必须经他方同意,并报审查批准机关批准"的规定,长天房产公司的再次股权变更应报国内外资主管部门审查批准。根据《中华人民共和国合同法》第四十四条第一款关于"依法成立的合同,自成立时生效"的规定,以及第二款关于"法律、行政法规规定应当办理批准、登记等手续生效的,依照其规定"的规定,《股权转让及项目合作合同》因未按法律规定办理批准手续而未生效。但本案事实表明,造成《股权转让及项目合作合同》因未报批而未生效的原因,是在博大房产公司、东方理财公司、长天房产公司都愿意履行报批手续以促成合同生效的情形下,艾可投资公司明确拒绝配合其他各方完成审批手续以促成合同生效,艾可投资公司故意促成合同不生效的行为客观上使得《股权转让及项目合作合同》产生了视为生效的类似法律效果。因此,就《股权转让及项目合作合同》效力而言,除第五条第2款属无效条款外,依法成立未生效,但具有类似生效的法律约束力。艾可投资公司上诉认为,一审判决对《股权转让及项目合作合同》效力认定错误,该主张依据不足,该院不予支持。

关于艾可投资公司是否有义务将其对长天房产公司28.5%的股权过户到博大房产公司名下的问题。根据《股权转让及项目合作合同》,艾可投资公司应在其受让长天房产公司股权过户完毕后三日内,与博大房产公司、东方理财公司到工商行政管理部门办理股权变更手续。2007年7月24日,艾可投资公司完成股权过户手续,成为长天房产公司的登记股东之一。艾可投资公司按照《股权转让及项目合作合同》完成股权转让报批手续,将长天房产公司28.5%的股权过户给博大房产公司,既是遵守《股权转让及项目合作合同》法律约束力的表现,也是民法诚实信用原则的要求。从《股权转让及项目合作合同》签订背景来看,艾可投资公司已经通过竞拍受让长天房产公司股权,与长天房产公司的原出资人签订了《出资额及权益转让合同》,但由于出现人民币4591.8万元资金缺口,合同履行困难。在此情形下,艾可投资公司与博大房产公司达成协议,以向博大房产公司转让长天房产公司28.5%股权的形式,获得了博大房产公司人民币4300万元的垫资,使艾可投资公司成功获得长天房产公司40%出资权益,避免了违约行为发生。现艾可投资公司在利用博大房产公司资金获取长天房产公司40%股权后,又拒绝按照《出资额及权益转让合同》(应为《股权转让及项目合作合同》)约定,将长天房产公司28.5%的股权转让给博大房产公司,与《中华人民共和国民法通则》第四条关于"民事活动应当遵循自愿、公平、等价有偿、诚实信用的原则"相悖。基于上述理由,博大房产公司有权依据《股权转让及项目合作合同》,要求艾可投资公司促成《股权转让及项目合作合同》生效,请求艾可投资公司完成长天房产公司28.5%的股权过户手续。艾可投资公司按照《股权转让及项目合作合同》约定将长天房产公司28.5%股权过户给博大房产公司,有合理理据。至于艾可投资公司应配合博大房产公司、东方理财公司履行《股权转让及项目合作合同》报批手续,为博大房产公司提出的艾可投资公司应将其对长天房产公司28.5%的股权过户给博大房产公司的诉讼请求所涵盖,一审法院判决艾可投资公司应配合博大房产公司、东方理财公司履行《股权转让及项目合作合同》报批手续,并无不当。艾可投资公司上诉认为,一审法院判决艾可投资公司配合博大房产公司、东方理财公司履行《股权转让及项目合作合同》报批手续,明显超越博大房产公司诉讼请求,该主张依据不足,该院不予支持。

关于艾可投资公司向博大房产公司支付违约金的问题。根据《股权转让及项目合作合同》约定,若艾可投资公司、东方理财公司不能按约定完成向博大房产公司的股权转让手续,应视为违约,艾可投资公司应退还博大房产公司投资款并承担按博大房产公司出资总额每天1%的违约金。本案事实表明,博大房产公司垫付人民币4300万元,艾可投资公司受让获得长天房产公司40%股权,但艾可投资公司拒绝按照合同约定,配合完成将28.5%股权过户给博大房产公司的手续。博大房产公司有权参照合同约定向艾可投资公司主张违约金,博大房产公司主动将违约金标准调低为每日1‰,属其行使处分权表现,该院予以支持。一审法院判决艾可投资公司按照博大房产公司已出资款项人民币4300万元,依据每日 1‰ 标准，自 2007 年 7 月 28 日起，计算违约金，并无不当，二审法院予以支持。艾可投资公司上诉主张其并未违约，即使违约，违约金也过高。该主张依据不足，该院不予支持。

关于交付国有土地使用权证作为履约保证的问题。根据《股权转让及项目合作合同》约定，博大房产公司代艾可投资公司一次性垫付人民币 4300 万元，博大房产公司受让艾可投资公司在博大房产公司（应为长天房产公司）28.5% 股权，该笔资金由艾可投资公司、东方理财公司的股权作质押担保，有关房地产项目的有关证照原件交给博大房产公司作为履约的另一保证。博大房产公司有权请求艾可投资公司将有关房地产开发证件交由博大房产公司保管，作为艾可投资公司的履约保证。本案事实表明，各方争议的编号为×府国用〔2000〕字第特 126 号国有土地使用权证原件已由艾可投资公司委派到长天房产公司的董事何伟领取。艾可投资公司应将该国有土地使用权证原件交给博大房产公司或博大房产公司指定的第三方保管。博大房产公司后变更请求艾可投资公司该将国有土地使用权证原件交由长天房产公司法定代表人林朋保管，属博大房产公司处分其民事权利的表现，该院予以支持。一审法院判决艾可投资公司将国有土地使用权证原件交给长天房产公司法定代表人林朋并无不当。艾可投资公司上诉认为，一审判决艾可投资公司将国有土地使用权证交由长天房产公司法定代表人林朋保管，超过博大房产公司诉请，程序违法。该主张依据不足，该院不予支持。

综上，一审判决认定事实清楚，适用法律正确，处理结果恰当，依法应予维持。艾可投资公司上诉理据不足，依法予以驳回。二审法院依照《中华人民共和国民事诉讼法》第一百五十三条第一款第（一）项的规定，判决：驳回上诉，维持原判。本案二审案件受理费人民币 48020 元，由艾可投资公司负担。

艾可投资公司不服二审判决，向本院申请再审称：(1)《股权转让及项目合作合同》本质上是借款合同，二审法院错误地定性为股权转让纠纷，属于认定基本事实缺乏证据证明。1) 从缔约背景和目的来看，签订《股权转让及项目合作合同》本意是通过向博大房产公司借款来解决艾可投资公司、东方理财公司在竞拍时出现的资金缺口，以完成受让长天房产公司的权益。2) 合同第五条第 2 款并非为博大房产公司抽逃出资作出的约定，实际上是博大房产公司回收借款的保底条款，保底条款说明该合同本质上是一个借款合同。3)《担保法》第二条第一款规定："在借贷、买卖、货物运输、加工承揽等经济活动中，债权人需要以担保方式保障其债权实现的，可以依照本法规定设定担保。"可见担保的设定是为了保障债权的实现，而不是为了保障股权转让的实现。《补充协议（保证函）》约定由肖天等人对合同的履行承担连带保证责任，也说明《股权转让及项目合作合同》是借款合同。(2) 若将《股权转让及项目合作合同》认定为股权转让合同，则须经审查批准机关批准才生效，否则，因违反法律强制性规定而无效。二审判决认定合同"成立未生效，但具有类似生效的法律约束力"，没有依据。(3) 林朋使用假公章伪造变更登记申请资料骗取了长天房产公司法定代表人的地位，其委托的代理人不能代表长天房产公司。二审判决认可了林朋委托的代理人，错误认定"长天房产公司表示《股权转让及项目合作合同》的审批手续是可以办理的"、"长天房产公司同意将土地证交由长天房产公司法定代表人林朋保管"。(4) 二审判决认定艾可投资公司须按每天1‰的标准支付违约金，属于适用法律错误。合同第五条第1款约定的是解除合同的违约金，各方没有约定继续履行合同的违约金标准。既然未约定继续履行合同的违约金标准，则不管是调高或调低都是没有依据的。二审判决认为博大房产公司在起诉时主动将标准降低为每天1‰是自身诉讼权利的变更，也因而缺乏依据。综上，二审判决认定的基本事实缺乏证据证明，认定事实的主要证据是伪造的，且适用法律错误。请求撤销二审判决，驳回博大房产公司的诉讼请求；本案诉讼费由博大房产公司承担。

博大房产公司答辩称：(1)《股权转让及项目合作合同》是股权转让合同而非借款合同。各方自始至终都没有借款的意思表示。合同明确了股权转让的前因后果、标的和价款，并明确了相关手续的办理等事项，具有股权转让合同的必备条款。合同中没有任何如借款、利息、还款期限等借款合同应当具备的条款。关于用银行贷款归还投资款项的合同条款是各方当事人因急于先行回收投资而约定的，该条款已被法院认定为无效。该条款也非"保底条款"。因为，博大房产公司支付了人民币4300万元转让款，若是借款合同保底条款，博大房产公司则应收回全款，而艾可投资公司无权收回投资款。况且该条款还明确了银行贷款余款用于项目开发。此外，并非只有在借款关系中才有债务人，债务人在法律上是指在当事人之间产生的特定的权利和义务关系中负有义务的人，保证并非仅限于借款性质的债权。在一、二审的整个过程中，东方理财公司和长天房产公司均确认《股权转让及项目合作合同》是股权转让合同，而不是借款合同，股权转让是各方的真实意思。(2)《股权转让及项目合作合同》未经批准不等于无效。艾可投资公司主张无效违反了诚实信用原则。(3) 长天房产公司的工商登记资料表明林朋是长天房产公司的法定代表人，林朋是东方理财公司根据长天房产公司章程指派担任长天房产公司董事和董事长的合法人员，有权代表长天房产公司签署法律文件。(4) 合同约定的违约金是针对逾期办理股权变更登记手续的违约行为的，而选择解除合同或要求继续履行则是守约方的权利。艾可投资公司称违约金仅适用于解除合同及退还投资款的情形，属于狡辩。故二审判决认定事实清楚，适用法律正确，请求驳回艾可投资公司的再审申请。

长天房产公司陈述称：鉴于梁现的种种行径，东方理财公司依照章程和法律撤销了对其董事的委派，另行委派林朋为长天房产公司的董事和法定代表人，并依法办理了变更手续，在工商部门正式登记。梁现在知道其被撤换后，向法院提交了一份伪造的董事会决议。该决议中东方理财公司的印章早已作废，且东方理财公司表示没有参加董事会或作出决议。两审法院对长天房产公司代理人身份的认定是正确的。艾可投资公司是希望空手套白狼，相反博大房产公司一直积极参与长天房产公司的运营。一、二审判决正确，请求驳回艾可投资公司的再审申请。

东方理财公司陈述称：梁现在参与长天房产公司项目的过程中，采取欺诈和不正当手段，使合作方的权益受到严重损害，将追究其责任。

本院查明：艾可投资公司称二审判决认定的基本事实缺乏证据证明，认定事实的主要证据是伪造的，但从其申请再审的具体事由看，艾可投资公司对二审判决就合同性质、效力、代理人资格、违约金类型等认定所提出的异议，实质上都是对有关事项在法律上如何认定的问题。对二审判决查明的事实本身，艾可投资公司实际上并无异议。其他各方当事人也未提出异议。故对二审判决查明的事实，本院予以确认。

本院认为：本案为中外（香港）合作经营企业股权（权益）转让合同纠纷，二审判决依法适用内地法律解决，各方均无异议，本院予以认可。

本案再审审查中的主要争议为：《股权转让及项目合作合同》的性质和效力问题；一、二审中，长天房产公司诉讼代理人的资格问题；艾可投资公司是否应按博大房产公司的请求支付违约金。

（1）关于《股权转让及项目合作合同》的性质。当事人争议的是该合同是股权（权益）转让合同还是借款合同。该合同名称为股权转让和项目合作合同，其内容也是博大房产公司受让艾可投资公司持有的28.5%股权，股权需变更至博大房产公司名下，并约定了未按期完成股权变更的违约责任，故该合同是典型的股权（权益）变更合同。艾可投资公司称从《股权转让及项目合作合同》订立的背景和目的看，该合同是借款合同。该合同签订的背景是艾可投资公司在竞拍长天房产公司权益时出现资金缺口，这是事实。但在现实经济生活中，通过借款来解决资金困难不是唯一的方式，当事人还可以通过转让股权（权益）等方式来筹资。本案当事人选择了转让股权（权益）这种方式来筹资，并无借款的意思表示。艾可投资公司称《股权转让及项目合作合同》第五条第2款为保底条款，由此可推断该合同只能是借款合同。按照该合同条款，艾可投资公司和博大房产公司在长天房产公司获得的贷款中提取一部分先行收回投资，该条款是提前收回出资的条款，而不是保底条款，更不能据此认定整个合同是借款合同。艾可投资公司称他人为该合同履行提供了担保，故该合同就是借款合同，这是对法律的误解。《中华人民共和国担保法》第二条第一款规定："在借贷、买卖、货物运输、加工承揽等经济活动中，债权人需要以担保方式保障其债权实现的，可以依照本法规定设定担保。"该条仅列举了适用担保的部分情形，不能根据该款规定得出只能为借贷、买卖、货物运输、加工承揽提供担保的结论。根据《中华人民共和国民法通则》第八十九条，可以为各类债务的履行设定担保。股权（权益）转让合同属于民法上的债，为其履行设定担保符合法律规定。因此，不能根据肖天等人为《股权转让及项目合作合同》的履行提供了担保就认定该合同只能是借款合同。

（2）关于《股权转让及项目合作合同》的效力。《中华人民共和国中外合作企业法》第十条规定："中外合作者的一方转让其在合作企业合同中的全部或者部分权利、义务的，必须经他方同意，并报审查批准机关批准。"对于未经批准的，效力如何，该法没有明确规定。但《中华人民共和国合同法》第四十四条规定："依法成立的合同，自成立时生效。法律、行政法规规定应当办理批准、登记等手续生效的，依照其规定。"依照合同法该条规定，此类合同虽已成立，但不像普通合同那样在成立时就生效，而是成立但未生效。最高人民法院《关于适用〈中华人民共和国合同法〉若干问题的解释（一）》第九条对此类合同的效力则有更明确的解释，即："依照合同法第四十四条第二款的规定，法律、行政法规规定合同应当办理批准手续，或者办理批准、登记等手续才生效，在一审法庭辩论终结前当事人仍未办理批准手续的，或者仍未办理批准、登记等手续的，人民法院应当认定该合同未生效。"因此，二审判决认定《股权转让及项目合作合同》成立未生效是正确的。由于该合同未生效的原因是未经批准，而批准的前提是当事人报批，促成合同生效的报批义务在合同成立时即应产生，否则，当事人可肆意通过不办理或不协助办理报批手续而恶意阻止合同生效，显然违背诚实信用原则。最高人民法院《关于适用〈中华人民共和国合同法〉若干问题的解释（二）》第八条规定：经批准才能生效的合同成立后，有义务办理申请批准手续的一方当事人未按照法律规定或者合同约定办理申请批准的，属于合同法第四十二条第（三）项规定的"其他违背诚实信用原则的行为"，人民法院可以判决相对人自己办理有关手续；对方当事人对由此产生的费用和给相对人造成的实际损失，应当承担损害赔偿责任。既然"相对人"可以自己办理有关手续，而"对方当事人"应对由此产生损失给予赔偿，那么，"相对人"自然也可以要求"对方当事人"办理申请批准手续。二审判决艾可投资公司履行报请审查批准机关批准的义务是正确的。

（3）关于代理人资格。长天房产公司的法定代表人已由梁现变更为林朋。艾可投资公司称林朋系采取欺骗方式取得长天房产公司法定代表人资格，但没有证据证明，且在长天房产公司原法定代表人梁现提起要求撤销变更登记的行政诉讼中，法院已驳回其请求。此外，根据长天房产公司修改后的章程，长天房产公司的董事长由东方理财公司委派，而东方理财公司在本案诉讼中从未否认林朋为长天房产公司的法定代表人，相反却向本院陈述称将追究梁现的责任。《中华人民共和国民事诉讼法》第四十九条规定："公民、法人和其他组织可以作为民事诉讼的当事人。法人由其法定代表人进行诉讼。"根据上述法律规定，长天房产公司法定代表人林朋签字委托的诉讼代理人有权代表长天房产公司进行诉讼，有关诉讼代理人在诉讼阶段作出的陈述对长天房产公司具有约束力。二审判决根据长天房产公司诉讼代理人的意见，认定长天房产公司表示《股权转让及项目合作合同》的审批手续可以办理、长天房产公司同意将土地使用权证交由长天房产公司法定代表人林朋保管，是正确的。

（4）关于违约金。《股权转让及项目合作合同》第五条第1款的内容为：若艾可投资公司、东方理财公司不能按约定完成办理股权转让的全部法律手续，视为违约，艾可投资公司应无条件退还博大房产公司投资款并承担出资总额每天1‰违约金。艾可投资公司称该条款仅约定了解除合同的违约金，属于理解错误。根据该违约责任条款，只要艾可投资公司违约，就应按每日1‰支付违约金，博大房产公司还可以要求解除合同，至于是选择解除合同还是选择要求继续履行合同，则是博大房产公司的法定权利。博大房产公司在起诉时主动将违约金标准降低为每天1‰，是对自身权利的处分，不违反意思自治原则。因此，二审判决艾可投资公司按每天1‰的标准向博大房产公司支付违约金是正确的。

综上，艾可投资公司申请再审的理由不能成立，其申请不符合《中华人民共和国民事诉讼法》第一百七十九条第一款规定的情形。依照《中华人民共和国民事诉讼法》第一百八十一条第一款之规定，裁定如下：

驳回艾可投资公司的再审申请。

## 案件 19 某房产公司股权转让纠纷案民事判决书

 评注：

本案经历了一审、二审和再审程序，说明当事人为争取自身权益穷尽司法救济手段，其心情可以理解。但是，法院却并未支持再审申请人的主张，而是依法判决其败诉，维持了一审、二审的判决。原因何在？对我们具有如下启示：

（1）股权转让往往涉及多方，各方当事人均有权益发生变化。因此，涉及多方的股权转让事宜尤其需要严谨周全，避免产生歧义和争端。

（2）涉及房地产所有权的股权更为复杂，因为它不是普通的股权转让，当事人同意即可成立。房地产权还涉及产权登记变更等政府部门的审定认可，不完全由当事人自行决定，因而存在变数。

（3）一直以来，中国的房地产市场繁荣，行情看涨，在这种情况下，上家（卖方）往往会在签约或承诺之后反悔，希望下家（买方）报价再提高一些。如果房地产市场下行，行情看跌，则下家（买方）违约又会频发。因此，当事方需要对市场行情有心理预期和判断。

（4）无论哪方在签约之后违约，或提出合同无效的主张，在法律上获得支持的可能性都极小。只要合同约定是双方真实意愿的表示，不明显违反法律的强制性规定，并有损公众或他方利益，都应照章履约。否则，白纸黑字的合同都不遵守，社会经济秩序将陷于混乱，这是我们时时刻刻不能忘记和忽略的。

# 案件 20　某商品房委托代理销售合同纠纷案民事判决书

**【提要】** 原告翔宇房地产策划有限公司与被告天昊房地产有限公司 2005 年 9 月 22 日签订《销售代理合同》，约定由被告委托原告营销策划、广告设计发布及销售总代理被告开发的山水房产项目。原告起诉称，合同签订后，其组建了销售团队，开展了项目设计、策划及延展活动，取得了良好效果，但 2006 年 3 月，被告告知原告，法院已经立案审理长治房产公司请求确认山水项目转让无效一案，项目无法预售，合同履行暂时搁置。2008 年法院判决山水项目转让无效后，合同已无法履行。因此，请求法院判决被告赔偿原告经济损失 31 万元。被告认为导致合同不能履行的原因在于法院判决后，原、被告之间的销售代理合同的标的物不存在了，应由长治房产公司承担赔偿责任。法院认为，原告确实先期投入了工作，而且是被告的原因造成《销售代理合同》因无法履行而解除，原告因此遭受的损失，被告应予赔偿。在合同履行期间，被告曾支付原告销售代理报酬 20 万元。经庭审中双方协商后，最终法院判决被告赔偿原告直接经济损失 14.6 万元及预期利益损失 7.5 万元。

**【关键词】** 销售代理；转让无效；赔偿

原告翔宇房地产策划有限公司（以下简称翔宇策划公司）与被告天昊房地产有限公司（以下简称天昊房产公司）商品房委托代理销售合同纠纷一案，本院于 2011 年 7 月 5 日立案受理，依法由审判员适用简易程序审理，于 2011 年 8 月 8 日公开开庭进行了审理。原告翔宇策划公司委托代理人、被告天昊房产公司委托代理人出庭参加诉讼。本案现已审理终结。

原告翔宇策划公司起诉称：原、被告于 2005 年 9 月 22 日签订《销售代理合同》，约定由被告委托原告营销策划、广告设计发布及销售总代理被告开发的山水房产项目（后改为天下山水项目）。合同约定被告应确保其对山水项目拥有合法产权。应被告要求，原告早在 2005 年 8 月 23 日就组建了项目销售团队，同时开始项目设计、策划及延展。通过原告努力，在项目预售前，楼盘的营销、企划等各项工作取得了良好的进展，完成了市场调研、整体企划方案设计，售楼处和样板房设计、宣传品的设计印发、客户累计登记、现场人员培训等，并参加了第十届××国际住宅产品博览会，取得了良好效果。2006年3月，当一切工作准备就绪，项目准备开盘销售前，被告突然告知原告，法院已经立案审理请求确认山水项目转让无效一案，项目无法预售，原、被告之间的《销售代理合同》暂时搁置。无奈之下原告只得将销售和策划团队暂时解散，等候被告安排。2008年6月，法院最终判决被告与长治房产公司之间的山水项目转让无效，山水项目的所有权仍归属于长治房产公司。原、被告之间的《销售代理合同》因无法继续履行而被迫终止。在代理销售期间，原告按照双方合同的约定，做好各项销售准备工作，投入了较大的人力、物力，因被告的原因，合同目的落空，造成原告前期投入无法收回，预期佣金收入无法实现。现原告起诉请求判令被告赔偿原告经济损失31万元，本案诉讼费由被告负担。

原告向本院提交销售代理合同（复印件）、山水项目会议纪要2份（复印件）、请款报告2份（复印件）、工资单1组，用以证明其起诉所述的事实。

被告天昊房产公司答辩称：双方确于2005年9月22日签订《销售代理合同》，但合同最终无法履行，被告没有过错，是因为被告与天昊房产公司之间的《房屋建设工程转让合同》被法院确认无效，导致原、被告之间的销售代理合同的标的物不存在了，合同事实上无法履行。故即便原告的损失确实存在，也应由长治房产公司承担赔偿责任，如法院认定被告承担赔偿责任，被告将起诉长治房产公司。原告主张的直接损失请求法院酌情认定，原告起诉的预期利益损失，被告认可7.5万元。

被告未向本院提交证据。

经开庭审理，原、被告举证、质证，本院对证据分析认定如下：

原告向本院提交销售代理合同，拟证明被告委托原告营销策划、广告设计发布及销售总代理被告开发的某某房产项目，合同约定被告确保其对该项目拥有合法产权。被告质证认为合同真实性没有异议，但原告认为被告确保其对山水房产项目拥有合法产权是原告的误解，事实上合同的相关表述仅仅为合同双方对事实的一个确认，是对现状的描述，而不是被告的保证。本院对该合同予以采信，并认为被告作为房产销售代理合同的委托方，应当对待销售的房产拥有合法产权。原告提交山水项目会议纪要，拟证明在销售代理合同签订前，原告就已经组织人员投入前期工作，双方就相关事项进行过商讨。被告质证认为对该证据要证明的事实没有异议，原告确实先期投入了工作。本院对该证据予以采信。原告提交请款报告2份，拟证明被告违约行为共计造成原告直接经济损失16万元，预期利益损失15万元，原告曾多次要求被告给予相应赔偿。被告对请款报告的真实性没有异议，但是对要证明的事实有异议，本院对原告曾2次请款的事实予以确认，但请款报告本身不能证明原告主张的直接经济损失及预期利益损失。原告提交工资单，拟证明原告向销售团队和策划团队支付的工资。被告质证认为无异议，本院对该组证据予以采信。

　　根据本院采信的证据，结合庭审中原、被告陈述，本院查明以下事实：2005年9月22日，原、被告签订《销售代理合同》，约定被告委托原告营销策划、广告设计发布及销售总代理被告开发的山水房产项目（后改为天下山水项目）。合同对物业概况、委托代理期限、销售目标、销售价格、广告支出、售楼款收取、佣金结算与支付、违约责任等事项作了明确约定。在销售代理合同签订之前，原、被告已经就案名、策划方向、品牌维护等事项进行了讨论，原告也已经组织销售团队，投入先期工作。合同签订以后，原告完成项目调研报告，制作了营销策划方案，进行广告宣传，并参加了第十届××国际住宅产品博览会。2008年6月，原、被告解除《销售代理合同》。同年，被告与长治房产公司之间的山水房地产项目转让合同被法院确认无效，山水项目的所有权仍归属于长治房产公司。在合同履行期间，被告曾支付原告销售代理报酬20万元。庭审中经协商，被告同意赔偿原告已经支出的销售策划人员工资、奖金、置装费等直接经济损失14.6万元，原告同意变更该项诉讼请求为要求被告赔偿直接经济损失14.6万元。原、被告一致确认，被告因《销售代理合同》目的落空导致预期利益损失7.5万元。

　　本院认为：原、被告之间签订的《销售代理合同》系双方真实意思表示，内容合法有效。合同签订以后，被告与长治房产公司之间的山水地产项目转让合同被法院确认无效，致使原、被告之间的《销售代理合同》无法履行。对原告而言，系被告的原因造成《销售代理合同》因无法履行而解除，原告因此遭受的损失，被告应予赔偿。庭审中，原、被告一致同意被告赔偿原告直接经济损失14.6万元，原、被告一致确认原告存在预期利益损失7.5万元，故被告应向原告赔偿经济损失22.1万元（直接经济损失14.6万元＋预期利益损失7.5万元），原告诉讼请求的合理部分，本院予以支持。依照《中华人民共和国合同法》第九十七条的规定，判决如下：

　　（1）被告天昊房地产有限公司赔偿原告翔宇房地产策划有限公司直接经济损失14.6万元及预期利益损失7.5万元，上述两项合计22.1万元，限被告于本判决生效之日起七日内履行完毕。

（2）驳回原告翔宇房地产策划有限公司的其他诉讼请求。

如果未按本判决指定的期间履行给付金钱义务，应当依照《中华人民共和国民事诉讼法》第二百二十九条之规定，加倍支付迟延履行期间的债务利息。

本案受理费5734元，减半收取2867元，由原告翔宇房地产策划有限公司负担727.4元，由被告天昊房地产有限公司负担2139.6元。

如不服本判决，可在判决书送达之日起十五日内向本院递交上诉状，并按对方当事人的人数提出副本，上诉于××省××市中级人民法院。

本判决生效后，如义务人拒不履行，权利人可在判决书确定的履行期间最后一日起两年内向本院申请执行。

评注：

本案属于房地产中介服务纠纷。作为中介服务，与一般民事关系相比略显复杂一些。因为它不仅涉及双方当事人，往往还涉及第三方，而第三方的行为又不能由双方当事人所左右。因此，中介服务业案件一旦发生纠纷争议，其原因较为复杂。本案给我们如下启示：

（1）合同要严谨。双方的合同要把各种可能影响合同履行的因素考虑周全，约定明确，以便一旦发生争议时有裁决依据。

（2）中介服务的特点往往是先投入，而且很多是智力投入。由于是先行投入，付出了劳动，为了保证能得到应有的付款，维护自身的合法权益，因此，委托方要在合同中对付款保证予以明确约定。

（3）本案中原告在委托方未依约付款的过程中，及时向对方提出了两份《请款报告》，这种做法极其明智。它一方面是向委托方主张自己的权利；另一方面又为诉讼准备了有力的书面证据。在法官心中，白纸黑字的书证远胜于法庭上的口头"雄辩"。

（4）本案被告在未获得产权或有100%的把握获取产权的情况下，就委托原告策划项目，而且未约定因他方原因导致不能履约的免责条款。这是一种极其轻率的行为。结果是自吞苦果，不得不承担委托方的损失，教训深刻。

# 案件 21　某土地有偿有期使用协议纠纷仲裁案裁决书

**【提要】** 申请人天意皮革制品有限公司的原投资方香港飞跃公司与被申请人阳江社区居民委员会于1993年12月签订《有偿转让土地合同意向书》，约定被申请人将阳江工业区建工厂专用地中2万多平方米的土地转让该公司建设工厂，转让期限为50年，并约定飞跃公司每年向被申请人缴付每平方米土地5元人民币的土地管理费，每五年递增9%，每年结算一次；如创办三资企业，每平方米土地每年上缴被申请人3元人民币，作为补偿外汇指标收益。1994年7月，申请人取得了上述土地的《国有土地使用证》。1997年11月15日，申请人和被申请人签署了本案合同《有偿有期使用土地协议书》，约定土地使用面积为31175平方米，也约定了土地管理费和外汇留成补偿的内容。1999年12月24日，该协议所涉土地申请人全部取得国有土地使用权证书。申请人认为，本案合同第七条第5项约定土地管理费包括土地税金和配套设施维修费，被申请人没有征收土地税金的权力，也从没有对申请人现有土地进行过管理、维护。同时，协议所涉土地已经被征用为国有土地，且申请人已经取得合法、有效的国有土地使用证书，申请人只有向国家相关部门缴纳费用和税款的义务，无需向被申请人支付土地管理费、税金及外汇留成补偿。申请人请求仲裁庭依据《中华人民共和国土地管理法》、《中华人民共和国税收征管法》、《中华人民共和国合同法》、《中华人民共和国城镇土地使用税暂行条例》等相关法律法规，认定本案合同中第七条第5项土地管理费的约定及第八条关于外汇留成补偿款的约定属于无效，并依法解除该协议。被申请人认为，本案合同是双方在平等、自愿，充分协商的基础上自愿签订的，第七条、第八条的收费项目是土地使用补偿款的一部分，只是支付的方式不同，是明确、明示告知双方的，没有违反国家强制性规定。法院也已判决申请人支付该费用，且××省各地法院均有类似的判决。仲裁庭经过审理认为，在本案合同签署时，申请人并没有将被申请人对本案所涉土地的所有权作为本案合同得以成立和存续的前提和基础。从双方签订的合同看，申请人对关于土地管理费和外汇留成补偿的存在和支付义务也应是充分知晓并同意的，属于当事人之间针对土地使用交易内容和对价支付的约定，在性质上属于当事人之间的商事安排，而其本身不是也不会构成任何一方对政府公权力行使的限制或规范。在申请人提起本案仲裁之前，本案双方当事人就与本案有关的争议在××省××市第三人民法院和中级人民法院进行了两审诉讼，均认定了本案合同中关于土地管理费和结汇留成补偿款的约定为有效合同条款，并判决申请人应向被申请人支付该费用。申请人在本案中请求仲裁庭对该等约定的有效性作出否定性判断，其在本质上是请求本案仲裁庭修改上述终审判决的认定结论，但申请人没有提供出令仲裁庭信服的法律和事实依据。最终，仲裁庭驳回了申请人的全部仲裁请求。

【关键词】有偿有期使用土地；国有土地征收；土地使用权；土地管理费

××仲裁委员会（以下简称"仲裁委员会"）根据申请人天意皮革制品有限公司（以下简称"申请人"）与被申请人××市××镇阳江社区居民委员会（以下简称"被申请人"）于1997年11月15日签订的《有偿有期使用土地协议书》（以下简称"本案合同"）中的仲裁条款以及申请人于2013年1月21日向仲裁委员会提交的书面仲裁申请，受理了申请人和被申请人之间的争议仲裁案。

鉴于被申请人提出的管辖权问题涉及实体问题需仲裁庭审理后作出决定，仲裁委员会根据《仲裁规则》的规定，授权仲裁庭作出本案管辖权决定。

申请人选定伍先生担任本案仲裁员。由于被申请人未在规定期限内选定或委托仲裁委员会主任指定仲裁员，仲裁委员会主任根据《仲裁规则》之规定指定田先生担任本案仲裁员。由于双方未在规定期限内共同选定或共同委托仲裁委员会主任指定首席仲裁员，仲裁委员会主任根据《仲裁规则》之规定指定片先生担任本案首席仲裁员，并于2013年4月26日组成仲裁庭，审理本案。

2013年7月2日，仲裁庭如期对本案进行了开庭审理。双方当事人均委派仲裁代理人出席了庭审，就案件管辖权问题的主张、事实与理由向仲裁庭进行了陈述，并回答了仲裁庭的提问。庭后，被申请人向仲裁委员会提交了"关于管辖权争议的代理意见"。申请人也于2013年9月4日提交了"法律意见书"。

2013年9月23日，仲裁庭作出了管辖权决定，决定仲裁委员会对本案争议具有管辖权，本案仲裁程序继续进行。

2013年11月15日，仲裁庭如期在北京对本案进行了第二次开庭审理。双方当事人均委派代理人参加了庭审。庭审中，双方的代理人均就案件所涉事实进行了陈述，就证据进行了说明和质证，就相关事实及法律问题进行了辩论，并回答了仲裁庭的庭审提问。

本案全部仲裁文件均已按照《仲裁规则》的规定有效送达双方当事人。

本案现已审理完结，仲裁庭根据庭审情况和相关证据材料，经过合议后，依法作出本裁决。

现将本案案情、仲裁庭意见和裁决分述如下：

## 一、案情

申请人在仲裁申请书中诉称：

1993年12月，（香港）飞跃投资有限公司（以下简称飞跃公司）因为用地需要与被申请人签订了《有偿转让土地合同意向书》，约定被申请人有偿转让土地给飞跃公司使用。飞跃公司是申请人天意皮革制品有限公司（以下简称为天意公司）的原投资方。1994年，××市国土局（现××市国土资源局）与被申请人签订《征用土地协议书》，征用上述土地，并协议出让给飞跃公司。1994年3月7日，××市国土局与申请人签订《××市土地使用权出让合同书》，即×国出让合（1994）第补008号，约定出让面积为21563平方米。申请人于1994年7月取得权属证号为×府国用（1994）字第特425号、×府国用（1994）字第特426号《国有土地使用证》，出让土地面积分别为4840平方米和18501平方米，总计23341平方米。

1998年12月30日，××市国土局与申请人签订两份国有土地使用权出让合同，即《国有土地使用权出让合同》×国土罚出让合（1998）第180号、×国土罚出让合（1998）第181号。申请人于1999年12月取得上述两块土地的国有土地使用证书，即×府国用（1999）字第特573号《国有土地使用证》，土地使用证书记载面积为7020平方米；×府国用（1999）字第特502号《国有土地使用证》，土地使用证书记载面积为4999平方米。

1997年11月15日，申请人与被申请人签订《有偿有期使用土地协议书》，约定土地使用面积为31175平方米。该协议所涉四宗土地，即为申请人分别于1994年7月29日取得的×府国用（1994）字第特425号、×府国用（1994）字第特426号，1999年12月5日×府国用（1999）字第特502号，1999年12月24日×府国用（1999）字第特573号《国有土地使用证》记载的土地。至1999年12月24日，该协议所涉土地申请人已经全部取得国有土地使用权证书。

该协议书第三条约定了土地使用费"有偿有期使用土地的价格为每平方米人民币80元。面积为31175平方米的土地总使用价为人民币249.4万元。"该协议

第七条第 5 项还约定了土地管理费,"乙方在有偿有期使用期内,按每平方米土地面积计算,每年向甲方缴付伍元人民币的土地管理费,每五年递增一次,递增率为 9%,每年结算一次(土地管理费包括土地税金和配套设施维修费),从签订合同一周年开始计算。"

该协议书的第八条约定了外汇结算,约定"三资企业的土地在有偿有期使用期内应按使用土地使用面积计算每年每平方米向甲方缴付伍元人民币作为外汇留成的补偿。"

根据《中华人民共和国税收征收管理法》第二十九条的规定:"除税务机关、税务人员以及经税务机关依照法律、行政法规委托的单位和人员外,任何单位和个人不得进行税款征收活动。"及《中华人民共和国城镇土地使用税暂行条例》第十条的规定:"土地使用税由土地所在地的税务机关征收。土地管理机关应当向土地所在地的税务机关提供土地使用权属资料。"依据以上相关法律规定,被申请人阳江居委会作为自我管理、自我教育、自我服务的基层群众性自治组织,没有征收土地税金的权力。申请人现在享有使用权的土地均属于国有土地,申请人只有向国家税务机关纳税的义务。因此,被申请人依据《有偿有期土地使用协议书》第七条第 5 项约定向申请人索要土地管理费没有法律依据。

申请人与被申请人双方签订的《有偿有期使用土地协议书》第七条第 5 项明确约定土地管理费包括土地税金和配套设施维修费。因被申请人从没有对申请人现有土地进行过管理、维护,也没有产生管理费和配套设施维修费,被申请人无权向申请人索要土地管理费、配套设施维修费。

申请人与被申请人签订的《有偿有期使用土地协议书》所涉四宗土地,原来属于集体所有,申请人于 1994 年取得两宗国有土地使用权证书,1999 年取得两宗国有土地使用权证书。截止到 1999 年 12 月 24 日申请人取得第×府国用(1999)字第特 573 号《国有土地使用证》,被申请人不再对该协议所涉土地享有所有权,也不再享有 1997 年 11 月 15 日签订的《有偿有期使用土地协议书》所约定的权利和义务,被申请人依据该协议第七条第 5 项向申请人索要土地管理费无事实依据。

根据《协议出让国有土地使用权规定》第二条及第五条的规定,国有土地的受让人只需向国家支付土地使用权出让金,且该出让金高于土地有偿使用费、征地补偿费及有关税费之和,即受让人支付土地使用权出让金后,无需再支付补偿费。根据本案实际情况来看,申请人已经按照约定向国家交纳土地使用权出让金,共计人民币 263.25 万元,如果同时还要向集体缴纳土地管理费及补偿款,则属于重复收费，这对申请人是不公平的，与我国国有土地使用权相关法律法规相违背。因此，被申请人无权依据《有偿有期使用土地协议书》第八条向申请人索要外汇补偿款。

根据《最高人民法院关于审理涉及国有土地使用权合同纠纷案件适用法律问题的解释》第一条规定，土地使用权出让的主体为市、县人民政府，土地管理部门代表政府签订土地使用权出让合同，除此主体之外，任何主体不得违法私自出让土地使用权。根据《合同法》第九十四条第一款的规定："因不可抗力致使不能实现合同目的，当事人可以解除合同。"国家的征用行为属于不可抗力，双方签订的《有偿有期使用土地协议书》所涉土地在国家征用行为发生后，所有权人已经改变，协议已无履行基础，双方权利义务终结，应归于消灭，申请人有权解除该协议。

综上所述，申请人、被申请人1997年11月15日签订的《有偿有期使用土地协议书》因该协议所涉土地已经被征用为国有土地，且申请人已经取得合法、有效的国有土地使用证书，申请人只有向国家相关部门缴纳费用和税款的义务，无需向被申请人支付土地管理费、税金及外汇留成补偿。申请人认为《有偿有期使用土地协议书》已经无法再行履行，申请人有权解除该协议，且该协议部分条款违背国家法律禁止性规定，应该归于无效。申请人为维护自身合法权益，特依据《中华人民共和国土地管理法》、《中华人民共和国税收征管法》、《中华人民共和国合同法》、《中华人民共和国城镇土地使用税暂行条例》等相关法律法规，向贵委员会提起仲裁，请求依法认定申请人、被申请人于1997年11月15日签订的《有偿有期使用土地协议书》中第七条第5项土地管理费（包括土地税金和配套设施维修费）的约定及第八条关于外汇留成补偿款的约定属于无效，并依法解除该协议。

申请人据此提出如下仲裁请求：

1. 请求依法认定申请人、被申请人双方于1997年11月15日签订的《有偿有期使用土地协议书》第七条第5项土地管理费（包括土地税金和配套设施维修费）的条款约定无效；

2. 请求依法认定申请人、被申请人双方于1997年11月15日签订的《有偿有期使用土地协议书》第八条关于外汇留成补偿款的条款约定无效；

3. 请求依法解除申请人、被申请人双方于1997年11月15日签订的《有偿有期使用土地协议书》；

4. 请求依法裁决由被申请人承担本案仲裁费。

被申请人答辩称：

（一）申请人与被申请人在《有偿有期使用土地协议书》中第七条、第八条的约定没有违反国家强制性规定，属双方合意签订，合法有效，理由如下：

1.《有偿有期使用土地协议书》是双方在平等、自愿，充分协商的基础上，双方自愿签订的，《有偿有期使用土地协议书》中第七条、第八条的收费项目均在签订本协议时可以预见的，是土地使用补偿款的一部分，只是支付的方式不同，是明确、明示告知双方的，且本协议书双方均有遵照执行。故，我方认为，上述收费项目是明确的、公示收费项目，是土地使用补偿款的一部分，是双方合意并愿意遵照履行的，不存在违法、无效的情节。

2.《有偿有期使用土地协议书》中第七条、第八条的约定已经法院判决申请人支付上述款项给被申请人，该案对协议书中的第七条、第八条的合法性已经做出认定，如协议书中的第七条、第八条违反国家强制性规定的，不论是否做出书面欠款结算单据，因收取款项的依据不合法，法院是不会支持的。如甲乙双方签订赌债欠款协议，乙方（赌债欠款人）并出具欠条，甲方向法院提起诉讼，但因欠款的依据是赌债而会得不到法院的支持。同理，如协议书中的第七条、第八条违反国家强制性规定的，而依据这两条做出的结算单据，也不会得到法院的支持。故，被申请人认为本协议书中的第七条、第八条的约定是否合法已经法院的判决确认，不存在违反国家强制性规定，无效的情形。

3.《有偿有期使用土地协议书》中的土地已经办理了国土证书，是双方履行本协议的约定，本协议书并没有约定办理了国土证书后可以解除本协议或本协议的补偿性收费项目无效。

（二）《有偿有期使用土地协议书》不具备法定解除的情节，依法应当继续履行：

1.《有偿有期使用土地协议书》是双方自愿签订的，无违反法律强制性、禁止性规定，无重大误解及欺诈情节，不具备法定解除的情节，且已过了解除的法定时效。

2. 依据"××省高级人民法院关于审理农村集体土地出让、转让、出租用于非农业建设纠纷案件若干问题的指导意见"之第17条：经依法批准使用或临时使用集体土地的单位或个人与农村集体经济组织签订的使用土地有期有偿合同，是对土地所有权人补偿性质的合同，应认定有效。第18条：在政府批准的征地补偿、安置方案之外，农村集体经济组织与建设单位另行签订的征地补偿协议，可认定有效。

（三）××省各地法院对此类案件均有生效判决，判决均确认收取土地管理费等条款及《有偿有期使用土地协议书》的合法性，被申请人认为仲裁委员会应当予以参照。

在××省××市第三人民法院（2012）×三法民一初字第345号民事判决书中，原告为社区居民委员会，被告为友创公司，被告与原告签订《有偿使用土地合同书》后，办理了国土证书，故拖欠土地管理费。后，原告提起诉讼要求被告支付拖欠的土地管理费，法院认为"原被告双方签订的《有偿使用土地合同书》没有违反法律、法规的强制性、禁止性规定，是双方真实意思表示，且部分土地已取得国有土地使用权证，因此，本院确认《有偿使用土地合同书》合法有效。虽然案涉部分土地使用权已登记在友创公司名下，但办理土地使用权证也是双方合同的内容之一，不能因此而免除友创公司缴交土地综合管理费的义务。"该案判决被告支付土地管理费。

另，××省××市××区人民法院（2010）×法民三初字第1376号民事判决书中，原告为村经济联合社，被告为原优成公司清算组成员，原告与原邦晟公司签订《江南村土地使用权有偿使用合同》一份，原邦晟公司办理了国土权证之后，将该土地转让给了案外第三人，且原邦晟公司清算注销了。后，原告提起诉讼要求原优成公司清算组成员支付涉讼土地管理费（2009年1月1日计至2050年7月16日止）。法院认为："原告与原优成公司签订的《江南村土地使用权有偿有期合同》实为集体土地使用权转让合同，是合同双方真实意思表示，原优成公司在涉讼土地被国家征用后据此取得涉讼土地的国有土地使用权证。合同约定的土地使用权有偿使用补偿费及土地管理费，均为原优成公司取得涉讼土地使用权应付的对价，其区别在于给付方式，原优成公司应诚实履行其付款之义务。故两被告称原优成公司办得国有土地使用权证后应免交管理费的抗辩理由，缺乏依据，本院不予采信。"该案判决原优成公司清算组成员支付（2009年1月1日计至2050年7月16日止）的涉讼土地管理费。

综上所述，被申请人认为本案《有偿有期使用土地协议书》中第七条、第八条的约定没有违反国家强制性规定，且经××市第三人民法院及××市中级人民法院的司法确认，合法有效。《有偿有期使用土地协议书》不具备法定解除的情节，且有相关法律法规明文规定，依法应当继续履行。且，本案情形在××省普遍存在，具有典型意义，理论需结合实际。现为维护被申请人的合法权益，请求仲裁委员会依法驳回申请人的仲裁请求。

## 二、仲裁庭意见

### (一) 本案相关事实

仲裁庭认为,在对本案的核心问题(即本案合同的相关条款的效力以及本案合同是否应予解除)进行分析之前,有必要首先对本案合同以及相关背景情况予以梳理和认定,具体如下:

(1) 1993年12月,申请人的原投资方香港飞跃投资有限公司与被申请人签署了一份《有偿转让土地合同意向书》,规定被申请人将阳江工业区建工厂专用地中的20842.6平方米的土地以每平方米80元的价格转让该公司建设工厂,转让期限为50年(自1993年4月26日至2043年4月底),土地总转让价款在××市国土局转让合同签订10天内付完。该《意向书》第7.5条和第8条还规定,香港飞跃投资有限公司在有偿转让期内,按每平方米土地面积计算,每年向被申请人缴付5元人民币的土地管理费,每五年递增9%,每年结算一次(土地管理费包括土地税金和配套设施维修费),从合同签订一周年起计算;香港飞跃投资有限公司之工厂在经营期间应按照中华人民共和国有关外汇管理规定,做好外汇结算工作,如创办三资企业,按总转让土地面积计算,每平方米土地每年上缴被申请人3元人民币,作为补偿外汇指标收益。

(2) 上述土地原为集体土地。1994年1月17日,××市国土局与被申请人签订了一份《征用土地协议书》,规定××市国土局因出让土地使用权给申请人经营工业厂房,需要将上述土地征用为国家所有,征地补偿费为每平方米人民币80元,由用地单位直接支付补偿费给被申请人。该《协议书》第六条规定,土地被征后,申请人同意从1994年开始,按政府规定逐年向被申请人缴纳土地使用费,每年每平方米5元人民币,缴纳时间为当年12月30日,每5年递增9%。

(3) 1994年3月7日,申请人与××市国土局签署了一份《国有土地使用权出让合同》,规定××市国土局将上述土地出让给申请人使用,用于工业厂房建设,土地面积为21563平方米,土地使用权出让期限为50年,出让金为每平方米20元。该《合同》第12条还规定,申请人同意从1994年开始,按政府规定逐年向被申请人缴纳土地使用费,每年每平方米为5元人民币,缴纳时间为当年12月30日,每5年递增9%。

(4) 1994年7月,申请人取得了上述土地的《国有土地使用证》。

(5) 1997年11月15日,申请人和被申请人签署了本案合同,规定被申请人将阳江工业区建设工厂专用地中的31175平方米的土地以每平方米80元人民币的价格让申请人建设工厂有偿使用50年(自1997年11月15日至2047年11月14日)。本案合同第7.5条和第8条还规定,申请人在有偿有期使用期内,按每平方米土地面积计算,每年向被申请人缴付5元人民币的土地管理费,每五年递增一次,递增率为9%,每年结算一次(土地管理费包括土地税金和配套设施维修费),从合同签订一周年起计算;外资企业应按市、镇有关规定做好结汇工作,三资企业的土地在有偿有期使用期内应按使用土地面积计算每年每平方米向被申请人缴付5元人民币作为外汇留成的补偿。

(6) 本案合同项下的土地包括上述《有偿转让土地合同意向书》和《国有土地使用权出让合同》项下所约定的土地以及申请人与××市国土局于1998年12月30日签订了其他《国有土地使用权出让合同》项下所约定的土地。至1999年12月24日,申请人已经取得了本案合同项下所涉全部土地的国有土地使用证。

**(二) 本案合同的解释和履行基础**

根据上述事实情况,仲裁庭认为:

(1) 申请人就同一土地至少前后签署了两份合同,一份是上述1994年的《国有土地使用权出让合同》,另一份是本案合同,而且本案合同签署时间在后。而且,在本案合同签署时,申请人已经取得了该合同项下部分土地的使用证。因此可见,至少在商业角度上看,申请人取得和拥有相关土地的使用权应没有对其签署本案合同构成事实上或法律上的障碍。换言之,至少在本案合同签署时,申请人并没有将被申请人对本案所涉土地的所有权作为本案合同得以成立和存续的前提和基础。申请人在承认本案合同整体有效的情况下,以该合同签署前已经事实存在并为其所知的土地权属状态为由否认该合同的继续有效性是没有法律依据的。

(2) 关于每年每平方米5元人民币的土地使用费或土地管理费在上述四份协议(具体为1993年的《有偿转让土地合同意向书》,1994年的《征用土地协议书》和《国有土地使用权出让合同》以及1997年的本案合同)均有类似规定,具体的条款措辞和其表述的商业含义基本相同。因此可见,至少在商业角度上看,申请人对该等费用的存在和支付义务应是充分了解并同意的。

(3) 同样,鉴于1993年的《有偿转让土地合同意向书》,和1997年的本案合同中的相关规定,申请人对关于外汇留成补偿的存在和支付义务也应是充分知晓并同意的。

（4）从本案合同中对土地管理费和外汇留成补偿的具体规定看，该等费用和补偿义务应属于当事人之间针对土地使用交易内容和对价支付的约定，在性质上属于当事人之间的商事安排，而其本身不是也不会构成任何一方对政府公权力行使的限制或规范。

由上可见，申请人主张本案合同第7.5条和第8条无效以及本案合同应依法予以解除的理由是不能成立的。

**（三）关于在××省法院的诉讼**

另外，在申请人提起本案仲裁之前，本案双方当事人就与本案有关的争议在××省××市第三人民法院（以下简称"一审法院"）和××省××市中级人民法院（以下简称"二审法院"）进行了两审诉讼。二审法院于2012年3月12日作出了终审判决，维持一审法院作出的一审判决。

在该等法院判决中，一审法院和二审法院对本案所涉及的两个合同相关条款的有效性以及本案合同的继续履行性均有认定，下分述之：

（1）关于土地管理费和结汇留成补偿款条款的有效性

在一审判决中，一审法院作出了如下认定和判决：

(1.1) 本案合同是"双方当事人真实意思表示，没有违反法律的、行政法规的强制性规定，合法有效"。

(1.2) "虽然案涉土地已被征用为国有土地，被以××市国土局的名义出让给天意公司"，但本案合同"约定被告天意公司应缴交土地管理费、结汇留成补偿款给阳江管理区，双方当事人并未协议变更以上约定"……，"因此，双方应当依约履行，由天意公司支付土地管理费、结汇留成补偿款给阳江管理区"。

(1.3) 判决"被告天意皮革制品有限公司于本判决发生法律效力之日起七日内支付原告××市××镇阳江社区居民委员会1997年至2010年期间的土地管理费和结汇留成补偿款人民币383.3万元及利息"。

从一审判决的分析逻辑看，一审法院是认定了本案合同中关于土地管理费（即第七条第5项）和结汇留成补偿款（第八条）的约定为有效合同条款，并以此为合同基础在该诉讼案中判决申请人应向被申请人支付该等条款所约定的土地管理费和结汇留成补偿款。二审法院也认可了一审法院的该等分析和认定。

由上可见，该两审法院对本案合同中关于土地管理费和结汇留成补偿款的约定的有效性做出了肯定性判断，并且该等判断是该两审法院做出判决的基础。申请人在本案中请求仲裁庭对该等约定的有效性作出否定性判断，其在本质上是请求本案仲裁庭修改上述终审判决的认定结论。

在本案中，申请人是以和其曾在前案中提出的相同事由为依据请求仲裁庭就该等同一合同条款有效性问题在实体上作出与上述终审判决中不同的认定，申请人就其此项诉求没有提供出令仲裁庭信服的法律和事实依据。

（2）关于申请人取得国有土地使用权后，本案合同是否还应履行的问题

二审法院对此问题也作出了认定：即"天意公司对于涉案土地使用权的取得是基于国家将农村集体土地征用后再出让的行为，原阳江管理区在上述一系列合同中已丧失了对涉案土地的使用权，而天意公司却因此获得涉案土地的使用权，且此后天意公司并未与阳江居委会、阳江经联社协商解除、变更、废止《有偿转让土地合同意向书》、《有偿有期使用土地协议书》，故天意公司仍有义务履行《有偿转让土地合同意向书》、《有偿有期使用土地协议书》。"可见，二审法院认为，申请人取得国有土地使用权这一事实并不必然构成本案合同不应继续履行的事由。

**（四）关于申请人的仲裁请求**

综上可见，申请人的三项实体仲裁请求不能成立，应予驳回。相应地，申请人应自行承担本案仲裁费。

## 三、裁决

基于上述分析和意见，仲裁庭裁决如下：

（一）驳回申请人的全部仲裁请求。

（二）本案仲裁费为人民币72743元，全部由申请人自行承担。上述费用已由申请人向仲裁委员会缴纳的等额仲裁预付金予以全部冲抵。

本裁决为终局裁决，自作出之日起生效。

 **评注：**

　　本案给人们最重要的一点启示是：当事人在签署任何合同、协议时都要慎之又慎！否则，一旦生效之后，单方面以某种理由提出不再履行或者撤销合同、协议的主张，获得支持的可能性微忽其微。因为在当事人双方自愿的情况下，所约定的事项体现了双方的意愿，并无欺骗、胁迫等情形，又不明显违反法律和公序良俗，侵害社会公众利益，仲裁庭很难作出支持撤销原合同、协议主张的裁决。无论如何，在我国市场经济体制不断完善的过程中，经济要发展，企业也要发展，不可能关门不做业务。但社会经济形势发展变化很快，新的法律规定不断出台，企业就要研判形势发展，及时掌握市场动态，从宏观到微观都要深入调研，慎重决策，尤其是签订合同时，要慎之又慎。

# 案件 22  某合作开发公寓协议争议仲裁案裁决书

**【提要】** 申请人天宇房地产开发有限公司与被申请人海鹏房地产开发有限公司签订《合作开发莱格特公寓协议书》，约定申请人投资1.3亿元，在2001年8月1日前实际取得地下一层和地上一、二层18688平方米商场的产权和经营权，或使申请人取得房产的产权和经营权的资格得到法律确认。2001年8月1日，申请人与被申请人签订《商品房买卖合同》，将莱格特公寓地上一层7000平方米商场作价6160万元转让给申请人，并办理了房屋预售登记手续。之后，双方又于2001年8月20日先后签订了两份补充协议并来往函件，对被申请人如何履行和落实约定义务以及不能履行约定如何承担违约责任和赔偿投资损失的问题进行协商确定，但被申请人均未履行。申请人请求仲裁庭裁决被申请人偿还其投资损失，支付违约金，并按银行同期贷款利息支付逾期违约金。被申请人既未出庭，也未提交书面意见。仲裁庭经审理认为，申请人已履行出资义务，被申请人在与申请人的来往函件中，也承认莱格特公寓项目建设出现问题，并就如何结清双方债权债务进行了协商，但其努力未能达到预期效果，因此，本案合同没有得到履行的责任由被申请人一方承担，被申请人应偿还申请人的投资损失，并支付违约金和逾期违约金。

**【关键词】** 合作开发；预售；违约责任；赔偿投资损失

××仲裁委员会（以下简称仲裁委员会）根据申请人天宇房地产开发有限公司与被申请人海鹏房地产开发有限公司于2000年8月16日签订的《合作开发莱格特公寓协议书》（以下简称合作协议）中的仲裁条款，以及申请人于2007年8月提交至本会的书面仲裁申请及其附件，受理了申请人和被申请人之间关于上述合同项下的争议仲裁案。

申请人选定的仲裁员劳先生，仲裁委员会主任根据《仲裁规则》为被申请人指定的王先生，以及仲裁委员会主任指定的首席仲裁员殷先生按照《仲裁规则》的规定签署了独立声明书后，于2007年11月27日组成仲裁庭，审理本案。

2008年1月16日，仲裁庭开庭审理本案。申请人委派仲裁代理人参加了庭审，被申请人未到庭参加庭审。仲裁庭根据《仲裁规则》第三十四条的规定对本案进行了缺席审理。庭后，仲裁委员会秘书局将庭审情况书面告知了被申请人并随函转去申请人听后提交的有关证据材料。被申请人始终未提交任何文件。

本案现已审理终结。仲裁庭根据现有书面文件以及开庭审理所查清的事实和查证的证据，经合议后，依法作出本裁决。本案案情、仲裁庭意见以及裁决内容如下：

## 一、案情

2000年8月16日，申请人与被申请人签订《合作开发莱格特公寓协议书》，约定双方合作开发莱格特公寓项目，被申请人以土地使用权及前期费用折合人民币4亿元投入，申请人投资1.3亿元；双方协议分得财产，其中申请人取得地下一层6688平方米和地上一、二层12000平方米，共计18688平方米商场的产权和经营权。同时，被申请人承诺，2001年8月1日前使申请人实际取得应分得的房产和经营权，或使申请人取得房产的产权和经营权的资格得到法律确认。否则申请人有权解除协议，被申请人退还申请人投入资金的本金和利息，并支付违约金500万元。双方约定，"因本协议而发生或与本协议有关的任何纠纷，双方应协商解决，协商不成时，双方同意提交××仲裁委员会裁决"。

2001年8月1日，申请人同被申请人签订《商品房买卖合同》，将莱格特公寓A、B、C、D幢1、2单元的201、A101号房共7000平方米作价6160万元转让给申请人，2001年8月14日，被申请人在××市国土资源和房屋管理局办理了房屋预售登记手续。

2001年8月20日，双方签订《〈合作开发莱格特公寓协议书〉之补充协议（一）》，确认由于被申请人欠缴土地出让金，故地上一层部分中仅有7000平方米房产通过预售方式登记在申请人名下，地下一层和地上一、二层的其余部分5000平方米无法登记到申请人名下；双方在该协议的第一条约定，如至2001年8月31日，如被申请人仍不能将该部分房屋登记在申请人名下，被申请人应于2001年9月31日前向申请人支付违约金500万元人民币，并一次性赔偿投资损失8440万元，逾期赔偿全部或部分前述款项，则应按逾期部分每日1‰的标准计付逾期违约金。双方在第二条约定，双方执行该补充协议第一条后，申请人依原协议享有该项目地上第一、第二层商场7000平方米房地产权益外，不得再要求取得该项目中其他房地产权益。

2001年8月20日，双方还签订了《〈合作开发莱格特公寓协议书〉之补充协议（二）》，约定申请人向被申请人转让已经办理预售登记的7000平方米的全部房地产权益，转让费为6160万元，被申请人应于2001年9月30日前支付上述转让费。如果全部或者部分逾期支付转让费累计超过30日，申请人有权向他方转让其在该项目中的合法权益。

上述补充协议被申请人均未履行。

2003年9月2日，申请人向被申请人发出履约通知，要求被申请人按照双方签订的协议书和两份补充协议履行义务。

2003年9月8日，被申请人给申请人复函（《海鹏房地产开发有限公司致天宇房地产开发有限公司的复函》），承认由于公司投资失误，莱格特公寓项目的建设出现了问题，通过莱格特公寓项目自身的建设已无法保障或完全保障申请人的利益，并提出以资产置换方式解决债务的愿望。

投资款支付情况如下：2000年8月，申请人支付投资款4000万元，被申请人开具了750万元、750万元、500万元、200万元、900万元、900万元的发票六张。2000年9月支付投资款6000万元，被申请人分别开具了1000万元和5000万元的发票两张。此外还支付投资款3000万元，被申请人开具了750万元的发票四张，但是没有注明时间。

申请人提交了《合作开发莱格特公寓协议书》、《〈合作开发莱格特公寓协议书〉之补充协议（一）》、《〈合作开发莱格特公寓协议书〉之补充协议（二）》、2001年8月1日《商品房买卖合同》、2003年9月2日申请人发出的《履约通知书》、2003年9月8日《海鹏房地产开发有限公司致天宇房地产开发有限公司的复函》、被申请人开具的12张收款发票。仲裁庭审查了上述证据的原件，可以确定其存在的形式是真实的。

申请人提出以下仲裁请求：

（1）被申请人偿还投资损失8440万元；

（2）被申请人支付违约金500万元；

（3）被申请人自2001年10月1日起按银行同期贷款利息向申请人支付逾期违约金2795.69万元；

（4）被申请人承担仲裁费用。

被申请人没有出庭，也没有提交书面意见。

## 二、仲裁庭的意见

必须指出，当事人已就案件事实和焦点问题等，向仲裁庭提出了相关资料和必要的分析意见，这些资料和意见分别以证据、笔录、代理意见等形式保留在本仲裁案卷宗中。本裁决书没有全面引用上述分析意见，并非忽视或者忽略上述意见。

### （一）关于本案合同的效力及仲裁庭的管辖权

本案申请人和被申请人作为房地产开发企业，就合作开发房地产项目事项签署了合作开发协议及其补充协议，仲裁庭认真审阅了上述文件，没有发现违反法律强制性规定的内容。仲裁庭认定上述文件是有效的，可以作为仲裁庭处理本案纠纷的基本根据。

双方还签订了《商品房买卖合同》，但是该合同是申请人获取投资收益或投资补偿的方式，并不能改变双方合作开发协议确定的法律关系。

本案中，双方就以仲裁方式解决纠纷的约定是明确的，对仲裁机构的约定也是具体确定的，本会可以管辖本案，本仲裁庭有权处理本案争议。

### （二）关于被申请人的违约责任

仲裁庭认真审查了申请人履行合同的情况，认为申请人已经按约定履行了义务。申请人于2000年8月16日～2001年分12次将1.3亿元资金给付被申请人及被申请人的关联公司。双方在此后的补充协议和来往函件中，始终未讨论投资是否到位问题，达成的补充协议及互发的履约通知主要强调的也是被申请人如何履行和落实约定义务以及不能履约如何承担违约责任和赔偿投资损失的问题。因此，仲裁庭可以得出申请人已经履行合作协议约定的出资义务，且对申请人履行义务无争议的结论。

被申请人在《〈合作开发莱格特公寓协议书〉之补充协议（一）》中，承认由于欠缴土地出让金，造成地上一层部分中仅有7000平方米房产通过预售方式登记在申请人名下，地下一层和地上一、二层的其余部分5000平方米无法登记到申请人名下。在《海鹏房地产开发有限公司致天宇房地产开发有限公司的复函》中承认，"由于公司的投资失误，莱格特公寓项目的建设出现了问题"，实际是承认已经违约的事实。被申请人还提出以设定了抵押或担保的他人财产，或以资产置换方式结清双方的债权债务，我们在申请人的文件中也看到了类似的表述，说明双方在被申请人违约后，为处理争议和挽回损失作了努力，但是我们没有看到被申请人的努力达到了预期效果。仲裁庭可以认定，双方的补充协议没有得到履行，其责任应由被申请人一方承担。

（三）关于仲裁请求

双方在《〈合作开发莱格特公寓协议书〉之补充协议（一）》中约定，至 2001 年 8 月 31 日，如被申请人仍不能将该部分房屋登记在申请人名下，被申请人应于 2001 年 9 月 31 日前向申请人支付违约金 500 万元人民币，并一次性赔偿投资损失 8440 万元，逾期则按逾期部分每日 1‰ 的标准计付逾期违约金。同时约定，如果按照上述方式承担违约及赔偿责任后，除已经以预售方式登记在申请人名下 7000 平方米外，申请人放弃其他权益。上述约定明确了如果申请人不能获得房产，则应取得违约金及投资款的赔偿，而一旦取得违约金及获得投资款赔偿，即不再要求相应的房产权益。上述约定是公平的，申请人只请求被申请人偿还投资损失和支付违约金，符合上述约定，应当得到支持。

但是，以每日 1‰ 的标准计付逾期违约金，在本案的具体情况下，处罚过重。申请人提起仲裁时考虑到被申请人实际情况，仅要求按照银行贷款同期利息支付逾期违约金，是合理的，仲裁庭应予支持。

自 2001 年 10 月 1 日起～2007 年 7 月 31 日，被申请人计算的利息为 2795.69 万元。计算方法如下：

2001 年 10 月 1 日～2002 年 2 月 20 日，贷款年利率 5.58%，期限 143 天，利息为 196.12 万元；

2002 年 2 月 21 日～2004 年 10 月 28 日，贷款年利率 5.31%，期限 980 天，利息为 1220 万元；

2002 年 10 月 29 日～2006 年 4 月 27 日，贷款年利率 5.58%，期限 546 天，利息为 714.28 万元；

2006 年 4 月 28 日～2006 年 8 月 18 日，贷款年利率 5.85%，期限 113 天，利息为 154.98 万元；

2006 年 8 月 19 日～2007 年 3 月 17 日，贷款年利率 6.12%，期限 211 天，利息为 302.74 万元；

2007 年 3 月 18 日～2007 年 5 月 18 日，贷款年利率 6.39‰‰，期限 62 天，利息为 92.88 万元；

2007年5月19日～2007年7月20日，贷款年利率6.57%，期限63天，利息为97.04万元；

2007年7月21日～2007年7月31日，贷款年利率6.84%，期限11天，利息为17.64万元；

以上各项利息合计为2795.69万元。

**(四) 关于仲裁费用的承担**

本案因被申请人违约引起，仲裁费用应由被申请人全额承担。

综上，仲裁庭已就双方关系的主要争议作出分析，并认为在并未忽视或漠视当事人各方其他问题的前提下，已能对本案争议作出判断和恰当裁决。

## 三、裁决

现裁决如下：

(1) 被申请人向申请人偿还投资损失8440万元；

(2) 被申请人向申请人支付违约金500万元；

(3) 被申请人向申请人支付逾期违约金2795.69万元（自2001年10月1日起～2007年7月31日）；

(4) 本案的仲裁费用由被申请人承担。

以上确定的各项给付应于本裁决书送达之日起30日内执行完毕，逾期执行的按中国人民银行逾期付款滞纳金标准加付滞纳金。

本裁决为终局裁决，自作出之日起生效。

 **评注：**

　　纵观各类股评节目，主持人在节目最后都要职业性地说一句："股市有风险，投资需谨慎。"其实这句话完全适用于房地产市场，可依样画葫芦般提示人们："楼市有风险，投资需谨慎。"

　　楼市之所以有风险，而且风险较多，是由我国现阶段房地产市场特征决定的。它既有国家政策（土地、金融、限购、税收等）的外部风险，又有投资决策、项目管理、质量安全、技术工艺等实施过程的一系列风险。有的风险是市场主体通过努力可以控制的，有的风险则不是市场主体自身能够控制的，只能通过研究、分析、预测尽可能避免。

　　本案名为合作开发，实质上是商品房买卖，申请人为买方，被申请人为卖方。而且是以预售的方式实现买卖行为。作为买方而言，这种预付款的买房行为，其风险又大大高于现房销售。因为从付款到收房以及办理房产证之间还有一段较长时间，其间可能发生许多不可预见的、导致买卖目的不能实现的不确定因素。这也是本案被申请人违约的责任所致。因此，任何以预付款方式买房者都应从中吸取教训。

　　本案好在合同约定明确，申请人的证据充分有力，各项仲裁请求均得到仲裁庭的支持。从形式上看，申请人的权益得到保护。但在实践中，得到法律支持的权益能否完全实现还要打上一个问号，假如被申请人资不抵债，申请人同样也会受到损失。楼市之险，不可不察！

# 案件 23　某房屋买卖合同争议仲裁案裁决书

**【提要】** 申请人何先生与被申请人张先生及案外人安天房地产经纪有限公司签订《房屋买卖三方合同》，申请人按照合同约定先后向被申请人交付定金人民币 20500 元和购房首期款人民币 30 万元整。但被申请人在未履行催告义务的情况下，将该房屋出卖给他人并且办理了房屋变更登记手续。申请人请求仲裁庭裁决，被申请人返还购房款和利息，并支付中介费、律师费。被申请人既未出庭，也未提交任何书面材料。仲裁庭经审查认为，从申请人提交的相关证据及安天房地产经纪有限公司等证言看，被申请人在收到费用后，并未履行合同约定，应承担合同无法履行的责任，返还申请人购房款和利息，并支付中介费、律师费。

**【关键词】** 房屋买卖；定金；利息；一房数卖

××仲裁委员会根据申请人何先生与被申请人张先生及案外人安天房地产经纪有限公司于 2007 年 6 月 16 日签订的《房屋买卖三方合同》中的仲裁条款、申请人提交的"关于孙先生在房屋买卖三方合同上买方一栏签字的情况说明"以及申请人于 2008 年 12 月 15 日提交的书面仲裁申请受理了本案。鉴于本案争议金额未超过人民币 50 万元，本案程序适用简易程序的规定。

由于双方未在规定期限内共同选定或共同委托仲裁委员会主任指定独任仲裁员，仲裁委员会主任根据《仲裁规则》之规定指定胡先生担任本案独任仲裁员，于 2009 年 3 月 10 日成立仲裁庭，审理本案。

2009 年 4 月 7 日，本案开庭审理。申请人授权代理人出席了庭审，向仲裁庭陈述了案情，回答了仲裁庭的提问。被申请人未出席庭审，也未提交任何书面材料。

根据邮局出具的查单以及《仲裁规则》的规定，本案所有材料均已有效送达双方当事人。

本案现已审理终结，仲裁庭依据事实和法律，对本案作出裁决。本案案情、仲裁庭意见及裁决分述如下：

## 案件 23 某房屋买卖合同争议仲裁案裁决书

## 一、案情

申请人与被申请人及中介于 2007 年 6 月 16 日签订了本案合同。随后，双方在履行合同过程中产生争议，申请人依据合同中的仲裁条款向仲裁委员会提起仲裁申请。

申请人在仲裁申请书中称：

2007 年 6 月 16 日，申请人与被申请人签订了本案合同。该合同条款共计十四条，第一条约定了房产成交的六项具体情况；第二条约定了成交价格及成交方式，成交总价格为人民币 186.73 元；第三条约定了居间报酬的金额及支付方式，居间报酬的金额为人民币 56020 元；第四和第五条分别约定了权属过户代理和房屋交付；第六、第七和第八条分别约定了被申请人作为甲方，申请人作为乙方，中介作为丙方的权利义务；第九、第十和第十一条分别约定了三方当事人的违约责任；在第十条第（二）款第 2 项中约定申请人逾期未付款，被申请人应催告申请人。合同第十二条和第十三条约定了合同生效和争议的解决方式；合同第十四条补充协议第一款第 2、3、4 项约定"本合同补充条款与正文条款不一致的，以补充条款为准。如甲方未按照本合同第十条第（二）款第 2 目履行催告义务视为甲方违约。甲方如收到定金或房款后，一房数卖，造成合同不能实际履行，应当返还定金、房款及利息（按银行同期贷款利率计算），并承担本次交易的中介费用，及以后可能发生的仲裁费用和律师费用"。

合同签订后，申请人按照合同约定于 2007 年 6 月 16 日向被申请人交付定金人民币 20500 元，于 2007 年 7 月 2 日向被申请人交付购房首期款人民币 30 万元整。但被申请人收到定金和购房款后在未履行催告义务的情况下，于 2007 年 7 月 4 日又将该房屋出卖给他人并且已经办理了房屋变更登记手续。

申请人多次通过电话方式与被申请人联系协商解决争议。被申请人置之不理，已经构成严重违约。在此期间，中介方也曾多次与被申请人通电话，促成申请人与被申请人达成和解，但被申请人并无诚意，交涉无效，一直未果。申请人为此不得不按照合同约定的仲裁条款申请仲裁裁决。

由此，申请人提出仲裁请求：

（1）被申请人向申请人返还购房款人民币 320500 元和利息人民币 32356 元；

（2）被申请人向申请人支付中介费人民币 56020 元和律师费人民币 3.2 万元以补偿申请人的损失；

(3) 被申请人承担本案仲裁受理费和仲裁处理费。

申请人在"代理词"及"代理词补充意见"中提出补充意见认为，认定被申请人违约有充分的事实根据和法律依据。申请人多次通过电话方式与被申请人联系协商解决争议。被申请人置之不理，已经构成严重违约。在此期间，中介方安天房地产经纪有限公司也曾多次与被申请人通电话催促和解，在仲裁开庭活动中，中介方也派员出庭作证。以上事实由合同这一书证和中介的证人证言所证实。

申请人的请求事项选择要求适用违约金符合《中华人民共和国合同法》（以下简称"《合同法》"）的规定。《合同法》第一百零七条规定，当事人一方不履行合同义务应当承担赔偿损失的违约责任。本案当事人在合同第九条第（二）款第2项中明确约定，被申请人未交付房屋的，申请人有权单方面解除合同，被申请人应向申请人双倍返还定金，被申请人由此给申请人造成经济损失的由被申请人据实赔偿。当事人继而又在第十四条补充协议中约定，被申请人收到定金或房款后，一房数卖，造成合同不能实际履行，应当返还定金、房款及利息，并承担本次交易的中介费用，及以后可能发生的仲裁费用和律师费用。由此可见，本案当事人约定的合同法定解除的条件已经出现，本案的合同目的已经无法实现，所以申请人的请求事项符合法律的规定精神。

我国《合同法》第一百一十六条规定，当事人既约定违约金，又约定定金的，一方违约时，对方可以选择适用违约金或者定金条款。本条规定了违约金与定金条款的选用问题，在既约定违约金，又约定定金的情况下，当事人只能在违约金与定金条款中间选择一种。本条的规定与最高人民法院过去作出的司法解释的精神不同。最高人民法院在《关于审理经济合同纠纷案件中具体适用〈经济合同法〉的若干问题的解答》中规定：定金与违约金的性质不同，定金是一种担保方式，而违约金是对违约的一种制裁或补偿手段。所以，合同的一方可以在对方违约时，既要求对方支付违约金，又要求按照定金罚则处理定金问题，只要法律和法规没有明文相反规定，就应当予以保护。但并用的结果应以不超过合同的价金总额为限。《合同法》生效以后，上述司法解释就不再适用了。

"可以选择适用违约金或者定金条款"，是指只能适用违约金和定金条款中的一种作为违约责任的承担方式，也就是说二者不能并用。"定金条款"是合同当事人就有关定金的方式、数量、性质等事项而达成的合意。定金条款也是一种合同，它在地位上是从合同。据此申请人请求不适用定金罚则而要求适用违约金是有法律依据的。

依照中国人民银行同期贷款基准利率5.76%计算，定金人民币20500元相对应的贷款利息，自2007年6月16日起～2009年3月底共21.5个月，计人民币2116元，购房款人民币30万元相对应的贷款利息，自2007年7月2日起～2009年3月底共21个月，计人民币30240元。通常情况下，贷款利息的计算并不采取以一定变动时间利率变化的均值为依据，因此，申请人主张同期贷款基准利率5.76%计算，比较合法合情合理，理应得到采信。

依照商业贷款五年基准利率自2007年5月19日迄今，利率变动依次分别为6.93%、7.20%、7.30%、7.65%、7.74%、7.56%、7.29%、7.02%、5.94%、5.76%，取均值为7.047%。《中华人民共和国民事诉讼法》第十三条规定："当事人有权在法律规定的范围内处分自己的民事权利和诉讼权利。"因此，申请人按照最低标准的同期贷款基准利率5.76%计息，符合我国法律的规定精神。

综上所述，被申请人未履行合同义务致使合同目的不能实现。申请人向仲裁委员会请求仲裁，请求仲裁委员会解除房屋买卖合同，对被申请人要求返还定金、房款及利息，并承担本次交易的中介费用及仲裁费用和律师费用既有事实依据，又有法律依据。

## 二、仲裁庭意见

仲裁庭依法进入仲裁程序，听取申请人的仲裁申请，并就有关事实和证据向申请人核实。庭审结束后，申请人提交了代理词补充意见。由于被申请人缺席，仲裁庭本着认真负责的精神，对可能影响被申请人利益的问题全面进行了核实。

申请人已就案件事实和焦点问题等，向仲裁庭提出了相关资料和分析意见，这些资料和意见分别以证据、笔录、代理意见等形式保留在本案卷宗中。本裁决书没有全面引用上述意见，并非忽视或者忽略上述意见。仲裁庭认为：

### （一）关于本案房屋买卖三方合同的效力及仲裁庭的管辖权

申请人与被申请人于2007年6月16日签订的《房屋买卖三方合同》体现了双方的意愿，仲裁庭认真审阅了上述资料，没有发现违反法律法规强制性规定的内容。仲裁庭认定上述资料合法有效，可以作为仲裁庭处理本案纠纷的基本依据。

《房屋买卖三方合同》中"第十三条争议的解决方式"约定："本合同在履行

中产生的争议事项，三方应协商解决。如协商不成，三方同意按照第 1 种方式解决该纷争。即提交××仲裁委员会。"因此，本案中申请人和被申请人双方就以仲裁方式解决纠纷的约定是明确的，对仲裁机构的约定也是明确的，仲裁委员会可以管辖本案，仲裁庭有权处理本案争议。

**（二）仲裁庭对本案有关事实的认定**

（1）关于违约责任问题。被申请人作为甲方，申请人作为乙方，安天房地产经纪有限公司作为丙方，三方于 2007 年 6 月 16 日签订了《房屋买卖三方合同》。该合同第二条"付款方式"中约定"乙方应在签订本合同当日，预先支付总房款的 1%，即人民币 20500 元，作为保证双方履行合同的定金"；"乙方于 2007 年 6 月 30 日前支付甲方人民币 846500 元整，剩余房款人民币 100 万元整于 2007 年 7 月 16 日前付给甲方"。第五条"房屋交付"中约定"甲乙双方同意在签订本合同后 30 个工作日（以丙方通知为准），持本合同和相关证件共同到房地产交易管理部门办理产权过户手续"，并在第十条第（二）款第 2 项中约定"乙方逾期未付款，甲方应书面催告乙方"。

合同签订后，申请人按照合同约定于 2007 年 6 月 16 日向被申请人交付定金人民币 20500 元，于 2007 年 7 月 2 日向被申请人交付购房首期款人民币 30 万元整。但被申请人收到定金和购房款后，在未履行催告义务的情况下，于 2007 年 7 月 4 日又将该房屋出卖给他人并且已经办理了房屋变更登记手续。申请人多次通过电话方式与被申请人联系协商解决争议，安天房地产经纪有限公司也多次与被申请人通电话催促和解，但被申请人均置之不理。

因此，仲裁庭认定，申请人按合同约定向被申请人支付了有关费用，而被申请人在收到费用后，并未履行双方签订的合同约定，合同无法履行的责任应由被申请人一方承担。

（2）关于违约金问题。双方在合同第九条第（二）款第 2 项中明确约定，被申请人未交付房屋的，申请人有权单方面解除合同，被申请人应向申请人双倍返还定金，被申请人由此给申请人造成经济损失的由被申请人据实赔偿。但合同第十四条补充协议第（一）款第 2、3、4 项约定"本合同补充条款与正文条款不一致的，以补充条款为准。如甲方未按照本合同第十条第（二）款第 2 目履行催告义务视为甲方违约。甲方如收到定金或房款后，一房数卖，造成合同不能实际履行，应当返还定金、房款及利息（按银行同期贷款利率计算），并承担本次交易的中介费用，及以后可能发生的仲裁费用和律师费用"。

《合同法》第116条规定"当事人既约定违约金,又约定定金的,一方违约时,对方可以选择适用违约金或者定金条款"。因此,仲裁庭认为申请人请求不适用定金罚则而要求适用违约金是有法律依据的。

**(三)仲裁庭对各项仲裁请求的意见**

(1)申请人的第一项仲裁请求"被申请人向申请人返还购房款人民币320500元和利息人民币32356元"。通过以上事实的认定,仲裁庭认为申请人已完全履行了其合同义务,违约责任由被申请人承担,被申请人应当依法履行合同约定的返还定金、房款及利息(按银行同期贷款利率计算)的义务。申请人要求按照最低标准的银行同期商业贷款五年基准利率5.76%计息,返还利息人民币32356元是合理的。因此,仲裁庭支持申请人的第一项仲裁请求。

(2)申请人的第二项仲裁请求"被申请人向申请人支付中介费人民币56020元和律师费人民币3.2万元以补偿申请人的损失"。双方在合同的补充条款中明确约定"甲方如收到定金或房款后,一房数卖,造成合同不能实际履行,应当返还定金、房款及利息(按银行同期贷款利率计算),并承担本次交易的中介费用,及以后可能发生的仲裁费用和律师费用"。申请人向仲裁庭提供了合法有效的中介费和律师费支付凭证,金额分别为人民币56020元和3.2万元。因此,仲裁庭支持申请人的第二项仲裁请求。

(3)申请人的第三项仲裁请求"被申请人承担本案仲裁受理费和仲裁处理费"。鉴于本案因被申请人违约引起且双方在合同的补充条款中已有明确的约定,故仲裁庭支持本案仲裁费用应全部由被申请人承担。

## 三、裁决

仲裁庭裁决如下:

(1)被申请人向申请人返还定金、购房款人民币320500元和利息人民币32356元;

(2)被申请人向申请人支付中介费人民币56020元和律师费人民币3.2万元;

(3)本案仲裁费全部由被申请人承担。

以上被申请人应向申请人支付的款项,被申请人应当在本裁决作出之日起30日内向申请人支付完毕。

本裁决为终局裁决,自作出之日起生效。

# 第三部分　房地产业合同争议案件判决及评注

**评注：**

　　如前案所述，"楼市有风险"不仅表现在商品房预售中。即使是现房交易，同样有风险。本案即为现房交易中发生的合同纠纷争议。

　　在市场不规范、法律意识不强、诚信普遍缺失的现实国情下，"一房数卖"并非如"一女数嫁"般少见。本案房屋买卖交易双方，通过房屋中介机构签订了《房屋买卖三方合同》。由于有专业中介机构的介入，合同本身是较为完整严密的。对于买卖双方权利、责任、义务的约定也是明确、合理、合法的。案情本身并不复杂，约定又清晰明确，法律依据也很充分。因此，仲裁庭对申请人的仲裁请求依法予以支持。但愿随着社会进步和人们法律意识的增强，像本案被申请人这种恶意违约之举为世人所不齿，为社会所鄙视。否则，一个言而无信的中华民族何以自立于世界民族之林？

# 案件 24　某写字楼租赁合同争议仲裁案裁决书

　　**【提要】** 申请人安华大厦发展有限公司与被申请人博特信息产业公司签订《关于安华大厦西塔第五层01，02，03，05单元写字楼之租赁合同》。被申请人向申请人支付人民币55万元作为保证金。在履行合同的过程中，被申请人自2008年10月起未能按时支付租金、物业管理费及其他费用，2009年2月9日，申请人书面通知被申请人自2009年2月13日起解除合同，并要求被申请人支付相关拖欠款项并将房屋恢复原状后交还申请人。但是，被申请人并未支付任何款项，也未着手房屋的恢复及交还工作。申请人请求仲裁庭裁决确认解除本案合同，被申请人将承租房屋恢复原状后退还申请人，同时由被申请人支付租金、物业管理费直至退还承租房屋为止，同时支付欠付的电费、车位费、有线电视费、电话线路维护费、维修费。被申请人认为合同已于2009年2月13日解除，申请人已将被申请人支付的保证金作为违约金扣留，远大于申请人的实际损失。被申请人于仲裁庭第一次开庭后提交了仲裁反请求，请求仲裁庭认定申请人扣留的保证金的性质是违约金，如不能认定为违约金，则申请人应将保证金返还被申请人。申请人与被申请人的授权代理人于2010年3月14日处理完毕本案租赁房屋的腾空事宜。仲裁庭两次开庭审理本案，认定本案合同已于2009年2月13日终止，违约责任应由被申请人承担，同时从公平的角度出发，本案合同约定的保证金应属违约金，具有补偿性，应用于冲抵被申请人欠付的租金等费用。截至2010年3月14日以前，被申请人的办公设备及物品一直摆放在本案房屋，形成了事实上的占用，对于该问题，因合同终止的违约责任是在被申请人一方，且被申请人一直未偿付拖欠租金，所以，对于合同终止后至返还本案房屋之日的房屋占用费及其他费用，应由被申请人负主要责任，承担60％；同时，申请人采取的停电、换锁等措施，客观上对被申请人依照自己的意愿进入或使用本案房屋也造成了一定的影响，应负次要责任，承担40％。被申请人除支付欠付租金、物业管理费等外，还应按60％比例承担合同解除日至房屋腾空日之间应支付的房屋占用费、物业管理费等费用。

　　**【关键词】** 写字楼租赁；保证金；房屋占用费；违约金

××仲裁委员会（以下简称仲裁委员会）根据申请人安华大厦发展有限公司与被申请人博特信息产业公司于 2006 年 7 月 6 日签订的《关于安华大厦西塔第五层 01，02，03，05 单元写字楼之租赁合同》（以下简称本案合同）中的仲裁条款，以及申请人于 2009 年 7 月 1 日提交至仲裁委员会的"仲裁申请书"，受理了本争议仲裁案。

申请人选定的仲裁员孙先生、被申请人选定的仲裁员傅女士、仲裁委员会主任根据双方委托代其指定的首席仲裁员王先生于 2009 年 8 月 27 日组成仲裁庭，共同审理本案。

2009 年 9 月 23 日，仲裁庭开庭审理本案。申请人与被申请人均委派仲裁代理人参加了庭审。庭后，申请人提交了"变更仲裁申请事项申请书"，被申请人提交了"仲裁反请求申请书"。仲裁庭决定一并审理申请人的上述变更仲裁请求及被申请人的仲裁反请求。经仲裁庭请求，仲裁委员会主任同意并决定将本案裁决期限延至 2010 年 1 月 27 日。

仲裁庭经商仲裁委员会秘书局，决定于 2010 年 1 月 18 日进行第二次开庭审理。因孙仲裁员生病住院，无法如期开庭审理。经仲裁庭请求，仲裁委员会主任同意并决定将本案裁决作出的期限延至 2010 年 4 月 27 日。仲裁庭经商仲裁委员会秘书局，决定于 2010 年 3 月 10 日进行第二次开庭审理。

2010 年 3 月 10 日，仲裁庭对本案进行了第二次开庭审理。申请人与被申请人均委派仲裁代理人参加了庭审。庭后，申请人提交了"关于退还租赁房屋的相关说明"及附件。

本案现已审理终结。仲裁庭根据双方当事人提交的书面材料以及经庭审查明的事实和证据，经合议，作出本裁决。现将本案案情、仲裁庭意见以及裁决内容分述如下：

## 一、案情

2006 年 7 月 6 日，申请人与被申请人就××市××路安华大厦西塔 5 层 01、02、03 及 05 单元（以下简称本案房屋）的租赁事宜签订了本案合同，就租赁期、租金、保证金、合同终止等问题进行约定，主要如下：

（1）租期

本案合同的租赁期间自 2006 年 10 月 1 日～2009 年 9 月 30 日。

## 案件 24　某写字楼租赁合同争议仲裁案裁决书

（2）租金及其他费用

租金于每个日历月第五个工作日前预付，物业管理费与租金同时支付。被申请人按安装的分表或申请人出示的账册缴清本案房屋内的一切设施费用。除上述费用外，每期所应缴付的停车场费、电话费等其他有偿服务费用等其他被申请人须缴交的费用及支付方式约定在管理守则内。

（3）保证金

1）被申请人于合同签署后 7 个工作日内向申请人支付人民币 55 万元作为保证金，作为其忠实履行本案合同的保证。

2）如果被申请人违反本案合同任何条款，申请人有权敦促其履约，若经申请人敦促，被申请人仍不履行义务，则申请人有权扣除全部或部分保证金以赔偿其损失。

3）被申请人不得将保证金用于抵消其应缴付的租金或其他款项。

（4）终止合同

若被申请人应支付的房屋租赁费、管理费及在本案合同项下应支付的其他款项，在到期后十五天内仍未支付，则申请人有权终止本案合同并收回本案房屋，本案合同亦因此终止。并且，被申请人缴付的保证金将作为违约金，不予退还。

申请人在仲裁申请书中称：

申请人与被申请人就××市××路安华大厦西塔 5 层 01、02、03 及 05 单元签订本案合同后，申请人向被申请人交付本案房屋，被申请人将其作为经营场所予以占有、使用。然而被申请人自 2008 年 10 月起未能按时支付租金、物业管理费及其他费用，虽经申请人催促未果。

2009 年 2 月 9 日，申请人书面通知被申请人本案合同自 2009 年 2 月 13 日起解除，同时要求被申请人支付相关拖欠款项并将房屋恢复原状后交还申请人。但是，被申请人并未支付任何款项，也未着手房屋的恢复及交还工作。

申请人提出如下仲裁请求：

（1）确认解除本案合同，被申请人将承租房屋恢复原状后退还申请人。

（2）被申请人按照每月人民币 15.6 万元向申请人支付租金直至退还承租房屋时止（注：自 2008 年 12 月 1 日暂计至 2009 年 6 月 30 日欠付租金合计人民币 106.2 万元）。

（3）被申请人向申请人按照每月人民币 2.8 万元支付物业管理费直至退还承租房屋时止（注：自 2008 年 10 月 1 日暂计至 2009 年 6 月 30 日拖欠的物业管理费计人民币 25.2 万元）。

(4) 被申请人向申请人支付拖欠的电费直至退还承租房屋时止（注：自2008年8月1日暂计至2009年1月30日拖欠的电费人民币9758元）。

(5) 被申请人向申请人支付拖欠的车位费人民币2400元、有线电视费人民币2160元、电话线路维护费人民币1911元及维修费人民币21元。

(6) 被申请人向申请人支付律师费损失。

(7) 被申请人承担本案全部仲裁费用及申请人为本案而支出之其他费用。

被申请人在答辩书中称：

(1) 由于被申请人未按时支付2008年12月、2009年1月和2009年2月的房屋租金等费用，根据本案合同关于终止合同的约定以及2009年2月9日申请人发给被申请人的"律师函"，自2009年2月13日起，本案合同即已终止；另外，自2009年2月起，申请人就停止供电，并将本案房屋上锁，导致被申请人无法使用本案房屋，也无法处置房屋内的物品。因此，被申请人只需向申请人支付2008年12月1日～2009年2月13日的房屋租金人民币35万元、2008年10月1日～2009年2月13日的物业费人民币12.4万元、车位费人民币1773元、有线电视费人民币824元、电话线路维修费人民币664元，以及2008年8月1日～2009年2月13日的电费人民币9758元。

(2) 申请人已将被申请人支付的55万元保证金当做违约金扣留，该保证金远大于申请人的实际损失。申请人再向被申请人要求支付租金损失等损失没有法律依据。

《中华人民共和国合同法》（以下简称《合同法》）规定的违约金主要是补偿性的。该法第114条规定："约定的违约金低于造成的损失的，当事人可以请求人民法院或者仲裁机构予以增加；约定的违约金过分高于造成的损失的，当事人可以请求人民法院或者仲裁机构予以适当减少。"

《最高人民法院印发〈关于当前形势下审理民商事合同纠纷案件若干问题的指导意见〉》的通知（法发［2009］40号）第二条也就如何依法合理调整违约金数额，公平解决违约责任问题等作出规定，即在当前企业经营状况普遍较为困难的情况下，对于违约金数额过分高于违约造成损失的，应当坚持以补偿性为主、以惩罚性为辅的违约金性质，合理调整裁量幅度，切实防止以意思自治为由而完全放任当事人约定过高的违约金。

(3) 要求被申请人承担律师费用没有事实和法律依据。合同中没有关于仲裁过程中律师代理费用由哪一方承担的约定，我国法律对此也没有规定。

庭后，双方依据庭审情况提交了代理意见，申请人认为：

（1）依据《合同法》第 227 条的规定及本案合同关于终止合同的约定，由于被申请人长期拖欠租金，本案合同已经于 2009 年 2 月 13 日起解除。

（2）申请人有权依据本案合同的约定不予返还被申请人的履约保证金。有关本案合同项下保证金处理争议并不属于本案仲裁请求或反请求范围，本案仲裁庭没有审理裁决保证金事项的根据与必要。

（3）被申请人应当按照本案合同约定支付自 2008 年 12 月 1 日起至解除本案合同之日的租金，并支付自 2008 年 10 月 1 日起至解除本案合同之日的物业费及其他费用。

（4）被申请人应当按照原租金款项支付自本案合同解除日起至返还房屋之日的房屋使用费、物业费、有线电视线路维修费及电话线维修费。虽然自 2009 年 2 月 13 日起双方租赁关系已经解除，申请人已多次要求被申请人尽快退房，但被申请人一直没有搬离本案房屋内的物品，也没有将本案房屋返还给申请人，致使申请人一直无法将其转租，并直接导致申请人预期租金、物管费等收入损失。申请人虽采取断电及锁门措施，是为了房屋以及房内物品的安全，期间被申请人仍然可以在申请人派人陪同下正常出入房屋。因此，本案房屋的占有人和控制人仍然是被申请人。

此外，被申请人主张，其没有返还本案房屋的最主要原因是申请人以支付所拖欠租金为撤离场地的前提条件。实际并非如此，申请人仅表示被申请人支付所有拖欠款项后，可以与被申请人协商本案房屋的转租等事宜，且申请人于 2009 年 3 月 19 日明确书面要求被申请人限期恢复并返还本案房屋。

（5）依据《仲裁规则》第四十六条的规定及本案合同第十五条第二款约定，律师费属于因办理案件而支出的法律费用，申请人有权请求被申请人承担已实际产生的律师费用。

（6）依据《最高人民法院关于未经对方当事人同意私自录音取得的资料能否作为证据使用问题的批复》，被申请人当庭提交的录音证据不具有法定证据效力，被申请人试图借此非法证据证明所谓被申请人已丧失对本案房屋的控制权的主张缺乏事实及法律依据，不能成立。

被申请人在庭后代理意见中称：

（1）2009 年 2 月 13 日，本案合同已经解除。同时，依据最高人民法院《关于民事诉讼证据的若干规定》第六十八条及第七十条第三款的规定，录音证据合法有效，其与其他证据一起，证明申请人在 2009 年 2 月对本案房屋采取了停水、停电、换锁、贴封条等措施，导致被申请人自 2009 年 2 月起就无法使用该房屋，也不能对房屋采取恢复原状的措施。被申请人本来就有房锁，申请人给房屋换锁并非如其所称是出于安全考虑，而是收回和控制房屋。因此，合同解除后，被申请人已经丧失了对本案房屋的使用权和自由出入权，被申请人多次向申请人发函，提出搬出房屋内物品，并提出将房屋恢复原状的方案，但最终未得到申请人的同意。因此，房屋闲置的责任在申请人，由此导致的损失应由申请人自行承担。

（2）申请人已将被申请人支付的保证金作为违约金扣留，其扣留保证金的目的只有两个：一是用以弥补租金损失，二是作为违约金，而《合同法》规定的违约金主要是补偿性的。如前所述，本案合同于2009年2月13日已经解除，且本案房屋在当时就已由申请人实际收回并控制。截至2009年2月13日，被申请人应支付费用共计人民币48.7万元，而申请人扣留的保证金数额为人民币55万元，远大于申请人的实际损失。因此，在已扣留保证金的情况下，再要求被申请人支付租金等损失没有法律依据，也显失公平。

庭后，申请人请求变更仲裁申请事项，具体如下：

（1）仲裁申请书中第2项仲裁请求变更为：被申请人按照每月人民币15.6万元向申请人支付租金直至退还承租房屋为止（注：自2008年12月1日暂计至2009年9月30日欠付租金以及房屋占用、使用费合计人民币153万元）。

（2）仲裁申请书中第3项仲裁请求变更为：被申请人向申请人按照每月人民币2.8万元支付物业管理费直至退还承租房屋时止（注：自2008年10月1日暂计至2009年9月30日拖欠的物业管理费人民币33.6万元）。

（3）仲裁申请书中第5项仲裁请求变更为：被申请人向申请人支付拖欠的车位费人民币2400元、有线电视费人民币2880元、电话线路维护费人民币2730元及维修费人民币21元。

（4）仲裁申请书中第6项仲裁请求变更为：被申请人向申请人支付律师费损失人民币2.6万元。

被申请人提交了仲裁反请求，具体如下：

（1）认定申请人扣留的保证金的性质是违约金。

（2）若不能认定保证金的性质是违约金，则申请人应向被申请人返还保证金55万元。

（3）申请人承担被申请人为本案仲裁申请和反请求申请而支付的律师费。

（4）申请人承担反请求仲裁费用。

在第二次开庭审理及被申请人庭后提交的"仲裁反请求事项说明"中，被申请人将第三项请求的金额确定为人民币 3 万元。

针对申请人变更的仲裁请求，被申请人答辩认为，本案合同 2009 年 2 月 13 日已经解除，且合同解除后申请人收回了房屋使用权和控制权。因此，被申请人无需支付合同解除后的任何费用。

针对被申请人的反请求，申请人答辩认为，依据《合同法》第 114 条的规定，当事人可以约定一方违约时应当根据违约情况向对方支付一定数额的违约金，也可以约定因违约产生的损失赔偿额的计算方法。本案中，双方当事人就保证金处理方式作了特别约定，该约定符合《合同法》的相关规定，即便存在与相关规定不完全一致之处，也并不违反法律的强制性规定，依然应受法律保护。被申请人认为保证金为违约金，应冲抵拖欠租金等费用的主张缺乏事实及合同依据，不能成立。

申请人在第二次开庭后提交的"关于退还租赁房屋的相关说明"中表示：申请人与被申请人的授权代理人已经于 2010 年 3 月 14 日处理完毕本案租赁房屋的腾空事宜。其后，被申请人亦在"物品搬迁清单"上签字盖章。

## 二、仲裁庭意见

仲裁庭依法进入仲裁程序，听取了申请人的仲裁申请及被申请人的答辩，申请人与被申请人间进行了质证和辩论。仲裁员就有关事实和证据向申请人和被申请人进行了核实。庭审结束后，申请人请求变更仲裁申请事项，被申请人提交了仲裁反请求，并都提交了书面代理意见，进行了书面质证。仲裁庭还就反请求进行了开庭审理。

必须指出，当事人已就案件事实和焦点问题，向仲裁庭提出了相关资料和分析意见，这些资料和意见分别以证据、笔录、代理意见等形式保留在本案卷宗中。本裁决书没有全面引用上述意见，并非忽视或者忽略上述意见。仲裁庭认为：

### （一）关于本案合同的效力

申请人与被申请人于 2006 年 7 月 6 日签订的本案合同体现了双方的意愿，不存在违反法律法规强制性规定的内容。双方也均对本案合同的真实性予以了确认，未对合同的效力提出任何异议。仲裁庭认定该合同合法有效，可以作为仲裁庭处理本案纠纷的基本依据。

## （二）仲裁庭对本案有关事实的认定

1. 关于合同终止的时间及违约责任问题

申请人作为出租人，被申请人作为承租人在本案合同第十二条"终止合同"第二款约定，若被申请人应支付的房屋租赁费、管理费及在本案合同项下应支付的其他款项，在到期后十五天内仍未支付，则申请人有权终止合同并收回本案房屋，本案合同亦因此终止。申请人表示，被申请人自2008年10月起未能按时支付租金、物业管理费及其他费用，2009年2月9日，其正式书面通知被申请人自2009年2月13日起解除本案合同，要求被申请人支付相关拖欠款项并将房屋恢复原状后交还申请人。被申请人承认未按时支付2008年12月、2009年1月和2009年2月的房屋租金等费用，也认为根据本案合同关于终止合同的约定以及2009年2月9日申请人发给被申请人的"律师函"，自2009年2月13日起本案合同即已终止。因此，仲裁庭认为，因被申请人未按照本案合同的约定按时支付本案房屋租金、物业管理费等款项，申请人以发出书面函的形式行使权利、要求解除合同是合理的，本案合同已于2009年2月13日终止，违约责任应由被申请人承担。

2. 关于保证金的性质及是否属本案仲裁庭裁决范围的问题

双方在本案合同第六条"保证金"第一款约定："承租人于合同签署后7个工作日内向出租人支付的55万元人民币，作为保证金，作为承租人忠实履行本案合同的保证。"申请人提出，本案合同第十二条第二款约定："出现下列情形之一，出租人有权终止合同并收回该单元，本合同亦因此而终止。并且，承租人按本合同第六条的规定所缴付的保证金将作为违约金，不予退还。……4. 承租人应支付的房屋租赁费、管理费及在本合同项下应付的其他款项，在到期后十五天内仍未支付。"第六条第四款约定"承租人不得将保证金转让或抵押，亦不得将保证金用于抵消其应支付的租金或其他款项"。申请人认为，上述约定是双方对保证金处理方式的特别约定，符合《合同法》的相关规定，即便存在与相关规定不完全一致之处，也因并不违反法律的强制性规定而依然应受法律保护。申请人还认为，被申请人认为保证金为违约金，应冲抵拖欠租金等费用的主张缺乏事实及合同依据，不能成立。而且有关本案合同项下保证金处理争议不属于本案仲裁请求范围，仲裁庭没有审理裁决保证金事项的根据与必要。

被申请人提出，本案合同第六条第二款规定"虽经敦促承租人仍不履行本合同规定的义务，则出租人有权扣除全部或部分保证金来赔偿出租人的损失"。因此,被申请人认为,申请人只能以违约金的名义扣留保证金,申请人不能在扣留保证金的同时还要求被申请人支付租金及其他费用。被申请人还就保证金作为违约金,应具有补偿性列举了《合同法》第114条和《最高人民法院印发〈关于当前形势下审理民商事合同纠纷案件若干问题的指导意见〉》的通知(法发[2009]40号)第2条的规定。

2009年9月29日,被申请人就保证金的性质和处理提出了仲裁反请求,仲裁庭予以受理。因此,本案合同中保证金事项属于仲裁庭的裁决范围。仲裁庭注意到,双方在本案合同第六条第三款中约定,"当租约期满或租约提前终止,承租人:承租人全部履行本合同各项条款,或者承租人因其违反本合同相应条款导致合同提前终止而承租人已就其违约向出租人作出充分的赔偿。……承租人履行上述条款规定之义务后30个工作日内,出租人将保证金返还承租人,但不计利息"。可以看出,当被申请人违约但作出充分的赔偿后,申请人是应将保证金返还被申请人的。而申请人与被申请人在本案合同中关于保证金的条款约定,也体现了该保证金的主要目的是在被申请人未履行合同义务时赔偿申请人的损失。因此,仲裁庭认为,按照《合同法》的规定,从公平的角度出发,本案合同约定的保证金应属违约金,具有补偿性,应用于冲抵被申请人欠付的租金等费用。

3. 关于合同终止后本案房屋未返还的责任及至返还本案房屋之日的房屋占用费等费用如何支付的问题。

仲裁庭注意到,双方都承认自2009年2月13日起租赁关系解除后,本案房屋内仍然摆放着被申请人的办公设备及物品,且申请人对该房屋采取了停电、换锁等措施的事实。双方争论的焦点在于,本案房屋的实际控制权属于哪方及因此造成房屋空置的损失应当由哪方承担。申请人认为,其已多次以各种方式要求被申请人尽快退房,但被申请人一直没有搬离本案房屋内的物品,也没有将本案房屋返还给申请人。申请人采取断电及锁门措施是为了房屋以及房内物品的安全,期间被申请人仍然可以在申请人派人陪同下正常出入该房屋。因此,本案房屋的占有人和控制人仍然是被申请人,这导致申请人一直无法将该等房屋予以转租,并直接导致预期租金、物业管理费等收入损失。

被申请人认为,申请人在2009年2月对本案房屋采取了停水、停电、换锁、贴封条等措施,导致被申请人自2009年2月起就无法使用该房屋,也不能对房屋采取恢复原状的措施。被申请人本来就有房锁,申请人给房屋换锁并非是出于安全考虑,而是为了收回和控制房屋。因此,合同解除后,被申请人已经丧失了对房屋的使用权和自由出入权。被申请人多次给申请人发函,提出要将房屋内的物品搬出，但最终未得到申请人的同意。因此，房屋闲置的责任在申请人，由此导致的损失应由申请人自行承担。

仲裁庭还注意到，自本案合同终止后，申请人与被申请人在2009年2月、3月期间多次通函，就本案房屋的转租、保证金能否冲抵欠款、何时支付拖欠的租金及物业管理费事宜进行协商。可见，双方都对如何减少合同违约造成的损失作出过努力。但截至2010年3月14日以前，被申请人的办公设备及物品一直摆放在本案房屋，已经形成了事实上的占用。从庭审及事后双方提交的资料和证据来看，尽管申请人采取了停电、换锁等措施，但被申请人也曾经申请人同意后进入过本案房屋。因此，仲裁庭认为，本案合同终止后被申请人的办公设备及物品占用了本案房屋，同时申请人又采取了停电、换锁等措施，导致该房屋不能转租是事实，申请人和被申请人都负有一定责任。因合同终止的违约责任是在被申请人一方，且被申请人一直未偿付拖欠租金，所以，对于合同终止后至返还本案房屋之日的房屋占用费及其他费用，应由被申请人负主要责任，承担60%；同时，申请人采取的停电、换锁等措施，客观上对被申请人依照自己的意愿进入或使用本案房屋也造成了一定的影响，应负次要责任，承担40%。

**（三）关于申请人的仲裁请求和被申请人的仲裁反请求**

（1）申请人的第一项仲裁请求："确认解除《租赁合同》，被申请人将承租房屋恢复原状后退还申请人。"

仲裁庭支持申请人的该项请求，本案合同已于2009年2月13日终止。同时，申请人在第二次开庭后提交的"关于退还租赁房屋的相关说明"中表示：申请人与被申请人的授权代理人已经于2010年3月14日处理完毕本案租赁房屋的腾空事宜。其后，被申请人亦在"物品搬迁清单"上签字盖章，即双方均确认双方已处理完房屋腾空事宜。

同时，根据本案合同第十二条第一款的规定，租赁期满或本案合同提前终止时，被申请人应该在租赁期满或本案合同提前终止当日或按申请人规定的期限将已恢复至场地交付原状的该单元交还申请人，并与申请人共同验收该单元及其附属设施。因此，被申请人还应按合同约定将本案房屋恢复至场地交付原状。

（2）申请人的第二项仲裁请求："被申请人按照每月人民币15.6万元向申请人支付租金直至退还承租房屋时止（注：自2008年12月1日暂计至2009年9月30日欠付租金以及房屋占用、使用费合计人民币153万元）。"

仲裁庭认为，本案合同的终止日期为2009年2月13日，违约责任在被申请人一方,但对合同终止之后本案房屋被占用问题,被申请人应负主要责任,申请人应负次要责任,所产生的费用应由被申请人承担60%,申请人承担40%,因此,从2008年12月1日～2009年2月13日,被申请人应按照每月人民币15.6万元向申请人支付租金;从2009年2月14日～2010年3月14日为止,被申请人应按原租金的60%,即每月人民币9.36万元向申请人支付房屋占用费。

(3) 申请人的第三项仲裁请求:"被申请人向申请人按照每月人民币2.8万元支付物业管理费直至退还承租房屋时止(注:自2008年10月1日暂计至2009年9月30日拖欠的物业管理费人民币33.6万元)。"

仲裁庭认为,物业管理费的支付应参照租金支付的比例,从2008年12月1日～2009年2月13日,被申请人应按照每月人民币2.8万元向申请人支付物业管理费;从2009年2月14日～2010年3月14日为止,被申请人按原物业管理费的60%,即每月人民币1.68万元向申请人支付物业管理费。

(4) 申请人的第四项仲裁请求:"被申请人向申请人支付拖欠的电费直至退还承租房屋时止(注:自2008年8月1日暂计至2009年1月30日拖欠的电费人民币9758元)。"

仲裁庭认为,对于在合同有效期间内因本案房屋使用而产生的电费,应由被申请人按实际发生费用人民币9758元来承担。

(5) 申请人的第五项仲裁请求:"被申请人向申请人支付拖欠的车位费人民币2400元、有线电视费人民币2880元、电话线路维护费人民币2730元及维修费人民币21元。"

仲裁庭认为,车位费、有线电视费、电话线路维护费及维修费的支付也应参照房屋占用费支付的比例。从申请人提供的被申请人的拖欠租金明细来看,被申请人拖欠申请人2008年10月～2009年3月的车位费,每月为人民币400元;2008年10月及以后的有线电视费,每月人民币240元;2008年12月及以后的电话线路维护费,每月人民币273元。因此,从2008年12月1日～2009年2月13日,被申请人应向申请人支付车位费人民币1773元、有线电视费人民币1064元、电话线路维护费人民币664元、维修费人民币21元;从2009年2月14日～2010年3月14日为止,按原费用的60%来支付,即被申请人向申请人支付车位费人民币467元,并按每月人民币144元支付有线电视费,按每月人民币164元支付电话线路维护费。

(6) 申请人的第六项仲裁请求:"被申请人向申请人支付律师费损失人民币2.6万元。"

仲裁庭认为，双方已在本案合同第十五条第二款约定"除仲裁裁决另有裁定外，仲裁费用（包括各方的法律费用）均由败诉方承担"。鉴于仲裁庭基本支持了申请人的请求，被申请人应承担申请人支付律师费人民币2.6万元的80%，即2.08万元。

（7）申请人的第七项仲裁请求："被申请人承担本案全部仲裁费用及申请人为本案而支出之其他费用。"

鉴于仲裁庭基本支持了申请人的大部分请求，被申请人应承担本案本请求仲裁费用的80%。因申请人未提交为本案而支出之其他费用的证据，所以对该部分费用的请求不予支持。

（8）被申请人的第一项仲裁反请求："认定申请人扣留的保证金的性质是违约金。"

仲裁庭认为，双方约定的保证金的性质为违约金，具有补偿性，应用于冲抵被申请人欠付的租金等费用。因此，支持被申请人的该项反请求。

（9）被申请人的第二项仲裁反请求："若不能认定保证金的性质是违约金，则申请人应向被申请人返还保证金55万元。"

鉴于仲裁庭已支持被申请人的第一项反请求，对该项反请求不予审理。

（10）被申请人的第三项仲裁反请求："申请人承担被申请人为本案仲裁申请和反请求申请而支付的律师费人民币3万元。"

仲裁庭认为，双方已在本案合同第十五条第二款约定"除仲裁裁决另有裁定外，仲裁费用（包括各方的法律费用）均由败诉方承担"。鉴于仲裁庭基本支持了申请人的本请求和被申请人的反请求，由申请人承担被申请人支付的律师费人民币3万元的30%，即人民币9000元是适当的。

（11）被申请人的第四项仲裁反请求："申请人承担反请求仲裁费用。"

鉴于仲裁庭对被申请人的仲裁反请求基本给予了支持，申请人应承担被申请人反请求的仲裁费用。

（12）本案外地仲裁员实际费用。

由于孙仲裁员的居住地不在北京，其办理本案而发生的差旅费、食宿费等实际费用为人民币3765元，由申请人承担20%，被申请人承担80%。

## 三、裁决

仲裁庭经合议，裁决如下：

（1）本案合同已于 2009 年 2 月 13 日终止，被申请人应当按照合同约定将已恢复至场地交付原状的本案房屋退还给申请人。

（2）从 2008 年 12 月 1 日～2009 年 2 月 13 日，被申请人按照每月人民币 15.6 万元向申请人支付租金，不足月的按比例计算；从 2009 年 2 月 14 日～2010 年 3 月 14 日为止，按每月人民币 9.36 万元向申请人支付房屋占用费。

（3）从 2008 年 12 月 1 日～2009 年 2 月 13 日，被申请人按照每月人民币 2.8 万元向申请人支付物业管理费，不足月的按比例计算；从 2009 年 2 月 14 日～2010 年 3 月 14 日为止，按每月人民币 1.68 万元向申请人支付物业管理费。

（4）被申请人向申请人支付拖欠的电费人民币 9758 元。

（5）从 2008 年 12 月 1 日～2009 年 2 月 13 日，被申请人应向申请人支付车位费人民币 1773 元、有线电视费人民币 1064 元、电话线路维护费人民币 664 元、维修费人民币 21 元；从 2009 年 2 月 14 日至退还本案房屋为止，向申请人支付车位费人民币 467 元，并按每月人民币 144 元支付有线电视费，按每月人民币 164 元支付电话线路维护费。

（6）被申请人向申请人支付律师费损失人民币 2.08 万元。

（7）申请人扣留的保证金人民币 55 万元作为违约金，用于冲抵被申请人欠付的租金等费用。

（8）申请人向被申请人支付律师费损失人民币 9000 元。

（9）本案本请求仲裁费用计人民币 4.96 万元，由申请人承担 20%，被申请人承担 80%。本案反请求仲裁费计人民币 2.66 万元，全部由申请人承担。

（10）本案外地仲裁员实际费用为人民币 3765 元。由申请人承担 20%；被申请人承担 80%。

（11）驳回申请人的其他请求和被申请人的其他反请求。

上述款项，双方应于本裁决作出之日起 15 日内各自向对方支付完毕。

本裁决为终局裁决，自作出之日起生效。

 **评注：**

房屋租赁属于比较常见的民事关系。同时，围绕房屋租赁发生的纠纷争议亦为多发易发。本案给人们的重要启示如下：

(1) 关于"保证金"条款。房屋租赁合同一般都有所谓"保证金"条款，有的称作"押金"。这是为了防止承租人违约给出租人造成租金损失或"空置"损失而约定的一种预防措施。因为在房屋租赁关系确定之后，一般是出租人较为被动（弱势），而承租人较为主动（强势）。

(2) 关于"保证金"性质的认定。在出现合同纠纷争议后，双方对于保证金（或押金）性质的认定完全对立，这是可以理解的。双方对于将保证金视为违约金的一种形式没有争议。但是，对于违约金的性质却存在截然对立的观点。申请人认为应该属于惩罚性的，作为对承租人违约的处罚金，应归出租人所有。被申请人认为应该属于补偿性的，用于补偿（即抵交）其所欠租金。而不必在补交所欠租金之外，出租人再收取承租人一笔违约金。基于公平原则，在双方没有特殊约定或承租人没有其他恶意违约行为的情况下，仲裁庭支持了被申请人的主张。需要指出的是，如果案情不同，仲裁庭或法庭也可能将全部或部分预付金作为处罚性违约金来认定。因此，承租人不可心存侥幸。

(3) 关于"空置期"房屋租金与房屋占用费的认定。双方在租赁期间发生争议后，往往有一段期间房屋处于空置状态。即出租人未收得租金，承租人也未实际使用，双方并未办理房屋交接手续。在这种情况下双方都应当尽可能多地收集对自己有利的证据，争取得到法律支持。一般而言，仲裁庭都会依公平原则，根据双方在形成"空置期"的责任多少按比例裁定双方各应承担多少费用（包括租金、房屋占用费、物业费及其他相关费用）。

# 案件 25　某办公场所租赁合同争议仲裁案裁决书

**【提要】** 申请人江通营销有限公司与被申请人田木环保科技有限公司、源光房地产开发有限公司2012年4月25日签订《租赁合同转让协议》，源光公司将其作为××市世财中心1号楼6层6号房屋出租人的权利义务整体转让给申请人。该房屋的租赁期限为3年，自2010年2月16日～2013年2月15日。2012年4月1日起，被申请人未按约定支付租金和物业管理费等费用。2012年6月，被申请人告知申请人，其已租赁其他办公场所，并基本清空租赁房屋，仅留有少数物品。2012年9月10日，申请人将租赁房屋封门。申请人请求仲裁庭裁决申请人支付欠付租金和延迟支付违约金，支付自2013年2月15日至实际返还租赁房屋日的房屋占用费，以及律师费、仲裁费、物业管理费、电费及相应滞纳金。被申请人认为申请人2012年9月10日对租赁房屋上锁和贴封条的行为，导致租赁合同无法履行，租赁期限提前至2012年9月9日，其只需支付至2012年9月9日的租赁费和物业管理费等，无需支付所谓的占用费。仲裁庭经审理认为，被申请人未按期支付租金构成违约，但申请人于2012年9月10日给租赁场所上锁、贴封条的行为导致被申请人无法正常享有使用房屋的权利，已对该房屋产生了实际上的控制和占有，也应承担相应的责任。最终裁决被申请人按合同约定承担2012年4月1日起至2012年9月10日止的全部租金、物业管理费、电费，被申请人和申请人分别承担2012年9月11日起至2013年2月15日止的租金、物业管理费、电费总数的50%，且被申请人承担合同约定的且经仲裁庭认定的其应支付的租金、物业管理费及电费之和所产生的违约金。对于2013年2月15日后的租金，因为申请人并无充分理由证明被申请人对其行使出租房屋的权利有实质的影响，收取租赁房屋占用费的理由不成立，物业管理费、电费也应由申请人独自承担。

**【关键词】** 租赁合同转让协议；租金；物业管理费；占用费

××仲裁委员会根据源光房地产开发有限公司与被申请人田木环保科技有限

公司（以下简称"田木公司"）于2009年12月9日签订的×××号《租赁合同》附件一中的第8.1条仲裁条款，田木公司、田木环保科技有限公司北京环保机械研发分公司（以下简称"田木北京分公司"，与田木公司合称"被申请人"）与源光房地产开发有限公司于2010年3月12日签订的《租赁合同转让协议》，申请人江通营销有限公司（以下简称"申请人"）与源光房地产开发有限公司、田木北京分公司于2012年4月25日签订的《租赁合同转让协议》，以及申请人于2013年4月26日向仲裁委员会提交落款日期为2013年4月25日的仲裁申请书，受理了本争议仲裁案。

鉴于本案争议金额未超过人民币50万元，本案程序适用简易程序的规定。由于申请人和被申请人未在规定期限内共同选定或共同委托仲裁委员会主任代为指定独任仲裁员，仲裁委员会主任根据《仲裁规则》的规定指定万先生担任本案独任仲裁员，仲裁员在签署接受指定独立声明书后于2013年7月2日成立仲裁庭，审理本案。

仲裁庭于2013年7月22日开庭审理本案。仲裁庭如期开庭审理了本案，申请人的仲裁代理人与田木公司的仲裁代理人出席了庭审，田木北京分公司未派员出席庭审。庭后，申请人于2013年7月31日向仲裁委员会提交了庭后代理意见及补充证据和"关于仲裁请求金额的明确和仲裁请求的增加"；被申请人田木公司于2013年7月29日向仲裁委员会提交了代理词及补充证据。申请人在规定期限内补缴了前述仲裁预付金，根据《仲裁规则》的相关规定，仲裁庭决定受理申请人提出的变更仲裁请求。

在本案仲裁程序中，所有相关文件均已有效送达双方当事人。本案现已审理终结，仲裁庭依据相关事实和法律，根据《仲裁规则》第三十四条的规定，对本案作出缺席裁决。现将本案案情，仲裁庭意见及裁决分述如下。

## 一、案情

申请人在其《仲裁申请书》和庭后代理意见中主要诉称：

2009年12月9日，田木公司与源光房地产开发有限公司（以下简称"源光公司"）签订了编号为××的《租赁合同》，承租了××市世财中心1号楼6层6号房屋。2010年3月12日，田木公司、田木北京分公司与源光公司签订了《租赁合同转让协议》，据此，田木公司将其在《租赁合同》项下作为承租人的权利义务全部转让给田木北京分公司。2012年4月25日，申请人、田木北京分公司与源光公司签订了《租赁合同转让协议》（以下简称"《转让协议》"），据此，自2012年3月26日起，源光公司将其在《租赁合同》项下作为出租人的权利义务整体转让给申请人，被申请人应根据《租赁合同》的约定向申请人履行与该合同相关的所有义务。

根据《中华人民共和国合同法》第14条规定"分公司不具有法人资格，其民事责任由公司承担"，田木北京分公司的民事责任同时也约束田木公司并由其承担。据此，申请人将其与田木分公司和田木公司（合称"被申请人"）之间的与《租赁合同》有关的争议提起仲裁。

根据《租赁合同》的约定：租赁房屋的租赁期限为3年，自2010年2月16日～2013年2月15日；免租期共4个月，其中2012年12月16日起～2013年2月15日被申请人免交租金，但仍需按时全额缴纳物业管理费等其他相关费用；租赁房屋的租金为人民币5.4万元/月，租金按月支付，每月租金至迟在当月的一日当日或之前交付；被申请人应在合同签订后7个工作日内缴纳相当于三个月租金的租赁保证金，共计人民币16.2万元；"如承租人拖欠应付租金、物业管理费、赔偿费或任何应付的其他费用，出租人有权从保证金中扣除承租人所欠的款项"，"如保证金不足抵偿承租人的欠款和赔付，出租人有权进一步追索"。

然而，《租赁合同》签署后，被申请人未按《租赁合同》的约定支付自2012年4月1日起的任何租金，亦未按时交纳部分物业管理费等费用。

2012年6月，田木北京分公司告知申请人，其已租赁其他办公场所，并将租赁房屋中的大部分办公家具和用品搬离，基本清空租赁房屋（仅留有少数物品），但此后仍派人每天在租赁房屋留守。2012年9月10日，由于被申请人一直未交付租金和物业管理费，申请人将租赁房屋封门。

时至今日，被申请人仍未交付租金和物业管理费，未将租赁房屋内的物品移走，租赁房屋目前仍保持封门当时的状态。

申请人认为，被申请人的行为构成严重违约，申请人最终提出如下仲裁请求：

（1）被申请人向申请人支付欠付租金人民币29.7万元及相应的延迟支付违约金（自租金到期之日计算至实际付款之日，暂算至2013年8月1日为人民币4.8万元）；

（2）被申请人向申请人支付租赁房屋占用费（自2013年2月15日计算至实际返还租赁房屋之日，暂算至2013年8月1日为人民币29.7万元）；

（3）被申请人向申请人支付申请人因本争议而支出的律师费用人民币6万元；

（4）被申请人承担本案仲裁费；

(5) 被申请人向申请人支付其欠付的物业管理费、电费及相应滞纳金（计算至其实际返还租赁房屋之日，暂算至 2013 年 7 月 23 日为人民币 8.6 万元）。

申请人就其提出的仲裁请求事项的主要主张及观点如下：

(1) 关于欠付的租金及违约金。

1) 被申请人自 2012 年 4 月 1 日起一直未向申请人支付租金，构成了对《租赁合同》的严重违反。申请人有权要求其支付欠付租金及延迟支付违约金。被申请人自 2012 年 4 月 1 日起至今始终占用着租赁房屋，而且始终有物品放置在租赁房屋内，且自 2012 年 9 月 10 日至《租赁合同》终止时始终未与申请人联系，领取该等物品。鉴于被申请人在《租赁合同》期间内始终占用租赁房屋，双方亦未提前解除《租赁合同》，申请人有权要求被申请人支付自 2012 年 4 月 1 日起至 2013 年 2 月 15 日止的租金。该等欠付租金扣除被申请人 3 个月保证金以及 2 个月的免租期后，共计为 5.5 个月的租金，即人民币 29.7 万元。

2) 被申请人在庭审中主张由于申请人于 2012 年 9 月 10 日对租赁房屋封门，应视为《租赁合同》已于同日解除，被申请人已向申请人交付了租赁房屋。申请人认为被申请人的主张不能成立。具体理由如上所述。退一步讲，即便假设《租赁合同》已于 2012 年 9 月 10 日被提前解除，根据《租赁合同》第 6.5 条和 9.4 条以及附件一第四条的约定，申请人仍然有权要求被申请人支付自 2012 年 4 月 1 日起至 2013 年 2 月 15 日止的全部租金。另外，被申请人主张违约金过分高于造成的损失，应当予以减少，申请人认为此项主张不能成立。即便假设因被申请人违约而导致《租赁合同》提前解除，由于被申请人物品一直放置在租赁屋内，申请人无法另行出租。假设即便可以出租，申请人至少要花 5 个月的时间才能另行出租并开始收取租金等，在这 5 个多月的期间内，申请人完全没有任何租金收益。因此，被申请人的违约金过分高于造成的损失的主张不能成立。

3) 根据《租赁合同》第 9.1 条的约定，被申请人还应按日 0.5‰的比例向申请人支付违约金，自被申请人应付款之日起至其实际付款日，暂算至 2013 年 8 月 1 日为人民币 4.8 万元。

(2) 关于租赁房屋占用费。

《租赁合同》于 2013 年 2 月 15 日到期终止后，租赁房屋内仍然放有被申请人物品，被申请人占用房屋至今。因此，申请人有权要求被申请人按《租赁合同》的租金标准支付自 2013 年 2 月 15 日至其实际返还租赁房屋期间的租赁房屋占用费，暂算至 2013 年 8 月 1 日为人民币 29.7 万元。

(3) 关于物业管理费、电费及相应滞纳金。

申请人于 2013 年 7 月 31 日向仲裁委员会提交了"关于仲裁请求金额的明确和仲裁请求的增加"。本案庭审中，申请人提出申请增加相关仲裁请求，具体为：被申请人向申请人支付其欠付的物业管理费、电费及相应的滞纳金（计算至其实际返还租赁房屋之日，暂算至 2013 年 7 月 23 日为人民币 8.6 万元）。

《租赁合同》第 5.1 条约定，"物业管理费由承租人直接支付给出租人指定的管理大厦的物业管理公司"，第 5.2 条约定，"承租人自用的电费、水费、空调加时费、电话费及其他各种专项服务费由承租人自行承担"，第 9.1 条约定，"承租人除应支付拖欠款项外，还应按其到期应付而未付款项总额日 0.5‰的比例向出租人、物业管理公司支付违约金"，第 9.2 条约定，"承租人拖欠本合同下应付的租金、物业管理费、保证金，并经出租人或物业管理公司催讨后合理期限内仍未支付的，承租人的行为均视为对本合同的根本违反，除承担本合同第 9.1 条逾期责任外，出租人有权终止本合同，并无须对承租人承担任何责任"。根据申请人、田木北京分公司和世财物业管理有限公司（以下简称"物业公司"）于 2012 年 4 月 25 日签订的《世财中心物业管理服务三方协议》，租赁房屋每月的物业管理费为人民币 8780 元，申请人就被申请人的物业管理费对物业公司承担连带保证责任。由于被申请人未能支付物业管理费，物业公司分别于 2013 年 4 月 12 日、2013 年 6 月 24 日、2013 年 7 月 23 日向申请人发出催缴函，要求申请人代被申请人支付物业管理费。截至 2013 年 7 月 23 日，被申请人欠付的物业管理费为 8.6 万元。在被申请人拒付物业管理费等费用的情况下，物业公司必然且已经向作为保证人的申请人主张，并必然会从申请人的物业管理保证金中扣除相应款项。鉴于此，申请人有权向被申请人主张该等物业管理费。

(4) 关于律师费用和仲裁费用。

由于被申请人未能按照合同和申请人的要求履行付款义务，申请人不得不提起仲裁保护自己的合法权益，不得不聘请律师处理本案所有相关法律事宜。因此，申请人有权要求被申请人支付申请人的律师费用人民币 6 万元，并承担本案的仲裁费。

田木公司代理人在庭审中表示田木北京分公司没有法人资格，是否出席庭审没有意义，其也可以代表。田木公司在其《答辩状》和《代理词》中主要辩称：

本案争议的核心问题，是申请人于 2012 年 9 月 10 日对租赁场所上锁和贴封条行为的认定，并由该问题引发的租赁期限、占用期限以及违约责任的认定。

（1）被申请人认为申请人于 2012 年 9 月 10 日对租赁场所上锁和贴封条的行为，构成《合同法》里意思表示的"默示"，其导致《租赁合同》的租赁期限发生变更，即租赁终止日期由 2013 年 2 月 15 日，提前至 2012 年 9 月 9 日，理由如下：

1）被申请人于 2012 年 6 月初明确告知申请人不再租赁，并且已经在外面租赁了其他办公场所，正在装修，待装修完毕后，办理本争议租赁房屋的移交手续，这是被申请人明确提出的变更《租赁合同》的租赁期限的要求。

2）申请人在接到被申请人的告知后，并未表示不同意被申请人的要求，2012 年 9 月 10 日，申请人接管租赁场所，并上锁、贴封条，其行为在客观上已经导致《租赁合同》无法履行，应视为《租赁合同》终止。

根据以上事实，租赁计算方式为：被申请人欠缴租赁费的时间为 2012 年 7 月 1 日～2012 年 9 月 9 日，租金数额为 12.42 万元［计算方式：5.4 万元/月×2 个月＋(5.4 万元/月÷30 天×9 天)］。2012 年～2013 年 2 月 15 日之间的租费因租期变更，不再产生。

（2）假如申请人于 2012 年 9 月 10 日对租赁场所上锁和贴封条的行为不导致《租赁合同》的终止，自 2012 年 7 月 1 日开始被申请人拒绝缴纳租赁费构成违约，被申请人承担违约责任。

根据《合同法》第 114 条第 2 款和最高院《关于适用〈中华人民共和国合同法〉若干问题的解释（二）》的规定，《租赁合同》中的违约金约定明显过高。自 2012 年 7 月 1 日～2012 年 12 月 15 日（2012 年 12 月 16 日～2013 年 2 月 15 日，照租赁合同第三条第一款规定，该段租赁费不计），共计 5.5 个月，产生的租赁费应为 29.7 万元，被申请人按照 30% 承担，应承担人民币 8.91 万元。

（3）被申请人自 2012 年 4 月 1 日开始拖欠租赁费，根据《租赁合同》9.2 条的规定，申请人应该予以催告，在催告后 14 天内，如果未予纠正，申请人有权单方终止租赁合同，申请人可就该房屋另行出租，以减小损失。但是申请人自 2012 年 4 月 1 日～2012 年 9 月 10 日，近半年的时间内没有履行催告付款义务，这说明：申请人已经知道被申请人不能按期履行《租赁合同》并默认提前解除租赁合同，被申请人尚有租房押金，无需提前催告。另外，该房屋无其他承租人亟待承租。如果有，申请人应本着善意和减少损失的原则，允许被申请人将其中物品搬出，另行出租。如果申请人出于恶意心态，在无其他承租人的情况下，锁门、贴封条造成被申请人占用租赁房屋的假象，继续收租赁费，被申请人当然予以拒绝。

(4) 关于 2013 年 2 月 16 日之后所谓的占用费问题。

2012 年 9 月 10 日后,被申请人多次派人或去函与申请人协商,要求将被申请人剩余的办公物品搬出,同时打扫和清理租赁房屋,申请人置之不理。因此,对 2013 年 2 月 16 日之后的占用费之说,无任何事实与法律依据。

(5) 关于律师代理费,律师代理费并非实现债权必须发生的费用,申请人的要求无法律依据。

(6) 关于仲裁费,依据《民事诉讼法》以及《仲裁规则》的规定,该被申请人承担的,被申请人一定承担。

(7) 关于物业管理费的问题。由于申请人在申请书中并未明确物业管理费的问题,且未实际发生,申请人无权向被申请人追偿,物业管理费的争议不属于本案仲裁的范畴。如果本案协商处理,被申请人愿意承担自 2012 年 7 月 1 日~2012 年 9 月 10 日的共两个月零九天的物业管理费,合计人民币 1.84 万元,此间的水电费凭票据由被申请人支付。2012 年 9 月 10 日以后的物业管理费应该由申请人承担。

(8) 关于申请人当庭提出变更仲裁请求的问题,违反《民事诉讼法》的规定。

(9) 被申请人愿意在合理合法、友好协商的前提下协商解决本案。

## 二、仲裁庭意见

仲裁庭依法进入仲裁程序,开庭听取了申请人的仲裁申请,申请人与田木公司均提供了证据,并进行了质证和辩论。仲裁庭就有关事实和证据向申请人和被申请人进行了核实。庭审结束后,申请人和田木公司又补充了相关证据,提交了书面代理意见并进行了书面质证。

必须指出,当事人已就案件事实和焦点问题等,向仲裁庭提出了相关资料和分析意见,这些资料和意见分别以证据、笔录、代理意见等形式保留在本案卷宗中。本裁决书没有全面引用上述意见,并非忽视或者忽略上述意见。仲裁庭认为:

### (一) 关于本案合同效力及仲裁庭的管辖权

2009 年 12 月 9 日,源光房地产开发有限公司与田木公司签订了关于租赁世财中心写字楼的《租赁合同》;2010 年 3 月 12 日,田木公司、田木北京分公司与源光房地产开发有限公司三方签订了《租赁合同转让协议》;2012 年 4 月 25 日,源光房地产开发有限公司、申请人与田木北京分公司三方签订了《租赁合同转让协议》。以上合同及协议均为当事人真实的意思表示，形式完整，内容不违反法律和行政法规强制性的规定，均为有效的合同及协议。

根据《租赁合同》附件一《租赁合同标准条款》8.2条规定：在本合同履行过程中出现的以及与本合同有关的一切争议，出租人、承租人双方应尽量友好协商解决，协商不成的，任何一方均可向位于××仲裁委员会提起仲裁，仲裁将用汉语进行，裁决对双方都有约束力。根据《最高人民法院关于适用〈中华人民共和国仲裁法〉若干问题的解释》第九条："债权债务全部或者部分转让的，仲裁协议对受让人有效，但当事人另有约定、在受让债权债务时受让人明确反对或者不知有单独仲裁协议的除外"的规定，本案前述转让协议中各方当事人并未对仲裁协议有另行约定，且不存在受让债券债务时受让人明确反对或者不知有单独仲裁协议除外的情形，因此，本案《租赁合同》中的仲裁条款对双方当事人均应有效，本案中双方就以仲裁方式解决纠纷的约定是明确的，对仲裁机构的约定也是具体确定的，仲裁委员会可以管辖本案，仲裁庭有权处理本案争议。

另，根据《公司法》第十四条第一款规定：分公司不具有法人资格，其民事责任由公司承担。因此，本案承担民事责任的被申请人为田木公司。

### （二）仲裁庭对本案有关事实的认定

（1）关于合同期内的租金问题。被申请人自2012年4月1日起一直使用租赁房屋但未按合同约定向申请人支付租金，构成违约。申请人于2012年9月10日给租赁场所上锁、贴封条的行为导致被申请人无法正常享有使用房屋的权利，申请人应承担相应的责任。因此，仲裁庭认为，被申请人理应按合同约定承担2012年4月1日起至2012年9月10日止的全部租金。然而，由于被申请人欠付租金的行为和申请人锁门贴封条的行为表明双方对于2012年9月11日～2013年2月15日的合同期内租赁房屋的空置状态都有相应的过错，是导致违约情形出现的两个原因，并且双方的行为对于对方都造成了损失。因此，依据《租赁合同》第6.5款对被申请人违约的规定，以及申请人上锁贴封条的行为，根据案件事实和公平原则，在申请人和被申请人都存在过错的情况下，双方都应当对剩余合同期内的租金承担相应的责任。仲裁庭认为，被申请人和申请人应分别承担2012年9月11日起至2012年12月15日止的租金总数的50%，2012年12月16日～2013年2月15日为合同约定的免租期。

（2）关于租赁房屋占用费的问题。申请人于2012年9月10日对该房屋上锁和贴封条的行为表明申请人已对该房屋产生了实际上的控制和占有，即使房屋内存在着被申请人的"少数物品"，申请人也并无充分理由证明对其行使出租房屋的权利有实质的影响，因此不存在被申请人仍占用该房屋之说，申请人向被申请人提出收取租赁房屋占用费的理由不成立。

（3）关于物业管理费、电费的问题。根据仲裁庭在本部分1中对在本案合同履行过程中双方过错责任的认定，仲裁庭认为被申请人应承担2012年4月1日起至2012年9月10日止的全部物业管理费、电费。2012年9月11日～2013年2月15日的物业管理费、电费应依据公平原则，在申请人、被申请人双方都有相应过错的情形下各自承担50‰。2013年2月15日之后的物业管理费、电费不应由被申请人承担，而应由申请人独自承担。

（4）关于违约金的问题。《租赁合同》中第9.1款规定：承租人应付的任何款项未能按时支付的，承租人除应支付拖欠款项外，还应按其到期应付而未付款项总额日0.5‰的比例向出租人、物业管理公司支付违约金，自承租人应付款之日起至其实际付款之日止。根据基本案情及该款规定，承租人（被申请人）未能按时支付的款项包括租金、物业管理费及电费。仲裁庭认为，被申请人应承担合同约定的且经仲裁庭认定的其应支付的租金、物业管理费及电费之和所产生的违约金。

（5）关于保证金的问题。依据《租赁合同》第6.1款，承租人（被申请人）在合同签订后的7个工作日内向出租人（申请人）交纳了人民币16.2万元的租赁保证金；依据证据五《世财中心物业管理服务三方协议》第六条，承租人（被申请人）已向出租人（申请人）交纳了物业管理押金和能源周转费押金。《租赁合同》中有关保证金的规定为第6.4款：本合同终止后，如承租人拖欠应付租金、物业管理费、赔偿费或任何应付的其他费用，出租人有权从保证金中扣除承租人所欠的款项……。因此，仲裁庭认为，该两笔保证金（或押金）应当用于抵偿承租人（被申请人）的欠款。

**（三）仲裁庭对各项仲裁请求的意见**

（1）申请人的第一项仲裁请求"被申请人向申请人支付欠付租金人民币29.7万元及相应的延迟支付违约金（自租金到期之日计算至实际付款之日，暂算至2013年8月1日为人民币4.8万元）"。

在仲裁庭对本案事实及相应责任认定的基础上，仲裁庭认为，该项请求中有关金额的认定应按照下方表格所列方式计算：

| 租金及其违约金 | | | | | |
|---|---|---|---|---|---|
| 日期 | 欠租金天数（天） | 租金（万元） | 租金违约金（万元） | 被申请人应承担租金（万元） | 被申请人应承担租金违约金（万元） |
| 2012年4月 | 540 | 5.4 | 1.458 | 保证金扣除 | |
| 2012年5月 | 510 | 5.4 | 1.377 | 保证金扣除 | |
| 2012年6月 | 480 | 5.4 | 1.296 | 保证金扣除 | |
| 2012年7月 | 450 | 5.4 | 1.215 | 5.4 | 1.215 |
| 2012年8月 | 420 | 5.4 | 1.134 | 5.4 | 1.134 |
| 2012年9月1日~9月10日 | 390 | 1.8 | 0.351 | 1.8 | 0.351 |
| 2012年9月11日~9月30日 | 390 | 3.6 | 0.702 | 1.8 | 0.351 |
| 2012年10月1日~10月31日 | 360 | 5.4 | 0.972 | 2.7 | 0.486 |
| 2012年11月1日~11月30日 | 330 | 5.4 | 0.891 | 2.7 | 0.4455 |
| 2012年12月1日~12月15日 | 300 | 2.7 | 0.405 | 1.35 | 0.2025 |
| 2012年12月16日~2013年2月15日 | 免租期 | 免租期 | 免租期 | 免租期 | 免租期 |
| 被申请人承担金额合计 | / | / | / | 21.15 | 4.185 |

备注：1. 为方便计算，每月天数按30天计，计算结果四舍五入保留至小数点后两位；
2. 本表数据按照实际支付之日计算（暂设为2013年9月30日）；
3. 租金违约金＝租金×欠租金天数×0.5‰。

扣除三个月租赁保证金以及合同约定2012年12月16日~2013年2月15日的两个月免租期后，最终得出被申请人应承担的金额：

租金：人民币21.15万元；

租金违约金：自租金到期之日计算至实际付款之日，暂算至2013年9月30日为人民币4.185万元。

（2）申请人的第二项仲裁请求"被申请人向申请人支付租赁房屋占用费（自2013年2月15日计算至实际返还租赁房屋之日，暂算至2013年8月1日为人民币29.7万元）"。

仲裁庭认为，被申请人自2013年2月15日起占用房屋的事实不存在，房屋实际上已处于申请人占有之中，故不支持申请人的该项请求。

（3）申请人的第五项仲裁请求"被申请人向申请人支付其欠付的物业管理费、电费及相应滞纳金（计算至其实际返还租赁房屋之日，暂算至2013年7月23日为人民币8.6万元）"。

按照仲裁庭认定的本案事实及相应责任，仲裁庭对有关费用作了分项计算统计，详细计算参见下表：

| 物业管理费及其违约金 | | | | | |
|---|---|---|---|---|---|
| 日期 | 欠费天数（天） | 物业管理费（元） | 物业管理费违约金（元） | 被申请人应承担物业管理费（元） | 被申请人应承担物业管理费违约金（元） |
| 2012年7月 | 450 | 8780 | 1975.5 | 8780 | 1975.5 |
| 2012年8月 | 420 | 8780 | 1843.8 | 8780 | 1843.8 |
| 2012年9月1日～9月10日 | 390 | 2927 | 570 | 2927 | 570 |
| 2012年9月11日～9月30日 | 390 | 5853 | 1140 | 2927 | 570 |
| 2012年10月1日～10月31日 | 360 | 8780 | 1580 | 4390 | 790 |
| 2012年11月1日～11月30日 | 330 | 8780 | 1448 | 4390 | 724 |
| 2012年12月1日～12月31日 | 300 | 8780 | 1317 | 4390 | 658.5 |
| 2013年1月1日～1月31日 | 270 | 8780 | 1185 | 4390 | 592.5 |
| 2013年2月1日～2月15日 | 240 | 4390 | 526 | 2195 | 263 |
| 被申请人承担金额合计 | / | / | / | 43169 | 7987.3 |

备注：1. 为方便计算，每月天数按30天计，计算结果四舍五入保留至小数点后两位；
   2. 本表数据按照实际支付之日计算（暂设为2013年9月30日）；
   3. 物业管理费违约金＝物业管理费×欠费天数×0.5‰；
   4. 此表电费数据来源于证据6：世财物业管理有限公司《催款通知书》（单号：CK000003995）。

| 电费及其违约金 | | | | | |
|---|---|---|---|---|---|
| 日期 | 欠费天数（天） | 电费（元） | 电费违约金（元） | 被申请人应承担电费（元） | 被申请人应承担电费违约金（元） |
| 2012年5月10日～6月8日 | 472 | 600 | 141.6 | 600 | 141.6 |
| 2012年6月9日～7月9日 | 441 | 390 | 86 | 390 | 86 |
| 2012年7月10日～8月9日 | 411 | 272 | 55.9 | 272 | 55.9 |
| 2012年8月10日～9月10日 | 380 | 274 | 52 | 274 | 52 |
| 2012年9月11日～10月9日 | 351 | 6 | 1 | 3 | 0.55 |
| 被申请人承担金额合计 | / | / | / | 1539 | 336 |

备注：1. 为方便计算，每月天数按30天计，计算结果四舍五入保留至小数点后两位；
   2. 本表数据按照实际支付之日计算（暂设为2013年9月30日）；
   3. 电费违约金＝电费×欠费天数×0.5‰；
   4. 此表电费数据来源于证据6：世财物业管理有限公司《催款通知书》（单号：CK000003995）。

最终得出被申请人应承担的金额：

物业管理费：人民币43169元（包含物业管理押金和能源周转费押金）；

物业管理费违约金：人民币7987.3元；

电费：人民币1539元；

电费违约金：人民币336元。

（4）申请人的第三项仲裁请求"被申请人向申请人支付申请人因本争议而支

出的律师费用，人民币 6 万元"。

根据仲裁庭对申请人仲裁请求的支持情况，仲裁庭认为，本案由申请人承担 40% 的律师费用（即人民币 2.4 万元），被申请人承担 60% 的律师费用（即人民币 3.6 万元）是合理的。

（5）申请人的第四项仲裁请求"被申请人承担本案仲裁费"。

根据仲裁庭对申请人仲裁请求的支持情况，本案仲裁费用由申请人承担 40%，被申请人承担 60%。

### 三、裁决

仲裁庭裁决如下：

（一）被申请人向申请人支付欠付租金人民币 21.15 万元及相应的延迟支付违约金（自租金到期之日计算至实际付款之日止，暂算至 2013 年 9 月 30 日为人民币 4.185 万元）；

（二）被申请人向申请人支付其欠付的物业管理费人民币 43169 元（含物业管理押金和能源周转费押金）、电费人民币 1539 元及相应滞纳金（计算至实际支付之日止，暂算至 2013 年 9 月 30 日为人民币 8323.3 元）。

（三）被申请人向申请人支付律师费人民币 3.6 万元。

（四）本案仲裁费人民币 3.2 万元（已由申请人向仲裁委员会预交），由申请人承担 40%，即人民币 1.28 元；被申请人承担 60%，即人民币 1.92 万元；被申请人应直接向申请人支付申请人代其垫付的仲裁费人民币 1.92 元。

（五）驳回申请人的其他仲裁请求。

本裁决为终局裁决，自作出之日起生效。

 **评注：**

　　房屋租赁是纠纷争执多发的交易之一。纵观本案，租赁协议的内容比较全面、严谨、细致、周全。由于租赁协议文本大多由出租人提供，本案所涉租赁协议的多项约定对于出租人的权益给予了较为充分的保障。因此，从裁决结果看，仲裁庭支持了出租人的主要仲裁请求。也就是说，当事人的主张之所以能得到支持，协议中的约定是至关重要的依据。

　　然而，由于出租人在双方发生纠纷和争议期间，承租人未按期支付房租，采取了换锁封门等单方面的行为，致使承租人无法正常享有租赁房屋的权益。虽然出租人强调是由于承租人不交房租在先、换锁封门在后，它们之间存在密切的因果关联。但是，由于出租人的行为并无协议约定，也就是说出租人无权以换锁封门这种剥夺承租人合法权益的方式"维权"。因此，仲裁庭酌情裁决换锁封门期间承租人只需交付一半租金。从这一点我们应该引以为鉴，即使有理，也要依法依约采取行动，而不能仅凭自己意愿行事。否则，不但难以真正达到维权目的，反而会使自身权益遭到不必要的损失。

## 案件 26　某公寓租赁合同争议仲裁案裁决书

【提要】申请人捷安设计咨询有限公司和被申请人乐天房地产开发有限公司签订《租赁合约》，申请人租用被申请人所有的乐天王府花园 25D 房屋，提供给申请人员工兰女士一家人居住使用。合同签订后，申请人按照约定给付被申请人押金，兰女士于 2006 年 1 月 15 日搬入租赁房屋。2007 年 7 月 31 日兰女士出国度假回来后，发现室内仍有明显异味，先后找了两家室内环境检测机构进行检测，第一家的检测结果和第二家的复测结果均为甲醛等气体超标。申请人于 2007 年 8 月 13 日向被申请人发函要求解除合同，并于 9 月 13 日搬离租赁房屋。申请人请求仲裁庭裁决解除双方《租赁合约》，被申请人退还房屋租金、押金、检测费、搬家费、能源费等。被申请人认为申请人在居住使用承租房屋近 20 个月后，才以空气质量不合格为由解除合同，双方租赁合同于 2007 年 8 月 13 日解除后，又没有向被申请人腾退承租房屋，而是继续控制、占有、使用该房屋，并拒绝支付任何费用。被申请人提出仲裁反请求，请求仲裁庭裁决申请人立即向被申请人腾退承租房屋，且申请人比照租金支付自 2007 年 8 月 15 日至房屋实际腾退之日的房屋使用费。2008 年 2 月 2 日，双方进行了腾退房屋的交接。仲裁庭经过审理认为，两家检测机构的检测结果能够证实室内空气甲醛存在超标的事实，被申请人并未提供证据证明空气超标是申请人自购家具造成的主张。因此，仲裁庭支持申请人解除合约，申请人在居住期间实际上还是享有了其租赁房屋的价值，被申请人适度退还申请人 20% 的租金，并退回押金。双方未能及时进行房屋交接的主要责任在被申请人，申请人按租金费用的 20% 支付 2007 年 8 月 15 日至房屋实际腾退之日的房屋使用费。

【关键词】租赁房屋；环境检测；甲醛超标

××仲裁委员会（以下简称仲裁委员会）根据申请人捷安设计咨询有限公司和被申请人乐天房地产开发有限公司于 2006 年 1 月 15 日签订的《租赁合约》中的仲裁条款和申请人于 2007 年 10 月 23 日向仲裁委员会提交的仲裁申请书及附件材料受理了上述合同项下的仲裁争议案。2007 年 12 月 21 日，被申请人向仲裁委员会提交了《仲裁反请求书》。仲裁庭接受了被申请人的反请求，与申请人的本请求一并审理。

申请人选定的仲裁员张女士，仲裁委员会主任根据《仲裁规则》为被申请人指定的白女士，以及仲裁委员会主任指定的首席仲裁员万先生在按照《仲裁规则》的规定签署了独立声明书后，于2008年1月3日组成仲裁庭，共同审理本案。

2008年1月31日，仲裁庭开庭审理本案。申请人的仲裁代理人及被申请人的仲裁代理人均出席了庭审。庭后，双方当事人均提交了补充证据材料，并针对对方的补充证据提交了书面质证意见。

本案现已审理终结。仲裁庭根据现有书面证据、庭审查明的事实以及相关法律规定，经合议，作出本裁决。现将本案案情、仲裁庭意见和裁决分述如下：

## 一、案情

申请人诉称：

申请人与被申请人于2006年1月15日签订《租赁合约》（以下简称合同），申请人租用被申请人所有的乐天王府花园25D房屋，提供给申请人员工兰女士一家人居住使用，租赁房屋为精装修且带家具电器的复式公寓。合同约定，租赁期限自2006年1月15日起至2009年1月14日止，租金为每月2820美元，租赁押金为5640美元。合同签订后，申请人按照约定给付被申请人押金人民币46571元，并于2006年1月15日搬入租赁房屋。

入住不久，兰女士及其家人发现租赁房屋内有较明显的异味和不适感，为此多次向被申请人反映此情况，要求被申请人检测室内空气质量，但被申请人以租赁房屋在竣工交付时已做过测试没有空气质量问题为由一直拒绝进行检测。居住人只能时常开窗通风以降低异味。2007年6月20日～7月9日期间，兰女士一家出国度假未回，租赁房屋门窗处于关闭状态。阿姨和保洁人员于7月10日进入租赁房屋打扫卫生时，一开房门就发现室内空气刺鼻、刺激眼睛，人根本无法待在屋内，她们随即采取措施使室内降温，并通风换气。但是，兰女士一家于7月31日从国外回来后，感觉室内仍有明显异味，于8月1日再次要求被申请人请有关单位对室内环境进行检测，以保障居住人的健康安全，但被申请人再次以房屋没问题没必要做测试为由加以拒绝。8月3日，出于对居住人人身健康安全考虑，申请人决定自行请检测机构，通过询问物业管理公司，申请人与××市京西室内环境检测中心联系检测事宜。8月6日上午9点半,在居住人兰女士和被申请人租赁部的郑女士共同在场的情况下,××市京西室内环境测试中心的两名工作人员对租赁房屋室内进行了采样检测。8月10日,××市京西室内环境检测中心出具检测报告,证实租赁房屋的室内空气中总挥发性有机物(TVOC)以及甲醛、氨的浓度均超过国家标准限值,不符合标准。据此申请人于8月13日向被申请人发函要求解除合同,退还申请人租金、押金,做出赔偿,并通知被申请人,申请人将另找住房,搬出租赁房屋。被申请人收到申请人上述来函后,要求由他们委托另外一家检测机构再检测一次,申请人表示同意。8月30日,××市清顺室内环境检测中心派人到租赁房屋进行采样。9月14日申请人收到被申请人租赁部送来的××市清顺室内环境检测中心出具的检测报告,其测试结果刚好处在临界值,与××市京西室内环境检测中心出具的检测结果差别很大,又了解到此次检测的委托人并非被申请人公司的员工,而是承担租赁房屋所在项目装修工程的装修总包公司的人员,但被申请人就由第三方委托检测之事并未事先告知并征得申请人同意,故申请人于9月19日发函给被申请人,要求对××市清顺室内环境检测中心所得检测结果进行复查。××市清顺室内环境检测中心接到申请人投诉后同意复测,定于9月21日上午10点对原检测地重新采样。9月20日申请人再次发函将具体复测采样时间告知被申请人。但被申请人在接到通知后均不派人前来配合工作,申请人为保证复测工作的真实性并符合相关检测规定,及时拨打110报警,在警方的干预下,物业公司的卫女士和她的一名同事、两名警员与居住人兰女士、尹先生共同到租赁房屋现场核实开窗、关窗情况。9月21日上午10点20分,××市清顺室内环境检测中心的工作人员来到现场进行采样,被申请人相关部门以负责人均不在单位且联系不上为由,未派人员到现场配合采样工作。××市清顺室内环境检测中心于2007年9月27日出具对甲醛浓度进行复测的检测报告,证实租赁房屋室内空气中的甲醛浓度高于国家标准《室内空气质量标准》(GB/T 18883—2002)的规定限值。申请人于9月28日立即将复测结果通知了被申请人,但被申请人至今拒绝就此事作出任何回应。

为了居住人的身体健康,居住人兰女士一家于9月13日搬离租赁房屋,另行租赁了其他住房居住。

按照合同约定,被申请人作为出租方,应当按照合同约定将租赁房屋以良好状态交付给申请人,并在租赁期间保持租赁房屋符合约定的用途。根据××市京西室内环境测试中心出具的检测报告及××市清顺室内环境检测中心出具的复测报告,已证明被申请人出租的房屋室内空气总挥发性有机物以及甲醛、氨的浓度

均不符合国家标准,应视为被申请人交付的租赁房屋不符合约定,为此提起仲裁,具体仲裁请求如下:

(1) 解除申请人与被申请人签订的《租赁合约》;

(2) 被申请人退还申请人房屋租金人民币 422225 元、租房押金人民币 46571 元,并赔偿申请人检测费人民币 1800 元,搬家费人民币 750 元,退还能源费人民币 16722 元;

(3) 被申请人赔偿申请人律师费人民币 1 万元。

(4) 仲裁费由被申请人承担。

被申请人于 2007 年 12 月 21 日提交的《反请求申请书》中陈述如下:

被申请人与申请人于 2006 年 1 月 15 日签订本案合同。2007 年 8 月 10 日,在申请人居住使用承租房屋近 20 个月以后,申请人以空气质量不合格为由解除合同,拒付租金。但是申请人一直没有向被申请人腾退承租房屋,继续控制、占有、使用该房屋,并拒绝支付任何费用,违反合同的约定及《合同法》的规定,导致被申请人无法就该房屋获得收益,损害了被申请人的合法权益,故被申请人提出如下反请求:

(1) 裁决申请人按每日 94 美元向被申请人支付自 2007 年 8 月 15 日~11 月 14 日的房屋使用费 8648 美元;

(2) 裁决申请人按每日 94 美元向被申请人支付自 2007 年 11 月 15 日至实际腾退房屋日止的房屋使用费;

(3) 裁决申请人立即向被申请人腾退承租房屋。

被申请人于 2008 年 2 月 4 日提交的关于退房意见中称:

申请人与被申请人于 2008 年 2 月 2 日中午办理退房手续。在房屋交接过程中,被申请人发现承租房屋内大部分被申请人提供的家具不见了,尤其是客厅、主卧、书房几乎所有家具都不见了。初步统计被搬走的木质家具 26 件及家用电器若干。申请人声称是"借用"。被申请人认为,申请人未经许可,擅自将被申请人的家具搬出继续使用,说明了四个问题:

(1) 申请人声称房屋甲醛超标可能是被申请人提供的家具所致,但又将这些家具搬走使用,可见家具是没有问题的。

(2) 庭审中,被申请人曾指出申请人自己外购了家具,申请人否认并称工作单中所列的家具为被申请人所有,但"25D 家具清单"却清楚显示:工作单上所列家具为申请人自行外购的家具;

(3) 如此大规模的搬家行为,可以断定申请人手中还有类似第 21 号证据的搬家工作单,但申请人却未出示,显然这些被隐匿的工作单上还有对申请人不利的记载,即申请人还有其他自行外购的家具。

综上,被申请人认为申请人应立即归还搬走的家具,恢复原状,如有其他损失,将从租赁押金中抵扣。

此后,被申请人在2008年2月4日的《代理词》中发表代理意见如下:

(1)双方租赁合同于2007年8月13日解除,在此之后,申请人控制、占有承租房屋就再无任何合法依据,理应赔偿由此给被申请人造成的损失。

申请人在使用承租房屋近两年后,于2007年8月13日突然向被申请人送达解除合同通知,由于申请人没有履行合同的基本诚信,故被申请人未向仲裁机构提出异议,从而确认合同解除效力。根据《合同法》第96条,合同解除通知到达对方时解除,因此租赁合同于2007年8月13日解除。

合同解除后,申请人拒绝向被申请人腾退承租房屋,在没有任何约定或法定的理由下,继续控制、占有房屋,导致被申请人错失与第三人交易的机会,其行为侵犯了被申请人对该房屋占有、使用、收益和处分的权利,理应赔偿由此给被申请人造成的损失。该损失额即房屋使用费,我们认为应该参照租赁合同约定的租金来确定。这是由于租赁合同所约定的租金是申请人支付给被申请人使用房屋的对价,是双方真实的意思表示,参照租金数额来确定房屋使用费能较好地平衡双方利益。

(2)申请人未在合理的期限提出空气质量异议,其长达近两年的居住事实及按时足额支付租金的行为,足以说明其认可并接受房屋状况。申请人已经享受到了房屋使用利益,却又要求返还租金,有违等价公平原则。

申请人在签订租赁合约之前就已多次现场查看承租房屋,并于2006年1月15日起接收、使用承租房屋,在长达近两年使用承租房屋过程中,从未就房屋空气质量问题提出异议,并且按时足额支付租金,可见其认可房屋处于良好状况,适宜居住。同时,每月租金包含物业管理费、会所费、清洁费等共计人民币4932元费用,申请人已享受相关服务,不能退还。

(3)申请人在租赁合同履行过程中,突然以莫须有的"罪名"解除合同,毫无诚信可言。空气质量因申请人外购家具导致超标,合同解除的责任在申请人,故租金不能退还。

申请人在解除合同通知中声称解除理由是"TVOC"超标。"TVOC"是指总挥发性有机物,其来源可能是"家用燃料、烟叶不完全燃烧、人体排泄物等",因此,"TVOC"超标极可能是申请人在使用房屋过程中产生,不能认定是房屋本身质量存在瑕疵。

申请人以如此牵强的理由解除合同,破坏了被申请人全面履行合同的预期。也许申请人也意识到解约理由难以服众,又在其仲裁申请书中声称甲醛超标所以要求返还租金,但这个理由同样是无法自圆其说。申请人于2006年1月15日收房入住,正值三九寒冬,门窗长期紧闭,室温达二十多度,这种环境条件非常有利于甲醛的挥发和被感知,但申请人收房时和入住后并未就空气质量提出任何异议,可见空气质量是合格的。入住后申请人自行外购家具。申请人庭审时自认书房内书柜系外购,书房经检测,甲醛超标。

尽管申请人竭力否认除书柜外未购买其他家具,但就目前已经查明的事实显示,申请人至少还购买了"四门柜"和"床",随后卧室甲醛超标。事实证明,申请人还购买了其他家具。申请人外购家具前对空气质量无异议,外购家具后发现异常。显然,申请人外购家具导致空气质量异常。合同解除责任在于申请人,其无权要求返还租金。

(4)申请人违反合同附随义务,剥夺了被申请人维持合同效力的机会,破坏了交易的安全与稳定。

申请人2006年1月入住,在居住近两年后,2007年8月6日未通知被申请人即自行委托鉴定,8月10日发出解约通知,13日书面送达被申请人。从自行委托鉴定到解约不过短短数日,显然是既要使用房屋,又不愿给钱。

《合同法》第60条规定了当事人应当负有依据诚实信用原则所派生出的合同附随义务,如通知、协助等。如果申请人在合同履行中是善意的,就应及时提出空气质量异议,被申请人完全可以采取有效的治理手段使空气质量达标,使租赁合约得以维持和继续履行。但申请人却突然解除合同,剥夺了被申请人任何补救合同的机会和手段。

(5)租赁合同是典型的继续性合同,在合同存续期间,承租人以支付租金为对价对承租房屋使用、收益,租金虽有返还可能,但承租人因占有、使用租赁房屋已经享有的合同利益却无法返还给出租人,所以租赁合同解除效力只能向将来发生,而不能溯及既往,因此已经因实际使用而支付的租金也无法返还给申请人。

(6)《合同法》第233条不能成为申请人要求退还租金的理由;更不能成为拒绝支付房屋使用费的理由。

申请人多次引用《合同法》第233条的规定,以此为依据要求退还租金并拒付房屋使用费。《合同法》第233条赋予了租赁合同中的承租人在租赁物存在缺陷情况下，获得随时解除合同的权利。但该条并未赋予承租人在此种情况下就可以无偿获得租赁物使用利益的权利；更未赋予承租人在合同解除后仍能够继续控制、占有租赁物的权利。明知有缺陷却仍在使用，则应承担相应的法律后果。

（7）申请人提供的司法实践中的两个案例，非常好的印证了本案中被申请人的观点：1）承租人应当在合理期限提出异议；2）已经实际发生的租金不予返还。

申请人向仲裁机构提供了两个案例，第一个案例中，房屋承租人2006年6月14日入住，7月10日提出异议。更能说明问题的是第二个案例：在这个案例中，承租人2005年10月16日入住，10月20日提出异议。但即便如此，法院仍判决：预付租金9000元，退还6000元，已经因实际使用而发生的3000元不予退还（尽管只用了4天），理由是承租人明知甲醛可能超标仍使用，未能尽到谨慎注意义务。

反观本案，且不说空气质量超标的原因是哪一方造成的，单就申请人在使用房屋近两年后才提出异议，已经不仅仅是未能尽到谨慎注意义务所能解释，而是明显恶意履行合同。对恶意履行合同的当事人应当施以制裁，并令其承担相应的法律责任，这样才能体现出法律惩恶扬善的价值取向，维护交易关系的安全与稳定。

（8）另外，能源费由物业公司收取，被申请人无返还义务；《租赁合约》约定：提前解约，租赁押金不予返还，同时，申请人擅自搬出家具给被申请人造成的损失应从押金中抵扣。

综上所述，申请人因实际使用房屋而支付的租金不能返还；申请人在租赁合同解除后仍控制、占有承租房屋所获得的利益，因无合法依据属不当得利，应参照租金数额向被申请人赔偿使用费。

针对被申请人的答辩意见和反请求，申请人于2008年2月2日的代理意见中补充陈述如下：

（1）仲裁请求有充分的事实依据。

由于被申请人不同意解除合同，申请人提请了仲裁，被申请人收到仲裁通知后，于2007年11月7日函告申请人：要求申请人支付2007年8月14日～2007年11月14日房屋租金。被申请人又于2007年11月16日委托律师函告申请人：要求申请人于2007年11月25日前"缴付拖欠的租金（2007年8月15日～2007年11月14日租金）和滞纳金"，并要求申请人向出租方"书面保证今后不发生类似违约行为"。被申请人的两份书面函对申请人提出的关于租赁房屋空气质量

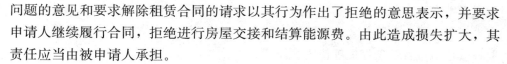

问题的意见和要求解除租赁合同的请求以其行为作出了拒绝的意思表示,并要求申请人继续履行合同,拒绝进行房屋交接和结算能源费。由此造成损失扩大,其责任应当由被申请人承担。

(2) 租赁房屋室内环境污染责任应当由被申请人承担。

申请人提交的合同能够证明,租赁房屋带全套家具、电器等,家具只有两个书柜,系在××市宜家家居公司购买,安置在书房,除此以外,没有其他自己的家具。众所周知,宜家家居公司出售的家具尚未发生过存在污染的先例。另外,申请人提交的两份检测报告证明,不但放置该两个书柜的房间存在污染,其他房屋均存在污染。因此,被申请人关于污染系由申请人购置的家具所造成之抗辩理由没有根据。

被申请人提出,申请人搬家货运单记载有四门柜一个和床一个。事实情况是:该四门柜和床系申请人于2007年8月16日另行租赁的乐天王府花园29号房屋所有人的家具,并没有在本案争议房屋中置放过。申请人预定搬家公司时除要求搬运书籍、厨房用具、餐具、衣物杂件外,曾要求将该两样家具拆开,从新租的乐天王府花园29号房屋的楼上搬到地下室(车库)存放,该两项工作约定费用人民币85元。但在搬家时,由于房主没有到场,该两项工作没有进行,所以在实际收费时该两项费用在收费单中直接删除,在申请人提交的××市三义货运有限公司工作单中可以看出删除记录,并可以计算出人民币750元搬家费中并不包括该两项收费。

根据上述事实,可以确认,争议房屋室内环境污染完全是由于被申请人提供的房屋引起的,其责任应当由被申请人承担。

(3) 仲裁请求有明确的合同依据和法律依据。

双方《租赁合约》第5条第1项(5.1)约定:"甲方(被申请人——仲裁庭注)应当根据本租约在起租日将该房屋以良好的租赁状态出租给乙方(申请人——仲裁庭注)。"《租赁合约》第5条第3项(5.3)约定:"在租赁期限内确保房屋不存在任何可能影响乙方正常享受该房屋及设施……"的情形。《租赁合约》第5条第6项(5.6)约定:"为使该房屋处于适当维修状态,甲方应当在该房产出现瑕疵时于合理时间内(但不迟于3个工作日)负责维修该房屋的任何瑕疵,除非该瑕疵是由乙方使用不当所造成。"

《中华人民共和国合同法》第216条规定:"出租人应当按照约定将租赁物交付承租人,并在租赁期间保持租赁物符合约定的用途。"《合同法》第233条规定:"租赁物危及承租人的安全或者健康的,即使承租人订立合同时明知该租赁物质量不合格,承租人仍然可以随时解除合同。"《合同法》第107条规定:"当事人一方不履行合同义务或者履行合同义务不符合约定,应当承担继续履行、采取补救措施或者赔偿损失等违约责任。"

(4) 根据事实和法律进行判断,申请人的仲裁请求的理由成立。

根据××市质量技术监督局颁发的计量认证证书可以认定,××京西室内环境测试中心就争议房屋内的空气质量问题具有相应的检测资质,其根据《民用建筑工程室内环境污染控制规范》于2007年8月8日签发的检验报告书符合规定,应认定其效力。

根据××市质量技术监督局颁发的计量认证证书可以认定,××市清顺室内环境检测中心就争议房屋内的空气质量问题具有相应的检测资质,其根据《室内空气质量标准》经过复测于2007年9月27日签发的检验报告书符合规定,也应认定其效力。

根据上述两份检测报告,可以认定:争议房屋的空气质量不符合居住房屋用途。根据合同第5条第1项、第3项和第6项的约定,可以认定被申请人履行义务不符合合同约定,构成违约。

根据《合同法》第216条、233条和107条规定,可以认定,申请人有权要求解除合同,并要求被申请人承担违约责任。如果被申请人不同意解除合同,则由此产生的不利后果由其自行承担。

(5) 申请人请求的数额具有合理的计算依据。

被申请人称,房屋租金中含有物业费、会所费等费用,不能视为房租。该主张不能成立。申请人认为,根据交易习惯,房屋租赁关系中,物业费均由出租方承担,摊入房屋租金,能源费、电话费、收视费等由承租人自己缴纳或单独结算。此外,关于物业费,即便房屋不出租,也会发生。所以,被申请人主张扣除租金中物业费部分,不符合交易习惯,也没有依据。会所从2007年7月1日才开始实行收费制度,被申请人的主张没有依据。即便收费也不应当在房屋租金中扣除。

申请人入住租赁房屋后,结清了原来剩余的能源费用,电费按月支付。截至2007年12月4日双方确认:申请人预交的天然气费剩余天然气充值数额8022个字(立方米),按现行天然气价格每立方米2.05元计算,被申请人应退还天然气费人民币16445.10元;申请人预交的水费剩余水费充值数额74吨,按现行每吨3.70元计算,被申请人应当退还人民币273.80元。两项合计人民币16718.90元。

被申请人称,能源费系通过物业管理公司购买,不能要求被申请人退还。申请人认为,物业公司明确拒绝我方退还能源费的要求,理由是:第一,合同没到期；第二，到期也"都不退"（但下一个承租人要按表内充值余额向物业公司缴纳费用）。物业公司是代理被申请人进行物业管理，所以，应当由被申请人承担责任。

申请人支付了检测费人民币1800元；搬运费人民币750元，为处理本案花费的律师费用人民币1万元，这些费用应由被申请人补偿。

（6）被申请人的反请求理由不成立，应当驳回。

申请人认为是被申请人的原因导致问题拖延不决。申请人于2007年10月22日申请仲裁，要求裁决解除合同和主张损失赔偿等。被申请人于2007年11月7日收到仲裁通知书后，于2007年11月7日函告申请人：要求申请人继续履行合同，支付2007年8月15日～2007年11月14日房屋租金。2007年11月16日被申请人又委托律师致函申请人，从该律师函所主张的内容可以明白无误地判断出，被申请人仍然拒绝申请人要求解除合同的意见，强行要求继续履行合同，要求申请人于2007年11月25日前"缴付拖欠的租金（2007年8月15日～2007年11月14日租金）和滞纳金"，并要求申请人向出租方"书面保证今后不发生类似违约行为"。否则，出租方将解除合同，要求承租人赔偿违约造成的一切损失。被申请人所采取的拖延态度导致损失进一步扩大，应当由被申请人承担责任。申请人已经搬离争议房屋，并曾要求与被申请人进行房屋交接和结算能源费用，遭到被申请人的拒绝。

## 二、仲裁庭意见

必须指出，当事人已就案件事实和焦点问题等，向仲裁庭提出了相关资料和分析意见，这些资料和意见分别以证据、笔录、代理意见等形式保留在本案卷宗中。本裁决书没有全面引用上述意见，并非忽视或者忽略上述意见。

开庭后申请人和被申请人均表示愿意和解，仲裁庭主持了双方的和解。但是，在和解过程中双方未能达成共识，和解中止。因此，仲裁庭依法进入仲裁程序，听取申请人的仲裁申请，被申请人的反请求，申请人与被申请人质证，申请人与被申请人辩论。仲裁员就有关事实和证据向申请人和被申请人核实。庭审结束后，双方又补充了证据，提交了书面代理意见，并经过了双方的书面质证。仲裁庭认为：

### （一）关于本案租赁合约的效力及仲裁庭的管辖权

双方于2006年1月15日签订的租赁合约及有关附件体现了双方的意愿，仲裁庭认真审阅了上述资料，没有发现违反法律法规强制性规定的内容。仲裁庭认定上述资料合法有效，可以作为仲裁庭处理本案纠纷的基本依据。

租赁合约"9. 法律适用与争议的解决"约定："本租约的订立、效力、解释、履行和争议的解决均受中华人民共和国法律的管辖。""凡因执行本租约而发生的或与本租约有关一切争议，双方应通过友好协商解决。如果协商不能解决，任何一方均可向××仲裁委员会申请仲裁，并适用其仲裁规则。该仲裁裁决应为终局，对双方均都有约束力"。因此，本案中双方就以仲裁方式解决纠纷的约定是明确的，对仲裁机构的约定也是具体确定的，仲裁委员会可以管辖本案，仲裁庭有权处理本案争议。

**（二）仲裁庭对本案有关事实的认定及意见**

（1）双方于 2006 年 1 月 15 日签订的租赁合约及有关附件体现了双方的意愿，合法有效，双方对此均无异议。合约约定，租期为自 2006 年 1 月 15 日起至 2009 年 1 月 14 日止，租金为每月 2820 美元，其中包括每月发生的管理等各项费用人民币 4183 元（虽然被申请人在其代理词中称该项费用为人民币 4932 元，但仲裁庭经核对租赁合约附件二后，明确上述费用为人民币 4183 元——仲裁庭注）；2 个月的租赁押金 5640 美元。

依据以上约定，申请人从 2006 年 1 月 15 日～2007 年 8 月 14 日的 19 个月租期中向被申请人交付租金共计人民币 422225 元，交付 2 个月租房押金人民币 46571 元。通过庭审质证，双方对上述费用交付的真实性无异议。

（2）关于租赁合约的解除及相关责任问题。申请人称其入住不久就发觉屋内有明显异味和不适感，为此多次向被申请人反映要求检测，但被申请人以租赁房屋在竣工交付时已做过测试没有质量问题为由而拒绝。2007 年 8 月 1 日申请人再次要求被申请人检测，但被申请人再次以没问题没必要而拒绝。8 月 3 日，申请人联系了××市京西室内环境测试中心。8 月 6 日，在居住人兰女士和被申请人租赁部郑女士共同在场的情况下，由××市京西室内环境测试中心的两名工作人员对租赁房屋进行了采样检测。8 月 10 日出具的检测报告为总挥发性有机物（TVOC）以及甲醛、氨的浓度均超过国家标准限值。据此，申请人于 8 月 13 日向被申请人发函要求解除租赁合约。被申请人要求由他们委托另外一家检测机构再检测一次，申请人同意。8 月 30 日，由××市清顺科学研究所室内环境检测中心派人到现场采样。9 月 14 日收到了检测报告，其测试结果刚好处在临界值，与第一次检测结果差别很大。申请人了解到此次检测的委托人并非被申请人公司员工，而是承担租赁房屋装修工程公司的人员，被申请人由第三方委托测试并未事先告知并征得申请人同意。申请人9月19日发函给被申请人要求复查，××市清顺室内环境检测中心于9月21日对原检测地重新采样。9月20日申请人再次发函将复查时间地点告知被申请人，但被申请人9月21日未到场。申请人拨打110后，在两名警员与物业公司两名员工在场的情况下采样。2007年9月27日出具对甲醛浓度进行复测的报告，证实甲醛浓度高于国家标准规定限值。

仲裁庭认为，两家检测机构均具有合法有效的检测资格。第一次和第三次的检测结果都证实室内空气甲醛存在超标的事实。第二次检测工作，因程序和实施过程中有瑕疵，且由同一机构进行的复查对第二次检测结果也得出了与第二次检测结果不同的结论。因此，应以第一次检测和第三次复查结论为准。

关于超标的原因，被申请人称空气质量超标并非由其出租的带精装修和家具的房屋引起，而是由申请人外购家具引起。双方在庭上进行了质证和对补充证据的书面质证。申请人辩称其配置在书房的两个宜家家具公司的书柜符合标准。由于被申请人在第一次检测采样时未对检测采样提出异议，第二次检测亦存在瑕疵，第三次复查时未派人到现场配合；而且，被申请人对申请人于2007年9月28日通知的复查结果不予回应，也没有要求再次复查，因此，在对以上检测事实认定的基础上，仲裁庭认为，被申请人主张空气超标是申请人自购家具造成，但是并未提供证据证明其主张，故仲裁庭对被申请人的该主张不予支持。在无证据证明是由于其他原因导致空气质量超标的情况下，仲裁庭只能推定超标的原因应为带精装修及家具的房屋本身所致。因此，仲裁庭对于申请人解除合约的请求予以支持。

尽管仲裁庭支持申请人解除合约，但从申请人居住使用房屋长达19个月之久的实际情况看，将其人民币422225元租金全部退还的请求存在不合理的因素。虽然申请人在仲裁申请书中称其"入住不久"就感觉不适，并要求被申请人检测而遭到拒绝，但此说法并无任何证据证明。仲裁庭支持申请人的证据是第一次检测的结果。虽然被申请人提供的房屋存在超标的事实，但申请人如此长时间的使用实际上还是享有了其租赁房屋的价值，也应该支付一定比例的合理的费用。每月2820美元的租金中所含的4183元人民币的管理等各项费用是直接由申请人享有的服务，这与空气质量超标与否没有直接关系，申请人如果是居住在未超标的房屋中，也要发生并支付这笔费用。此外，申请人称会所从2007年7月1日才开始实行收费制度且提供了证据，此证据的真实性无异议。但是，仲裁庭认为申请人不能因此将这笔费用免除，因为会所向申请人是以免费还是收费方式服务与申请人作为住户有权并享有服务无关。除去上述费用之后，鉴于双方都有一定的责任，都要承担相应的义务，仲裁庭认为应由被申请人退还申请人20%的租金是适当的。从2006年1月15日～2007年8月14日共19个月之间房租（422225－4183×19）×20％＝人民币68550元。这就是被申请人应该向申请人返还的房屋租金。

（3）关于租房押金问题。由于合约解除的原因是因检测出空气质量超标，因此，仲裁庭支持申请人要求被申请人退还租房押金46571元人民币的请求。

（4）关于检测费问题。申请人支付了检测费人民币1800元的事实存在。被申请人以并非所有检测项目都超标为由认为不应由被申请人支付。仲裁庭认为，之所以发生检测行为，是因被申请人的房屋有异味而产生，而且检测结果也证实了这一点。按照检测的常规做法，一般是对有关的各项指标一次性进行综合检测，因为，在正常情况下，常人无法要求检测机构只检测特定的某项指标，这种要求即使对专业人员也很难在事先确定。因此，仲裁庭认为应由被申请人向申请人支付检测费人民币1800元。

（5）关于搬家费问题。仲裁庭认为，本案合同的解除原因主要是因被申请人提供的房屋空气质量问题引起的，但同时，即使是正常的解除租赁合约，申请人也必须搬家，加之申请人搬家过程中又"借用"了被申请人房屋中的一些家具，被申请人无义务承担这些家具的搬运费用，因此，仲裁庭认为该笔费用应由申请人和被申请人各承担一半。

（6）关于剩余能源费问题。申请人于2007年10月22日的仲裁申请书中要求退回能源费人民币16722元，在1月31日开庭审理时调整为16718.9元人民币（减去了已用的一吨水费3.10元人民币）。被申请人认为，能源费由物业公司收取，被申请人无返还义务。仲裁庭认为，由于被申请人提供的房屋原因而提前解除合约，虽然申请人有关的水、电、燃气等能源费并非由被申请人收取，但这笔预付费用所产生的价值已经转移到租赁房屋中，已经输入表中的费用不可能退出，也不可能由申请人再继续使用或转移至其他场所使用，为维护冬季房屋设施还将持续耗费少量燃气，同时，被申请人作为房主向下一位承租人租赁房屋时收取这一笔费用时比较方便可行，这一问题纯属一个技术性问题。为体现公正、和谐的原则，仲裁庭认为，申请人在向被申请人交纳200元人民币的费用后，由被申请人支付申请人能源费16518.90元人民币。仲裁庭的意见并非认为被申请人存在直接责任和过错。

（7）关于从2007年8月14日解除合约至2008年2月2日之间房屋费用的

问题。仲裁庭对于双方响应仲裁庭于 2008 年 1 月 31 日开庭审理时建议双方尽快办理房屋交接的意见以避免不必要的损失给予肯定。2 月 2 日双方进行了交接。

关于双方为何未能在 8 月 14 日以后在合理的期限内进行房屋交接的问题，双方都阐述了各自的理由，仲裁庭也认真审核了有关证据。仲裁庭认为，主要责任在被申请人，因为被申请人在收到检测结果和申请人的函件后未给予必要的回应和配合。但申请人在搬家时，却未经被申请人同意，"借用"了原房屋的一些家具，影响了租赁房屋使用功能的完整性，因而也应该承担相应的责任。仲裁庭认为，根据依责任大小按比例确定双方各自应承担房屋费用的原则，申请人承担租金费用的 20%，被申请人承担租金费用的 80%。以每个月 30 天计，每天的租金为 94 美元。在这 5 个月零 17 天的时间内，总费用为 2820×5＋94×17＝15698 美元。按上述比例，申请人应付给被申请人 15698×20%＝3139.6 美元。

(8) 关于申请人要求被申请人赔偿律师费 1 万元人民币的问题。由于仲裁庭对申请人的仲裁请求给予了部分支持，根据仲裁规则，仲裁庭支持被申请人赔偿申请人律师费 2000 元人民币。

### (三) 关于仲裁费用的承担

鉴于仲裁庭对申请人仲裁请求给予部分支持，本案本请求仲裁费由申请人承担 80%，由被申请人承担 20%。鉴于仲裁庭对被申请人的仲裁反请求给予了少部分支持，本案反请求仲裁费用由被申请人和申请人各承担 80% 和 20%。

## 三、裁决

仲裁庭裁决如下：
(1) 自 2007 年 8 月 14 日起解除申请人、被申请人双方签订的《租赁合约》；
(2) 被申请人向申请人退还房屋租金人民币 68550 元，租房押金人民币 46571 元。赔偿申请人检测费人民币 1800 元，搬家费人民币 375 元。退还能源费人民币 16518.9 元；
(3) 被申请人赔偿申请人律师费人民币 2000 元；
(4) 申请人向被申请人支付办理退房前的房屋使用费用 3139.6 美元；
(5) 本案本请求仲裁费用由申请人承担 80%，由被申请人承担 20%；本案反请求仲裁费用由被申请人承担 80%，由申请人承担 20%。

本裁决为终局裁决，自作出之日起生效。

**评注：**

承租人租赁房屋居住，主要是满足居住功能。然而，随着社会发展进步，人们对居住环境的要求也越来越高。人们也时有耳闻，某某人家因房屋装修引起空气质量问题，导致儿童患病。为此，国家对各类房屋室内环境有具体的规定，主要内容是限定某些对人体健康有害的物质浓度。本案争议即由此而引起，主要启示如下：

（1）双方在订立租赁合同之前，就应对房屋的各项性能，包括空气质量是否符合标准等进行明确约定，以备不时之需。退一步讲，承租人应尽可能在入住之后不久就反映有关问题。反映越早，对双方权益的影响越小，对承租人的安全健康损害也越少。

（2）本案中申请人后期采取的检测、取证（包括打110报警）等维权措施比较到位，这也为其合理请求大部分得到仲裁庭支持打下了基础。其维权意识和方式有值得借鉴之处。

（3）在合同未依法解除、租金等有关费用支付未完全达成共识期间，双方都要尽可能避免意气用事，做出于人有害、于己无益之举。比如双方应尽早交接房屋，而把此前的争议另行解决。俗话说："一码归一码"，不要将争议解决与房屋交接纠缠在一起，给双方都造成损害。既无助于争议的解决，又进一步扩大了损失范围。

（4）需要指出的是，申请人在办理原租赁房屋时"借用"了出租人的少部分家具，而此举未得到，实际上也不可能得到被申请人的允许。由此，导致其在办理租赁房屋后，仍然要支付一定比例的房屋使用费。这笔钱足够申请人购置其想购置的许多家具了。

# 案件 27　某房屋租赁合同争议仲裁案裁决书

**【提要】** 申请人于先生与被申请人展先生签订《租约》，申请人承租了被申请人位于××市的一套别墅。在履行租约的过程中，申请人因故需搬离××市，向申请人提出其计划搬出该别墅。之后双方就具体搬家日期等细节问题，进行了邮件的沟通。申请人于2010年6月30日搬出了别墅，被申请人也与新租户签订了新的租约，起租日为2010年7月1日。申请人认为其向被申请人表明的只是一种想法、意愿和可能性，是被申请人先提出的解约，请求仲裁庭裁决被申请人返还押金，赔偿押金利息损失，并补偿申请人花费的律师费、差旅费等。被申请人认为是申请人先提出的终止租约，押金应按合同约定不予退还。仲裁庭经审理认定，本案《租约》的解除是基于申请人的意愿，责任应由申请人承担，但在解除《租约》的过程中，申请人出于善意，对被申请人的房屋再次出租给予了积极配合，避免或减少了对被申请人造成的直接损失或潜在损失，应酌情予以考虑，被申请人返还押金的25%并支付利息，对其他仲裁请求不予支持。

**【关键词】** 租约；解约责任；押金

××仲裁委员会根据申请人于先生（护照号：××）与被申请人展先生（身份证号：××）于2009年2月20日签订的《租约》（"《TENANCY AGREEMENT》"）中的仲裁条款，以及申请人于2010年8月27日向仲裁委员会提出的书面仲裁申请，受理了申请人与被申请人之间因上述合同而引起的租约争议案。

鉴于本案争议金额未超过人民币50万元，本案适用简易程序的规定。由于双方当事人在规定的期限内未就独任仲裁员的人选达成一致，亦未共同委托仲裁委员会主任代为指定独任仲裁员，仲裁委员会主任根据《仲裁规则》的规定，指定吴先生为本案独任仲裁员。独任仲裁员在签署了接受指定声明书后，于2010年11月30日成立仲裁庭审理本案。

2010年12月22日，仲裁庭开庭审理本案。申请人和被申请人的仲裁代理人均出席了庭审。庭后，仲裁庭受理了申请人书面提出增加的仲裁请求。

本案现已审理终结。仲裁庭根据当事人提交的书面证据以及庭审所查明的事

实,作出本裁决。现将本案案情、仲裁庭意见以及裁决内容叙述如下:

## 一、案情

申请人作为承租方与作为出租方的被申请人于 2009 年 2 月 20 日签订本案《租约》。《租约》主要约定,由申请人租用被申请人位于××市东城区 202A 别墅的房屋(下称 202A 别墅)及其附属设备;租赁期为 2.5 年,自 2009 年 3 月 5 日起至 2011 年 9 月 4 日止;《租约》签订后十个工作日内,申请人向被申请人支付押金人民币 4.3 万元;租金每月为人民币 4.3 万元,每月支付一次。此外《租约》还对其他费用的承担、出租人责任、承租人责任以及争议解决的方式等作了约定。

《租约》签订后,双方都对其进行了实际的履行,经双方协商一致,申请人支付了 4 万元作为押金。随后,《租约》在届满到期之前被解除。《租约》解除后,双方就返还押金事宜产生了争议,经协商不成,申请人遂提起本案仲裁。申请人经过变更,明确其请求如下:

(1) 请求裁定被申请人向申请人返还押金人民币 4 万元;

(2) 请求裁定被申请人向申请人赔偿从 2010 年 7 月 1 日至实际返还押金日的押金利息损失(按年利率 5.31%暂计至 2010 年 8 月 31 日为人民币 354 元);

(3) 请求裁定被申请人向申请人支付人民币 1 万元以补偿申请人花费的律师费;

(4) 请求裁定被申请人向申请人支付申请人因办理本案发生的差旅费人民币 4150 元;

(5) 请求裁定被申请人向申请人支付申请人律师为办理本案支出的费用。包括公证费人民币 340 元,律师差旅费人民币 4660 元(以实际发生为准);

(6) 请求裁定被申请人承担本案仲裁费。

申请人称:

本案《租约》签订后,经被申请人提议,双方在协商一致后,于 2010 年 7 月 1 日解除了《租约》,申请人搬出了被申请人的房屋。根据《租约》6.1.1 条款和一般房屋租赁交易习惯,被申请人应在《租约》解除后返还申请人向其支付的租赁押金人民币 4 万元。经申请人多次要求,被申请人拒不返还租赁押金。

被申请人辩称:

《租约》签订后,2010 年 5 月 21 日,被申请人的房产代管人周女士接到申请人配偶的电话,提到因申请人女儿将转学至香港,全家计划 2010 年 8 月初从

202A 别墅中搬出。周女士当日将此事转告了被申请人。被申请人次日也与申请人配偶直接通电话，申请人配偶确认了搬家一事。根据《租约》4.2 条的约定，"乙方（即申请人，下同——仲裁庭注）如在租赁期内，因乙方原因而终止租约，押金不予退还"。被申请人在此情况下，同意了与申请人解除《租约》。之后双方就具体搬家日期等细节问题，进行了邮件的沟通。申请人于 2010 年 6 月 30 日搬出了 202A 别墅。

申请人在庭后补充要点如下：

（1）《租约》解除是应被申请人明确要约而解除的，被申请人应当全额退回押金；

（2）解约是首先由被申请人提出并行使的，申请人只是表达了一种想法、意愿及可能性，这些都不能构成解约行为；

（3）《租约》已于 2010 年 7 月 1 日提前解除，是双方协商一致合意解除，且实际履行完毕。这些在申请人的证据中均可体现；

（4）被申请人的出租事务代理人周女士曾向申请人及其妻子，明确承诺会退回押金，在申请人如约于 2010 年 7 月 1 日搬离房屋后，被申请人收到剩余租金后才突然反悔；

（5）事实上，被申请人因为申请人的提前解约，不但没有任何损失，而且明显获利。相反的，申请人基于善良的愿望，始于良好的善意，为了维护被申请人的利益作出了种种努力，付出的损失是显而易见的。

被申请人在庭后补充要点如下：

（1）从双方往来的邮件证据中可以看出，是申请人先提出的终止本案《租约》；

（2）因申请人女儿在香港入学的事宜，申请人有足够的动机搬出 202A 别墅并提前终止本案《租约》，申请人所称的其是在被申请人 6 月 4 日发出的邮件之后才作出搬家决定的说法不是事实；

（3）关于周女士口头答复"同意"返还租金一事。首先，周女士并非双方就提前终止本案《租约》一事的代理人，其只负责处理 202A 别墅的出租事宜，不包含签署终止协议及退还押金等事宜。其次，其与申请人之间也没有任何书面形式的协议或合意达成，这是不符合本案《租约》第 10 条关于通知的形式要求的。

## 二、仲裁庭意见

仲裁庭依法进入仲裁程序，听取申请人的仲裁申请及被申请人的答辩，申请人与被申请人进行了质证和辩论。仲裁员就有关事实和证据向申请人和被申请人进行了核实。庭审结束后,双方均提交了补充证据材料及补充书面意见。申请人同时书面提出增加仲裁请求。

必须指出,当事人已就案件事实和焦点问题等,向仲裁庭提出了相关资料和分析意见,这些资料和意见分别以证据、笔录、代理意见等形式保留在本案卷宗中。本裁决书没有全面引用上述意见,并非忽视或者忽略上述意见。仲裁庭认为:

### (一) 关于本案《租约》的效力及仲裁庭的管辖权

申请人与被申请人于 2009 年 2 月 20 日签订的《租约》体现了双方的意愿,仲裁庭认真审阅了上述资料,没有发现违反法律法规强制性规定的内容。仲裁庭认定上述资料合法有效,可以作为仲裁庭处理本案纠纷的基本依据。

《租约》第 9 条"适用法律及争议的解决"约定:"本租约受中华人民共和国法律的约束,如发生与本租约有关的争议,由双方友好协商解决,协商不成,提请××仲裁委员会,依该委员会在仲裁申请提出时有效的仲裁规定进行仲裁。"因此,本案中申请人和被申请人双方就以仲裁方式解决纠纷的约定是明确的,对仲裁机构的约定也是明确的,仲裁委员会可以管辖本案,仲裁庭有权处理本案争议。

### (二) 仲裁庭对本案有关事实的认定

(1) 关于《租约》的解除及相关责任问题。申请人作为承租方,被申请人作为出租方,于 2009 年 2 月 20 日签订《租约》,租赁期为 2.5 年,自 2009 年 3 月 5 日起至 2011 年 9 月 4 日止。双方对《租约》进行了实际履行,直至 2010 年 5 月 21 日,申请人配偶电话告知被申请人的房屋代管人周女士,因女儿要到香港上学,全家计划于 8 月初搬出。通过庭审及庭后质证,仲裁庭注意到,申请人与被申请人对该事实都是认可的,但申请人认为这只是一种想法、意愿和可能性,而被申请人认为这是申请人在提出要终止本案《租约》。之后,双方就搬出事宜通过邮件等方式多次协商。申请人出于善意,积极配合新租户的入住时间,于 2010 年 6 月 30 日搬离了房屋,本案《租约》履行到此终止。被申请人与新租户签订了新的租约,起租日为 2010 年 7 月 1 日。

综合分析双方提供的证据和发表的意见,仲裁庭认定,本案《租约》的解除是基于申请人的意愿,《租约》无法继续履行的责任应由申请人承担,被申请人与新租户的租约与本案没有直接关联。但在解除本案《租约》的过程中,申请人出于善意，对被申请人的房屋再次出租给予了积极配合，避免或减少了对被申请人造成的直接损失或潜在损失，应酌情予以考虑。

（2）关于押金问题。双方在《租约》第4.1条约定："自本租约签订之日起十个工作日之内，乙方应向甲方（即被申请人，下同——仲裁庭注）缴付相当于一个月租金额的租赁押金计人民币4.3万元。"第4.2条约定："乙方如在租赁期内，因乙方原因而终止租约，押金不予退还。"第6.1.1条约定："如应甲方要求乙方同意解除租约且乙方已按第4.1条约定交纳租金及押金并已入住，则甲方必须返还乙方已付押金。"后经申请人与被申请人协商一致，月租金和押金均按人民币4万元支付。双方在2010年5~6月底协商有关问题时，未对押金是否退还进行过再次商讨。申请人提交的关于被申请人同意退回押金的证据力不足，仲裁庭无法支持其请求。因此，《租约》中有关押金的约定继续有效，应予履行。

**（三）仲裁庭对各项仲裁请求的意见**

（1）申请人的第一项仲裁请求"被申请人向申请人返还押金人民币4万元"。

通过对以上事实的认定，仲裁庭认为，本案《租约》的解除责任应由申请人承担，但酌情考虑申请人积极配合促成再次租赁的因素，仲裁庭部分支持申请人的第一项仲裁请求，被申请人向申请人返还押金的25%，即人民币1万元。

（2）申请人的第二项仲裁请求"被申请人向申请人赔偿从2010年7月1日至实际返还押金日的押金利息损失（按年利率5.31%暂计至2010年8月31日为人民币354元）"。

鉴于仲裁庭部分支持了申请人的第一项仲裁请求，被申请人应向申请人支付押金人民币1万元从2010年7月1日至实际返还日的利息（按年利率5.31%计算）。

（3）申请人的第三项仲裁请求"被申请人向申请人支付人民币1万元以补偿申请人花费的律师费"。

鉴于仲裁庭认定解约责任应由申请人承担，同时，被申请人也同样发生了此类费用，基于公平原则，对该项仲裁请求不予支持。

（4）申请人的第四项仲裁请求"被申请人向申请人支付申请人因办理本案发生的差旅费人民币4150元"。

鉴于仲裁庭认定解约责任应由申请人承担，同时，被申请人也同样发生了此类费用，基于公平原则，对该项仲裁请求不予支持。

（5）申请人的第五项仲裁请求"被申请人向申请人支付申请人律师为办理本案支出的费用。包括公证费人民币340元，律师差旅费人民币4660元（以实际发生为准)"。

鉴于仲裁庭认定解约责任应由申请人承担,对该项仲裁请求不予支持。

(6) 申请人的第六项仲裁请求"裁定被申请人承担本案仲裁费"。

鉴于仲裁庭部分支持了申请人的第一项仲裁请求,按照比例原则,本案仲裁费用应由申请人和被申请人各承担75%和25%。

### 三、裁决

仲裁庭裁决如下:

(1) 被申请人向申请人返还押金人民币1万元;

(2) 被申请人向申请人支付押金人民币1万元从2010年7月1日至实际返还日的利息(按年利率5.31%计算);

(3) 本案仲裁费由申请人承担75%,被申请人承担25%;

(4) 对申请人的其他各项仲裁请求不予支持。

以上被申请人应向申请人支付的款项,被申请人应当在本裁决作出之日起30日内向申请人支付完毕。

本裁决为终局裁决,自作出之日起生效。

**评注:**

本案为一起案情并不复杂的房屋租赁合同纠纷争议案。双方从签订租赁合同、合同履行、提前解约等一系列环节均无争议,但在如何认定和处理承租人预交的4万元人民币租房押金的问题上却产生了争议。

承租人认为应全数退还,原因是出租人并未因双方提前解约受到任何损失,承租人还非常友善地配合出租人将房屋租给了新的承租人。而出租人认为,合同明文规定:"乙方如在租赁期间,因乙方问题而中止租约,押金不予退还。"这一规定主要是针对乙方可能单方面出现的违约行为对甲方造成损失而做出的安排。但本案乙方提出终止租约却得到了甲方的同意，从合约规定的本质上来说，对乙方再处罚似乎也不尽合理。问题产生的症结在于，双方在解除租约时未能再次明确约定押金的认定和处理，由此埋下争议的隐患。

因此，本案启示：即使合同中对某一事宜已有约定，在情况发生变化时，对有关事宜当事人仍应明确主张自己的权利，不管这种主张对方当事人是否同意。也就是俗话所说的那样"先小人，后君子"，方可无争。

# 案件 28　某商业用房合同纠纷仲裁案裁决书

【提要】2009 年 7 月，案外人振江物业开发有限公司与被申请人力达饮食文化发展有限公司签订《王座中心租赁合同》，被申请人租赁王座中心附楼一层用于经营餐饮项目，租期自 2010 年 1 月 1 日～2019 年 12 月 31 日止。2011 年 6 月 25 日，申请人张三与振江物业之间签订《债权转让协议》，申请人受让振江物业与被申请人签订的《租赁合同》中振江物业享有的向被申请人收取租金、违约金以及其他费用等的相关权利。申请人称，被申请人自 2011 年上半年起，拒不支付租金。请求仲裁庭判决被申请人向申请人支付欠付租金和滞纳金 121 万元，并承担仲裁费和律师费。被申请人认为，申请人是 2013 年 3 月 12 日向被申请人发出的特快专递，快递中的文件是振江物业向申请人转让债权的通知复印件。振江物业向申请人转让《租赁合同》权利义务是在其被吊销营业执照之后，属于被吊销营业执照公司超过法律规定从事的经营性活动，依法无效，仲裁条款转让亦属无效。被申请人还提出，申请人出具的《债权转让协议》上振江物业印章英文部分"ProPerty"存在双大写 P，而被申请人提交的 2009 年 3 月 8 日《介绍信》振江物业印章英文部分"Property"第二个 p 为小写，两者存在显著不同，振江物业转让债权存在虚假可能。本案租赁房屋无产权，应以仲裁依据合同效力未定，驳回仲裁请求。仲裁庭经过审理认为，本案就以仲裁方式解决纠纷的约定是明确的，对仲裁机构的约定也是具体确定的，合同成立后未生效、无效或者被撤销的并不影响合同中仲裁条款的效力，仲裁条款对本案的申请人和被申请人均有约束力。因此，仲裁委员会可以管辖本案，仲裁庭有权处理本案争议。《债权转让协议》的效力是本案的争议焦点。仲裁庭认定振江物业被吊销营业执照后，未经启动清算程序且非以清算组的名义与其他企业签订合同或协议的行为违反法律的强制性规定，依法应认定申请人与振江物业于 2011 年 6 月 25 日签订的《债权转让协议》属于无效的合同或协议。因此，对申请人的两项仲裁请求均未予支持。

【关键词】合同效力；债权转让；企业法人资格；清算

××仲裁委员会根据申请人张三（身份证号码：××，下称"申请人"）与案外人振江物业开发有限公司（下称"振江物业"）之间于 2011 年 6 月 25 日签订的《债权转让协议》和被申请人力达饮食文化发展有限公司（下称"被申请人"）与振江物业于 2009 年 7 月签订的《王座中心租赁合同》（下称"《租赁合同》"）中的仲裁条款，以及申请人于 2013 年 3 月 18 日向仲裁委员会提交的仲裁申请书及其附件，受理了申请人和被申请人之间上述合同项下的租赁合同争议仲裁案。

鉴于本案争议金额未超过人民币 200 万元，本案程序适用简易程序的规定。2013 年 6 月 20 日，被申请人提交了"仲裁协议效力异议书"。2013 年 6 月 20 日，仲裁委员会秘书局将上述文件转给申请人。2013 年 7 月 2 日，申请人提交了"对被申请人仲裁协议效力异议书的回复意见"。2013 年 7 月 5 日，仲裁委员会秘书局将上述文件转给申请人，并告知双方当事人：被申请人提出的关于仲裁协议效力的问题需要对实体问题进行审理后才能作出决定；根据《仲裁规则》的规定，仲裁协议效力问题将由本案仲裁庭在对本案进行实体审理后作出决定。

由于双方未在规定期限内共同选定或共同委托仲裁委员会主任指定一名独任仲裁员，仲裁委员会主任根据《仲裁规则》之规定指定万先生担任本案独任仲裁员。仲裁员在签署了接受指定声明书后，于 2013 年 7 月 5 日组成仲裁庭，审理本案。2013 年 7 月 26 日，被申请人提交了"鉴定申请书"和"追加仲裁第三人申请书"。

2013 年 7 月 29 日，本案如期开庭审理。申请人、被申请人均委派仲裁代理人出席了庭审。庭审中，申请人当庭提出变更仲裁请求。申请人于 2013 年 8 月 5 日提交了书面的"仲裁请求变更说明"，明确了其变更后的仲裁请求，并随后按照规定办理了补交仲裁预付金的相关手续。被申请人于 2013 年 8 月 12 日提交了反请求申请书，并于随后缴纳了仲裁反请求预付金。

2013 年 8 月 23 日，申请人提交"反请求答辩书"，提出被申请人提交反请求的时间已经超过规定期限，应予驳回。

2013 年 9 月 18 日，仲裁庭通过仲裁委员会秘书局通知双方当事人：（1）申请人已经补缴了仲裁预付金，仲裁庭决定受理申请人提出的变更仲裁请求，并将按照申请人变更后的仲裁请求进行审理。（2）鉴于被申请人提起仲裁反请求的时间已经超过《仲裁规则》规定的期限，且申请人亦对此提出异议，因此仲裁庭决定对被申请人的仲裁反请求不予受理，被申请人缴纳的反请求仲裁预付金将退回给被申请人。但此决定并不妨碍被申请人就其反请求另行提起仲裁。

2013 年 11 月 20 日，仲裁庭通过仲裁委员会秘书局通知双方当事人：（1）鉴于仲裁不存在第三人的概念，对于被申请人提出的追加第三人的申请，不予接受。(2) 根据本案情况，仲裁庭认为被申请人所提的鉴定事项没有必要，对被申请人的鉴定申请不予接受。

鉴于仲裁程序进行的需要，经仲裁庭申请，仲裁委员会秘书长决定将本案裁决作出的期限延长至2014年1月5日。

本案所有书面通知和文件均已由仲裁委员会秘书局按照《仲裁规则》的规定有效送达给申请人和被申请人。

本案现已审理终结。仲裁庭根据现有书面材料、庭审查明的事实以及相关法律规定，经研究作出本裁决。现将本案案情、仲裁庭意见和裁决结果分述如下：

## 一、案情

### （一）申请人主张

2009年7月，案外人振江物业与被申请人（承租方）签订《租赁合同》，被申请人租赁王座中心附楼一层，用于经营餐饮项目：租期10年，自2010年1月1日～2019年12月31日止；租金以半年为付款周期，应付款日为每年的6月30日和12月31日，首期租金16万元（指人民币，下同——仲裁庭注）于2009年12月31日前支付，以后被申请人应于每个应付款期开始之前的5个工作日内付清下一期租金；被申请人逾期未付，须按日加付其租金0.2%的滞纳金，超过30天未付视做自动退租；租金金额为每年32万元，每3年递增一次，递增比例为5%；被申请人单方违约的，被申请人须向申请人支付相当于合同未履行部分合同租金总额40%的赔偿金。

合同签订后，振江物业已向被申请人交付房屋，该房屋由被申请人租用至今。但被申请人自2011年上半年起，拒不支付租金，振江物业多次催要，被申请人仍拒绝支付。

2011年6月25日，申请人与振江物业签订《债权转让协议》。该协议约定：由申请人受让振江物业与被申请人签订的《租赁合同》中振江物业享有的向被申请人收取租金、违约金以及其他费用等的相关权利。振江物业已向被申请人发送《债权转让通知》，将债权转让事宜通知被申请人。申请人多次向被申请人催要租金，被申请人仍拒不履行合同约定的支付租金义务。

根据《最高人民法院关于适用〈中华人民共和国仲裁法〉若干问题的解释》

第九条规定：债权债务全部或者部分转让的，仲裁协议对受让人有效，但当事人另有约定、在受让债权债务时受让人明确反对或者不知有单独仲裁协议的除外。因此，申请人有权基于《租赁合同》的约定向仲裁委员会提起仲裁。

《租赁合同》第3.2条及第7.2条的约定，被申请人超过30天未付租金的，视做自动退租。由于被申请人逾期不支付租金早已超过30日，应当视为其自动退租，申请人有权解除合同。

经变更，申请人最终提出以下仲裁请求：

（1）被申请人向申请人支付2011年下半年租金16万元、2012年度租金32万元以及2013年上半年的租金（截至2013年7月29日为16.8万元），以上租金共计64.8万元；被申请人向申请人支付逾期付款之日起至实际付款之日的滞纳金，截至2013年7月29日共计56.2万元；截至2013年7月29日，上述租金和滞纳金共计121万元。

（2）被申请人承担本案仲裁费和律师费5万元。

**（二）被申请人主张**

1. 程序性答辩

申请人提出仲裁依据的仲裁条款为振江物业与被申请人签署的《租赁合同》约定的第九条，而申请人是2013年3月12日向被申请人发出的特快专递，快递中的文件是2011年6月15日振江物业向申请人转让债权的通知复印件。

（1）案外人振江物业向申请人转让《租赁合同》权利义务，时点在振江物业被吊销营业执照之后，依据法律规定，被吊销营业执照公司不得从事包括债务转让在内的经营活动，因此振江物业向申请人转让债权依法无效。

申请人出具的《债权转让协议》记载时间为2011年6月25日。被申请人提交的振江物业信用信息打印件显示振江物业于2010年12月13日被××市工商局某分局吊销营业执照。

国家工商总局在2002年5月8日答复辽宁省工商局《关于企业法人被吊销营业执照后法人资格问题的答复》（工商企字〔2002〕第106号）中写明："企业法人营业执照是企业法人凭证，申请人经登记主管机关依法核准登记，领取企业法人营业执照，取得法人资格。"因此，被申请人认为，企业法人营业执照被登记主管机关吊销，企业法人资格随之消亡。再根据《行政许可法》第十二条第五款："企业或者其他经济组织的设立等，需要确定主体资格的事项"的规定。因此，被申请人认为，营业执照被吊销的企业，其民事主体资格需重新确定地位。

另根据《最高人民法院曾就关于企业法人营业执照被吊销后其民事诉讼地位如何确定的问题答复辽宁省高级人民法院》："吊销企业法人营业执照，是工商行政管理机关依据国家工商行政法规对违法的企业法人作出的一种行政处罚。企业法人被吊销营业执照后，应当依法进行清算，清算程序结束并办理工商注销登记后，该企业法人才归于消灭。因此，企业法人被吊销营业执照后至被注销登记前，该企业法人仍应视为存续，可以自己的名义进行诉讼活动。"因此，被申请人认为，企业法人被吊销营业执照后至其清算程序结束被工商部门注销前，仅以主体身份或清算组名义从事清算范围内活动，包括起诉、应诉等，程序上具有民事诉讼主体资格，其他没有法律规定或超过法律规定的民事行为均属违法。

因此，振江物业向申请人转让债权，属于被吊销营业执照公司超过法律规定从事的经营性活动，依法无效。

（2）振江物业向申请人转让债权，存在虚假可能，应在判定《债权转让协议》真伪后，再行审查实体性内容。

申请人出具的《债权转让协议》，其上振江物业印章英文部分"ProPerty"存在双大写P，而被申请人提交的2009年3月8日《介绍信》，其上振江物业印章英文部分"Property"第二个p为小写，两者存在显著不同。

被申请人申请进行印章真伪性鉴定。因目前工商查档对律师限制，必须开具记载振江物业名字的立案证明或立案通知书原件后，律师才能调取鉴定样本（或检材）。

综上，无论债权转让通知是否真实（真伪性待查），振江物业在吊销营业执照之后转让债权行为属无效，仲裁条款转让亦属无效，仲裁委员会应审查后驳回仲裁申请。

综上，债权申请人提出仲裁依据的债权转让属吊销企业违反法律的经营行为，应属无效，因此本仲裁案仲裁协议效力应做无效认定。

2. 实体性答辩

（1）租金是否缴纳涉及法院另案，本仲裁案应驳回仲裁请求。

被申请人已举证证明，2009年案外人首达物业告知被申请人，租赁房屋的所有权和接管均有法院文书，要求被申请人向首达物业缴纳租金。申请人代理人初次开庭对此事实无异议，仅提出证据无原件。

2009年前被申请人向万里物业管理有限责任公司（以下简称"万里物业"）缴纳租金，2009年、2010年、2011年上半年被申请人向振江物业（或其指令人）缴纳租金，申请人代理人初次开庭对此事实无异议。

综上，被申请人已举证证明连续缴纳房租，而申请人未举证证明欠款（欠房租），如申请人对此有异议，应按侵权纠纷向法院另案主张。本仲裁案应驳回仲裁申请。

（2）租赁房屋无产权，《租赁合同》效力法院未认定。

《城市房屋租赁管理办法》第 6 条第（1）项规定："没有取得房屋所有权证的房屋，不得用于出租。"最高人民法院《关于适用〈中华人民共和国合同法〉若干问题的解释（一）》："《合同法》实施以后，人民法院确认合同无效，应当以全国人大及其常委会制定的法律和国务院制定的行政法规为依据，不得以地方性法规、行政规章为依据。"

本仲裁案租赁房屋无产权，但《租赁合同》效力尚未经人民法院裁判认定。应以仲裁依据合同效力未定，驳回仲裁请求。

（3）债权转让通知于 2013 年 3 月 12 日送达，依据法律规定，2013 年 3 月 12 日之前债权仲裁请求人无权主张。

《合同法》第八十条规定，债权人转让权利的，应当通知债务人。未经通知，该转让对债务人不发生效力。第八十二条规定，债务人接到债权转让通知后，债务人对让与人的抗辩，可以向受让人主张。

因此，在债权转让通知未到达债务人前，其债权转让协议仅在债权转让人与受让人之间发生效力，对债务人不发生效力。因此 2013 年 3 月 12 日前主张债权方仅为振江物业，申请人仅可主张 2013 年 3 月 12 日之后债权。

**（三）针对被申请人的程序和实体答辩，申请人提出以下意见：**

（1）振江物业与被申请人之间的仲裁协议合法有效。

《租赁合同》第九条约定：本租约受中华人民共和国法律的约束，如发生与本租约有关的争议，由双方友好协商解决，协商不成，提请设在××市的××仲裁委员会，依该委员会在仲裁申请时有效的仲裁规定进行仲裁，仲裁在××市进行，仲裁语言为中文，仲裁裁决是终局的，对双方当事人均有约束力。

该《租赁合同》第九条中包含的仲裁条款是双方当事人对与合同相关的争议事项请求仲裁的真实意思表示，且对仲裁事项及选定的仲裁委员会的约定明确，不存在《中华人民共和国仲裁法》及其司法解释中规定的仲裁协议无效的情形。该仲裁协议合法有效，被申请人提出的"仲裁协议无效"的主张缺乏事实和法律依据。

（2）被申请人与振江物业签订的《租赁合同》真实、合法、有效，且已得到实际履行。被申请人在该《租赁合同》项下负有支付租金的义务。

1) 被申请人与振江物业签订的《租赁合同》是双方的真实意思表示，并经双方签字盖章，合法有效，对双方均具有约束力，双方均应完全履行该合同项下的各项义务。且振江物业已将涉案房屋交付给被申请人使用，被申请人亦向振江物业支付过租金。被申请人应履行支付租金的义务。

申请人在庭审中出示了该《租赁合同》的原件。被申请人认可双方确实签订过租赁合同，且仅签订过一份租赁合同，亦认可申请人提交的《租赁合同》的内容，并表示其上加盖的被申请人公章为真实，其至今仍在使用该房屋，并向振江物业支付过租金。因此，该《租赁合同》已得到实际履行。被申请人无任何证据证明该《租赁合同》存在无效事由或其有任何不支付租金的抗辩理由。

被申请人当庭提交了《鉴定申请书》，要求对申请人提交的《债权转让协议》上的"振江物业开发有限公司"印章真伪性进行鉴定，以此质疑债权转让的真实性。根据《仲裁规则》及相关法律规定，被申请人应就此向仲裁庭提供鉴定所需的检材。然而，被申请人却未能提供。

此外，值得注意的是，被申请人当庭提交了振江物业于2010年1月1日向其发出的《授权委托书》以及2010年12月26日向其发出的《委托书》，并自认按照上述文件的要求将2010年度以及2011年度上半年的租金支付给了振江物业指定的第三方。在庭审过程中，被申请人表示，其提起鉴定申请的原因之一，是振江物业向其发出的上述《授权委托书》及《委托书》上加盖的是振江物业的合同章，而非振江物业及申请人向其送达的《债权转让通知》、《租赁合同》及《债权转让协议》上的公章，并以此判断《债权转让通知》、《租赁合同》及《债权转让协议》上的公章为虚假的。从被申请人的庭审陈述可知，其认可《授权委托书》及《委托书》的效力。然而，被申请人忽略了一个事实，即振江物业发送的《授权委托书》及《委托书》要求支付的租金额度等内容与申请人提交的《租赁合同》的内容是一致的，在被申请人认可其与振江物业之间存在租赁合同关系、振江物业与被申请人就本案租赁事实仅签订过一份租赁合同而被申请人自认其盖章就是申请人提交的《租赁合同》的情况下，实际上被申请人提交的该两项证据与申请人提交的《租赁合同》等相互印证。基于上述情况，被申请人提交的鉴定申请已无必要。

2) 截至庭审之日，被申请人未按照《租赁合同》的约定向振江物业指定的债权受让人支付2011年度下半年、2012年度以及2013年度上半年的租金，共计64.8万元人民币。

根据被申请人提交的证据可知,自2011年下半年起,被申请人即未如约履行《租赁合同》。被申请人陈述其将2011年度下半年、2012年度以及2013年度的租金已经支付给了案外人万里物业,并认为万里物业是有权收取租金的主体。

振江物业为王座中心的开发商,对王座中心进行开发、建设、经营、管理等,并对本案租赁房屋享有合法的所有权、经营权。自始至终,万里物业对王座项目均不享有任何所有权或合法的管理权,其不具备物业管理资质,振江物业亦从未委托其办理任何租赁、转租事宜。万里物业与任何租户签订的租赁合同均为无效合同。被申请人在错误判断万里物业对王座中心具有管理权的情况下,擅自与万里物业签订租赁合同并向其支付租金,是其自损权益的行为,应自行承担由此带来的法律后果。

因此,在与振江物业之间存在合法有效的租赁合同的情况下,被申请人将租金支付给万里物业的行为,并不能作为其不向振江物业履行支付租金义务的理由,亦不解除其向振江物业支付租金的义务,且不能以此否定其与振江物业签订的《租赁合同》的效力。因此,在本案中,被申请人负有向振江物业指定的债权受让人支付上述未付租金以及今后年度租金的义务。

(3) 振江物业向申请人转让债权的行为合法有效。申请人有权要求被申请人向其支付房屋租金共计64.8万元以及相应的滞纳金。

1)《租赁合同》签订后,振江物业已将房屋交付给被申请人用于经营餐饮项目。然而,被申请人拒不支付于2011年12月31日应付的一期租金,且自此以后再未支付之后的房屋租金。现被申请人仍继续于其租赁的上述房屋中从事经营行为。

2011年6月25日,振江物业与申请人签订《债权转让协议》,约定申请人受让振江物业在《租赁合同》项下享有的向被申请人收取租金、违约金以及其他费用等相关权利。振江公司就此向被申请人寄送了《债权转让通知》。被申请人亦认可该《债权转让通知》已于2013年3月12日送达,振江物业的债权转让行为已经对其生效。因此,振江物业在《租赁合同》项下对被申请人享有的债权,均已经转让给了申请人。被申请人应向申请人支付其仍未支付的房屋租金共计64.8万元以及相应的滞纳金。

2) 振江物业的债权转让行为符合法律规定的实质及形式要件,且未违反法律、法规的效力性强制性规定,合法有效,被申请人应受该债权转让行为的约束。

企业法人被吊销营业执照,只是企业清算程序的开始,企业法人的主体资格仍旧存在。只有在公司注销登记后，企业法人主体资格才归于消灭。申请人对振江物业享有的债权在振江物业被吊销前既已存在，振江物业向申请人进行债权转让的行为不属于经营行为，而是其清理自身债权债务的行为，是清算过程的组成部分，符合法律规定。

此外，振江物业的债权转让行为亦不构成《中华人民共和国合同法》第五十二条及《中华人民共和国民法通则》第五十八条规定的无效合同及无效民事行为。因此，振江物业与申请人之间的债权转让行为合法有效。被申请人所提出的振江公司物业债权转让无效的主张缺乏事实及法律依据，应予驳回。

**二、仲裁庭意见**

仲裁庭依法进入仲裁程序，开庭听取了申请人的仲裁申请及被申请人的答辩意见，申请人与被申请人均提供了证据，并进行了质证和辩论。仲裁庭就有关事实和证据向申请人和被申请人进行了核实。庭审结束后，申请人和被申请人又补充了相关证据，提交了书面代理意见并进行了书面质证。

必须指出，当事人已就案件事实和焦点问题等，向仲裁庭提出了相关资料和分析意见，这些资料和意见分别以证据、笔录、代理意见等形式保留在本案卷宗中。本裁决书没有全面引用上述意见，并非忽视或者忽略上述意见。仲裁庭认为：

**（一）关于仲裁本案的管辖权**

本案申请人及其代理人在向仲裁庭提供的有关材料中均表示仲裁委员会对本案有管辖权；本案的被申请人及其代理人对《债权转让协议》的效力提出了异议，认为其不应受《债权转让协议》中仲裁条款的约束而成为本案的被申请人。

仲裁庭了解到，根据振江物业与被申请人于2009年7月签订的《租赁合同》第九条的约定：本租约受中华人民共和国法律的约束，如发生与本租约有关的争议，由双方友好协商解决，协商不成，提请设在××市的××仲裁委员会，依该委员会在仲裁申请提出时有效的仲裁规定进行仲裁，仲裁在××市进行，仲裁语言为中文，仲裁裁决是终局的，对双方当事人均有约束力。因此，本案中双方（即振江物业与被申请人——仲裁庭注）就以仲裁方式解决纠纷的约定是明确的，对仲裁机构的约定也是具体确定的。

《最高人民法院关于适用〈中华人民共和国仲裁法〉若干问题的解释》第十

条规定：合同成立后未生效或者被撤销的，仲裁协议效力的认定适用仲裁法第十九条第一款的规定。《中华人民共和国仲裁法》第十九条第一款规定：仲裁协议独立存在，合同的变更、解除、终止或者无效，不影响仲裁协议的效力。《中国国际经济贸易仲裁委员会仲裁规则（2012版）》第五条"仲裁协议"第（四）款规定：合同中的仲裁条款应视为与合同其他条款分离的、独立存在的条款，附属于合同的仲裁协议也应视为与合同其他条款分离的、独立存在的一个部分；合同的变更、解除、终止、转让、失效、无效、未生效、被撤销以及成立与否，均不影响仲裁条款或仲裁协议的效力。依据以上条款，仲裁庭认为，合同成立后未生效或者被撤销的并不影响合同中仲裁条款的效力，即：即使《租赁合同》和《债权转让协议》未生效、无效或者被撤销，其中有关仲裁条款的约定也是合法有效的。

申请人与振江物业于2011年6月25日签订的《债权转让协议》中约定，振江物业依据《租赁合同》对被申请人享有的债权全部转让于申请人。《最高人民法院关于适用〈中华人民共和国仲裁法〉若干问题的解释》第九条规定：债权债务全部或者部分转让的，仲裁协议对受让人有效，但当事人另有约定、在受让债权债务时受让人明确反对或者不知有单独仲裁协议的除外。根据上述规定，依据本案案情，双方当事人（即申请人与振江物业——仲裁庭注）对仲裁条款并未另行约定，且未有证据表明在受让债权债务时受让人也未作出明确反对且受让人或不知道有单独的仲裁条款存在。因此，《租赁合同》中的仲裁条款对本案的申请人和被申请人均有约束力。

综上所述，仲裁庭认为，本案以仲裁方式解决纠纷的约定是明确的，对仲裁机构的约定也是具体确定的，合同成立后未生效、无效或者被撤销的并不影响合同中仲裁条款的效力，仲裁条款对本案的申请人和被申请人均有约束力。因此，仲裁委员会可以管辖本案，仲裁庭有权处理本案争议。

## （二）仲裁庭对《债权转让协议》效力的认定

《债权转让协议》的效力是本案的争议焦点。申请人及其代理人在向仲裁庭提供的有关材料中均表示《租赁合同》和《债权转让协议》合法有效，认为本案的被申请人应履行前述两份合同所约定的各项债务；被申请人及其代理人在向仲裁庭提供的《仲裁程序性答辩意见》中对《债权转让协议》的效力提出了异议，认为振江物业向申请人转让债权，属于被吊销营业执照公司超过法律规定从事的经营性活动，依法无效。

被申请人提交的振江物业信用信息打印件显示,振江物业于2010年12月13日被××市工商局某分局吊销营业执照。申请人与振江物业签订《债权转让协议》的时间为2011年6月25日。双方当事人对上述事实均无异议,因此,仲裁庭对此予以认可,并据此认定,《债权转让协议》是在振江物业被吊销营业执照后签订的。

众所周知,公司被吊销营业执照后,其民事权利能力和民事行为能力均受到法律的限制,即只能从事清算范围内的活动,非为清算目的所签订的合同或协议因可能损害第三方的合法权益而应认定为无效。

目前,有些经营不善、债务缠身、面临破产的公司以故意不参加年检的方式,致使工商行政机关吊销其营业执照,以逃避其法定的责任和义务,这种行为是对市场秩序的破坏,可能损害债权人的权益,这显然是债务人以营业执照被吊销为由而希望恶意达到的目的。针对这种情况,最高人民法院以法经[2000]23、24号函作出答复:"吊销企业法人营业执照,是工商行政管理机关依据国家工商行政法规对违法的企业法人作出的一种行政处罚。根据《中华人民共和国民法通则》第四十条、第四十六条和《中华人民共和国企业法人登记管理条例》第三十三条的规定,企业法人营业执照被吊销后,应当由其开办单位(包括股东)或者企业组织清算组依法进行清算,停止清算范围外的活动。清算期间,企业民事诉讼主体资格依然存在。"

根据最高人民法院的复函,结合《中华人民共和国公司法》第181条和第184条的规定,公司依法被吊销营业执照的应予以解散,并应当在解散事由出现之日起十五日内成立清算组,开始清算;《企业法人登记管理条例》第二十条规定,企业法人歇业、被撤销、宣告破产或者因其他原因终止营业,应当向登记主管机关办理注销登记。这些都是法律或行政法规的强制性规定,要求公司被吊销营业执照后须先进行清算,然后办理注销登记后该公司才终止。

《民法通则》第40条规定:法人终止,应当依法进行清算,停止清算范围外的活动。《中华人民共和国公司法》第187条规定:……清算期间,公司存续,但不得开展与清算无关的经营活动。公司财产在未依照前款规定清偿前,不得分配给股东。由此可见,如果公司被吊销营业执照后没有成立清算组进行清算,而仍与其他方签订合同,这一行为明显违反上述法律的强制性规定,也不符合公平原则,将有可能侵害其他债权人的权益,依照《中华人民共和国合同法》第52条的规定,违反法律、行政法规的强制性规定的合同为无效合同。因此可以得出结论,公司被吊销营业执照后至被注销登记前,虽然仍具备法人主体资格,可以以自己的名义进行诉讼活动,但其已被剥夺了继续从事经营的资格,属于限制权利能力和行为能力的法人,其应当在被吊销营业执照后及时成立清算组,由清算组代表公司处理债权债务关系及公司资产。此时,公司的权利能力和行为能力均只限于清算事务以及与清算事务相关的活动,其他一切活动都属于非法行为,法律不应对其予以保护。

综上所述,仲裁庭认为,公司被吊销营业执照后,未经启动清算程序且非以清算组的名义与其他企业签订合同或协议的行为违反法律的强制性规定,依法应认定该合同或协议无效。本案中的《债权转让协议》即属于此种情形。

**(三)仲裁庭对各项仲裁请求的意见**

(1)申请人的第一项仲裁请求:被申请人向申请人支付2011年下半年租金16万元、2012年度租金32万元以及2013年上半年的租金(截至2013年7月29日为16.8万元),以上租金共计人民币64.8万元;被申请人向申请人支付逾期付款之日起至实际付款之日的滞纳金,截至2013年7月29日共计人民币56.2万元;截至2013年7月29日,上述租金和滞纳金共计121万元。

仲裁庭认为,申请人与振江物业于2011年6月25日签订的《债权转让协议》属于无效的合同或协议,仲裁庭对申请人以此协议提出的第一项仲裁请求不予支持。

(2)申请人的第二项仲裁请求:被申请人承担本案仲裁费和律师费5万元。

仲裁庭认为,鉴于本案申请人基于一份无效的《债权转让协议》向本案被申请人提出仲裁请求,应由申请人承担本案的仲裁费和律师费。

## 三、裁决

仲裁庭裁决如下:
(1)驳回申请人的全部仲裁请求。
(2)本案本请求仲裁费为人民币40650元,由申请人全部承担;该笔费用已经与申请人预缴的等额仲裁预付金相冲抵。
(3)被申请人预缴了反请求仲裁预付金人民币9750元,鉴于其提起反请求的时间过迟,仲裁庭不予受理,上述款项将由仲裁委员会退回被申请人。

本裁决为终局裁决,自作出之日起生效。

## 第三部分 房地产业合同争议案件判决及评注

评注：

本案中申请人的仲裁请求表面上属于租赁合同项下的欠付租金及滞纳金，即申请人请求仲裁庭裁决被申请人支付其所欠租金及滞纳金。然而，实质上却是申请人是否有权提出仲裁请求，即申请人与被申请人之间是否存在相应的权利和义务。

振江物业公司曾经与被申请人签订了《租赁合同》。但振江物业在其营业执照被吊销后才向申请人转让债权。而申请人正是以此为依据向被申请人主张履行交纳租金的约定。根据法律规定，如果债务人转让其所欠债务予第三方，必须取得债权人的同意。而对于债权人转让其名下的债权予第三方，则只需通知债务人即可，无须征得债务人同意。表面看起来，在本案中申请人以债权受让人的名义向债务人追偿租金，理所当然应该得到支持。但是，被申请人提出，申请人受让债权之时振江物业公司已被工商行政部门吊销营业执照，其转让行为无效。因此，申请人无权就租金等事宜向被申请人提出请求，请求仲裁庭驳回申请人的仲裁请求。仲裁庭在全面、详细研判案情后，依据法律的相关规定及法理精神，驳回了申请人的仲裁请求。

从本案中应该汲取的教训是，受让人在受让债权时，一定要了解清楚转让人是否具有转让债权的民事能力。否则，受让人无法就其所受让之债权向债务人主张权利，从而遭受不必要的损失。同理，在工程建设活动中，分包方在承接分包业务时也一定要先了解总包方是否有权分包，以免付出大量人力、物力、财力之后无法保障自己的权益。

# 案件 29　某场地租赁协议纠纷仲裁案裁决书

**【提要】** 申请人李四和被申请人王五于 2011 年 1 月 22 日签订《场地租赁协议》，约定申请人将位于××市××区黄镇工业区 56 号除二号厅大卖场外的所有房屋租给被申请人（二号大卖场，申请人能在车间后院建房搬走，如不能建房则搬到厂长办公室以北的东厢房内），租赁期限为 2011 年 3 月 1 日至 2016 年 2 月 29 日，年租金为 120 万元，每年递增 5%，押金 20 万元整。申请人称，被申请人拖欠第一年租金 10 万元，拖欠第二年租金 6 万元，拖欠 2013 年 3 月租金（后改为拖欠第三年租金 132.3 万元），且被申请人未经申请人允许擅自将房屋转租给第三人，根据合同约定，申请人有权解除合同。因此，请求仲裁庭裁决解除申请人与被申请人签订的《场地租赁协议》，被申请人支付拖欠租金及租金违约金，并支付违约金 60 万元，将所租用房屋返还给申请人。被申请人答辩称，申请人一直未将 56 号院内的部分场地和房屋向被申请人交付，其中包括二号厅大卖场和锅炉房附近的部分房屋。因此，提出仲裁反请求，请求仲裁庭裁决申请人向被申请人交付二号厅大卖场及锅炉房附近的部分房屋，支付因迟延交付场地及房屋而应承担的违约金，以及违约金 60 万元。仲裁庭通过审阅双方当事人提交的证据材料和庭审，认为申请人在签订本案合同后应交付的是除大卖场以外的房屋，而非整个 56 号院。申请人已经将二号厅大卖场搬到厂长办公室以北的东厢房内，依约履行了房屋交付义务，且申请人以东厢房的相当面积替换锅炉房北侧房屋的做法有一定的合理性。仲裁庭认定申请人依约交付了租赁标的，被申请人应当依约支付租金，并应承担迟延支付的违约责任。因此，支持了申请人关于被申请人支付拖欠租金及租金违约金，2014 年 2 月 28 日前将租赁标的返还申请人的请求。但因被申请人以个人名义租赁本案合同项下的房屋交由其法人实体使用，不能被认定为本案合同项下的违约转租，对申请人提出的 60 万元违约金不予支持。对被申请人的仲裁反请求，都未予支持。

**【关键词】** 交付房屋义务；违约转租；解除合同；违约责任

××仲裁委员会（以下简称"仲裁委员会"）根据申请人李四（身份证号码：

××，以下简称"申请人"）与被申请人王五（身份证号码：××，以下简称"被申请人"）之间于2011年1月22日签订的《场地租赁协议》中的仲裁条款、以及申请人于2013年4月17日向仲裁委员会提交的书面仲裁申请，受理了申请人与被申请人之间的本争议仲裁案。

2013年5月22日，申请人向仲裁委员会提交了财产保全申请。仲裁委员会秘书局根据《中华人民共和国仲裁法》以及《仲裁规则》的有关规定，及时将申请人的上述申请转交给了××市××区人民法院。2013年6月20日，申请人向仲裁委员会提交"确认函"，要求将其于2013年5月22日提交的财产保全申请变更提交××市第二中级人民法院。仲裁委员会根据申请人的申请，将申请人的财产保全申请于2013年6月25日提交××市第二中级人民法院。

2013年6月25日，被申请人向仲裁委员会提交了"仲裁管辖异议申请书"、"仲裁反请求申请书"等。仲裁委员会根据《仲裁规则》的相关规定对被申请人的仲裁反请求予以受理。

2013年8月8日，仲裁委员会作出了管辖权决定，认定仲裁委员会对申请人与被申请人之间的本争议仲裁案具有管辖权。本案仲裁程序在申请人和被申请人之间继续进行。

仲裁委员会主任根据《仲裁规则》为申请人指定的王女士，被申请人选定的仲裁员梁先生，以及仲裁委员会主任指定的首席仲裁员刘先生按照《仲裁规则》的规定签署了独立声明书后，于2013年8月22日组成仲裁庭，共同审理本案。

2013年9月25日，仲裁庭如期对本案进行了开庭审理。申请人和被申请人均委派仲裁代理人参加了庭审。

本案全部仲裁文件均已按照《仲裁规则》的规定有效送达双方当事人。

本案现已审理终结。仲裁庭根据现有书面材料并结合开庭审理的情况，依据法律作出本裁决。

现将本案案情、仲裁庭意见和裁决分述如下：

## 一、案情

2011年1月22日，申请人与被申请人签订了《场地租赁协议》（以下简称本案合同），根据本案合同约定，申请人将位于××市××区黄镇工业区56号除二号厅大卖场外的所有房屋租给被申请人（二号大卖场，申请人在车间后院建房搬走，如不能建房则搬到厂长办公室以北的东厢房内），租赁期限为2011年3月1

日至 2016 年 2 月 29 日，年租金为 120 万（仲裁庭注：金额为人民币，下同），每年递增 5%，押金 20 万元整。租金支付方式为年付，于签约时支付第一年租金，押金在支付第一年租金时同时支付。其他年度的租金应当在到期日前一个月支付。尔后，在履行本案合同过程中，当事人之间发生了纠纷，申请人遂以王五为被申请人提起了仲裁申请。

申请人的仲裁请求如下：

1. 请求解除申请人与被申请人签订的《场地租赁协议》；

2. 请求被申请人给付申请人 2011 年年度租金 10 万元整，2012 年年度租金 6 万元整，2013 年 3 月份租金 11 万元整；

3. 请求被申请人支付拖欠租金违约金（2011 年年度的租金从 2011 年 2 月 1 日起计算至实际给付日止，2012 年年度的租金从 2012 年 2 月 1 日起计算至实际给付日止，2013 年年度的租金从 2013 年 2 月 1 日起计算至实际给付日止，按照每延迟一天，按迟交金额的日千分之一支付）；

4. 请求被申请人向申请人支付违约金 60 万元整；

5. 请求被申请人将所租用房屋返还给申请人；

6. 请求被申请人从 2013 年 4 月 1 日至实际将所租用房屋返还给申请人之日止的租金；

7. 请求被申请人承担律师费 2 万元整；

8. 请求被申请人承担本案全部仲裁费用。

申请人在仲裁《申请书》中称：本案合同签署后，申请人依约将上述房屋交付给被申请人使用，但被申请人存在以下严重违约行为：拖欠 2011 年度和 2012 年度租金 16 万元整，未支付给申请人；擅自装修损坏所租赁房屋及相关设施；更有甚者，按照本案合同规定 2013 年度租金被申请人应于 2013 年 2 月 1 日前支付给申请人，申请人在 2 月 1 日前后多次采取各种方法提醒被申请人按时支付，但截止到目前被申请人依然没有支付，侵犯了申请人的合法权益。

申请人在其提交的《补充仲裁申请书》中重申：

（一）被申请人长期拖欠租金，未经申请人允许擅自将房屋转租，擅自装修损坏租赁房屋及相关设施，符合本案合同约定的解除条件，申请人有权解除合同并要求被申请人返还房屋。

1. 被申请人长期拖欠房租，申请人有权解除合同。本案合同第五条"租金"约定，租金支付方式：年付，于签约时由被申请人向申请人支付第一年租金。押金在支付第一年租金同时支付。其他年度的租金应当在到期日前一个月向申请人支付。据此，被申请人应支付前三年租金的日期分别为 2011 年 1 月 22 日、2012 年 1 月 31 日和 2013 年 1 月 31 日。

本案合同第八条"承租人的责任"第一款规定，被申请人应当提前一个月支付租金。如拖欠则视为违约，申请人有权终止本合同并押金不退，作为给申请人的违约金。第十条"违约责任"第二款规定，被申请人拖欠租金时间超过 30 天，申请人有单方解除合同的权利。第十一条"合同的调整及解除"第三款规定，若被申请人擅自拒付和拖欠租赁场地、库房办公用房租金的，申请人有权终止合同。据此，合同两次约定被申请人拖欠租金的，申请人有权终止合同，一次约定被申请人拖欠租金超过 30 天，申请人有权终止合同。

事实情况是：被申请人 2011 年 1 月 22 日应付的租金，尚有 10 万未付；2012 年 1 月 31 日应付的租金，尚有 6 万未付；特别是 2013 年 1 月 31 日应付的下一年度全年租金 132.3 万元，至今仍分文未付。

据此，被申请人拖欠的租金的期限远远超出合同约定的付款期限，即使按照合同约定的最严格的标准（拖欠租金超过 30 天的），合同解除也已经具备，申请人有权解除本案合同。

2. 被申请人未经申请人允许擅自将房屋转租，申请人有权解除合同。本案合同第八条"承租人责任"第三款规定，租赁期内，未经申请人同意，被申请人不得转租其他客户，第六款规定，被申请人所租赁的申请人的库房、办公用房、场地等各种财产，只有使用权而无所有权、不得转租、转让。第十一条"合同的调整及解除"第三款规定，若被申请人擅自将库房、办公用房、场地转租、转让的，申请人有权终止合同。

事实情况是：被申请人未经申请人允许，擅自将房屋转租。被申请人在《仲裁答辩书》中抗辩称，现该争议房屋实际使用及控制为巧惠服饰有限公司，也自认将房屋转租的事实。

3. 被申请人未经申请人允许擅自装修损坏租赁房屋及相关设施，申请人有权解除合同。本案合同第八条"承租人责任"第五款规定，在租赁期内如被申请人装修，要把装修方案交给申请人，经申请人同意后，被申请人可装修。第十一条"合同的调整及解除"第三款规定，若被申请人故意损坏租赁库房、场地、办公用房及相关设施的，申请人有权终止合同。

事实情况是：被申请人未经申请人允许，擅自装修损坏租赁房屋及相关设施，合同解除条件已经具备，申请人有权解除合同。

（二）被申请人应支付欠付的租金，并按照本案合同约定承担违约责任

本案合同第五条"租金"规定，租金为120万元/年，每年递增5%。据此，前三年的租金分别为120万元，126万元和132.3万元。租金支付方式：年付，于签约时由被申请人向申请人支付第一年租金。押金在支付第一年租金时同时支付。其他年度的租金应当在到期日前一个月向申请人支付。

本案合同第十条"违约责任"第二款规定，被申请人违反合同规定拖欠租金，给申请人造成损失，应赔偿申请人的经济损失，每迟交一天，按迟交金额的日千分之一支付违约金。

事实情况是：被申请人拖欠第一年租金10万元，拖欠第二年租金6万元，拖欠第三年租金132.3万元。

据此，被申请人应分别自应支付租金的次日起，按照欠付租金的日千分之一（分别为100元、60元和1323元）向申请人支付违约金至实际付清租金之日止。

被申请人还应支付欠付申请人的资金，第一年10万元，第二年6万元，第三年应按当年租金标准付至实际返还房屋之日。

（三）被申请人未经申请人允许擅自将房屋转租，应按照本案合同约定赔偿半年租金60万元。

本案合同第八条"承租人责任"第六款规定，被申请人所租赁申请人的库房、办公用房、场地等各种财产，只有使用权而无所有权、不得转租、转让。否则一切后果由被申请人负责，并赔偿给申请人造成的一切损失，赔偿额度为半年租金。

被申请人未经申请人允许擅自将房屋转租，应赔偿申请人半年租金60万元。

（四）本案争议系被申请人违约造成，应由被申请人承担申请人的仲裁费等必要费用。

被申请人答辩称，申请人违约在先，其提出的各项请求无事实和法律依据。被申请人与申请人于2011年1月22日签订本案合同，根据合同条款，申请人将××市××区黄镇工业区56号院租赁给被申请人使用，同时双方在合同中约定，申请人在院内的二号厅大卖场，待申请人在车间后院建完房屋，装修好腾空，交给被申请人使用，时间六个月。假如政府不让建设房屋，申请人要把二号厅搬到申请人和被申请人协商的厂长办公室以北的东厢房内。

被申请人依约支付了押金及租金，但截至今日申请人一直未将56号院内的部分场地和房屋向被申请人交付，其中包括二号厅大卖场和锅炉房附近的部分房

屋。就申请人一再违约不履行交付房屋义务的情况，被申请人多次与申请人协商，但申请人都不正面回答，回避、拖延不予解决。

被申请人在本案合同签订后向申请人支付了押金及租金，并在该租赁院落投入大量资金，拟通过生产经营获取利润。但由于申请人擅自延迟部分场地交付，使被申请人租用该院落的目的无法实现，由此给被申请人带来巨额经济损失。

同时，被申请人提交了《仲裁反请求书》，同样依据上述理由，提出了如下反请求：

1. 请求申请人向被申请人交付二号厅大卖场及锅炉房附近的部分房屋；

2. 请求申请人支付因迟延交付场地及房屋而应承担的违约金（计算时间从2011年7月22日起算至实际交付日止，按照每延期交付一天，按年租金的日千分之一计算）；

3. 请求申请人支付违约金60万元；

4. 请求申请人支付仲裁费用。

申请人为了证明其主张向仲裁庭提交了以下证据材料：①《场地租赁协议》，证明申请人与被申请人之间的房屋租赁合同关系，以及租金标准、租赁期限和违约责任等约定事项；②《黄镇工业区56号平面示意图》图一、图二、图三，分别证明涉案房屋及场地的目前基本情况、本案合同中约定的房屋及场地的交付面积和方式、本案双方实际交付的房屋及场地情况；③现场取证光盘，证明目前涉案房屋及场地的实际使用情况符合前述证据；被申请人已经将场地转租给第三人巧惠服饰有限公司；目前涉案房屋及场地处于被申请人完全控制之下。

被申请人为证明其答辩和反请求主张，提交了如下证据：①《场地租赁协议》，证明双方存在租赁合同关系，申请人应按本案合同第六条约定交付全部租赁房屋（包括二号厅大卖场及锅炉房附近的部分房屋），且迟延交付场地及房屋根据本案合同第十条违约责任的约定需承担相应的违约金；②律师函及顺丰快递单，截至2013年5月22日申请人仍未交付本案合同约定的部分场地和房屋，被申请人委托律师事务所发函要求解决此事；③××市企业信用信息网企业信息页，证明以租赁场地及房屋为注册地址、以申请人为法定代表人的公司在正常开业状态；④公证书，证明申请人经营的大卖场仍在租赁场地实际经营使用，并未腾退房屋交付被申请人。

故，被申请人请求仲裁庭依法驳回申请人的相关请求。

庭审后，申请人和被申请人的代理人分别提交了代理词。申请人重申其已经如约交付了约定的全部租赁标的，并不存在违约情形。原二号厅大卖场所在房屋已经交付。本案合同第三条规定，"二号厅大卖场，甲方在车间后院建房搬走，如不能建房则搬到厂长办公室以北的东厢房"。申请人认为根据该约定，如果申请人没有在后院建房的话，图三所示的③处房屋本来就不作为租赁标的，而是作为腾退原二号厅大卖场后的安置房。而实际上，车间后院未建房的事实有视频为证，双方在庭上也已经确认该事实。所以，申请人目前占有使用图三所示的③处房屋完全符合本案合同第三条的约定，该处房屋不可能是二号厅大卖场所在的房屋。

被申请人重申，截至目前为止，申请人从未将二号厅大卖场腾空交给被申请人使用，而是由其自己注册的公司在该卖场经营至今，其未按本案合同履行义务，租赁房屋未完全交付的事实清楚、证据确凿。要求驳回申请人的仲裁请求，支持其仲裁反请求。

## 二、仲裁庭意见

### （一）关于本案合同的效力

经过审阅本案证据材料和对本案的开庭审理，仲裁庭发现本案合同不存在违反中华人民共和国法律、法规的强制性规定的情形，也未发现存在法律规定的无效情形。因此，仲裁庭认为，本案合同合法有效，申请人和被申请人应依约履行合同义务；违反本案合同约定的，应当承担相应的违约责任。

### （二）关于本案合同的履行

对于本案合同项下义务的履行，申请人与被申请人主要争议是申请人是否依约交付了房屋和场地和被申请人是否依约支付了租金。

1. 申请人是否依约交付了房屋和场地。被申请人主张其于本案合同签订后依约支付了租金和押金，但截至今日申请人一直未将56号院内的部分场地和房屋向被申请人交付，其中包括二号厅大卖场和锅炉房附近的部分房屋。而申请人主张其依约将房屋交付给被申请人使用，但被申请人一直拖欠租金。申请人在陈述中进一步主张，申请人在本案合同签订后六个月，将二号厅大卖场搬到了厂长办公室以北的东厢房，并在东厢房的南侧分割出一部分给被申请人使用，该部分面积与锅炉房北侧房屋面积大致相当。申请人为了证明其履行了本案合同规定的交付义务向仲裁庭提交了租赁标的的平面图示意图，就上述房屋的交付情况做出了图解说明。被申请人就示意图在庭审中进行了质证，被申请人对示意图本身未提出异议，但主张本案合同签订的租赁标的是56号，所以交付的应是整个56号院。被申请人认为申请人提交的示意图与被申请人提交的公证文件有出入，主张大卖场原来就是在东厢房位置。

通过审阅双方当事人提交的证据材料和庭审，仲裁庭发现，本案合同第三条"租赁标的"规定，××市××区黄镇工业区56号经双方协商，申请人同意除二号大卖场外的所有房屋租给被申请人（二号厅大卖场，申请人在车间后院建房搬走，如不能建房则搬到厂长办公室以北的东厢房内）。本案合同第六条规定，申请人在院内的二号大卖场，待申请人在车间后院建完房屋，装修好腾空，交给被申请人使用，时间六个月。假如政府不让建设房屋，申请人要把二号厅搬到申请人和被申请人协商的厂长办公室以北的东厢房内。本案合同第八条"承租人的责任"第三款规定，租赁期内，未经申请人同意，被申请人不得转租其他客户，不能开类似申请人服装大卖的服装卖场。仲裁庭认为，根据上述规定，申请人在本案合同签订后，应将除二号厅大卖场外的租赁标的交付被申请人使用，并且应当在签约后六个月内将二号厅大卖场交付被申请人使用；申请人将保留服装卖场，在不能建房的情况下，要把二号厅大卖场搬到厂长办公室以北的东厢房内。根据申请人的陈述，申请人在本案合同签订后，将二号厅大卖场搬到了厂长办公室以北的东厢房，并在东厢房的南侧分割出一部分给被申请人使用，该部分面积与锅炉房北侧房屋面积大致相当。被申请人认可大卖场现在处于厂长办公室以北的东厢房内；但被申请人主张大卖场原来就是在东厢房位置。被申请人对于大卖场的位置仅有陈述，但未能提交任何证据加以证明。

仲裁庭认为，根据上述本案合同的规定，申请人在签订本案合同后应立即交付的是除大卖场以外的房屋，而非整个56号院；申请人在本案合同签订后六个月内，要将二号厅大卖场搬到新建房屋或厂长办公室以北的东厢房内，并交付原来大卖场所占用的房屋；申请人可以在56号院厂长办公室以北的东厢房内继续经营服装卖场。仲裁庭进一步认为，本案合同关于二号厅大卖场，申请人在车间后院建房搬走，如不能建房则搬到厂长办公室以北的东厢房内的约定，清楚地表明了二号厅大卖场原来不在厂长办公室以北的东厢房内。因此，仲裁庭采纳申请人的主张，即，申请人已经将二号厅大卖场搬到厂长办公室以北的东厢房内，依约履行了房屋交付义务。对被申请人关于申请人应交付整个56号院的主张，仲裁庭不予支持。

仲裁庭注意到被申请人关于申请人未交付锅炉房附近的部分房屋的主张和申

请人关于其在东厢房的南侧分割出一部分给被申请人使用，该部分面积与锅炉房北侧房屋面积大致相当回应。仲裁庭认为，根据上述，在申请人可以继续使用东厢房的情况下，申请人以东厢房的相当面积替换锅炉房北侧房屋的做法有一定的合理性。在被申请人未对该替换提出具体反对意见的情况下，仲裁庭不能将此替换认定为未能交付租赁标的的违约行为。

2. 被申请人是否依约支付了租金。关于申请人主张的被申请人拖欠第一年租金10万元，拖欠第二年租金6万元，拖欠第三年租金132.3万元情况，被申请人认可上述拖欠租金的事实。虽然被申请人主张欠付租金的原因是申请人未交付租赁标的，但被申请人未陈述第一年拖欠租金10万元、第二年拖欠租金6万元的和第三年拖欠租金132.3万元与租赁标的交付情况的具体关联和拖欠上述金额租金与租赁标的交付的具体因果关系，仲裁庭无法认定被申请人拖欠租金是因为申请人的原因造成的。如前所述，仲裁庭已经认定申请人依约交付了租赁标的，仲裁庭认为被申请人应当依约支付租金，并应承担迟延支付的违约责任。

仲裁庭注意到申请人关于被申请人违约转租的主张，仲裁庭认为，被申请人以个人名义租赁本案合同项下的房屋交由其法人实体，即，巧惠服饰有限公司使用，不能被认定为本案合同项下的违约转租。

### （三）关于本案合同的解除及其违约责任

申请人是否有权解除本案合同是本案当事人双方争议的另一个主要问题。申请人主张，被申请人长期拖欠房租，擅自将房屋转租，擅自装修损坏租赁房屋及相关设施，符合本案合同约定的解除条件，申请人有权解除本案合同并要求被申请人返还房屋。而被申请人不同意解除本案合同，主张申请人违约在先，认为申请人提出的各项请求无事实及法律依据。被申请人主张其在租赁院落投入了大量资金，拟通过生产经营获取利润。但由于申请人擅自延迟部分场地交付，使被申请人租用该院落的目的无法实现，由此给被申请人带来了巨额经济损失。现该争议房屋实际使用及控制为巧惠服饰有限公司，即便解除合同被申请人也无法向申请人交付该房屋。

通过庭审和审阅双方当事人提交的证据材料，仲裁庭有以下发现：

1. 被申请人拖欠房租存在违约事实。被申请人拖欠第一年租金10万元，拖欠第二年租金6万元，拖欠第三年租金132.3万元至今未付，被申请人认可上述少付租金的事实。而且，如前所述，仲裁庭认定申请人已经交付了租赁房屋，不支持被申请人关于申请人先行违约的抗辩。

2. 本案合同关于合同解除的规定。本案合同第八条第一款规定，被申请人应提前一个月支付租金。如拖欠则视为违约，申请人有权终止本合同并押金不退，作为给申请人的违约金。第十条第二款规定，被申请人违反合同规定拖欠租金，给申请人造成损失，应赔偿申请人的经济损失，每迟交一天，按迟交金额的日千分之一支付违约金，时间超过30天，申请人有单方解除合同的权利。第十一条第三款规定，被申请人擅自拒付或拖欠租赁场地、库房、办公用房租金的，申请人有权终止合同。

3. 申请人有权解除本案合同。如上所述，被申请人拖欠申请人租金，并且已经超过本案合同规定的期限，导致合同目的落空，申请人有权解除本案合同。

仲裁庭充分注意到被申请人关于租赁房屋由巧惠服饰有限公司使用及控制的答辩，仲裁庭认为上述答辩不构成不能终止合同的理由。

基于上述事实，仲裁庭认为，根据《合同法》第九十四条关于当事人一方迟延履行债务或者有其他违约行为致使不能实现合同目的的规定，申请人可以解除合同，终止本案合同的权利义务关系。根据《合同法》第九十七条关于合同解除后，尚未履行的，终止履行，已经履行的，根据履行情况和合同性质，当事人可以要求恢复原状，采取其他补救措施，并有权要求赔偿损失的规定，仲裁庭认为，申请人在本案中有权要求被申请人给付租金、支付违约金、返还租赁房屋并赔偿相应损失。

**（四）关于申请人的仲裁请求**

仲裁庭将申请人的仲裁请求分述如下：

1. 请求解除申请人与被申请人签订的《场地租赁协议》。如前所述，被申请人拖欠申请人租金，并且已经超过本案合同规定的期限，导致合同目的落空，申请人有权解除本案合同；

2. 请求被申请人给付申请人2011年年度租金10万元整，2012年度租金6万元整，2013年3月份租金11万。申请人在《补充仲裁申请书》中主张2013年1月31日被申请人应付的下一年全年租金为132.3万元。如前所述，仲裁庭支持申请人的2011年年度租金10万元，2012年度租金6万元，2013年年度租金132.3万元的全部租金主张；

3. 请求被申请人支付拖欠租金违约金（2011年度的租金拖欠违约金从2011年2月1日起计算至实际给付日止，2012年度的租金拖欠违约金从2012年2月1日起计算至实际给付日止，2013年度的租金拖欠违约金从2013年2月1日起计算至实际给付日止,每延迟一天,按迟交金额的日千分之一支付)。申请人在《补充仲裁申请书》中主张,被申请人应分别自应支付租金的次日起,每日按照欠付租金金额的千分之一(分别为 100 元、60 元和 1323 元)向申请人支付违约金至实际付清租金之日止。如前所述,被申请人违反本案合同的约定,应当承担违约责任。但仲裁庭认为本案合同第八条第一款已经有关于拖欠租金押金不退作为给申请人的违约金的规定;此外,再增加拖欠租金金额的日千分之一作为违约金实属过高。仲裁庭认为应将按拖欠租金的日千分之一作为违约金调整为按中国人民银行现行的金融机构人民币贷款基准利率,即按拖欠租金金额的年利率 6% 计算违约金。

4. 请求被申请人向申请人支付违约金 60 万元整。如前所述,仲裁庭认为,被申请人以个人名义租赁本案合同项下的房屋交由其法人实体,即巧惠服饰有限公司使用,不能被认定为本案合同项下的违约转租。因此,仲裁庭不支持申请人关于被申请人擅自将房屋转租,应赔偿申请人半年租金,即 60 万元的主张。

5. 请求被申请人将所租用房屋返还给申请人。仲裁庭支持申请人关于解除本案合同的主张,申请人和被申请人之间的合同权利义务关系终止,被申请人应当立即将租赁标的返还申请人。但考虑被申请人的正常生产经营需要和申请人主张 2013 年度整年租金的情况,仲裁庭认为被申请人应于 2014 年 2 月 28 日前将租赁标的返还申请人;

6. 请求被申请人从 2013 年 4 月 1 日至实际将所租用房屋返还给申请人之日止的租金。此请求已经包含在第二项仲裁请求中,仲裁庭不再支持此项请求;

7. 请求被申请人承担律师费 2 万元整。根据本案实际情况,仲裁庭申请人的律师费应当由被申请人承担;

8. 请求被申请人承担本案全部仲裁费用。根据本案的实际情况,仲裁庭认为本案仲裁费应当由被申请人承担 80%,申请人承担 20%。

(五)关于被申请人的反请求

1. 请求申请人向被申请人交付二号厅大卖场及锅炉房附近的部分房屋。如前所述,仲裁庭认为申请人已经交付了租赁标的,不支持被申请人的此项反请求;

2. 请求申请人支付因迟延交付场地及房屋而应承担的违约金(计算过时间从 2011 年 7 月 22 日起算至实际交付日止,按照每延期交付一天,按年租金的日千分之一计算)。如前所述,仲裁庭认为申请人已经交付了租赁标的,不支持被申请人的此项反请求；

3. 请求申请人支付违约金 60 万元。仲裁庭注意到本案合同第十条违约责任中有关于申请人违约应赔偿被申请人半年租金，即 60 万元的规定，但此处被申请人除了主张申请人未交付租赁标的外，没有关于申请人有其他违约的主张，仲裁庭不支持被申请人的此项主张；

4. 请求申请人支付仲裁费用。根据本案的实际情况，仲裁庭认定由被申请人承担。

## 三、裁决

根据上述仲裁庭的意见，仲裁庭裁决如下：

（一）解除申请人与被申请人签订的《场地租赁协议》，被申请人应于 2014 年 2 月 28 日前将租赁标的返还申请人；

（二）被申请人向申请人支付所欠租金人民币 148.3 万元；

（三）被申请人支付拖欠租金违约金（2011 年度拖欠的 10 万元租金的违约金从 2011 年 2 月 1 日起按年利率 6% 计算至实际给付日止，2012 年度拖欠的人民币 6 万元租金的违约金从 2012 年 2 月 1 日起按年利率 6% 计算至实际给付日止，2013 年度拖欠的人民币 132.3 万元的租金的违约金从 2013 年 2 月 1 日起按年利率 6% 计算至实际给付日止）；

（四）被申请人承担申请人为本案支付的律师费 2 万元；

（五）驳回申请人的其他仲裁请求；

（六）驳回被申请人仲裁反请求；

（七）本案仲裁费为人民币 10 万元，由被申请人承担 80%，即人民币 8 万元，由申请人承担 20%，即人民币 2 万元。由于本案仲裁费用已由申请人全部预缴，因此，被申请人还应向申请人支付人民币 8 万元，以补偿申请人为其垫付的仲裁费；

本案反请求仲裁费人民币 6.3 万元，由被申请人全部承担。该笔费用已由被申请人全部预缴。

以上被申请人应向申请人支付的款项，应于本裁决作出之日起 30 日内支付完毕。

本裁决为终局裁决，自作出之日起生效。

## 案件 29　某场地租赁协议纠纷仲裁案裁决书

**评注：**

　　本案的裁决结果是仲裁庭全面支持了申请人的主张。仲裁庭之所以作出这一裁决，当然是基于对事实和证据的认定，以及对法律的遵从。但很关键的一点是基于对合同严肃性的认识。就具体案情细节而言，被申请人拖欠租金并非毫无值得同情之处。比如，在千变万化的市场环境中，合同签订后的生产经营情况不景气，库存积压增多，拖欠工资，导致成本上升，财务陷入入不敷出的境地。类似这种情况的企业在全球经济不景气的大环境下比比皆是。由此而产生拖欠租金的现象也就不足为奇了。但是合同是严肃的，只要签订合同时没有恶意、胁迫、欺骗等情形，没有事先约定的排除条款，合同当事人就要严格履行合同。因此，本案的裁决结果对我们的重要启示就是高度重视合同的各项约定，严肃履约，否则，市场秩序就无从谈起。中国古代就有"一诺千金"的说法。在现代市场经济体系下，对合同的重要性的认识怎么强调都不为过。

　　总之，在市场经济大潮中，企业要多一点风险意识，多一点法律意识。